일제강점기 식민지 도시화

일제침탈사연구총서

26

일제강점기 식민지 도시화

동북아역사재단 일제침탈사 편찬위원회 기획
염복규 지음

동북아역사재단
NORTHEAST ASIAN HISTORY FOUNDATION

| 발간사 |

　일본이 한국을 침탈한 지 100년이 지나고 한국이 일본의 지배로부터 벗어난 지 70년이 넘었건만, 식민 지배에 대한 청산은 이루어지지 못하고 있다. 일본의 독도영유권 주장은 도를 넘어섰다. 일본은 일본군'위안부', 강제동원 등 인적 수탈의 강제성도 인정하지 않고 있다. 일본군'위안부'와 강제동원의 피해를 해결하는 방안을 놓고 한·일 간의 갈등은 최고조에 이르고 있다. 역사문제를 벗어나 무역분쟁, 안보위기 등 현실문제가 위기국면을 맞고 있다.

　한·일 간의 갈등은 식민 지배의 역사를 어떻게 볼 것인가 하는 역사인식에서 기인한다. 역사는 현재와 과거의 대화이며 이를 기반으로 미래로 나아갈 수 있다. 과거 침략의 역사를 미화하면서 평화로운 미래를 말하는 것은 불가능하다. 식민 지배와 전쟁발발의 책임을 인정하지 않고 반성하지 않으면 다시 군국주의가 부활할 수 있고 전쟁이 일어날 위험성도 배제할 수 없다. 미래지향적 한일관계를 형성하고 나아가 동아시아의 평화와 번영의 기틀을 조성하기 위해 일본은 식민 지배의 책임을 인정하고 그 청산을 위해 노력해야 할 것이다.

　식민 지배의 역사를 청산하기 위해서는 식민 지배는 어떻게 이루어졌는지 그 실상을 명확하게 규명하는 일이 긴요하다. 그동안 일본 제국주의에 맞서 조국의 독립을 위해 헌신한 독립운동가들의 활동을 찾아내고 역사적으로 평가하는 일에는 상당한 성과를 거두었다. 반면 일제 식민침탈의 구체적인 실상을 규명하는 일에는 충분한 노력을 기울이지 못했다. 제국주의가 식민지를 침탈했다는 것은 너무나 당연한 사실로 여겨졌기 때문에, 굳이 식민 지배에서 비롯된 수탈과 억압, 인권유린을 낱낱이 확인할 필요가 없었는지도 모른다. 그러는 사이 일본은 식민 지배가 오히려 한국에 은혜를 베푼 것이라고 미화하고, 참혹한 인권유린을 부인하는 역사부정의 인식을 보이는 데까지 이르고 있다. 일제의 통치와 침탈 그리고 그 피해를 종합적으로 조사하고 편찬할 필요성이 여기에 있다.

일제침탈사를 체계적으로 정리하는 일은 개인이 감당하기 어렵다. 이에 우리 재단은 한국 학계의 힘을 모아 일제침탈사 편찬위원회를 꾸렸다. 편찬위원회가 중심이 되어 일제의 식민지 침탈사를 정치·경제·사회·문화 모든 방면에 걸쳐 체계적으로 집대성하기로 했다. 일제 식민침탈의 실체를 파악하기 위해 2020년부터 세 가지 방면으로 사업을 추진하고 있다. 하나는 일제침탈의 실상을 구체적이고 생생한 자료를 통해서 제공하는 일로서 '일제침탈사 자료총서'로 편찬한다. 다른 하나는 이들 자료들을 바탕으로 연구한 결과물을 '일제침탈사 연구총서'로 간행한다. 그리고 연구의 결과를 대중들이 이해하기 쉽게 '일제침탈사 교양총서'를 바로알기 시리즈로 간행한다. 자료총서 100권, 연구총서 50권, 교양총서 70권을 기본 목표로 삼아 진행하고 있다.

  '일제침탈사 연구총서'는 일제침탈의 실태를 정치·경제·사회·문화 분야로 대별한 뒤 50여 개 세부 주제로 구성했다. 국내외 학계 전문가들이 현재까지 축적된 연구 성과를 반영하면서 풍부한 자료를 활용하여 집필했다. 연구자뿐만 아니라 교육 현장에서도 활용되고 일반 독자들도 이해할 수 있도록 집필하기 위해 노력했다. 연구총서 시리즈가 일제침탈의 역사적 실상을 규명하고 은폐된 역사적 사실을 기억하고 왜곡된 과거사에 대한 인식을 바로 잡음으로써 역사 인식의 차이로 인한 논란과 갈등을 극복하는데 기여하는 디딤돌이 되기를 바란다.

2024년
동북아역사재단 이사장

| 편찬사 |

　1945년 한국이 일제 지배로부터 해방된 지 79년의 세월이 지났다. 그럼에도 불구하고 일본 사회 일각에서는 여전히 일제의 한국 지배를 합리화하고 미화하는 주장이 나오고 있으며, 최근에는 한국 사회 일각에서도 일제 지배를 왜곡하고 옹호하는 주장이 나오고 있다. 이는 한국과 일본 사회, 한일관계와 동아시아 국제관계의 미래를 위해서도 결코 바람직하지 않은 일이다.

　이에 동북아역사재단은 일제의 한국 침략과 식민 지배에 대한 학계의 연구 성과를 총정리한 '일제침탈사 연구총서'를 발간하기로 하였다. 이에 따라 2019년 9월 학계의 전문가를 중심으로 편찬위원회를 구성하였으며, 편찬위원회는 학계의 연구 성과를 토대로 정치·경제·사회·문화 부문에서 일제의 침탈이 어떻게 이루어졌는지 정리하여 연구총서 50권을 발간하기로 하였다.

　주지하듯이 1905년 일제는 러일전쟁에서 승리한 뒤, 한국에 군대를 주둔시키면서 한국의 외교권을 빼앗고 통감부를 두어 내정에 간섭하였다. 1910년 일제는 군사력으로 한국 정부를 강압하여 마침내 한국을 강제 병합하였다. 이후 35년간 한국은 일제의 식민통치를 받았다.

　일제는 한국의 영토와 주권을 침탈하였을 뿐만 아니라, 군사력과 경찰력으로 한국을 지배하면서, 정치·경제·사회·문화의 모든 부문에서 한국인의 권리와 자유, 기회와 이익을 박탈하거나 제한하였다. 정치적으로는 군사력과 경찰력, 각종 악법을 동원하여 독립운동을 탄압하고, 한국인의 정치활동을 억압하고 참정권을 박탈하였으며, 집회와 결사의 자유를 억압하였다. 경제적으로는 일본 자본이 경제의 주도권을 장악하고, 일본인 위주의 경제정책을 수행했으며, 식량과 공업원료, 지하자원 등을 헐값으로 빼앗아 갔고, 농민과 노동자 등 대다수 한국인의 경제생활을 어렵게 하였다. 사회적으로는 한국인들을 차별적으로 대우하고, 한국인의 교육의 기회를 제한하고, 한국인으로서의 정체성을 박탈하여 결국은 일본의 2등 국민으로 만들고자 하였다. 문화적으로는 표현과 창작의 자유, 종교와 사상의 자유를 억압하고, 한글 대신 일본어를 주로 가르치고, 언론과 대중문화를 통제하였다. 중일전쟁, 아시아태평양전쟁을 도발한 뒤에는 인적·물적 자원을 전쟁에 강제동원하고, 많은 이들을 전장에 징집하여 생명까지 희생시켰다.

'일제침탈사 연구총서'는 침탈, 억압, 차별, 동화, 수탈, 통제, 동원 등의 단어로 요약되는 일제의 침략과 식민 지배의 실상과 그 기제를 명확히 밝히고자 하였다. 이를 통해 일제의 강제 병합을 정당화하거나 식민 지배를 미화하는 논리들을 비판 극복하고, 더 나아가 일제 식민 지배의 특성이 무엇이었는지, 식민통치의 부정적 유산이 해방 이후에 어떤 영향을 미쳤는지를 밝히고자 하였다.

편찬위원회는 연구총서와 함께 침탈사와 관련된 중요한 주제들에 관하여 각종 법령과 신문·잡지 기사 등 자료들을 정리하여 '일제침탈사 자료총서'도 발간하기로 하였다. 아울러 일반인과 학생들이 보다 쉽게 읽을 수 있는 '일제침탈사 교양총서'를 바로알기 시리즈로 발간하기로 하였다.

일제의 한국 침략과 식민 지배의 역사는 광복 후 서둘러 정리해 냈어야 했지만, 학계의 연구가 미흡하여 엄두를 내기 어려웠다. 이제 학계의 연구가 어느 정도 축적되어 광복 80주년을 맞기 전에 이와 같은 작업을 할 수 있게 된 것을 다행으로 생각한다. 한일 양국 국민이 과거사에 대한 올바른 역사 인식을 갖고 성찰을 통해 미래를 향해 함께 나아갈 수 있기를 기대하면서 삼가 이 책들을 펴낸다.

2024년
동북아역사재단 일제침탈사 편찬위원회

차례

머리말

1. 일제강점기 도시사 연구의 의미와 지형   14
2. 일제강점기 도시사 연구 동향   19
3. 이 책의 구성   47

제1장   일제강점기 도시 범주, 행정구역, 인구

1. 도시 범주의 제도적 형성 과정과 의미   50
2. 도시 행정구역의 변화   64
3. 도시 인구의 구성과 변화   72

제2장   일제강점 전후 도시 형성의 갈래와 양상

1. 강점 전후 '신도시'의 형성   104
2. '전통 도시'의 식민지적 변화   153

제3장   일제강점기 도시 인프라의 형성

1. 시구개정-시가지 도로망의 형성   178
2. 상하수도-도시위생시설의 정비와 좌절   200
3. 전차 운행과 도시 교통   222
4. 공원과 묘지-도시 공지의 '통제'   234
5. 축항-개항도시의 핵심 시설 구축   250

제4장	**일제강점기 '시가지 계획'과 '신공업도시' 건설**	
	1. '시가지 계획'의 전개와 도시 변화의 여러 양상	**258**
	2. 일제강점 후기 '신공업도시'의 형성과 의미	**321**

제5장	**도시 정치의 제도와 실제**	
	1. 도시 정치의 제도적 변화와 구도	**346**
	2. 도시 정치의 실제	**355**

맺음말	**385**
부표	**391**
참고문헌	**401**
찾아보기	**414**

머리말

1. 일제강점기 도시사 연구의 의미와 지형

한국의 도시사 연구는 인접한 일본이나 중국과 비교할 때 상대적으로 늦게 발달한 것으로 이해된다.[1] 연구 대상 시기를 막론하고 국가사·민족사 중심의 역사 인식이 오랫동안 지속되었기 때문이다. 이런 연구 경향은 1990년대 말~2000년대 초부터 조금씩 바뀌기 시작한다. 국가·민족과 분석 단위가 다른 도시·지역이 본격적으로 역사 연구의 소재로 부상한 것이다. 연구 경향의 변화를 선도한 것은 일제강점기 도시사라고 할 수 있다.[2] 2007년 한 연구사 검토의 언급은 당시 연구 경향 변화의 배경과 전망을 구체적으로 보여준다.

사회사 분야에서는 도시·지역사 연구의 꾸준한 상승세가 두드러졌다. 도시·지역사 연구는 1990년대 중반 서울 정도 600년을 맞아 시작된 서울학 연구가 지방자치제의 전면 실시와 더불어 부산·인천 등지로 점차 확산되고, 식민지 근대성론의 등장과 함께 근대의 일상 공간으로서 도시에 대한 학문적 관심이 증대되면서 활기를 띠어 나갔다. 이와 더불어 지배와 저항, 제국주의 권력 대 식민지 민중이라는

---

1 이하의 서술은 염복규, 2023, 「한국 근대 도시사 연구동향과 과제」, 『한국 근대사 연구의 쟁점』, 한국학중앙연구원출판부의 일부를 수정한 것임.
2 한국에서 도시사 연구의 전반적 위상 변화와 배경, 그중에서 일제강점기 도시사의 의의는 2000년대 몇 차례 이루어진 연구사 검토에서 잘 드러난다. 민유기, 2007, 「한국 도시사 연구에 대한 비평과 전망」, 『사총』 64; 민유기, 2009, 「한국의 도시사 연구 지형도와 향후 전망」, 『도시연구』 1; 김백영, 2011, 「식민지시기 한국 도시사 연구의 흐름과 전망」, 『역사와 현실』 81 참고.

이분법적 단순 도식에서 벗어나 보다 입체적으로 식민지 조선의 사회상을 재구성하려는 노력이 경주되는 속에서 지역사회 사례 연구에 천착하기 시작한 것 또한 하나의 요인이 되었다. (중략) 아무튼 도시·지역사는 식민지 조선 사회를 입체적으로 새로 읽는 데 매우 유용한 틀이다. 뿐만 아니라 국민국가를 단위로 해서 성립한 근대 역사학의 한계를 돌파할 수 있는 유력한 대안이기도 하다. 세계화와 지방화가 급속히 진전되고 탈근대가 논의되는 속에서, 도시와 지역 그리고 그 국제적 관계망은 아마도 기존의 국민국가 못지않게 사람의 의식과 생활을 틀지우는 새로운 패러다임으로 떠오를 것이다.[3]

1990년대 말~2000년대 초 일제강점기 도시사 연구 활성화의 학술적 배경은 먼저 한국 사회의 절차적 민주화의 진전과 세계적으로 사회주의권 붕괴 등의 상황에서 대두한 식민지 근대(colonial modernity) - 탈민족주의론의 영향을 들 수 있다. 식민지 근대 - 탈민족주의론은 식민통치가 한국의 자주적 근대화를 저지시켰다는 민족주의적 통설에 대한 반성을 가져왔다. 이는 근대사회로의 이행을 역사적 진보로 보는 일원적 발전론을 기각하고 근대가 가지는 고유한 발전과 억압의 양면성을 전제로 식민지 시기의 역사 전개를 근대화의 한 형태로 파악하려는 경향으로 이어졌다. 식민지 근대론의 대두는 연구자로 하여금 식민지 권력의 물적 자원 투입이나 그에 의한 '가시적 발전'이 두드러져 보이는 도시로 시선을 돌리게 하는 효과를 낳았다.

또 역사 연구의 단위를 기존의 국가·민족뿐 아니라 지역·지방으로

---

3   장규식, 2007, 「일제 식민지시기 연구의 현황과 추이」, 『歷史學報』 199 참고.

상정하는 논의도 대두했다. 이런 경향은 식민지 근대 – 탈민족주의론과 관련이 있으면서 사회 민주화의 진전, 지방자치제 실시 등과도 두루 관련된 것이라고 할 수 있다. 이에 식민지 조선 '전체'와 완전하게 일치하지 않는 각 지역·지방에서 식민지 체제의 구체적 작동 방식과 그에 대한 조선인의 대응을 분석하려는 노력이 나타났다. 이는 조선 전체보다는 상대적으로 일본인이 많이 거주해 조선인·일본인 간의 접촉지대(contact zone)가 넓으며, '일본적(근대) 문화'의 영향을 많이 받는 독자적 단위로서의 도시에 대한 분석을 촉발했다.

1990년대 말~2000년대 초 이래 일제강점기 도시사의 양적 '성장은 분명히 확인된다.[4] 필자의 조사에 따르면 1980년대 이래 최근까지 일제강점기 도시사 연구에 속하는 논문은 약 600여 편이다. 그런데 그중 2000년 이전의 20여 년간 발표된 논문은 40편이 안 되는데 반해 2010년 이후에는 매년 적어도 30편 이상의 논문이 생산되었다. 또 이에 대응하여 연구사 검토도 지속적으로 이루어졌다.[5] 2000년대 들어 최근까지 일제강점기 도시사 연구가 양적으로 증가하고 있음이 명백하다.

---

4 여기에서 일제강점기 도시사 연구는 1945년 8·15 광복 당시 '제도적 도시'에 속하는 전국의 22개 부, 124개 읍을 대상 지역으로 하는 연구를 뜻한다. 일제강점기 도시의 범주를 이렇게 설정한 데 대해서는 제1장에서 상술한다.

5 각주 1)의 글 외에 전통시대부터 현재까지 대표적 대도시인 서울, 부산, 대구는 개별 도시사의 연구사 검토가 이루어진 바 있다. 강대민, 2007, 「근대 개항기 부산지역사 연구의 회고와 전망」, 『항도부산』 23, 부산광역시사편찬위원회; 차철욱, 2007, 「일제강점기 부산도시사 연구의 회고와 전망」, 『항도부산』 23, 부산광역시사편찬위원회; 이창언, 2010, 「대구지역 도시사 연구의 동향과 과제」, 『민족문화논총』 44, 영남대학교 민족문화연구소; 김승, 2013, 「일제강점기 부산항 연구성과와 과제」, 『항도부산』 29, 부산광역시사편찬위원회; 염복규, 2018, 「개항-현대 서울 역사 연구의 동향과 과제」, 『서울과 역사』 100, 서울역사편찬원 참고.

그런데 흥미로운 점은 대략 2010년을 기준으로 그 이전에는 말 그대로 연구량의 '폭발적' 증가세를 보이다가 그 이후 증가세가 현저하게 둔화된다는 사실이다. 일제강점기 도시사 연구가 지속적으로 성장하는 것으로 보이는 이면에 연구 소재나 문제의식의 새로운 계발, 학문 후속 세대의 재생산 등에 문제가 있었음을 짐작할 수 있다.

다음으로 연구 대상 도시를 살펴보면 22개 부, 124개 읍 중 한 번이라도 논문에서 언급된 도시는 71개로서 전체의 약 절반 정도이다. 그렇다면 일제시기 '제도적 도시'라고 볼 수 있는 지역 중 절반 정도는 아직 연구에서 한 번도 언급조차 되지 않은 셈이다. 연구량에서는 경성과 부산이 압도적이다. 이를 포함하여 어느 정도 연구가 지속적으로 이루어진 도시는 일제강점기 이전부터의 전통 도시 유형과 개항, 철도 부설, 군사기지화 등을 통해 형성된 신도시 유형으로 나누어 볼 수 있다.

이어서 연구 대상 시기를 살펴보면 전반적으로 개항 혹은 병합 전후부터 일제 말기까지를 다룬 통사적 연구가 양적으로 가장 많다. 이는 연구의 대부분이 특정한 지역을 대상으로 하는 점에서 예상할 수 있는 결과이다. 다만 최근에 가까워질수록 통사적 연구의 비중은 완만하게 줄어들고 있다. 그만큼 도시사 연구가 심화되는 측면을 반영하는 것으로 보인다. 다음으로 1920~1930년대 전반을 대상으로 하는 연구가 많다. 이는 이 시기가 어떤 의미에서든 식민지 도시화의 '전성기'임을 반영하는 현상이라고 여겨진다. 최근 연구 경향의 변화를 뚜렷하게 보여주는 것은 개항~1910년대 연구의 감소와 전시체제기 연구의 증가이다. 도시사 연구가 활성화되기 시작하면서 처음에는 근대 초기를 대상으로 하는 연구가 주류였지만 최근에 와서는 연구의 중심이 전시체제기, 즉 일제 말기로 옮겨가고 있다고 판단할 수 있다.

이상의 파악을 기반으로 2절에서는 일제강점기 도시사 연구 동향을 식민통치와 도시행정, 도시 정치와 유력자, 도시사회와 도시주민, 도시개발과 인프라, 도시경관과 도시문화 등의 주제로 나누어 좀 더 구체적으로 살펴보겠다.[6]

---

6   이와 같은 연구 주제는 김백영, 2011, 앞의 글을 참고하여 필자가 조사한 선행 연구를 귀납적으로 분류, 설정한 것임.

2. 일제강점기 도시사 연구 동향

1) 식민통치와 도시행정

도시행정의 체계는 근현대 도시사 연구에서 기본적인 주제임에도 불구하고 막상 연구가 활성화되지 않은 편이다.[7] 게다가 개별 연구의 사례 검토를 넘어 일제시기 도시의 행정적 범주가 형성되는 과정을 거시적으로 분석한 경우는 매우 드물다. 이에 대해서는 박준형의 연구가 주목된다.[8]

이 연구는 병합 초기 식민지 권력이 조계를 철폐하고 부를 창설하는 과정을 정밀하게 검토하고 이를 '조계와 내지'를 대체한 '도시와 시골'이라는 새로운(식민지적) 경계를 창출하는 과정으로 보았다.

경성의 사례 연구로는 먼저 경성부 행정조직의 변화와 확대 양상을 추적하여 이를 '작은 경성부'에서 '큰 경성부'로 정리한 서현주의 연구가 있다.[9] 염복규는 이를 기반으로 지방행정장관인 경성부윤과 지방행정의 핵심인 고등관(부사무관, 이사관) 지위의 변화를 둘러싼 여러 논의를 검토하여 '제국의 지방도시'이자 '식민지 수도'로서 경성부의 이중적 지위가 지속되는 양상을 밝혔다.[10] 또 오물 처리 부문에 한정되지만 식민지 도시

---

7 2000년대에 일제강점기 도시사 연구가 크게 활성화되었음에도 불구하고 여전히 이 분야는 손정목의 저서(1996, 『韓國地方制度·自治史硏究(上)』, 一志社)에서 많은 정보를 얻을 수밖에 없다.

8 박준형, 2016, 「'조계'에서 '부'로」, 『사회와 역사』 110.

9 서현주, 2014, 「일제하 경성부 행정조직과 운영의 식민지성」, 『향토서울』 86, 서울시사편찬위원회.

10 염복규, 2017, 「식민지 '수도'의 위상을 둘러싼 동상이몽의 연대기」, 『서울학연구』 66,

행정의 실제 작동 방식과 그에 따른 민족적·계층적·공간적 차별의 중첩 양상을 밝힌 연구도 이루어졌다.[11] 한편 김종근, 김태웅 등은 1925년 '을축년 대홍수'의 수습 과정에서 조선인 빈민 주거지인 이촌동이 희생양이 되는 과정(폐동)을 분석하여 식민지 도시행정의 '도구적 합리성'이 차별로 귀결되는 양상을 밝혔다.[12]

지방 도시의 주요 사례 연구를 보면 윤현석은 광주가 지정면으로 출발하여 읍, 부로 승격하면서 행정체계가 변화하는 양상, 그리고 말단 행정 조직인 구장, 정총대 등 도시행정 제분야의 실제를 총괄적으로 정리했다.[13] 김일수는 경북에서 처음 부와 지정면으로 지정된 대구, 김천, 포항의 행정체계 및 구역 변화 과정을 추적했다.[14] 박진한은 개항도시에서 통감부 시기~1910년대 이사청 – 부와 일본인 거류민단의 권력의 작동과 갈등 구도를 인천을 사례로 분석했으며,[15] 전성현은 또 다른 개항도시 부산의 행정구역 변화를 축으로 전통 도시 동래가 배제되는 과정과 식민지 도

　　서울시립대학교 서울학연구소.
11　김상은, 2019, 「'조선오물소제령' 실시 전후의 경성부 청소행정의 구성과 운영」, 『도시연구』 21.
12　김종근, 2012, 「일제하 경성의 홍수에 대한 식민정부의 대응 양상 분석」, 『한국사연구』 157; 김태웅, 2017, 「1925년 일제의 경성부 이촌동 수해대책과 도시 개발 구상」, 『역사연구』 33.
13　윤현석, 2015, 『식민지 조선의 지방단체 광주에 관한 연구』, 전남대학교 박사학위논문.
14　김일수, 2019, 「일제강점기 경북지역 부와 지정면 행정구역 변동의 역사적 의미」, 『민족문화논총』 72, 영남대학교 민족문화연구소.
15　박진한, 2017, 「통감부 시기 인천의 시구개정사업과 시가지행정」, 『동방학지』 180, 연세대학교 국학연구원; 2020, 「1910년대 인천부의 주요 정책과 시가지행정에 관한 연구」, 『도시연구』 23.

시 부산이 다시 동래를 포섭하는 과정을 추적했다.[16]

한편 최근 식민지 도시의 형성·변화 과정의 '군사적 요인'에 주목한 연구가 많이 제출되는 점이 특기할 만하다. 이런 연구는 대상 시기가 크게 둘로 나뉜다. 먼저 병합 전후 러일전쟁의 영향 혹은 러시아 견제의 목적으로 건설된 초기 군사도시 연구로는 러일전쟁기 군사기지화에서 출발하여 간도를 넘나드는 '월경지대'로 성장한 회령 연구,[17] 일본군 19사단 주둔지로 지정되면서 군사도시로 '성장'하여 행정 중심지(도청 이전)의 위상까지 차지하게 되는 나남의 도시 형성 과정 연구,[18] 개항도시의 이미지가 강한 진남포가 그에 '선행하여' 군사적 거점으로 먼저 주목받은 점을 밝힌 연구[19] 등이 인상적이다.

다음으로 1930년대 이래 일제가 대륙 침략을 본격화하면서 도시 변화에 나타난 군사적 요소에 대해서도 많은 연구가 이루어졌다. 김윤미는 일본군의 부산 요새 구축에서부터 태평양전쟁기 병참 수송의 동맥으로 중요성이 증가함에 따라 나타난 부산의 개발과 변화 양상을 총괄하여 조선총독부의 의도나 도시 정치의 기동만으로 설명되지 않는 도시 변화의 양상을 밝혔다.[20] 일제시기 부산 유곽의 성쇠를 도시 내부의 문제로 주목할 뿐만 아니라 일본군과의 관련 속에서도 분석한 전성현의 연구에서도

---

16 전성현, 2016, 「일제강점기 행정구역 확장의 식민성과 지역민의 동향」, 『지방사와 지방문화』 19-1.
17 오미일, 2017, 「간도의 통로, 근대 회령 지방의 월경과 생활세계」, 『역사와 세계』 51.
18 김홍희, 2018, 「일제하 나남의 군기지 건설과 군사도시화」, 『한국민족운동사연구』 95.
19 김경남, 2021a, 「1894~1910년 진남포 일본군병참기지 건설과 도시 형성의 특성」, 『한일관계사연구』 71.
20 김윤미, 2015, 『일제시기 일본군의 대륙침략전쟁과 부산의 군사기지화』, 부경대학교 박사학위논문; 2018, 「조선군 임시병참부의 부산 숙영과 지역 변화」, 『역사와 경계』 109.

비슷한 취지가 발견된다.[21] 더불어 나진항 건설의 군사적 측면에 주목한 연구,[22] 대구시가지 계획의 전개에서 항공기지 건설에 초점을 맞춘 연구,[23] 조선 주둔군 사령부가 대전으로 이전하면서 발생한 도시 변화를 밝힌 연구[24] 등도 일제 말기 도시 변화의 특수 요인으로 군사적 요소에 주목한 연구에 속한다.

2) 도시 정치와 유력자

도시 정치는 비교적 일찍부터 지속적으로 연구된 주제이다. 그러나 전통적 인물 연구의 틀을 넘어 민족 간·계층 간 갈등과 협력이 교차하는 도시 정치에 대한 자각적 문제의식이 싹트기 시작한 것은 최근이라고 할 수 있다. 이 분야를 선구적으로 개척한 연구자는 홍순권이다. 그는 2000년대 초부터 지속적으로 부산, 동래를 중심으로 지방의회의 구성과 활동의 변화 양상을 정리했다.[25] 그런데 그의 연구는 다른 도시에 비해 일본인 유력자 세력이 압도적인 부산을 중심으로 한 것이라 일반화하기에는 한계가 있다. 한편 김동명도 비슷한 작업을 진행했는데, 이를 취합한 최근 저서에서 식민지 도시 정치는 다면적 갈등과 협력의 구도를 보이지만, 최종적으

---

21 전성현, 2018, 「일제강점기 부산 유곽의 실태와 일본군과의 관련성」, 『역사와 경계』 109.
22 김윤미, 2019, 「1930년대 나진 개항과 항만도시 건설의 군사적 전개」, 『인문사회과학연구』 20-4, 부경대학교 인문사회과학연구소.
23 김경남, 2021b, 「아시아·태평양전쟁기 대구의 시가지 계획과 군사기지화 정책」, 『영남학』 78, 경북대학교 영남문화연구원.
24 조건, 2019, 「일제 말기 조선 주둔 일본군의 대전 주둔과 군사령부 이전 계획」, 『역사와 담론』 92.
25 홍순권, 2010, 『근대도시와 지방권력』, 선인.

로는 식민지 권력에 대한 협력으로 귀결된다고 주장했다.[26] 한편 김제정은 경성의 사례에 제한되지만 일제시기 도시 정치는 조선 전체, 도시 중심부, 도시 외곽의 공간적 계층성을 고려해야 하며 이에 따라 식민지 권력과 지역 유력자 간의 갈등도 여러 개의 전선이 만들어짐을 주장했다.[27]

조명근은 대구를 대상으로 지방의회 선거의 조선인 당선자를 정리하여 시간이 흐르면서 신진 유력자가 등장하는 실상을 밝혔으며, 일본인 유력자 오구라의 대흥전기에 대항한 전기 공영화 운동에서 부회가 소극적으로 활동할 수밖에 없었던 정치적 구도, 다양한 도시개발 사업에서 부회 내부의 복합적 갈등 구도 등을 밝혔다.[28] 한편 김희진도 대구를 대상으로 일본인 자본가 단체인 대구상업회의소와 조선인 자본가 단체인 대구상공협회가 부산과의 상권 경쟁, 도시 내부의 인프라 구축(지역철도와 전기 공영화 문제) 등의 사안에서 각각 갈등과 협력을 반복하는 과정을 밝혔다.[29]

김윤정은 개항도시인 마산, 원산의 애당초 '기울어진 운동장'인 지방의회 선거에서 전통적인 조선인 자본가 세력이 일본인 유력자에게 대항하는 '운동'으로서 공인후보를 선출하는 유권자대회의 의미를 밝혔으며, '전통 도시'인 전주, 함흥, 개성 등지에서 도시 정치의 특징을 분석했다. 그에 따르면 조선인 유력자 세력이 상대적으로 강한 전통 도시에서는 조

---

26 김동명, 2018, 『지배와 협력』, 역사공간.
27 김제정, 2014, 「식민지시기 '지역'과 '지역운동'」, 『향토서울』 86, 서울시사편찬위원회.
28 조명근, 2017, 「1920~1930년대 대구부협의회,부회 선거와 조선인 당선자」, 『대구사학』 129; 2019a, 「1920~1930년대 대구,함흥지역의 전기 공영화 운동」, 『사총』 97; 2019b, 「일제시기 대구부 도시 개발과 부(협의)회의 활동」, 『민족문화논총』 71, 영남대학교 민족문화연구소.
29 김희진, 2020, 「1910~1920년대 대구상업회의소 구성원의 연대와 갈등」, 『역사교육』 153.

선인·일본인 유력자가 협력하여 행정권력과 대항하는 사례가 많으며, 의원 간 민족적 갈등이 크게 표출되지 않았고, 특히 개성과 같이 조선인 일색에 가까운 도시에서는 부(협의)회 의원으로 대표되는 유력자 집단이 조선인을 '민족적'으로 대변하기보다 계층적 이익의 추구로 기울어지는 경향을 보였다.[30] 더불어 천지명은 부회의 한계를 극복하기 위해 설치된 부회 소위원회 제도가 실효를 거두지 못하는 실상을 밝혔다.[31] 한편 주동빈은 일제강점기 경성, 부산과 더불어 3대 도시인 평양의 도시 정치 전개의 전 과정을 조선인 유력자를 기축으로 정밀하게 추적했다.[32]

일본인 유력자도 새롭게 부상한 연구 주제이다. 일본인은 조선 전체에 비해 도시 지역에 압도적으로 많이 거주했다. 게다가 도시 정치의 주요 행위자인 유력자로 범위를 좁히면 일본인의 비율은 더욱 높아진다. 김승은 전형적인 일본인 중심 신도시인 부산의 일본인 사회를 다각도로 검토했다.[33] 그의 연구는 식민지 도시에서 일본인과 조선인의 관계를 전형적인 민족적 대립 관계로 그리기도 했지만, 그 이면에서 이루어진 문화의 '혼종' 양상도 살폈다.

전성현은 부산의 도시철도(전차)와 부산을 비롯한 동해안 일대 여러 도시의 이해관계가 얽혀 있는 동해선 철도의 부설, 운영 과정을 다각 도

---

30 김윤정, 2016, 「1920년대 부협의원 선거 유권자대회와 지역정치의 형성」, 『사림』 55; 2017, 「1930년대 함흥부회와 전주부회의 구성과 활동」, 『사림』 60; 2019, 「1920~1930년대 개성 '지방의회'의 특징과 인삼탕 논의」, 『역사연구』 37.
31 천지명, 2020, 「1930년대 초 군산부회의 위원회 활동 연구」, 『역사연구』 39.
32 주동빈, 2023, 『일제하 평양부 '개발'과 조선인 엘리트의 '지역정치'』, 고려대학교 박사학위논문.
33 김승, 2014, 『근대 부산의 일본인 사회와 문화변용』, 선인.

로 분석했다.³⁴ 그에 따르면 부산 도시철도의 운영에서는 운영 회사의 일방적 이윤 추구와 행정권력의 방관 속에서 이용자를 대변하는 조선인·일본인 유력자의 연대가 이루어졌다. 그런데 이런 '민족적' 협력에서 공간적차이, 즉 도시 외곽에 거주하는 조선인 서민층에 대한 차별은 은폐되기도했다. 그런가 하면 여러 도시의 이해관계가 걸려 있었던 1930년대 동해선 철도의 부설 과정에서는 대륙 침략의 정세 속에서 동해북부선 부설을우선시했던 총독부에 맞서 동해남부선 우선 부설을 주장하는 도시의 연대가 이루어졌다. 그런데 이 연대는 광궤 부설 구간을 둘러싼 도시 간의경쟁을 전제로 한 것이기도 했다. 이가연은 1886년 도한하여 1930년대 후반까지 50여 년간 부산의 대표적 자본가로 활동한 후쿠나가 마사지로(福永政治郎)의 생애를 정밀하게 복원하여 풀뿌리 식민자이자 부산인이면서, 부산의 범위를 넘어선 일본 국가주의의 실천자로서의 일본인 유력자의 다면적 면모를 복원했다.³⁵

고윤수는 일련의 연구를 통해 철도 부설에 의해 형성된 대표적인 신도시 대전의 발전 과정을 대전에 정착한 일본인 사회 중심으로 분석했다.³⁶ 이는 대전의 도시적 특징상 당연한 것이지만, 한국사 연구의 일반적 관행에서 보면 상당한 인식의 진전이라고 여겨진다. 그에 따르면 대전은 지역의 전통성과는 완전히 절연된, 그리하여 경부선 대전역의 '우연한'

---

34 전성현, 2021, 『식민지도시와 철도』, 선인.
35 이가연, 2015, 「부산의 식민자 후쿠나가 마사지로의 자본축적과 사회활동」, 『석당논총』 61, 동아대학교 석당학술원.
36 고윤수, 2018, 「재조일본인 쓰지 간노스케를 통해서 본 일제하 대전의 일본인사회와 식민도시 대전」, 『서강인문논총』 51, 서강대학교 인문과학연구소; 2021a, 「식민도시 대전의 기원과 도시 공간의 형성」, 『도시연구』 27; 2021b, 「1910~1930년대 대전의 도시개발과 재조일본인사회」, 『도시연구』 28.

입지가 낳은 완벽한 신도시이다. 따라서 대전의 초기 발전사는 재대전 일본인의 정착사와 일치한다. 그리고 이 사실을 전제하는 데에서부터 대전의 진정한 '역사성'을 논할 수 있다는 것이다. 그리고 이런 대전의 '신도시성'은 1920년대 이래 지방의회 등을 통해 등장한 조선인 유력자의 구성에도 영향을 미쳤다. 즉 대전의 조선인 유력자는 전통적인 지역 명망가에서 상당히 벗어난 외지인 출신, 금융·전문직 출신으로 구성되었다. 송규진도 1930년대 충남도청 이전 이후 대전의 '토목붐'을 다루면서 이것을 일본인 토목업자 카르텔이 독점하면서 '대전의 발전'이 '대전 일본인의 발전'으로 치환되는 구조를 밝혔다.[37]

최근 들어서는 그동안 연구가 부진한 편이었던 북부 지역 도시에 대한 분석이 많이 이루어지고 있다. 오미일은 개항도시인 원산에서 조선인·일본인 자본가층이 각각 전개한 '지역 번영' 활동을 살폈다.[38] 그에 따르면 양측의 활동은 초기에는 지역 공통의 사안에서 협력하기도 했으나, 민족별 이해관계가 엇갈리는 사안(학교 설립 등)에서는 경쟁·갈등의 양상이 컸다. 그러나 1929년 원산 총파업 이후 '계층적' 연대의 기조가 강해진다. 이는 일본인 유력자의 헤게모니에 조선인 유력자가 포섭되는 과정이기도 했다.

송규진은 러일전쟁기 병참기지라는 군사적 요인에서 신도시로 건설된 청진의 발전 과정과 더불어 1930년대 이래 이른바 북선루트의 종단기착항 결정을 둘러싸고 청진, 나진, 웅기의 유력자가 협력과 갈등을 반복하는 면모와 종단기착항이 나진으로 결정된 이후 그 대신 식민지 권력 측에 반대급부를 요구하여 도시로 성장한 청진과 그런 운동의 동력을 갖지 못

---

37 송규진, 2019, 「일제강점기 충남도청 유치 이후 대전 발전의 한계」, 『한국사학보』 74.
38 오미일, 2017, 『제국의 관문-개항장 도시의 식민지근대』, 선인.

하고 쇠락한 웅기의 대조적인 과정 등을 그려냈다.[39]

병합 전후 청진의 개항에서부터 1930년대 청진항, 나진항 건설의 일련의 과정을 분석한 가토 게이키(加藤圭木)의 연구도 군사적 요인보다 지역 내부의 개발 요구 등 사회적 요인을 중시한 점에서 주목할 만하다.[40] 그의 연구는 개발 이슈가 부상할 때 중앙 정계에 대한 로비 활동 등 조선을 넘어 제국적 차원에서 지역 유력자의 대응 양상을 세밀하게 추적했다. 한편 염복규는 경의선 부설로 형성된 신도시 신의주에서 토지 소유의 극단적 불균등으로 말미암은 차지인운동의 전개양상과 그것이 진정한 성공에 이를 수 없었던 근본적인 지역사회의 역관계를 분석했다.[41] 권경선도 1930년대 신의주에서 일어난 주거공간의 민족별 남북 분화에 따라 교육, 의료 등 도시시설의 배치도 불균등하게 이루어졌음을 실증했다.[42]

정경운은 전통적 읍치이면서 호남에서는 상대적으로 신도시성도 없지 않은 광주의 지역 유력자의 활동을 대표적인 단체인 광주번영회의 변화를 중심으로 분석했다.[43] 그에 따르면 원래 일본인 유력자 단체로 출발한 광주번영회는 1910~1930년대 세 차례 창립을 반복했다. 이는 광주 도시 정치에서 일본인 유력자의 헤게모니가 점차 강화되는 과정이기도

---

39 송규진, 2013a, 「일제의 대륙침략기 북선루트, 북선3항」, 『한국사연구』 163; 2013b, 「일제강점기 '식민도시' 청진 발전의 실상」, 『사학연구』 110; 2014, 「함경선 부설과 길회선 종단항 결정이 지역경제에 미친 영향」, 『한국사학보』 57.

40 加藤圭木, 2017, 『植民地朝鮮の地域變容-日本の大陸進出と咸鏡北道』, 吉川弘文館.

41 염복규, 2020, 「1920년대 말 '신도시' 신의주의 차지인운동과 지역사회」, 『역사문화연구』 76, 한국외국어대학교 역사문화연구소.

42 권경선, 2020, 「1930년대 신의주 주민의 거주지 분화와 생활 조건의 격차 고찰」, 『역사와 경계』 117.

43 정경운, 2019, 「일제강점기 '광주번영회' 연구」, 『국학연구논총』 23; 2020, 「일제강점기 광주의 지역유지 연구」, 『국학연구논총』 26.

했다. 그러나 이 과정은 일방향적인 것만은 아니었다. 1920년대부터는 조선인 신진 유력자도 광주번영회에 참여하여 도시 정치의 한 축을 형성하기 시작했다.

류나래는 일반적으로 해군이 주도하여 건설한 군항으로 알려진 진해의 시가지 조성이나 초기 도시 운영에서 학교조합, 위생조합 등을 통한 민간 일본인의 역할을 밝혔다.[44] 그의 연구에서 인상적인 것은 민족 간 경계를 구분하기 어려운 방역대책에서 위생조합 주도로 군항 건설을 위해 외곽으로 축출된 조선인까지 포괄함으로써 일본인 유력자 헤게모니가 확립되는 과정을 밝힌 점이다.

일본질소비료에 의해 기업도시로 건설된 흥남 도시화의 전 과정을 분석한 양지혜의 연구도 주목된다.[45] 그에 따르면 발전소와 공장의 입지 등을 둘러싸고 처음에 전통적 대도시인 함흥과 신도시 예정지인 흥남은 협력관계였다. 그러나 흥남이 행정권력마저 기업에 위탁한 완전한 기업도시로 건설됨으로써 주변 지역의 발전을 도시 성장의 계기로 삼으려던 함흥의 목표는 어그러졌다. 흥남의 '발전'은 오로지 일본질소비료라는 기업의 이익으로만 귀착되었으며 이는 주변 지역의 피해를 수반한 것이었다.

개항도시의 초기 '발전' 과정에서 일본인 거류민단의 활동에 대해서는 인천을 사례로 한 추교찬의 연구가 주목된다.[46] 그에 따르면 1906~1914년 인천 시가지 건설을 주도한 거류민단은 활동의 '자율성'을 통제하려는 통감

44　류나래, 2020, 「식민지 군항도시 진해의 '진해학교조합'과 시가지 경영」, 『도시연구』 24; 2021, 「식민지 군항도시 진해의 위생행정과 지역유력자」, 『한일관계사연구』 72.

45　양지혜, 2020, 『일제하 일본질소비료의 흥남 건설과 지역사회』, 한양대학교 박사학위논문.

46　추교찬, 2020, 『인천 일본인 거류민단의 구성과 운영』, 인하대학교 박사학위논문.

부, 총독부와 지속적으로 갈등했다. 이는 민단세, 민장 관선화를 둘러싼 대립으로 표출되었다. 그러면서 거류민단 내부에서도 이주 시점, 출신지, 생활 근거지 등의 차이에 의한 대립이 있었다. 이런 내부의 대립은 축항을 비롯한 인천의 초기 도시 개발에 영향을 주기도 했으며, 식민지 권력에 의한 거류민단 통제의 빌미로 작용하기도 했다.

일제강점기 신도시의 한 유형으로는 일본인 이주 어촌, 어항도시를 들 수 있다. 박정석은 구룡포, 방어진, 장승포, 통영 등 일련의 어항도시의 형성 과정과 특징을 지속적으로 분석했다.[47] 그에 따르면 어항도시는 일본인 주도의 항구 건설, 자연재해에 대한 공동 대처 등의 과정을 통해 민족적 대립보다 문화적 '혼종'의 현상이 더 뚜렷하게 나타났다. 한편 구룡포에 대한 이창언의 연구는 조선인·일본인 간의 협력 이면에서 일본인 사회의 내부 균열도 있었음을 밝혔다.[48]

3) 도시사회와 도시주민

일제강점기 도시사에서 오랜 논쟁 중 하나는 조선인과 일본인의 주거지 분리와 잡거 문제이다. 이를 둘러싼 논란은 농촌 지역과 달리 도시는 일본인 인구의 비율이 일정한 수준 이상이면서 민족 간의 '일상적 접촉'의 빈도가 훨씬 높기 때문에 발생한다. 과거 이에 대해서는 주거지 분리를 당연히 전제하고 논의를 전개하는 경우가 많았다. 김종근은 경성, 인천

---

47 박정석, 2017, 『식민 이주 어촌의 기억과 흔적』, 서강대출판부.
48 이창언, 2010, 「식민지시기 구룡포지역의 일본인 사회」, 『민속학연구』 27, 국립민속박물관.

등을 사례로 인구통계를 엔트로피 지수법 등으로 분석하여 실제로는 거주지 분리보다 잡거의 경향이 점점 강해지며, 거주지 분리는 식민자와 식민지민 양측에서 만들어진 심상지리의 '분리 담론'이라고 주장했다.[49] 그의 주장은 식민지 도시에 대한 도그마적 인식을 극복하고 그 실상에 접근할 수 있는 유력한 길을 개척한 것이라고 할 수 있다. 그러나 식민지 도시사의 전체상을 그리기 위해서는 더 많은 도시의 사례 분석이 축적될 필요가 있겠다.

주거 문제나 빈민 문제 등은 근현대 도시사에서 기본적인 연구 주제라고 할 수 있다. 또 일제시기 연구에서도 전통적으로 관심을 가져온 주제라고 할 수 있다. 최근 이명학은 일제시기 전 기간을 통해 식민지 권력의 주거정책의 변화와 그에 따른 도시 주거에서 나타난 문제점, 빈민층의 '주거권' 운동을 포괄적으로 분석했다.[50] 그의 연구는 무엇보다 특정 시기나 도시가 아닌 일제시기 전 기간, 모든 도시를 대상으로 한 연구라는 점이 독보적이다. 물론 그렇기 때문에 나타날 수밖에 없는 도식적이고 무리한 해석이 없지 않으나 추후 이 분야 연구의 기초를 재확립했다는 의의는 분명하다.

김윤경은 주로 1930년대 이후 인천과 경성의 주택 부족 상황과 그에 대응한 전문적인 대가업의 실태를 밝혔다.[51] 이 연구는 그동안 다소 막연

49　김종근, 2010, 「식민도시 경성의 이중도시론에 대한 비판적 고찰」, 『서울학연구』 38, 서울시립대학교 서울학연구소; 2011, 「식민도시 인천의 거주지 분리 담론과 실제」, 『인천학연구』 14, 인천대학교 인천학연구원.

50　이명학, 2021, 『조선총독부 주거정책의 민족·계층적 편향과 주거권운동의 대두』, 고려대학교 박사학위논문.

51　김윤경, 2019, 「일제강점기 인천의 주택난과 조선대가조합령」, 『인천학연구』 30, 인천대학교 인천학연구원; 2020, 「경성의 주택난과 일본인 대가업자들」, 『서울학연구』

하게 추정되어 오던 것을 구체적으로 실증한 의미가 있다. 정경운과 윤현석은 1930년대 광주에서 빈민주택 철거사건과 그에 대한 조선인 유력자의 대응 및 그 결과 형성된 '학강정(鶴岡町) 갱생지구'의 의미, 그것이 현재까지 '학동 8거리' 역사 경관으로 이어지는 과정을 살폈다.[52]

백선례와 이순영은 도시에서 위생과 의료 문제가 촉발한 사회적 논쟁과 의미를 살폈다. 백선례는 1928년 경성의 장티푸스 유행에서 일본인 환자가 다수 발생함에 따른 여론의 동향과 그 원인을 둘러싼 경성부와 경성제대 의학부 사이의 논쟁을 분석했으며,[53] 이순영은 1930년대 초 부립경비진료소 설립을 둘러싸고 전개된 식민지 권력(경성부), 조선어 언론, 일본인 유력자, '전문가'(의사) 사이의 논쟁을 통해 당시 대도시에서 의료 접근성의 차별 문제가 드러났음을 밝혔다.[54]

양미경과 오세미나는 도시생활의 중요한 영역이라고 할 수 있는 새로운 식문화의 유입과 의미를 다루었다. 양미경은 전통 도시인 전주를 대상으로 조선인, 일본인 경영의 외식업이 공간적으로는 분리되었으나 그에 대한 주민의 접근에서는 그런 공간적 경계가 상당히 허물어졌음을 밝혔다.[55] 오세미나는 현재 군산의 유명 제과점인 이성당의 전신 이즈모야

78, 서울시립대학교 서울학연구소; 2023, 『일제하 경성 도심부의 일본인 토지 소유 변동 연구』, 서울시립대학교 박사학위논문.

52 정경운, 2013, 「일제강점기 광주읍 '궁민' 연구」, 『호남문화연구』 53, 전남대학교 호남학연구원; 윤현석, 2019, 「일제강점기 빈민 주거 문제에 있어서 광주의 조선인 지도층 대처에 관한 연구」, 『도시연구』 22.

53 백선례, 2019, 「1928년 경성의 장티프스 유행과 상수도 수질 논쟁」, 『서울과 역사』 101, 서울역사편찬원.

54 이순영, 2019, 「1930년대 초반 경성의 의료접근성 문제와 부립경비진료소 설치 논쟁」, 『역사와 현실』 114.

55 양미경, 2015, 「일제강점기 전주의 도시 공간과 상업 및 외식업의 존재양상」, 『사회와

의 사례를 분석하여 신도시 일본인을 중심으로 유입된 새로운 식문화가 민족 구별을 넘어 전파되는 양상을 살폈다.[56]

신사는 일본 도시의 고유한 요소로서 일제가 건설한 식민지 도시에도 무엇보다 먼저 들어서는 시설로 알려져 있다. 박진한은 처음 거류민의 위락과 기념 공간으로 건립된 인천대신궁(인천신사)이 일제 말기 전시동원의 상징으로 변화하는 과정을 추적했다.[57] 이동훈은 인천과 수원을 사례로 개항도시의 거류민 시설로 출발한 신사가 점차 '내지'로 전파되는 과정, 그리고 이 과정에서 신사의 기능이 사적 위안에서 거류민 사회의 통합으로, 다시 조선인 사회의 교화로 확대되었음을 밝혔다.[58] 지영임은 지금까지 거의 실체가 드러나지 않은 대구신사를 살폈다.[59] 그에 따르면 1905년 건립된 대구신사는 처음부터 서민 종교성보다 권력과 군대의 그림자가 짙게 드리워져 있었다.

유곽은 신사와 더불어 일제 식민지 도시를 특징짓는 독특한 시설이다. 김부자·김영은 일본군 주둔과 유곽의 성립 관계에 초점을 맞추어 경성, 경흥, 나남, 마산, 진해, 함흥, 회령 등 여러 도시의 사례를 살폈다.[60] 사례 도시가 전통적 대도시, 개항도시, 군사도시 등 여러 유형을 포괄한 것이 이 연구의 큰 장점이다. 개별 도시의 유곽으로는 경성의 신정유곽이 주로

역사』 108.

56 오세미나, 2016, 『근대의 맛과 공간의 탄생』, 민속원.
57 박진한, 2013, 「식민지시기 '인천대신궁'의 공간 변용과 재인천일본인」, 『동방학지』 162, 연세대학교 국학연구원.
58 이동훈, 2018, 「재조일본인 건립 신사에 관한 기초적 연구」, 『한일관계사연구』 62.
59 지영임, 2021, 「식민지기 대구신사의 건립과 활용」, 『인문연구』 95, 영남대학교 인문과학연구소.
60 金富子·金栄, 2018, 『植民地遊廓』, 吉川弘文館.

연구되었다. 김종근은 서양, 일본과 비교하여 조선 도시에서 유곽의 공간적 배제와 관리의 '보편적' 메커니즘에 주목했으며,[61] 유승희는 일본인 중심지 본정의 동쪽 외곽에 건설된 신정유곽이 확대되면서 동부 개발을 촉진한 점과 더불어 이로 인해 격리와 통제의 공간이라는 유곽의 고유한 특징이 퇴색했음을 밝혔다.[62] 한편 박현은 경성과 평양의 유곽 자체의 내부 구조에 집중하여 일본 유곽의 고유한 공간적 구조가 조선 도시의 지형에 맞추어 변형된 측면을 살피고, 이에 더하여 도시 내부에서 일본인 유곽과 공간적으로 구분되는 조선인 유곽의 형성 과정을 밝혔다.[63] 이정욱은 대표적 개항도시인 군산의 유곽 형성 과정을 정리했는데, 신흥동의 일본인 유곽에 이어서 개복동 조선인 유곽이 형성되었음을 밝히고 조선인 유곽이 8·15 이후 성매매 집결지로 이어졌음을 지적했다.[64]

소방조는 근대 일본에서 에도시대 의용소방의 전통을 계승하여 만들어진 자치 소방조직으로서 본연의 화재 진화의 기능 외에 도시 지역사회에서 다양한 역할을 한 풀뿌리 조직이다. 조선에서도 개항도시를 중심으로 일본인 소방조가 만들어지기 시작했다. 김상욱은 광주, 군산, 대구, 대전, 목포, 부산, 전주 등 여러 도시의 소방조 창설과 변화 과정을 기초적으

---

61 김종근, 2011, 「식민도시 경성의 유곽공간 형성과 근대적 관리」, 『문화역사지리』 23-1.
62 유승희, 2012, 「근대 경성 내 유곽지대의 형성과 동부지역 도시화」, 『역사와 경계』 82.
63 박현, 2015, 「일제시기 경성의 창기업 번성과 조선인 유곽 건설」, 『도시연구』 14; 2016, 「20세기 초 경성 신정유곽의 형성과 변화 과정에 대한 공간적 분석」, 『서울과 역사』 92, 서울역사편찬원; 2023, 「개항기~일제시기 평양의 유곽 형성과 시기별 양상」, 『도시연구』 33.
64 이정욱, 2015, 「제국 일본의 식민지도시 건설과 전통사회의 변화」, 『일본연구』 24, 고려대학교 글로벌일본연구원.

로 정리했다.[65] 소방조는 대개 일본인 조직으로 출발하지만 지역에 따라 조선인과 결합하는 시기, 규모가 달랐는데 이는 그 도시의 사회적 특징을 반영하는 것이었다. 한편 광주 소방조는 이성우·한규무의 연구도 있다.[66] 이 연구에 따르면 광주 소방조는 재향군인회, 위생조합과 인적으로 상당히 겹쳐 일본인 조직의 성격이 오랫동안 유지된 특징이 있다. 또 염복규는 초기부터 식민지 수도로서 조선인과 일본인의 연합 조직의 성격이 강했던 경성지역 소방조의 특징을 밝히고, 조선에서 유일한 상설소방기구인 경성소방서가 창설되면서 민간 조직인 소방조가 흡수되는 과정을 정리했다.[67]

화교는 일제시기 도시사회에서 특별한 위상을 가지고 있다. 몇몇 예외를 제외하면 인구 구성에서 절대적 비율이 높지는 않지만 그 이상의 경제적 비중을 가진 경우가 많으며 화교 집단 형성의 배경이나 중국과의 오랜 역사적 관계 등에서 연원하여 식민지 도시의 화교는 그 도시사회의 향방에 적지 않은 영향을 미쳤다. 김태웅은 군산, 인천, 신의주, 부산 등 '신도시'에서 정주 화교의 형성 배경, 국제정세의 변화에 따른 화교사회의 분화와 성쇠 양상을 선구적으로 정리했다.[68] 조세현은 부산 화교의 역사를 지속적으로 추적하여 농공상의 여러 분야에서 활동하던 화교사회가 1930년대 이래 중일의 긴장관계가 계속되면서 쇠퇴하여 남은 소수가 오

---

65 김상욱, 2021, 『한국 근대 소방관의 탄생』, 민속원.
66 이성우·한규무, 2019, 「일제강점기 전남 광주의 소방조 창설과 화재」, 『숭실사학』 43.
67 염복규, 2012, 「일제하 경성지역 소방기구의 변화 과정과 활동 양상」, 『서울학연구』 49, 서울시립대학교 서울학연구소.
68 김태웅, 2010, 「일제하 군산부 화교의 존재 양태와 활동 양상」, 『지방사와 지방문화』 13-2; 2012, 「일제하 조선 개항장 도시에서 화교의 정주화 양상과 연망의 변동」, 『한국학연구』 26, 인하대학교 한국학연구소.

늘날까지 폐쇄적 지역사회(초량동, 중앙동 등지)의 흔적을 남기게 되는 과정을 밝혔다.[69] 이은상은 신의주, 원산, 청진 등 북부 도시의 화교사회를 분석했다. 그도 김태웅과 비슷하게 1930년대 배화폭동, 중일전쟁을 전후하여 화교사회의 성쇠가 나뉜다고 보았으나 화공의 경제적 역할이 큰 신의주의 경우 여전히 수적으로는 상당한 세가 유지되기도 했고, 개별 도시의 공업 발달 정도가 화교사회의 유지에 영향을 미쳤음을 밝혔다.[70] 양세영은 목포 화교를 분석했다.[71] 그의 연구에 따르면 목포는 호남의 대표적 개항도시였기 때문에 화교사회도 호남 화교 전체의 '허브' 역할을 했다. 또 1930년대 이래 화교 노동을 필요로 하는 성장 동력이 떨어짐에 따라 중일전쟁 이후 화교사회는 급격한 몰락을 피할 수 없었다.

4) 도시개발과 인프라

다양한 도시시설의 물리적 구축 과정을 중심으로 하는 도시개발과 인프라는 시기를 막론하고 도시사에서 전통적으로 많은 연구가 이루어진 분야로서 식민지 도시사 연구도 마찬가지다. 도시의 새로운 시설 구축과

69　조세현, 2013, 『부산 화교의 역사』, 산지니.

70　이은상, 2016, 「20세기 전반(1912~1936) 식민지 조선의 신의주 화교」, 『중국근현대사연구』 70; 2016, 「중일전쟁 이전 시기(1912~1936) 조선의 원산 화교」, 『인문과학』 60, 성균관대학교 인문학연구원; 2017, 「중일전쟁 시기 원산 화교의 동향과 화교경제」, 『사총』 90; 2020, 「식민지시기 조선 청진 화교의 위상」, 『동양학』 78, 단국대학교 동양학연구원.

71　양세영, 2018, 「개항 및 일제강점기 전기 목포 화교의 경제,사회적 활동에 관한 연구」, 『지방사와 지방문화』 21-2; 2019, 「일제강점기 정치,사회적 변동과 목포화교 사회의 대응에 관한 연구」, 『지방사와 지방문화』 22-2.

개발은 식민지 권력의 근대화, 문명화 헤게모니 구축에도 핵심적인 역할을 하는 것이므로 이 분야는 상대적으로 정비된 사료가 많이 남아 있기도 하다. 이 점도 이 분야 연구의 활성화에 어느 정도 기여한 바 있다.

먼저 식민지 도시개발의 일반론을 지향한 연구를 보면 김대중은 실사가 가능한 남한 지역의 20여 개의 전통적 읍성을 대상으로 일제시기 읍성 철거와 철도 부설이 도시 공간구조의 변화에 미친 영향을 비교, 분석했다.[72] 그의 연구는 철도노선과 전통적 도시 중심부의 거리, 철도역과 읍성의 인접성에 따라 철도가 도시 변화에 미친 영향력이 현저하게 차이가 있음을 실증했으며, 궁극적으로는 철도가 읍성을 대체하여 새로운 도시 경계가 되었음을 밝혔다. 1934년 이후 「조선시가지 계획령」에 따른 시가지 계획에 대해 윤희철은 그 수립과 집행 과정의 일반적 프로세스를 정리했다.[73] 이 연구는 크게 새로운 내용이 있는 것은 아니나 주로 개별 도시 사례 분석으로 진행된 시가지 계획의 일반론을 확립한 의의가 있다. 한편 전상숙은 그동안 몇몇 도시의 시가지 계획과 관련하여 부분적으로 언급되었던 '국토계획론'에 대해 일본 국토계획의 거시적 배경과 의미, 그 속에서 식민지 조선의 위치를 포괄적으로 정리했다.[74]

다른 분야도 그렇지만 도시개발에서도 압도적으로 연구된 도시는 경성이다. 거시적 연구로서 심경미는 20세기 100여 년간 종로의 도로 정비, 구획정리, 연선 도시시설의 변화를 포괄적으로 정리하여 이 기간 중 큰

---

[72] 김대중, 2020, 『20세기 초 철도 부설과 성곽 훼철에 따른 성곽도시의 공간구조 변화』, 경북대학교 박사학위논문.

[73] 윤희철, 2016, 「일제강점기 시가지 계획의 수립 과정과 집행」, 『도시연구』 16.

[74] 전상숙, 2017, 「전시 일본 국토계획과 대동아공영권, 그리고 조선 국토계획」, 『사회이론』 51.

변화에도 불구하고 공간의 근대 이전의 전통적 관성이 현재까지도 지속되는 측면이 있음을 밝혔다.[75] 이연경은 19세기 말 일본인이 처음 정착했을 때부터 일제 초기까지 본정이 형성되는 과정을 정리하여 경성의 도시 공간에 전통이 지속되는 이면에 '일본적 근대'가 새롭게 건설되는 측면을 밝혔다.[76] 김하나는 시야를 외곽으로 돌려 '경성의 공업지역'이자 '경성의 바깥' 영역으로 영등포가 형성되는 과정과 양자의 관계 변화가 마침내 영등포의 경성 편입으로 귀결되는 배경을 밝혔다.[77] 주요 도시 인프라인 전차에 대해서는 최인영의 연구가 독보적이다. 그의 연구는 전차노선이 처음 부설된 1890년대부터 그것이 최종적으로 폐지되는 1968년까지 전차교통의 확장 배경과 그를 둘러싼 사회적 갈등을 총괄적으로 정리했다.[78] 8·15 이후 일제 도시 인프라의 유산이 어떻게 지속·변용되는지를 밝힌 것도 이 연구의 중요한 특장이다. 근대 이전 '왕조의 성역'으로 여겨졌던 경복궁의 궁역이 식민지 권력에 의해 단순히 파괴된 것이 아니라 새로운 상징으로 재편·전유되는 경위와 과정을 막연한 추정이 아니라 구체적으로 추적한 미야자키 료코(宮崎涼子)의 최근 연구도 주목된다.[79]

조세호·김영민은 1920년대 이래 여러 차례 작성된 경성부 도시계획

---

[75] 심경미, 2010, 『20세기 종로의 도시계획과 도시 공간 변동』, 서울시립대학교 박사학위논문.

[76] 이연경, 2015, 『한성부의 '작은 일본', 진고개 혹은 본정』, 시공문화사.

[77] 김하나, 2013, 『근대 서울 공업지역 영등포의 도시 성격 변화와 공간 구성 특징』, 서울대학교 박사학위논문.

[78] 최인영, 2014, 『서울지역 전차교통의 변화 양상과 의미』, 서울시립대학교 박사학위논문; 2018, 「1929년 조선박람회에 활용된 경성의 교통망」, 『서울학연구』 72, 서울시립대학교 서울학연구소.

[79] 宮崎涼子, 2020, 『未完の聖地―景福宮宮域再編事業の100年』, 京都大学学術出版会.

안의 공원·녹지 계획의 변화 양상을 정리하여 그 의미가 위생시설에서 출발하여 여가, 문화, 방공시설로 확대되는 과정을 밝히고, 1940년 경성 시가지 계획 공원·녹지계획의 연장선에서 1960년대 후반 서울도시공원 계획이 입안되었음을 구체적으로 지적했다.[80] 이와 비슷한 취지인 안상민·이시다 준이치로(石田潤一郎)의 연구는 일제시기 미실현된 공원계획 부지의 상당한 부분이 8·15 이후 주택지, 각종 도시시설 부지로 전용되는 과정을 밝혔다.[81] 경성 내 소지역으로는 동(북)부 도성 안팎을 대상으로 한 연구가 많이 보인다. 주상훈은 1910~1920년대 대형필지가 많이 남아있는 오늘날 대학로 일대에 관립학교가 건립되면서 지역 개발이 이루어지는 양상을 추적했으며,[82] 유슬기·김경민은 일대의 학교촌화가 새로운 근대적 중산층 지역화를 견인했다고 보았다.[83] 강창우·양승우는 도성 외곽까지 포함하는 경성 동북부 일대가 관변과 민간에 의해 동시 개발되면서 일어난 도시조직의 변화 양상을 살폈다.[84] 그 밖에 염복규는 일제

---

80 김영민·조세호, 2019, 「경성부 공원녹지계획의 의의와 한계」, 『도시설계』 20-3; 조세호·김영민, 2019, 「경성부 도시계획서 상의 공원녹지 개념과 현황의 변화 양상」, 『한국조경학회지』 47-2.

81 안상민·石田潤一郎, 2014, 「일제 식민지기 서울의 도시계획을 통한 아동공원계획과 변천에 관한 고찰」, 『서울학연구』 54, 서울시립대학교 서울학연구소; 2019, 「1940년대 방공 계획을 중심으로 한 서울(경성)의 도시 개조에 관한 연구」, 『서울학연구』 77, 서울시립대학교 서울학연구소.

82 주상훈, 2012, 「일제강점기 경성의 관립학교 입지와 대학로 지역의 개발 과정」, 『서울학연구』 46, 서울시립대학교 서울학연구소.

83 유슬기·김경민, 2017, 「일제강점기 한양도성 안 동북부 지역의 중상류층 지역화 과정」, 『서울과 역사』 97, 서울역사편찬원.

84 강창우·양승우, 2014, 「일제강점기 경성 동북부 도시조직 변화 과정 연구」, 『서울학연구』 57, 서울시립대학교 서울학연구소.

시기 비행장으로 기능한 여의도의 면모를 구체적으로 복원하기도 했다.[85]

부산 도시개발 연구도 지속적으로 이루어졌다. 김경남은 일제시기 전 기간에 걸친 부산의 도시개발 과정을 이를 견인한 주요 변수로서 자본가 네트워크의 형성과 관련하여 총괄적으로 분석했다.[86] 이 연구는 개발의 물리적 측면에 주목할 때 자칫 누락하기 쉬운 근대 도시의 자본주의적 토대를 부각시켰다는 의미가 있으나 다소 도식적인 적용의 한계도 보인다. 차철욱은 매축에 비해 연구가 부족한 항만설비 정비 과정을 정리하여 그 과정에서 일어난 사회적 갈등과 조선인의 경험, 8·15 이후 식민지 유산의 의미를 밝혔다.[87] 김윤미는 일제 판도 전역의 교통망 형성에서 부산항의 기능을 분석하여 단지 '조선의 식민지 도시'가 아닌 '제국의 도시'로서 부산의 위상을 환기했다.[88] 배석만은 1930년대 후반의 대표적 개발 사업인 적기만(赤崎灣; 부산 남구 우암동) 매축에서 보이는 일본 군부, 동척, 부산의 자본가 등의 이해관계의 갈등과 조정을 분석하여 이 사업이 단지 '혼연일체의 국책사업'으로 진행되지 않았음을 밝혔다.[89] 김영하·윤국빈·강영조는 1944년 부산 시가지 계획 공원의 실제를 처음으로 정리하여 8·15 이후 도심부 공원은 거의 폐기되었으나, 외곽에는 일제시기의 계획이 집행

---

85 염복규, 2020, 「일제하 여의도비행장의 조성과 항공사업의 양상」, 『서울과 역사』 104, 서울역사편찬원.
86 김경남, 2015, 『일제의 식민도시 건설과 자본가』, 선인.
87 차철욱, 2010, 「일제시대 부산항 설비사업과 사회적 의미」, 『한국학논총』 33, 국민대학교 한국학연구소.
88 김윤미, 2021, 「제국 일본의 교통망과 부산항의 군사적 역할」, 『항도부산』 42, 부산광역시사편찬위원회.
89 배석만, 2012, 「1930년대 부산 적기만 매축 연구」, 『항도부산』 28, 부산광역시사편찬위원회.

되기도 했음을 밝혔다.[90]

부산과 더불어 대표적 개항도시인 인천의 경우, 박진한이 병합 전후 일본인 거류민이 주도한 해안매립사업, 묘지 확장을 빌미로 한 영역 확장 등 초기 시가지 개발 과정을 정리했다.[91] 이와 더불어 이동훈은 병합 직후 인천항 축항 사업에서 민간 일본인의 활동이 거꾸로 식민지 권력에 영향을 미친 점을 밝혔다.[92] 그는 이런 민간 일본인의 주도성을 조선 개항도시의 특징이라고 했는데, 이는 다른 사례 분석을 기다려야 결론을 내릴 수 있을 것으로 보인다.

북부 지역의 대표적 전통 도시인 평양에 대한 연구는 김태윤이 평양 시가지 계획의 내용과 실제 집행·미집행 내역을 정리하고, 그 상당한 부분이 8·15 이후 북한 권력에 의해 '민주개혁'이라는 다른 이름으로 실행되었음을 밝혔다.[93] 이와 관련하여 1938년 평양시가지 계획 제1구획정리지구의 실태를 실증적으로 정리한 김민아·정인하의 연구도 참고가 된다.[94] 한편 주동빈은 1919년 동척계 대기업의 이해관계를 반영한 평양 대안시가계획의 동평양 개발 구상이 조선에서 최초의 위성공업도시계획

---

[90] 김영하·윤국빈·강영조, 2017, 「일제강점기 조선시가지 계획령에 고시된 부산 소재 도시공원의 변천」, 『한국조경학회지』 45-1.

[91] 박진한, 2016a, 「1900년대 인천 해안매립사업의 전개와 의의」, 『도시연구』 15; 2016b, 「인천의 일본인 묘지 이전과 일본식 시가지 확장 과정」, 『인천학연구』 24, 인천대학교 인천학연구원.

[92] 이동훈, 2018, 「1910년대 인천항 축항 사업과 식민자 사회」, 『인천학연구』 28, 인천대학교 인천학연구원.

[93] 김태윤, 2021, 「1940년대 평양의 도시개발사업을 통해 본 도시 공간의 연속과 단절」, 『민족문화연구』 90, 고려대학교 민족문화연구원.

[94] 김민아·정인하, 2014, 「일제강점기 평양부 토지구획정리사업의 환지방식에 관한 연구」, 『대한건축학회논문집』 30-12.

으로 수립된 사실을 발굴하고, 1920년대 변화한 정세에서 이 계획이 서평양의 조선인 시가지 개발로 선회하는 사정을 분석했다.[95]

그 밖에 북부 지역의 도시개발 연구로는 1930년대 이후 압록강 하구 다사도(多獅島)의 항구 개발과 이것이 신의주와 연계한 광역 도시계획으로 확대되는 과정을 정리한 김승의 연구,[96] 1930년대 총독부의 '북선개척사업'에 의해 성진이 공업도시화하는 과정을 밝힌 서일수의 연구,[97] 1920~1940년대 정어리어업의 팽창이 청진의 도시개발에 미친 영향을 다각도로 밝힌 심재욱·이혜은·민원기의 연구[98] 등도 주목된다.

남부 지역의 도시개발 연구로는 일본인 유력자의 지속적인 유성온천 개발이 단지 관광사업 차원이 아니라 '대대전 건설'의 전략적 자원이었음을 밝힌 고윤수의 연구,[99] 전주와 군산 사이의 철도 신도시 이리의 개발을 제국-식민지를 아우르는 교통 거점 건설로 자리매김한 김경남의 연구,[100] 전통적 읍치인 수원이 철도와 농업 중심도시로, 다시 관광도시, 공업도시로 성격이 변화하는 과정을 밝힌 김백영의 연구,[101] 목포시가지 계획과 군산시가지 계획의 구체적 내용을 처음으로 정리한 윤희철, 문지은·니시자

---

95 주동빈, 2021, 「평양대안시가계획의 중단과 조선인 시가 우선 개발로의 귀결」, 『도시연구』 28.
96 김승, 2018a, 「일제시기 다사도항 개발과 신의주,다사도 간의 철도 연결」, 『해항도시문화교섭학』 18, 한국해양대학교 국제해양문제연구소.
97 서일수, 2019, 「1930년대 '북선개척사업'과 성진의 도시 공간 변동」, 『도시연구』 22.
98 심재욱·이혜은·민원기, 2017, 「일제강점기 청진의 팽창과 정어리어업」, 『역사와 실학』 63.
99 고윤수, 2020, 「일제하 유성온천 개발과 대전 지역사회의 변화」, 『역사와 담론』 93.
100 김경남, 2018, 「제국의 식민지 교통 통제 정책과 이리 식민도시 건설」, 『지역과 역사』 43.
101 김백영, 2012, 「일제하 식민지도시 수원의 시기별 성격 변화」, 『도시연구』 8.

와 야스히코(西澤泰彦) 등의 연구,[102] 일제 초기 철도 신도시로 급속하게 개발되었으나 끝내 '역전도시'의 한계를 극복하지 못하고 8·15 이후 교통체계의 변화와 더불어 쇠락한 조치원의 성쇠를 분석한 최원희의 연구,[103] 1930년대 충남선(장항선)이라는 새로운 철도의 등장과 더불어 쌀 이출의 중심 항구도시로 개발되고 제련소가 건설되는 등 일약 신도시로 등장한 장항 발전의 동력, 군산과의 경쟁 관계, 8·15 이후의 연속과 단절 등을 분석한 배석만의 연구[104] 등이 주목된다.

5) 도시경관과 도시문화

일제강점기 변화하는 도시경관이나 새롭게 형성된 도시문화 연구도 많은 경우 경성을 대상으로 하고 있다. 이는 경성의 변화 폭이 크고 다양한 연구소재를 찾을 수 있는 사실을 반영한 현상이지만, 경성이 식민지 도시 일반을 대표할 수 없다는 점을 유의할 필요가 있겠다. 먼저 여러 시각자료 가운데 경성의 이미지를 분석한 연구를 살펴보자. 성효진은 파리, 도쿄와 비교하여 1897~1939년 경성 도시 이미지 변화를 총괄적으로 분석했다.[105] 그의 연구는 일련의 변화 과정을 1897~1910년 한성의 쇠락과 경성의 탄

---

102 윤희철, 2013, 「일제강점기 목포 도시계획의 내용과 특징」, 『한국지역개발학회지』 25-2; 문지은·西澤泰彦, 2019, 「1934年施行の朝鮮市街地計画令による群山市街地計画に関する研究」, 『日本建築学会計画系論文集』 84-755.
103 최원희, 2012, 「일제 식민지 근대도시 조치원의 출현원인, 도시체계상에서의 위상 및 도시내부구조의 형성 과정」, 『한국지리학회지』 1-1.
104 배석만, 2020, 「일제시기 장항항 개발과 그 귀결」, 『역사와 현실』 117.
105 성효진, 2020, 『서울의 도시이미지 형성(1897~1939)에 대한 연구』, 서울대학교 박사학위논문.

생, 1910~1926년 경성의 건설과 한성의 잔존, 1926~1939년 경성 스펙터클의 신화화·파편화로 시기 구분한 것이 특장이며, 그만큼 추후 논쟁의 여지를 남기고 있다. 그 밖에 박수지·김한배는 관광안내서, 풍경화 속 경성의 경관명소를 취합하여 근대 이전에 비해 남쪽의 명소가 많이 '창출'되었으며, 정적 완상보다 동적 활동을 강조하는 쪽으로 변화했음을 밝혔다.[106] 원종혜는 관광 지도에 나타난 경성 관광 이미지를 분석하여 계층에 따른 관광 인식의 차이에 주목했으며,[107] 김선정은 파노라마 이미지에 나타난 경성의 변화 양상을 정리했다.[108] 조정민은 1930년대 사진엽서 경성백경에 나타난 공간의 절단과 채취 전략, 그를 통한 정형화한 조선인 이미지 창출에 주목했다.[109] 한편 서영애·심지수와 성효진은 일제시기 경성 변화가의 대표적 랜드마크인 '선은전'의 이미지를 분석하여 그것이 조선인에게 소외된 공간이라는 점, 식민지 권력의 이상과 식민지의 현실을 매개/구분하는 결절점이라고 주장했다.[110]

도시 문화시설 연구로서 최근 김성태는 식민지 권력과 조선인의 '접촉지대'로서 경성의 극장, 도서관, 박물관의 존재 양태를 분석하여 문화시설에서 민족 간 혼종이 나타나는 양상, 동화주의의 이념적 장치를 조선인이 오락으로 전유하는 양상 등을 밝혔다.[111] 공원, 유원지를 대상으로 한

---

106 박수지·김한배, 2014, 「일제강점기 경성 경관명소의 인식양상 변화」, 『한국경관학회지』 6-2.
107 원종혜, 2016, 「일제시대 관광지도에 조명된 경성 관광 이미지」, 『역사와 경계』 100.
108 김선정, 2017, 「관광안내도로 본 근대 도시 경성」, 『한국문화연구』 33.
109 조정민, 2017, 「식민지시기 사진엽서 경성백경의 공간과 서사 전략」, 『일본문화연구』 63.
110 서영애·심지수, 2017, 「일제강점기 광장의 생성과 특징」, 『한국조경학회지』 45-4; 성효진, 2021, 「경성의 결절점-선은전」, 『미술사와 시각문화』 28.
111 김성태, 2020, 『경성 문화시설의 입지적 특성과 사회적 기능에 관한 연구』, 서울대학

연구도 적지 않다. 우연주는 식민지 권력의 공원 건설에 대한 경성 주민의 인식을 1910년대 위로부터 공원 문화의 이식, 1920년대 주민 사이의 공원 문화 확산, 1930년대 이후 공원의 제도적 정착으로 시기 구분하여 분석했으며,[112] 하시모토 세리는 공원의 공공성을 둘러싼 식민지 권력과 경성 주민의 갈등 양상을 밝혔다.[113] 한편 김정은은 창경원, 월미도, 뚝섬의 유원지화 과정을 정리하여 도시민에게 '만들어진 자원'을 제공하면서 도시 개발의 명분으로 작동하는 유원지의 기능이 이 시기 나타났음을 밝혔다.[114] 그 밖에 김영민·조세호는 일제시기 경성 최초의 신규 공원으로서 1915년 철도관사 부속시설로 건립된 용산철도공원의 실체를 발굴했다.[115]

이 분야에서는 부산 연구도 활발한 편이다. 조정민과 사카노 유스케(阪野祐介)·김윤환은 사진엽서와 요시다 하쓰사부로(吉田初三郎)의 조감도를 분석하여 제국의 시선으로 선택한 경관요소가 관광도시 부산을 구성했음을 밝혔다.[116] 조정민·이수열은 원도심과 구분되는 '만들어진 자연'으로서 해운대 관광지의 형성 과정을 밝혔으며,[117] 손환 등은 해운대와

교 박사학위논문.
[112] 우연주, 2017, 『일제 식민지기 경성 도시공원의 이용과 인식』, 서울대학교 박사학위논문.
[113] 하시모토 세리, 2016, 『한국 근대공원의 형성』, 성균관대학교 박사학위논문.
[114] 김정은, 2017, 『유원지의 수용과 공간문화적 변화 과정』, 서울대학교 박사학위논문.
[115] 김영민·조세호, 2020, 「운동공원으로서 철도공원의 변화와 의의」, 『한국조경학회지』 48-3.
[116] 조정민, 2018, 「일제침략기 사진그림엽서로 본 부산 관광의 표상과 로컬리티」, 『일본문화연구』 67; 阪野祐介, 김윤환, 2021, 「식민지도시 부산을 그린 요시다 하쓰사부로의 조감도와 타소표상」, 『문화역사지리』 33-2.
[117] 조정민·이수열, 2014, 「해운대 관광의 탄생」, 『인문연구』 72, 영남대학교 인문과

송도 해수욕장의 다양한 시설과 철도(동해남부선)와의 연계성 등을 정리했다.[118] 한편 강영조는 일련의 연구를 통해 1910~1920년대 건립된 대정공원, 고관공원 등의 실체를 밝히고 그곳에서 개최된 일본인 중심의 국낙원(菊楽園) 행사의 양상, 그밖에 일본어 언론 등이 주도한 '벚꽃 명소' 표상화의 의미 등을 두루 살폈다.[119]

인천 연구로는 박진한이 1920~1930년대 조감도에 나타난 도시 표상의 변화(관광도시, 공업도시, 행정구역 확장 등), 전통적 명소의 지속과 일제시기 새로운 명소의 등장, 그에 대한 식민자와 식민지민의 인식의 차이 등을 살폈으며,[120] 염복규는 월미도와 송도를 중심으로 인천의 행락지로서 위상의 형성과 변화 과정을 정리했다.[121]

그 밖에도 초기 유적 발굴을 기반으로 1920~1930년대 경주역의 설치·이전, 일본풍 사찰의 건립 등을 통해 '역사관광도시'로서 경주의 이미지

학연구소.

118 손환·조민정, 2021, 「일제강점기 부산 해운대의 여가시설에 관한 연구」, 『Asian Journal of Physical Education and Sport Science』 9-6; 하정희·손환, 2019, 「일제강점기 부산 송도해수욕장에 관한 연구」, 『한국체육사학회지』 24-2.
119 강영조, 2013a, 「근대 부산에서 대정공원 성립 과정과 공간 구성에 관한 연구」, 『한국전통조경학회지』 31-2; 2013b, 「근대 부산에서 고관공원의 성립과 설계 사상」, 『한국전통조경학회지』 31-4; 2014, 「근대 부산 대정공원에서 개최된 국낙원의 구성과 홍보 전략」, 『한국전통조경학회지』 32-3; 2016, 「근대 부산에서 벚꽃 명소의 입지적 특징과 성립 시기에 관한 연구」, 『한국조경학회지』 44-5.
120 박진한, 2017, 「조감도를 통해 살펴본 1920~1930년대 인천의 심상지리와 시가지 계획」, 『도시연구』 17; 2018, 「개항 이후 인천의 장소인식 변화와 일제강점기 새로운 명소의 등장」, 『도시연구』 18.
121 염복규, 2011, 「일제하 인천의 '행락지'로서 위상의 형성과 변화」, 『인천학연구』 14, 인천대학교 인천학연구원.

가 형성되는 과정을 분석한 김신재의 연구,[122] 경성 근교의 관광지로서 수원의 여러 관광 요소가 자리매김되는 과정을 정리한 조성운의 연구,[123] 대구 달성을 대상으로 근대 이전부터 일제시기 대구신사의 입지를 거쳐 현재에 이르기까지 로컬리티가 재구성되는 과정을 추적한 정유진의 연구[124] 등이 주목된다.

---

[122] 김신재, 2011, 「1920년대 경주의 고적 조사,정비와 도시변화」, 『신라문화』 38, 동국대학교 신라문화연구소; 2013, 「1930년대 경주의 도시 모습과 사회 변화」, 『신라문화』 41, 동국대학교 신라문화연구소.

[123] 조성운, 2019, 「1910~1920년대 수원지역 근대관광의 실태」, 『한국민족운동사연구』 98.

[124] 정유진, 2020, 『문화적 실천을 통한 로컬리티의 재구성』, 경북대학교 박사학위논문.

3. 이 책의 구성

이 책은 선행 연구를 기반으로 일제강점기 식민지 도시화의 전반적인 양상을 조망하고 앞으로 더 발전적 연구의 기초를 마련하는 것이 목표이다. 먼저 일제강점기 제도적 도시의 범주를 설정하고 이에 따라 도시 행정구역과 인구 구성의 전반적인 변화를 정리한다. 다음으로 일제강점 초기 식민지 도시의 형성 과정을 '신도시'와 '전통 도시' 유형으로 나누어 살펴본다. 이어서 일제강점 초·중기 도시 인프라의 구축과 그를 둘러싼 다양한 갈등 양상을 몇 개 부문으로 나누어 정리하고, 1930년대 이래 시가지 계획 실시에 의한 도시 개발의 특징, 조선공업화 및 병참기지화 정책에 의한 신공업도시 개발의 양상을 살펴본다. 마지막으로 1920년대 문화통치로의 전환과 더불어 활성화되는 도시 정치의 양상과 한계를 살펴본다.

일제강점기 도시사를 서술하기 위해서는 "무엇을 서술해야 하는가?"의 문제를 해결해야 한다. 필자의 능력 부족으로 이 책에서 이 문제를 명쾌하게 해결할 수는 없으나, 그를 위한 첫걸음으로 일제강점기 제도적 도시인 부(府)와 읍[邑; 1930년대 이전에는 지정면(指定面)]의 범주가 형성되는 과정을 살펴본다. 다음으로 이를 기준으로 제도적 도시가 증가하는 과정과 시기별 특징을 살펴본다. 더불어 도시 인구의 전반적인 증가 양상, 민족별·직업별 구성의 특징을 살펴본다.

일제강점을 전후하여 형성된 식민지 도시는 다양한 특징을 갖지만 궁극적으로는 식민지화 과정에서 정책적 요인에 의해 형성된 신도시와 조선시대부터 발달한 전통 도시 유형으로 나누어진다. 신도시 유형은 형성 요인에 따라 개항, 철도 부설, 군사기지 건설, 이주 어촌 형성 등으로 나누어 살펴본다. 다음으로 전통 도시 유형은 식민지화 이후 도시의 위상이 어떻게 변화했는가(혹은 변화하지 않았는가)를 기준으로 분류하여 살펴본다.

일제강점 이후 1920년대까지 도시 개발은 식민정책의 초점이 아니었다. 그러나 경성, 평양, 부산, 인천 등 주요 도시는 상당한 정도 도시 인프라를 구축했다. 이 책에서는 일제강점 초, 중기(~1920년대 말) 도시 인프라의 구축 과정을 시구개정(市區改正), 상하수도, 전차교통, 공원과 묘지, 축항 등으로 나누어 주요 사례를 중심으로 살펴보고, 그 과정에서 나타난 다양한 양상과 식민지적 한계를 살펴본다.

1930년대 들어 일제 식민정책은 도시를 적극적으로 개발하는 방향으로 조금씩 선회했다. 여기에는 도시의 자연발생적 발달과 도시 유력자층의 개발 요구가 영향을 미쳤으나, 그보다 조선 공업화 정책과 대륙 침략에 따른 거점 도시 개발의 필요성 등 '국책적' 요인이 큰 영향을 미쳤다. 이 책에서는 이런 변화에 따라 제정된 「소선시가지 계획령(朝鮮市街地計劃令)」(1934)과 여러 도시의 시가지 계획의 특징을 살펴보고 이와 겹치지만 다소 별개의 현상인 '신공업도시'의 형성 과정을 살펴본다.

일제강점기는 원론적인 의미의 '정치'가 존재할 수 없는 시기이다. 그러나 3·1운동 이후 일제가 지방제도를 개정하여 도시 지역의 지방의회에 선거제를 도입하면서 최소한의 정치 공간이 열릴 수 있는 제도적 기반이 마련되었다. 이때의 지방선거는 극단적인 제한 선거였지만 주민이 선출한 대표자가 지방의회를 구성한 것은 여러 가지 변화를 가져올 수밖에 없었다. 이 책에서는 1920년대 이래 도시 정치의 제도적 전개와 지방의회 구성의 전반적인 양상을 살펴보고 도시 정치의 실제를 몇 가지 유형으로 분류하여 살펴본다.

제1장
일제강점기 도시 범주, 행정구역, 인구

일제강점기 '도시'란 무엇인가? 혹은 어디인가? '식민지 도시화' 현상을 논하기 위해서 반드시 먼저 답해야 할 질문이다. 그러나 이에 대해 명쾌한 답을 한 연구는 전무하다시피 하다. 따라서 1장에서는 일제강점기 도시 범주의 제도적 형성 과정과 그 의미를 살펴보고, 이어서 도시 행정구역의 변화 양상, 그에 거주하는 인구의 증감을 살펴보겠다.

1. 도시 범주의 제도적 형성 과정과 의미

1) 병합 전후 「가옥세법」 시행, 조선토지조사사업에서 '시가지' 범주

사전적으로 도시의 정의는 "일정한 지역의 정치, 경제, 문화의 중심이 되는 사람이 많이 사는 지역"이다.[1] 이 정의는 세 부분으로 구성된다. 먼저 '일정한 지역'을 전제해야 한다. 이는 공식적인 행정구역을 기준으로 할 수밖에 없다. 다음으로 '정치, 경제, 문화의 중심'이어야 한다. 이는 행정구역 중 대략 위 정의에 근사한 지역을 선정해야 한다. 마지막으로 '사람이 많이 사는 지역'이어야 한다. 이것도 일정한 기준 이상의 인구 밀집도를 따져 보아야 하겠다.

현재까지는 거의 모든 연구가 행정구역 중 부(府)와 지정면(指定面; 1931년부터 邑)을 제도적 도시로 전제하고 논의를 전개했다.[2] 물론 이는 위

---

1 국립국어원 표준국어대사전(https://stdict.korean.go.kr/)
2 이런 방식의 논의는 손정목(1992, 앞의 책)에서 비롯되었다고 할 수 있다. 일제강점기

에서 언급한 도시의 정의에서 크게 벗어나지 않는다. 그러나 이런 논의는 일제 초기 식민지 권력이 어떤 기준으로 '제도적 도시'(부와 지정면)를 '창출'했는지에 대한 분석을 누락하고 있다. 따라서 이 절에서는 먼저 일제강점을 전후하여 제도적 도시가 출현하는 과정을 추적해 보고자 한다.

조선에서 도시에 상응하는 '시가지(市街地)'라는 개념이 공식적으로 처음 등장하는 것은 1909년 2월 8일 공포한 「가옥세법(家屋稅法)」이다. 「가옥세법」은 종래 한성부 및 각 도, 부, 군 소재지에는 관습에 의해 호세(戶稅)를 면제하던 관행을 폐지하고 다른 지방의 형평성을 기해 호세를 면제하던 지역에 가옥세를 부과한 법률이다. 「가옥세법」 제1조는 "시가지에 있는 가옥을 소유한 자는 본법에 의해 가옥세를 과함"이라고 하고, 제1항에 "시가지는 칙령으로서 이를 지정함"이라고 했다.[3]

그렇다면 「가옥세법」에서 시가지의 기준은 무엇이었을까? 처음 시가지의 기준은 300호 이상의 동리라고 했다. "여러 동이 연합조성(聯合組成)하여 300호 이상의 동이 된 경우는 제외"라고 한 것으로 보아 300호 이상의 '집주'가 시가지의 기준임을 알 수 있다.[4] 그러나 같은 해 8월 그 기준을 200호 이상으로 완화했다.[5] 기준을 바꾼 이유는 알 수 없으나, "내년도부터 가옥세 징수와 관련하여"라고 한 것으로 보아 부과 대상 시가지를 확대하려는 조치로 여겨진다.

도시 인구 변동을 논한 초기의 대표적 연구도 특별한 설명 없이 부와 읍을 도시로 전제했다(권태환, 1990, 「日帝時代의 都市化」, 『韓國의 社會와 文化』 제11집, 한국정신문화연구원). 최근 연구도 자연스럽게 이런 전제를 답습하고 있다(이정섭, 2017, 「일제강점기 도시화와 인구변동」, 『대한지리학회지』 52-8).

3 「법률 제2호 家屋稅法」, 『官報』, 1909.2.13.
4 「市街地範圍」, 『皇城新聞』, 1909.3.11.
5 「市街地磨鍊」, 『皇城新聞』, 1909.8.22.

실제 가옥세 부과 대상 시가지는 1909년 3월 한성부 외 278개소였는데, 이듬해 4월에 개정·추가되어 한성부 외 366개소가 되었다.[6] 한편 1909년 간행된 『제3차 통감부통계연보』에는 「저명시가지호구(著名市街地戶口)」(1908년 12월 기준)가 게재되어 있다. 「가옥세법」 시행 직전의 통계로서 그와 관련된 것으로 여겨진다. 이는 조선에서 '시가지'라는 개념을 포함한 최초의 통계이다. 두 통계에서 시가지를 중부 지역의 경기도(서울 포함), 남부 지역의 전라북도, 북부 지역의 함경남도를 표본으로 살펴보면 다음과 같다.

〈표 1-1〉 1908년 12월 기준 저명 시가지 호구

경기도	전라북도	함경남도
경성, 인천, 용산, 수원, 개성, 영등포, 강화	군산, 전주, 줄포, 남원	원산, 함흥, 북청

* 출전: 『第三次 統監府統計年報』, 1909.12.

〈표 1-2〉 1909년 4월 가옥세 부과 대상 시가지

경기도	전라북도	함경남도
한성부 부내, 수원군 읍내, 청호면(晴湖面), 남부면, 북부면, 과천군 군내면, 안성군 동리면, 서리면, 김포군 군내면, 양천군 군내면, 남양군 음덕리면, 통진군 군내면, 개성군 동부면, 서부면, 남부면, 북부면, 교동군(喬桐郡) 동면, 삭녕군(朔寧郡) 군내면, 강화군 부내면, 고양군 신혈면(神穴面), 여주군 주내면, 이천군 읍면, 양평군 남종면, 광주군 성내면, 시흥군 하북면(영등포), 장단군 장서면, 인천부 부내면, 다소면	전주군 부동면, 부서면, 부남면, 부북면, 남원군 만덕면, 장흥면, 서봉면, 순창군 좌부면, 금산군 군일면, 군이면, 부안군 건선면, 태인군 현내면, 옥구부 북면, 여산군(礪山郡) 북일면	안변군 읍내, 덕원부 원산항, 원산리, 영흥군 읍내, 정평군 읍내, 함흥군 읍내, 홍원군 읍내, 서포청면, 북청군 읍내, 이원군 남사(南社) 내 서호리, 단천군 읍내

* 출전: 『官報』, 1909.4.1.

---

6 京城府 편, 1936, 『京城府史』 제2권; 서울역사편찬원 편, 2013, 『국역경성부사』, 246쪽.

가옥세 부과 대상 시가지는 병합 이후 1912년 10월 다시 한 번 개정되어, 1913년 1월 1일부로 시행했다. 이때 대체의 추세를 보면 부과 대상 시가지는 다소 증가했다.[7] 아래 표를 보면 1909년과 비교하여 부과 대상 시가지가 대체로 증가했음을 확연하게 알 수 있다.

〈표 1-3〉 1912년 10월 가옥세 부과 대상 시가지

경기도	전라북도	함경남도
경성부(동부, 서부, 남부, 북부, 중부, 한지면, 용산면, 인창면, 두모면)/인천부 부내면, 다소면/시흥군 하북면(영등포)/과천군 하북면/광주군 성내면, 중대면/강화군 부내면/수원군 남부면, 북부면, 청호면/안성군 동리면, 서리면/개성군 동부면, 서부면, 남부면, 북부면/장단군 장서면/파주군 칠정면/여주군 주내면/이천군 읍면/음죽군 남면/양평군 남종면	군산부 북면, 전주군 부동면, 부서면, 부남면, 부북면, 익산군 남일면, 고산군 읍내면, 여산군 군내면, 천서면, 용안군 군내면, 함열군 군내면, 남일면, 임피군 군내면, 남원군 장흥면, 만덕면, 소병면, 운봉군 군내면, 임실군 일도면, 순창군 좌부면, 금산군 군일면, 군이면, 진산군 군내면, 무주군 부내면, 진안군 군내면, 용담군 군내면, 장수군 수남면, 고부군 남부면, 동부면, 정읍군 군내면, 흥덕군 현내면, 북면, 고창군 천북면, 천남면, 무장군 일동면, 이동면, 김제군 읍내면, 만경군 군내면, 금구군 동도면, 서도면, 수류면, 태인군 군내면, 용산면, 부안군 동도면, 건선면	원산부 현면, 적전면, 함흥군 주남면, 주지면, 안평군 부남면, 성락면, 영흥군 홍인면, 고원군 하발면(下鉢面), 안변군 영춘면, 세청면, 위익면, 북청군 노덕면, 소양화면, 하포청면, 대양화면, 홍원군 주남면, 신익면, 서보청면, 단천군 파도면, 이원군 남면, 서면, 갑산군 보혜면, 삼수군 관남면

* 출전: 『朝鮮總督府官報』, 1912.10.10.

시가지의 범위가 커진 데 대해 『경성부사』는 "가옥세 과세 물건은 세법 실시 당초에는 군수와 면장이 조사를 담당하여 가옥 크기가 상이하고,

---

[7] 「市街地의 指定」, 『每日申報』, 1912.10.11.

빠진 곳이 적지 않았다. 이에 실제 조사할 필요가 있어 계속해서 조사를 수행한 결과 가옥세 부과 수는 현저하게 증가하였다"라고 했다.[8] 여기에서 언급한 "계속해서 조사를 수행"했다는 것은 병합 직후 조선총독부가 총력을 기울여 실시한 조선토지조사사업을 의미한다.

여기에서 알 수 있듯이 병합 초기 도시 범주의 외연을 결정한 또 하나의 중요한 계기는 조선토지조사사업에서 특별 조사로 시행한 '시가지 조사'의 결과였다. 조선총독부는 원래 촌락부 조사를 마치고 주요 시가지 조사에 착수하려고 했으나 예정을 바꾸어 1912년 봄부터 시가지 조사에 착수했다. 조사 개시 당시의 그 대상 시가지는 경기도 경성, 인천, 개성, 수원, 충북 청주, 충남 공주, 대전, 강경, 전북 전주, 군산, 전남 광주, 목포, 나주, 경북 대구, 김천, 경남 부산, 진주, 마산, 황해 해주, 평남 평양, 진남포, 평북 의주, 신의주, 함남 함흥, 원산, 함북 경성(鏡城), 청진, 나남 등 29개 소로서 인천, 대구, 수원은 5월 현재 이미 조사를 마친 상태였으며, 경성과 부산 조사를 시작할 예정이었다.[9]

조선총독부는 1912년 겨울이 오기 전에 북부 지방의 조사를 끝내려고 서둘렀다. 그 결과 12월 현재 경성 이북은 개성과 해주를 제외하고 조사를 마쳤다.[10] 완료하지 못한 북부 지방의 조사는 이듬해 봄으로 넘기고 남부 지방의 조사에 착수했다. 조사는 해주를 마지막으로 1913년 6월경에는 완료한 것으로 보인다.[11]

8 　서울역사편찬원 편, 2013, 앞의 책, 246~247쪽.
9 　「重要市街地의 調査」, 『每日申報』, 1912.5.9; 「市街地의 調査」, 『每日申報』, 1912.5.18.
10 　「市街地 調査 現狀」, 『每日申報』, 1912.12.10.
11 　「市街地 調査 結了」, 『每日申報』, 1913.7.1; 「市街地의 引繼期」, 『每日申報』, 1913.8.22.

〈표 1-4〉 1913년 8월 종료 조선토지조사사업의 시가지 조사 대상 지역

경기도	전라북도	함경남도
경성, 인천, 개성, 수원	군산, 전주	원산, 함흥

* 출전: 朝鮮總督府 臨時土地調査局 편, 1918, 『朝鮮土地調査事業報告書』, 677~678쪽.

조사 과정에서 하나 주목되는 바는 각 지역 일본인 거류민단의 역할이다. 진남포의 사례를 보면 시가지 경계는 "부청, 민단 이원(吏員) 입회 후 경계를 확정"하고 실지 조사에 착수했다.[12] 시가지 조사 대상 지역 다수에 거류민단 혹은 일본인회 등이 조직되어 있었기 때문에 조사 과정은 비슷했을 것으로 생각된다. 이는 시가지 조사의 이유가 "신세를 부과할 표준"을 정하는 것이었기 때문에 "토지조사국이 단독 결정하는 것이 아니라 조사국은 시가지의 자치단체가 된 민단 및 직접 감독관청인 부청에 자문하여 우열에 응하여 각등 지가를 작케 하고 이에 근거해 공평한 판단"을 하려고 했다.[13] 시가지 조사가 세율을 결정하는 민감한 문제였음을 알 수 있다.

2) 「시가지세령」, 「부제」 시행과 행정적 도시의 '창출'

1913년 10월 조선총독부는 「부제(府制)」를 공포하고 그에 따라 12개 부를 지정했다(1914.4.1. 시행).[14] 「부제」는 일본인 전관거류지를 대상으로

---

12 「鎭南浦市街地 調査」, 『每日申報』, 1912.7.10.
13 「南鮮地方 市街地 調査」, 『每日申報』, 1913.1.21.
14 「制令 제7호, 府制」, 『朝鮮總督府官報』, 1913.10.30.

1905년 3월 공포된 「거류민단법(居留民團法)」을 계승한 것이었다.[15] 따라서 원칙적으로 병합 이전 일본인 거류민단이 설치되었던 지역인 경성, 인천, 대구, 부산, 마산, 군산, 목포, 평양, 진남포, 신의주, 원산, 청진이 부가 되었다.[16] 그런데 부의 공간적 범위가 거류민단의 관할 구역과 일치하는 것은 아니었다. 그 범위는 1914년 3월 부제 시행에 앞서 공포된 「시가지세령(市街地稅令)」에 의해 정해졌다.[17] 「시가지세령」의 요지는 지세를 부과하지 않는 '시가지'에 시가지세를 부과한다는 것이었다.

앞에서 조선총독부가 예정까지 바꾸어 시가지 조사에 착수했음을 언급했다. 그 이유는 "시가지세 급시(急施) 준비" 때문이었다. 가옥세와 비슷하게 종래 지세를 면제했던 '시가지'에 시가지세를 부과하기 위해 부과 대상을 신속하게 획정할 필요가 있었던 것이다. 따라서 시가지 조사의 중요 사항 중 하나는 "정동(町洞)의 강계(疆界)"를 판명하는 것이었다.[18] 이를 통해 "후일 행정구역 개정에 기초를 삼고 더불어 시가지 등급"을 결정할 것이었다.[19] 이에 따라 1914년 이후 부의 행정구역은 기존 부의 구역 중 시가지 일부로 제한되었으며 외곽 지역은 인근 군으로 편입되었다.

이상과 같은 시가지와 그 행정적 설정인 부의 지정은 '이중적' 구조를 갖는다. 선행 연구가 지적하듯이 "조약체제하 공간구조가 해체된 잡거의 땅 위에 다시금 '시가지' 구역을 경계로 하는 부가 설치"됨으로써 조계와 내지의 구분은 시가지와 비시가지, 도시와 시골로 구분되었다. 그러나 조

---

15 박준형, 2016, 「'조계'에서 '부'로」, 『사회와 역사』 110 참고.
16 통감부 시기인 1908년 개항하여 거류민단이 조직되지 않은 청진만은 예외이다.
17 「制令 제2호 市街地稅令」, 『朝鮮總督府官報』, 1914.3.16.
18 朝鮮總督府 臨時土地調査局 編, 1918, 『朝鮮土地調査事業報告書』, 70~71쪽.
19 「市街地 擴張」, 『每日申報』, 1912.8.18.

계가 부로 계승됨으로써 '조선인 시가지'는 시가지임에도 불구하고 행정적 도시에서 탈락했다. "즉 부제는 일본인과 조선인을 동일한 제도하에 두었으나, 부의 경계 안과 밖 사이에는 기차의 1등석과 3등석과 같은 차등이 있어, 민족적 구분을 따로 두지 않더라도 열등한 조선인은 도태되어 부 경계 바깥으로 축출"되었던 것이다.[20]

그런데 문제는 "부 경계 바깥으로 축출"이 곧 완전히 '도시가 아닌 곳'과 등치되지 않았다는 사실이다. 비록 부는 아니지만 부제가 시행된 1914년 4월 1일 공포된 '시가지세를 부과할 시가지'에는 부 외에 다수의 면이 포함되어 있었다.[21] 법제에 "조선총독이 이를 지정"(「시가지세령」제2조)한다고 되어 있는 시가지세의 구체적인 부과 기준이 "집단 호수 1,000호 이상 되는 중요 시가지"였기 때문이다.[22]

1,000호 이상이라는 기준이 정확히 어디에 근거한 것인지는 알 수 없으나, 1914년 4월 당시 식민지 권력이 규정한 '시가지'는 인구의 밀집도를 기준으로 한 것이며 범박하게 생각할 때 도시에 가까운 것임을 알 수 있다. 여기에는 경기도 수원, 송도, 충북 청주, 충남 공주, 대전, 강경, 전북 전주, 전남 나주, 광주, 경북 김천, 경남 진주, 황해도 해주, 평북 의주, 함남 함흥 등의 면이 포함되었다.[23] 이상과 같이 식민지 권력이 '부가 아닌 도시'를 제도적으로 자리매김하는 방식은 「면제」의 입안 과정에서 알 수 있다.

---

20 박준형, 2016, 앞의 글, 246~247쪽.
21 「朝鮮總督府告示 제100호」,『朝鮮總督府官報』, 1914.4.1.
22 「1913.12.18. 度秘 제436호, 市街地稅令ヲ定ム」(일본 국립공문서관 소장)
23 「制令 제2호 市街地稅令」,『朝鮮總督府官報』, 1914.3.26;「告示 제2호」,『朝鮮總督府官報』, 1914.4.1.

3) 「면제」 시행과 행정적 도시의 '확대'

「부제」에 이어 조선총독부는 1917년 6월 「면제(面制)」를 공포하여 식민지 지방행정제도의 정비를 일단락했다.[24] 조선총독부는 병합 초기부터 면을 식민통치의 기본 단위로 삼고자 먼저 면적 4방리(方里; 약 1km²), 인구 800호를 기준으로 1914년 기존의 4,300여 개의 면을 2,500여 개로 통폐합했다.[25] 이는 면을 식민통치의 기본 단위로 '균질화'하는 기초 작업이었다.[26] 이와 더불어 면제 입안을 추진했다. 그런데 면제는 최초의 초안 작성에서 제정까지 4년 이상의 시간이 걸렸다. 면의 법적 지위를 둘러싸고 면을 법인화하여 공공단체로서 자율성을 부여하려고 한 조선총독부와 이에 반대한 내무성 법제국의 견해 차이가 계속되었기 때문이다.[27]

이런 가운데 일찍부터 면을 일급면(一級面), 이급면(二級面)으로 구분하려는 발상이 있었음이 주목된다. 1911년 7월 전국 도장관회의, 부윤회의의 의견을 청취하여 조선총독부 내무부가 작성한 의견서에서는 "부제 시행지 이외에 있어서 내지인 집단의 상황 및 그 경제능력 등에 있어서 심히 서로 같지 않은 데가 있다. 대전, 공주, 전주, 광주, 진주, 개성, 해주 등은 아직 부제를 시행할 정도는 아니나 인구가 희박하고 자력(資力)이 빈약한 다른 면과 동일한 법제 아래에 두기는 어려운 점이 있다"라고 하여 "전자에

---

24 「制令 제1호 面制」, 『朝鮮總督府官報』, 1917.6.9.
25 홍순권, 1997, 「일제 초기의 면 운영과 '조선면제'의 성립」, 『역사와 현실』 23, 158~160쪽.
26 윤해동, 2006, 「일제시기 면제 실시와 근대적 관료행정제도의 도입」, 『한국사학보』 24, 281쪽.
27 홍순권, 1997, 위의 글, 161~164쪽.

는 일급면제를 공포하고 후자에는 이급면제를 공포"할 것을 제안했다.[28]

또 1912년 10월 작성된 문서에서는 일급면과 이급면을 구분해야 하는 이유를 설명하기를 "조선에 있어서 각 지방의 실상은 내지인 집단의 상황 및 그 경제능력 등에 있어서 큰 차이가 있는데, 예를 들면 대전, 개성 기타 도청 소재지에 있어서는 부제를 시행할 정도에 달하게 된 도회지와 조선땅의 도처에서 목격하게 되는 인구가 희박하고 자력이 빈한한 대다수 면과 동일한 제도하에 두기는 도저히 불가능한 면이 있다"라고 하여 "전자에 대해서는 자력에 상당하는 사업을 경영하여 발전을 계획하기 위해 사업과 기채능력을 인정할 필요"가 있으며 "후자에 대해서는 관행에 따른 사업, 경이(輕易)한 사항의 범위에서 기채능력을 인정"하는 방식으로 "면을 2계급으로 나누는 것이 중요하다"라고 했다.[29] 다른 문서에서는 아예 일급면을 "읍이라고 칭하는 것도 가"하며 이를 "법인"으로 할 수 있다는 의견을 내기도 했다.[30]

위에 열거한 "다른 면과 동일한 법제 아래에 두기는 어려운" 면 중 대전, 광주는 일본인 중심의 신시가지에 가까운 반면 공주, 전주, 진주, 개성, 해주 등은 전통적인 읍치에 가까움을 알 수 있다. 이렇게 볼 때 조선총독부의 초기 면제 구상에는 부제를 보완하여 조선의 전통 도시를 행정적으로 (준)도시의 범주로 포괄하려는 발상도 있었음을 추정할 수 있다. 조선총독부 내무부는 이듬해 6월 이를 구체화한 제령안을 입안하기까지 했으

28　朝鮮總督府 內務部, 1911.7, 「朝鮮地方制度改正ニ關スル意見」

29　「面制施行ニ關シ發令ヲ要スル諸法規」, 『大正元年朝鮮面制制定ノ件』(內務局 地方課) CJA0002542, 국가기록원 소장.

30　「地方費令及面制度ニ關スル仰裁意見」, 『大正元年朝鮮面制制定ノ件』(內務局 地方課) CJA0002542, 국가기록원 소장.

나, 이를 곧 철회하여 같은 해 10월 일급면, 이급면의 구분을 두지 않되, 면 중에 총독이 특별히 지정한 지정면을 포함한 초안을 완성하여 본국 내무성에 송부했다.[31]

「면제」의 내용이 이와 같이 낙착된 것은 면의 일부를 준도시격으로 구분하려고 한 조선총독부의 견해와 되도록 면의 균질화를 기하려는 내무성 법제국의 견해를 절충한 결과라는 것이 일반적인 해석이다. 그리하여 일련의 과정을 거쳐 공포에 이른 「면제」는 제1조에서 "면은 법령에 의해 면에 속한 사무를 처리한다"라고 하여 법인이라는 표현은 쓰지 않되 법인에 준하는 공공단체임을 규정했다. 여기에 제4조에 "조선 총독은 면을 지정하고 면장의 자문에 응하게 하기 위해 상담역을 둘 수 있다"라고 하여 지정면 제도를 규정했다.

그렇다면 지정면의 기준은 무엇이었을까? 이는 "민도상 내지의 정촌과 같은 자치제는 안 되나, 내선인이 다수 집단을 이룬 시가지로서 그 자력(資力)과 사업에서 다른 일반 면과 다른 부와 비슷한 면"이었다.[32] 후일의 설명에 따르면 지정면은 "시황(市況)이 은진(殷賑)하고 내선인이 다수 집단하여 그 상황이 부에 비슷한 면에 한해 총독의 지정에 의한 곳"이었다.[33] 1911년의 "내지인 집단의 상황 및 그 경제능력 등에 있어서 심히 서로 같지 않은" 면과 비슷한 설명이다. 여기에 명시적 설명은 없지만 당시 상당수 부로 지정되지 못한 각 도의 도청 소재지도 모두 지정면으로 지정되었다. 다소 막연하지만 지정면은 다른 면과 구분하여 "부에 비슷

---

31 姜再鎬, 2001, 『植民地朝鮮の地方制度』, 東京大學出版会, 156~159쪽.
32 朝鮮總督府, 1917, 『面制說明書』 참고.
33 朝鮮總督府, 1935, 『施政二十五年史』, 241쪽.

한", 다시 말해서 행정적 도시로 식민지 권력이 판단한 면인 셈이다.「면제」 공포 석 달 뒤인 1917년 9월 조선총독부는 "면제 제4조에 의해 상담역을 두는 면" 23개를 공포했다.[34] 이상「면제」 시행 이후 12개 부, 23개 지정면 전체의 내역은 아래와 같다.

경기도 - 경성부, 인천부, 수원면(수원군), 송도면(개성군), 영등포면(시흥군)
충청북도 - 청주면(청주군)
충청남도 - 공주면(공주군), 대전면(대전군), 강경면(논산군), 조치원면(연기군)
전라북도 - 군산부, 전주면(전주군), 익산면(익산군)
전라남도 - 목포부, 광주면(광주군)
경상북도 - 대구부, 김천면(김천군), 포항면(영일군)
경상남도 - 부산부, 마산부, 진주면(진주군), 진해면(창원군), 통영면(통영군)
황해도 - 해주면(해주군)
평안남도 - 평양부, 진남포부
평안북도 - 신의주부, 의주면(의주군)
강원도 - 춘천면(춘천군)
함경남도 - 원산부, 함흥면(함흥군)
함경북도 - 청진부, 회령면(회령군), 나남면(경성군), 성진면(성진군)
* 괄호안은 각 면이 속한 군

---

[34] 「府令 제67호」,『朝鮮總督府官報』, 1917.9.19.

그런데 흥미로운 점은 지정면의 지정 과정에서 지방의 진정이나 청원의 흔적이 보이는 점이다. 「면제」 시행 이듬해 방어진(方魚津)을 지정면으로 지정해야 한다고 주장하는 한 기사를 보면 "추요(樞要)한 내지인 집단지에는 지정면을 설정하여 내지인을 면장으로 등용"했는데, 지정면 설정의 자격은 "인구 3,000명 이상의 내지인 집단지"가 있는 곳이라고 언급한 것을 볼 수 있다.[35]

1917년 지정면의 지정 과정을 보면 몇 개 면에서 그 경위를 볼 수 있다. 충남 조치원의 경우 충청 경편철도 부설이 결정되는 등 "지방도시로서 충분한 자격을 구비한 것은 말할 필요가 없어" 지역에서 지정면 청원 운동을 전개했으며, "총독부 전형 결과 실시하기로 결정"되었다.[36] 경북 포항은 기존 면 구역에서 시가지를 선별하여 포항면 일부를 다른 면으로 편입시키고, 형산면(兄山面) 일부를 포항면으로 편입하는 조정을 거쳐 지정면으로 내정했다.[37]

지정면 지정이 일단락된 후에도 주로 지역의 일본인 유력자를 중심으로 지정면 지정에 대한 요구나 열망이 보이는 점도 흥미롭다. 예컨대 1917년 9월 말, 즉 1차 지정면 지정이 끝난 후 울산 일대를 순시한 경남 도장관은 이번에 경남에서 지정면은 진주, 진해, 통영 3곳이 지정되었으나, 방어진도 발전상이 많아 조만간 지정면에 편입해야 한다고 언급했다.[38] 대표적인 일본인 이주 어촌 중 한 곳인 방어진은 1916년 말 현재 조선인 689명, 일본인 1,269명으로서 일본인 인구 비율이 65% 가까운 곳이

---

35 坂本南岳(부산일보 울산지국장), 「方魚津を指定面と爲せ」, 『釜山日報』, 1918.2.17.
36 「指定面に決定」, 『釜山日報』, 1917.9.9; 「鳥致院と指定面」, 『朝鮮時報』, 1917.9.11.
37 「浦項と指定面」, 『朝鮮時報』, 1917.9.10; 「浦項指定面決定」, 『朝鮮時報』, 1917.9.14.
38 「本道と指定面 佐佐木道長官談」, 『朝鮮時報』, 1917.9.30.

었다.[39]

　또 1918년 3월의 한 기사를 보면 여수는 "내지인이 매월 증가하는 추세"로서 "남선(南鮮) 각 도 중 내지인의 거주수에서 지정면에 비해 손색이 없"으며, 매립 공사도 진척되고 교통기관도 발달하여 더욱 발전할 추세이므로 지역 유력자 사이에서 지정면 설립을 희망하여 도장관에게 진정하리라고 했다.[40] 1916년 말 현재 인구 통계를 보면 여수는 조선인 3,785명, 일본인 913명으로서 일본인 인구 비율이 20%에 가까워 전남에서는 목포, 광주, 송정리 정도를 제외하면 가장 높은 수준이었다.[41]

　이상과 같은 과정을 거쳐 1917년 「면제」 제정과 지정면 지정으로 조선에서 행정적 도시 범주는 12부, 23지정면으로 일차적으로 확정되었다. 이 과정은 명확하게 정리된 것은 아니지만 행정적 도시의 정의가 형성되는 과정이기도 했다. 그리고 이때 정의된 바에 따라 1923년 4월 충청북도 충주를 비롯한 17면의 지정면 승격[42]을 시작으로 행정적 도시의 범주는 1945년 7월 강원도 북평의 읍 승격에 이르기까지 지속적으로 확장되었다.[43] 다음 절에서는 이 과정을 살펴보겠다.

39　『朝鮮總督府統計年報(1917년도판)』

40　「麗水と指定面」,『朝鮮時報』, 1918.3.26.

41　『朝鮮總督府統計年報(1917년도판)』; 실제 여수는 1917년 1차 지정면 지정 이후 첫 대규모 지정이 있었던 1923년 4월 1일부로 지정면이 되었다(「朝鮮總督府令 제25호」,『朝鮮總督府官報』, 1923.2.15).

42　「朝鮮總督府令 제25호」,『朝鮮總督府官報』, 1923.2.15. 단 예외적으로 1919년 4월 황해도 겸이포가 지정면으로 승격했다(「朝鮮總督府令 제67호」,『朝鮮總督府官報』, 1919.3.29).

43　「1945.7.1, 朝鮮總督府令 제149호」,『朝鮮總督府官報』, 1945.6.28; 북평읍은 1980년 묵호읍과 통합하여 강원도 동해시가 되었다.

2. 도시 행정구역의 변화

앞에서 일제강점기 행정적 도시에 해당하는 부와 지정면(읍) '제도'의 형성과 변화 과정을 살펴보았다. 이어서 부와 지정면(읍)에 속하는 행정구역의 증가 추세를 살펴보겠다. 1913년 10월 「부제」 공포에 의해 처음으로 12개 부가 지정되었다. 이어서 1917년 6월 「면제」 공포에 의해 23개 지정면이 지정되었다.

부와 지정면(읍)은 1945년까지 순차적으로 신설, 승격되었다. 8·15 광복 당시 전국의 부와 읍은 각각 22개, 124개까지 증가했다. 이 과정에서 경기도 영등포, 경상남도 동래, 함경북도 나남은 각각 경성, 부산, 청진에 편입되어 폐지되었다. 먼저 행정적 도시 지정이 일단락된 1920년부터 1945년까지 부와 지정면(읍)의 신설, 승격, 폐지 과정을 각 도별로 정리하면 다음과 같다.[44]

〈표 1-5〉 1920~1945년 부·지정면(읍)의 각 도별 변화 추이

지역	1920	1925	1930	1935	1940	1945
경기도	경성부	경성부	경성부	경성부	경성부	경성부
	인천부	인천부	인천부	인천부	인천부	인천부
	송도면	송도면	개성부	개성부	개성부	개성부
	영등포면	영등포면	영등포읍	영등포읍	경성부편입	경성부편입
	수원면	수원면	수원읍	수원읍	수원읍	수원읍

---

44 각각의 구체적인 연혁은 〈부표〉 참고.

지역	1920	1925	1930	1935	1940	1945
경기도					안성읍	안성읍
					평택읍	평택읍
					이천읍	이천읍
						소사읍
						장호원읍
						여주읍
						의정부읍
충청북도	청주면	청주면	청주읍	청주읍	청주읍	청주읍
		충주면	충주읍	충주읍	충주읍	충주읍
					영동읍	영동읍
					제천읍	제천읍
충청남도	대전면	대전면	대전읍	대전읍	대전부	대전부
	조치원면	조치원면	조치원읍	조치원읍	조치원읍	조치원읍
	공주면	공주면	공주읍	공주읍	공주읍	공주읍
	강경면	강경면	강경읍	강경읍	강경읍	강경읍
		천안면	천안읍	천안읍	천안읍	천안읍
					논산읍	논산읍
					장항읍	장항읍
					예산읍	예산읍
						홍성읍
						온양읍
						광천읍
						서산읍
전라북도	군산부	군산부	군산부	군산부	군산부	군산부
	전주면	전주면	전주읍	전주읍	전주부	전주부
	익산면	익산면	이리읍	이리읍	이리읍	이리읍
		정읍면	정주읍	정주읍	정주읍	정주읍
				남원읍	남원읍	남원읍

지역		1920	1925	1930	1935	1940	1945
전라북도					김제읍	김제읍	김제읍
						금산읍	금산읍
						신태인읍	
							부안읍
전라남도		목포부	목포부	목포부	목포부	목포부	목포부
		광주면	광주면	광주읍	광주읍	광주부	광주부
			여수면	여수읍	여수읍	여수읍	여수읍
			제주면	제주읍	제주읍	제주읍	제주읍
					순천읍	순천읍	순천읍
					나주읍	나주읍	나주읍
						송정읍	송정읍
						벌교읍	벌교읍
						강진읍	강진읍
						영산포읍	영산포읍
						보성읍	보성읍
						장흥읍	장흥읍
							담양읍
							장성읍
							완도읍
경상북도		대구부	대구부	대구부	대구부	대구부	대구부
		김천면	김천면	김천읍	김천읍	김천읍	김천읍
		포항면	포항면	포항읍	포항읍	포항읍	포항읍
			안동면	안동읍	안동읍	안동읍	안동읍
			경주면	경주읍	경주읍	경주읍	경주읍
			상주면	상주읍	상주읍	상주읍	상주읍
						영천읍	영천읍
						감포읍	감포읍
						예천읍	예천읍
						의성읍	의성읍

지역	1920	1925	1930	1935	1940	1945
경상북도					영주읍	영주읍
						구룡포읍
경상남도	부산부	부산부	부산부	부산부	부산부	부산부
	마산부	마산부	마산부	마산부	마산부	마산부
	진주면	진주면	진주읍	진주읍	진주부	진주부
	진해면	진해면	진해읍	진해읍	진해읍	진해읍
	통영면	통영면	통영읍	통영읍	통영읍	통영읍
		밀양면	밀양읍	밀양읍	밀양읍	밀양읍
		동래면	동래읍	동래읍	동래읍	부산부편입
				울산읍	울산읍	울산읍
				김해읍	김해읍	김해읍
				삼천포읍	삼천포읍	삼천포읍
					방어진읍	방어진읍
					거창읍	거창읍
					하동읍	하동읍
					고성읍	고성읍
					장승포읍	장승포읍
						진영읍
						구포읍
황해도	해주면	해주면	해주읍	해주읍	해주부	해주부
	겸이포면	겸이포면	겸이포읍	겸이포읍	겸이포읍	겸이포읍
		사리원면	사리원읍	사리원읍	사리원읍	사리원읍
					연안읍	연안읍
					신천읍	신천읍
					재령읍	재령읍
					옹진읍	옹진읍
					장연읍	장연읍
					안악읍	안악읍
					황주읍	황주읍

지역	1920	1925	1930	1935	1940	1945
황해도					남천읍	남천읍
						신막읍
평안남도	평양부	평양부	평양부	평양부	평양부	평양부
	진남포부	진남포부	진남포부	진남포부	진남포부	진남포부
		안주면	안주읍	안주읍	안주읍	안주읍
					순천읍	순천읍
						승호읍
						개천읍
						양덕읍
평안북도	신의주부	신의주부	신의주부	신의주부	신의주부	신의주부
	의주면	의주면	의주읍	의주읍	의주읍	의주읍
		정주면	정주읍	정주읍	정주읍	정주읍
		선천면	선천읍	선천읍	선천읍	선천읍
		강계면	강계읍	강계읍	강계읍	강계읍
					북진읍	북진읍
					박천읍	박천읍
					만포읍	만포읍
						희천
						용암포읍
						청수읍
강원도	춘천면	춘천면	춘천읍	춘천읍	춘천읍	춘천읍
		강릉면	강릉읍	강릉읍	강릉읍	강릉읍
		철원면	철원읍	철원읍	철원읍	철원읍
					장전읍	장전읍
					원주읍	원주읍
					삼척읍	삼척읍
					고저읍	고저읍
						주문진읍
						고성읍

지역	1920	1925	1930	1935	1940	1945
강원도						김화읍
						묵호읍
						속초읍
						평강읍
						북평읍
함경남도	원산부	원산부	원산부	원산부	원산부	원산부
	함흥면	함흥면	함흥부	함흥부	함흥부	함흥부
		북청면	북청읍	북청읍	북청읍	북청읍
				흥남읍	흥남읍	흥남부
				혜산읍	혜산읍	혜산읍
					신포읍	신포읍
					단천읍	단천읍
						홍원읍
						고원읍
						천내읍
						영흥읍
						신창읍
함경북도	청진부	청진부	청진부	청진부	청진부	청진부
	회령면	회령면	회령읍	회령읍	회령읍	회령읍
	나남면	나남면	나남읍	나남읍	청진부 편입	청진부 편입
	성진면	성진면	성진읍	성진읍	성진읍	성진부
		웅기면	웅기읍	웅기읍	웅기읍	웅기읍
				나진읍	나진부	나진부
					길주읍	길주읍
					아오지읍	아오지읍
					어대진읍	어대진읍
					무산읍	무산읍
						차호읍
						주을읍

다음으로 위 표에 의거하여 각 도별 도시 수의 변화 과정을 정리하면 다음과 같다.

〈표 1-6〉 1920~1945년 각 도별 부·지정면(읍) 수의 변화 추이

지역	1920	1925	1930	1935	1940	1945
조선	36	55	55	65	110	146
경기도	5	5	5	5	7	11
충청북도	1	2	2	2	4	4
충청남도	4	5	5	5	8	12
전라북도	3	4	4	6	7	9
전라남도	2	4	4	6	12	15
경상북도	3	6	6	6	11	12
경상남도	5	7	7	10	15	16
황해도	2	3	3	3	11	12
평안남도	2	3	3	3	4	7
평안북도	2	5	5	5	8	11
강원도	1	3	3	3	7	14
함경남도	2	3	3	5	7	12
함경북도	4	5	5	6	9	11

먼저 1920~1925년 부, 지정면은 36개에서 55개로 증가했다. 12개 부는 변화가 없으므로 지정면 19개가 증가한 셈이다. 대부분 1, 2개씩 증가했으며 경상북도와 평안북도는 3개의 지정면이 증가했다. 1925~1930년은 전체적인 증감은 없으나, 대표적인 전통 도시인 개성과 함흥이 부로 승격했다. 1930~1935년 부, 읍은 55개에서 65개로 증가했다. 전라북도,

전라남도, 함경남도 2개, 경상남도 3개, 함경북도 1개가 증가했다. 특기할 사실은 단연 흥남과 나진이 새롭게 읍으로 등장한 점이다. 1930년대 후반 이래의 변화를 예고해 준다.

1935~1940년 부, 읍은 65개에서 110개로 대폭 증가했다. 도시 수의 증가가 가장 큰 구간이다. 이 기간 중 대전, 전주, 광주, 진주, 해주, 나진이 부로 승격했다. 이로써 강원도를 제외한 모든 도에서 도청 소재지는 부가 되었다. 6개 도시가 부로 승격한 점을 고려하면 읍은 45개 증가한 셈이다. 증가 수가 두드러진 도는 전라남도, 경상북도, 경상남도, 황해도 등이다. 주로 남부 지역의 중소 규모 중심지가 행정적 도시가 되었다고 할 수 있다.

마지막 1940~1945년 부, 읍은 110개에서 146개로 증가했다. 이 기간 중 흥남과 성진이 부로 승격했다. 2개 도시가 부로 승격한 점을 고려하면 읍은 38개 증가한 셈이다. 증가 수가 두드러진 도는 경기도, 충청남도, 강원도, 함경남도 등이다. 특기할 사실은 강원도 동해안 지역의 중심지들이 대거 읍으로 승격한 점이다. 전시 공업화, 동해선 철도 부설 등과 맞물려 강원도 영동 지역의 변화가 두드러진 결과라고 할 수 있다.

이상의 과정을 거쳐 1945년 8·15 광복 당시 각 도별 도시 수는 경기도 3개 부, 8개 읍, 충청북도 4개 읍, 충청남도 1개 부, 11개 읍, 전라북도 2개 부, 7개 읍, 전라남도 2개 부, 13개 읍, 경상북도 1개 부, 11개 읍, 경상남도 3개 부, 13개 읍, 황해도 1개 부, 11개 읍, 평안남도 2개 부, 5개 읍, 평안북도 1개 부, 10개 읍, 강원도 14개 읍, 함경남도 3개 부, 9개 읍, 함경북도 3개 부, 8개 읍 등 전국 합계 22개 부, 124개 읍에 이르렀다.

3. 도시 인구의 구성과 변화

이 절에서는 도시 인구의 기본적인 구성과 변화 양상을 살펴보겠다. 앞에서 살펴보았듯이 일제강점기 조선의 행정적 도시는 1910년대 12개 부, 24개 지정면에서 1945년 8월 15일 현재 22개 부, 124개 읍으로 증가했다. 이렇게 행정적 도시의 수가 비약적으로 증가한 것과 더불어 개별 도시 행정구역이 확장되었으며, 도시로의 인구 집중도 심화되었다. 따라서 당연히 조선 인구 전체 중 도시 인구의 비율도 증가했다. 이에 먼저 일제강점기 도시 인구 총수의 변화 양상을 살펴보겠다. 1920년을 기점으로 개별 도시가 부 혹은 지정면(읍)으로 승격한 시점을 기준으로 5년 단위 인구 총수의 변화를 정리하면 다음과 같다.

〈표 1-7〉 1920~1944년 각 도별 부·지정면(읍) 인구 총수의 변화 양상

	지역	1920	1925	1930	1935	1940	1944
조선	조선 전체	17,288,989	19,522,945	21,058,305	22,899,038	24,326,327	25,917,881
	부·지정면(읍)전체	840,959	1,530,990	1,933,162	2,601,794	4,741,870	6,214,478
경기도	경기도	1,785,675	2,019,108	2,157,413	2,451,691	2,864,389	3,092,254
	부읍전체	336,374	462,990	533,499	612,146	1,244,874	1,429,262
	경성부	250,208	342,626	394,240	444,098	935,464	988,537
	인천부	36,490	56,259	68,137	82,997	171,165	213,833
	개성부(송도면)	36,763	46,337	49,520	55,537	72,062	76,360
	영등포읍	3,005	6,069	8,420	15,460	경성부편입	경성부편입
	수원읍	9,908	11,699	13,182	14,054	30,288	41,258
	안성읍					12,981	15,132
	평택읍					12,138	13,925
	이천읍					10,776	12,055

지역		1920	1925	1930	1935	1940	1944
경기도	소사읍						24,762
	장호원읍						13,072
	여주읍						11,671
	의정부읍						18,657
충청북도	충청북도	777,333	847,476	900,226	959,490	944,870	980,488
	부·지정면(읍) 전체	5,279	31,231	39,657	48,811	94,282	113,883
	청주읍	5,279	12,418	16,573	21,981	34,259	43,691
	충주읍		18,813	23,084	26,830	27,443	32,838
	영동읍					14,247	16,414
	제천읍					18,333	20,940
충청남도	충청남도	1,139,707	1,282,038	1,382,888	1,526,825	1,575,945	1,675,479
	부·지정면(읍) 전체	25,318	47,772	68,585	93,089	145,132	252,569
	대전부	6,218	8,614	21,696	39,061	45,541	76,675
	조치원읍	4,515	6,954	8,400	9,264	12,019	13,571
	공주읍	7,438	10,690	13,116	12,602	15,434	18,271
	강경읍	7,147	11,248	12,729	13,682	14,903	17,820
	천안읍		10,266	12,644	18,480	16,308	19,198
	논산읍					11,147	15,082
	장항읍					11,704	15,192
	예산읍					18,076	19,874
	홍성읍						13,859
	온양읍						14,484
	광천읍						13,289
	서산읍						15,254
전라북도	전라북도	1,220,088	1,369,010	1,503,695	1,607,236	1,598,614	1,674,692
	부·지정면(읍) 전체	34,131	71,030	98,824	158,186	173,367	258,626
	군산부	14,138	21,559	26,321	41,698	40,553	57,589
	전주부	15,939	22,683	38,595	42,387	47,230	67,095
	이리읍(익산면)	4,054	13,403	17,964	21,219	22,347	27,309

지역		1920	1925	1930	1935	1940	1944
전라 북도	정주읍(정읍면)		13,385	15,944	18,074	19,912	23,198
	남원읍				15,994	15,315	18,859
	김제읍				18,814	16,852	20,935
	금산읍					11,158	12,415
	신태인읍						16,242
	부안읍						14,984
전라 남도	전라남도	1,954,568	2,158,513	2,332,256	2,508,346	2,638,969	2,749,969
	부·지정면(읍) 전체	32,215	105,927	129,561	219,613	343,739	444,559
	목포부	16,708	26,718	34,689	60,734	64,256	69,269
	광주부	15,507	23,734	33,023	54,607	64,520	82,431
	여수읍		16,445	22,469	28,205	37,813	48,028
	제주읍		39,030	39,380	38,290	39,250	46,377
	순천읍				21,938	27,870	33,479
	나주읍				15,839	15,569	16,508
	송정읍					12,895	15,650
	벌교읍					22,720	25,772
	강진읍					13,601	15,164
	영산포읍					15,660	17,801
	보성읍					12,348	13,414
	장흥읍					17,237	18,283
	담양읍						11,485
	장성읍						18,135
	완도읍						12,763
경상 북도	경상북도	2,112,379	2,332,572	2,416,762	2,563,251	2,472,211	2,605,461
	부·지정면(읍) 전체	58,024	155,629	181,921	214,009	389,145	467,906
	대구부	44,707	76,534	93,319	107,414	178,923	206,638
	김천읍	8,410	13,049	15,520	19,094	30,653	35,007
	포항읍	4,907	10,826	11,791	14,715	28,541	32,938

지역		1920	1925	1930	1935	1940	1944
경상북도	안동읍		13,555	14,887	20,088	23,812	30,430
	경주읍		16,881	19,049	21,442	23,382	26,625
	상주읍		24,784	27,355	31,256	30,908	32,290
	영천읍					17,304	19,897
	감포읍					13,127	14,729
	예천읍					16,415	17,001
	의성읍					12,898	14,056
	영주읍					13,182	16,970
	구룡포읍						21,325
경상남도	경상남도	1,796,273	2,021,887	2,135,716	2,248,228	2,241,902	2,417,384
	부·지정면(읍) 전체	122,126	217,651	276,574	386,203	554,368	697,451
	부산부	73,855	106,642	146,098	182,503	249,734	329,215
	마산부	16,165	22,874	27,885	31,778	36,429	54,454
	진주읍(부)	12,654	20,304	25,190	30,478	43,291	53,239
	진해읍	4,367	16,711	18,895	19,974	19,747	33,988
	통영읍	15,085	19,334	22,810	25,021	32,218	35,883
	밀양읍		14,915	16,743	17,706	20,359	22,750
	동래읍		16,871	18,953	19,854	20,721	부산부편입
	울산읍				16,111	16,502	18,676
	김해읍				23,332	23,911	25,820
	삼천포읍				19,446	22,032	26,179
	방어진읍					14,511	13,967
	거창읍					13,758	15,368
	하동읍					11,756	12,082
	고성읍					14,912	15,975
	장승포읍					14,487	14,054
	진영읍						15,157
	구포읍						10,644

	지역	1920	1925	1930	1935	1940	1944
황해도	황해도	1,280,595	1,461,879	1,523,523	1,674,214	1,812,933	2,014,931
	부·지정면(읍) 전체	28,517	47,903	60,429	77,941	254,807	370,355
	해주읍(부)	14,437	19,237	23,820	30,447	62,651	82,217
	겸이포읍	14,080	10,078	12,663	17,327	25,927	53,072
	사리원읍		18,588	23,946	30,167	35,331	42,967
	연안읍					19,180	22,468
	신천읍					19,292	22,703
	재령읍					19,090	22,250
	옹진읍					22,899	26,739
	장연읍					16,240	18,065
	안악읍					20,865	25,220
	황주읍					13,332	16,941
	남천읍						19,447
	신막읍						18,266
평안남도	평안남도	1,082,467	1,241,777	1,331,705	1,469,631	1,662,316	1,826,441
	부·지정면(읍) 전체	93,194	134,889	196,402	250,895	389,525	518,059
	평양부	71,703	89,423	140,703	182,121	285,965	341,654
	진남포부	21,491	27,240	38,296	50,512	68,656	82,144
	안주읍		18,226	17,403	18,262	18,633	21,908
	순천읍					16,271	20,638
	승호읍						17,909
	개천읍						18,380
	양덕읍						15,426
평안북도	평안북도	1,204,737	1,417,091	1,562,791	1,710,352	1,768,265	1,882,799
	부·지정면(읍) 전체	22,769	64,858	91,205	115,809	186,915	324,801
	신의주부	13,798	23,176	48,047	58,462	61,143	118,398
	의주읍	8,971	11,166	10,042	10,053	10,896	27,387
	정주읍		8,724	9,554	11,938	15,273	18,631

지역		1920	1925	1930	1935	1940	1944
평안북도	선천읍		11,732	13,759	17,653	20,951	22,731
	강계읍		10,060	9,803	17,703	25,212	30,081
	북진읍					24,064	18,626
	박천읍					15,725	17,225
	만포읍					13,651	23,421
	희천읍						14,625
	용암포읍						17,897
	청수읍						15,779
강원도	강원도	1,181,994	1,332,252	1,487,715	1,605,274	1,784,649	1,838,230
	부·지정면(읍) 전체	3,584	32,237	40,258	52,905	139,964	273,612
	춘천읍	3,584	8,049	10,222	16,045	29,462	37,542
	강릉읍		11,480	14,578	16,984	23,103	23,454
	철원읍		12,708	15,458	19,876	23,455	30,186
	장전읍					17,120	13,695
	원주읍					12,772	13,599
	삼척읍					20,520	23,695
	고저읍					13,532	13,635
	주문진읍						16,059
	고성읍						14,936
	김화읍						11,887
	묵호읍						14,198
	속초읍						12,450
	평강읍						20,347
	북평읍						27,929
함경남도	함경남도	1,220,283	1,412,996	1,578,491	1,721,676	1,878,992	2,015,352
	부·지정면(읍) 전체	46,010	83,475	104,279	190,903	386,017	574,594
	원산부	27,585	36,421	42,760	60,169	79,320	112,901
	함흥부	18,425	31,679	43,851	56,571	75,320	112,157

지역		1920	1925	1930	1935	1940	1944
함경남도	북청읍		15,375	17,668	20,532	27,663	30,742
	흥남읍(부)				39,477	128,654	143,604
	혜산읍				14,154	16,800	18,514
	신포읍					26,994	26,126
	단천읍					31,266	32,812
	홍원읍						25,664
	고원읍						13,244
	천내읍						18,572
	영흥읍						18,460
	신창읍						21,798
함경북도	함경북도	528,890	626,246	745,124	852,824	1,102,272	1,124,421
	부·지정면(읍) 전체	33,418	75,398	111,968	181,284	439,735	488,801
	청진부	11,214	20,649	35,925	55,530	197,918	184,301
	회령읍	9,444	14,821	19,481	23,771	25,761	24,339
	나남읍	7,228	15,562	19,755	24,090	청진부편입	청진부편입
	성진읍(부)	5,532	13,126	13,823	20,094	63,189	68,045
	웅기읍		11,240	22,984	26,881	27,618	20,880
	나진읍(부)				30,918	38,319	34,390
	길주읍					25,053	29,852
	아오지읍					30,065	39,667
	어대진읍					13,725	9,120
	무산읍					18,087	20,687
	차호읍						20,353
	주을읍						37,167

* 출전: 『朝鮮總督府統計年報(각년도판)』, 『朝鮮國勢調査報告(1925, 30, 35, 40, 44년도판)』
* 비고: ① 같은 연도의 국세조사보고와 통계연보 중 국세조사보고의 수치를 우선으로 했음 ② 강원도 북평읍은 1945년에 읍으로 승격했으므로 읍 승격 이전(1944년)의 인구임

위 표에 의거하여 각 도별 인구 총수 중 부와 지정면(읍) 인구수의 비율, 즉 '도시화율'의 변화를 계산해 보면 다음과 같다.

〈표 1-8〉 1920~1944년 각 도별 인구 총수 중 부·지정면(읍) 인구 비율의 변화 양상

지역	1920년	1925년	1930년	1935년	1940년	1944년
조선	4.9%	7.8%	9.2%	11.4%	19.5%	24.0%
경기도	18.8%	22.9%	24.7%	25.0%	43.5%	46.2%
충청북도	0.7%	3.7%	4.4%	5.1%	10.0%	11.6%
충청남도	2.2%	3.7%	5.0%	6.1%	9.2%	15.1%
전라북도	2.8%	5.2%	6.6%	9.8%	10.8%	15.4%
전라남도	1.6%	4.9%	5.6%	8.8%	13.0%	16.2%
경상북도	2.7%	6.7%	7.5%	8.3%	15.7%	18.0%
경상남도	6.8%	10.8%	12.9%	17.2%	24.7%	28.9%
황해도	2.2%	3.3%	4.0%	4.7%	14.1%	18.4%
평안남도	8.6%	10.9%	14.7%	17.1%	23.4%	28.4%
평안북도	1.9%	4.6%	5.8%	6.8%	10.6%	17.3%
강원도	0.3%	2.4%	2.7%	3.3%	7.8%	14.9%
함경남도	3.8%	5.9%	6.6%	11.1%	20.5%	28.5%
함경북도	6.3%	12.0%	15.0%	21.3%	39.9%	43.5%

위 표에 따르면 조선 전체에서 도시 인구의 비율은 1920년 5% 미만에서 1944년 24%까지 증가했다. 즉 일제 말기에 이르면 대략 인구 4명 중 1명이 행정적 도시에 거주하고 있었던 것이다. 1920~1944년 도시 인구 비율이 크게 증가했음을 알 수 있다.

1920~1944년 도시 인구 비율이 10배 이상 증가한 도는 충청북도

(16.6배), 전라남도(10.1배), 강원도(49.7배) 등이다. 이상 세 도는 상대적으로 강제병합 초기 도시 인구의 비율이 낮았다. 강원도나 충청북도의 경우는 지정면도 도청 소재지인 춘천과 청주 1개씩에 불과했으며, 1945년 광복 때까지 도내에서 부로 승격한 도시는 한 곳도 없었다. 반대로 도시 인구 비율이 5배 이하 증가한 도는 경기도(2.5배), 경상남도(4.3배), 평안남도(3.3배) 등이다. 이상 세 도는 일제강점기 내내 변함없이 조선 3대 도시의 지위를 유지한 경성, 부산, 평양의 소재지이다.

다음으로 각 연도 구간별 도시 인구의 증가 추세를 보면 일제 말기로 갈수록 증가 속도가 비약적으로 빨라진다. 전반적으로 1920~1935년과 1935~1944년은 완연히 다른 추세를 보임을 금방 알 수 있다. 짐작할 수 있듯이 여기에는 전시기(戰時期) 도시로의 인구 이동, 신공업도시의 형성 등의 요인이 있었다고 할 수 있다.

한편 가 연도 구간별 도시 인구 비율을 도별로 비교해 보면 1920년 현재 도시 인구 비율이 조선 전체보다 높은 도는 경기도, 경상남도, 평안남도, 함경북도이다. 조선 3대 도시의 소재지 외에 함경북도가 포함되어 있다. 함경북도의 도시화율이 높은 것는 지형상의 이유로 인구가 해안 쪽에 집중적으로 밀집해 있으며, 국경지대에 군사도시가 존재했던 점 때문이다. 이런 추세는 1925년, 1930년에도 동일하다. 1935년에도 기본적으로 동일하나 함경남도가 새롭게 등장했다. 이는 흥남의 개발이 상징하는 북부 신공업도시 발전의 영향이다. 1940년, 1944년에도 함경남도, 함경북도가 두드러진다.

정리하면 일제강점기 도별 도시화율은 전기간에 걸쳐 경기도가 수위이면서 초중기에는 경상남도와 평안남도가 두드러진데 반해 말기에는 함경남도와 함경북도가 두드러지는 추세였다고 할 수 있다.

다음으로 도시 규모의 변화를 살펴보자. 이를 알아보기 위해 임의로 1920~1944년 부, 지정면(읍)을 인구 10만 이상, 10만 미만 5만 이상, 5만 미만 2만 이상, 2만 미만으로 분류하여 그 수의 변화를 살펴보았다. 이렇게 분류의 기준을 설정한 것은 1944년 현재 인구 20만 이상인 도시가 경성, 인천, 대구, 부산, 평양 등 일제강점기 내내 도시 인구 순위에서 5대 도시였던 곳이라는 점과 1921년 결정된 지정면의 자격(1,500호 이상), 1934년 결정된 읍의 자격(1만 명 이상이면서 집단 거주지 인구 7,000명 이상)을 고려했다.[45]

〈표 1-9〉 1920~1944년 인구 규모별 도시 수의 변화 양상

	1920	1925	1930	1935	1940	1944
10만 이상	1	2	3	4	7	10
10만 미만 5만 이상	2	3	2	9	9	11
5만 미만 2만 이상	5	14	21	25	42	54
2만 미만	28	36	29	27	52	71
합계	36	55	55	65	110	146

먼저 '대도시'라고 할 수 있는 인구 10만 이상 도시는 1920년 경성 1개에서 1944년 10개에 이르기까지 지속적으로 증가했다. 1925년 부산, 1930년 평양, 1935년 대구가 차례로 추가되었다. 1940년에는 인구 증가와 더불어 행정구역이 확장한 결과 인천, 흥남, 청진이 추가되었으며,

---

45 이명학, 2020a, 「일제시기 행정구역의 개편과 명칭의 변화」, 『한국독립운동사연구』 70, 독립기념관 한국독립운동사연구소, 149~150쪽.

1944년에는 신의주, 원산, 함흥이 추가되었다. 북부 지역의 도시화가 두드러짐을 쉽게 알 수 있다.

인구 5만 이상 10만 미만 도시는 같은 기간 2개에서 12개로 증가했다. 1920년 부산, 평양에 1925년 대구가 추가되었다. 1930년에는 부산, 평양이 10만을 돌파한 대신 인천이 추가되었다. 1935년에는 대구가 10만을 돌파한 대신 개성, 목포, 광주, 진남포, 신의주, 원산, 함흥, 청진이 추가되었다. 1940년에는 인천, 청진이 10만을 돌파한 대신 해주, 성진이 추가되었다. 1944년에는 신의주, 원산, 함흥이 10만을 돌파한 대신 대전, 군산, 전주, 마산, 진주, 겸이포가 추가되었다. 대략 일제 말기에 이르면 도청 소재지 등 지역 중심도시들이 보통 이 정도 규모가 됨을 알 수 있다.

인구 2만 이상 5만 미만 도시는 같은 기간 5개에서 53개로, 2만 미만(함경북도 어대진읍을 제외하면 1만 이상) 도시는 28개에서 71개로 증가했다. 일제 말기에 이르면 중소도시가 전국적으로 상당히 분포하게 되었음을 알 수 있다. 그런데 각 도별로 도시 규모별 분포는 차이를 보인다. 가장 극적으로 대비되는 경우는 충청남도와 함경북도이다. 1944년 현재 충청남도의 부, 읍 12개 중 대전을 제외한 11개 읍은 모두 인구 2만 미만이다. 그에 반해 함경북도의 부, 읍 11개 중에서는 어대진읍을 제외한 3개 부, 7개 읍이 인구 2만 이상 5만 미만이다. 이런 점을 감안하여 도시화의 지역적 차이를 보여주는 하나의 지표로서 각 도별로 도시 인구 전체 중 수위도시[46] 인구의 비율을 살펴보면 다음과 같다.

---

46 여기에서 수위도시는 각 도의 행정적 도시 중 가장 인구가 많은 도시를 뜻한다.

〈표 1-10〉 1920~1944년 각 도별 도시 인구 중 수위도시 인구 비율의 변화 양상

지역	1920	1925	1930	1935	1940	1944
경기도	경성	경성	경성	경성	경성	경성
	74.4%	74.0%	73.9%	72.5%	75.1%	69.2%
충청북도	청주	충주	충주	충주	청주	청주
	100.0%	60.2%	58.2%	55.0%	36.3%	38.4%
충청남도	공주	강경	대전	대전	대전	대전
	29.4%	23.5%	31.6%	42.0%	31.4%	30.4%
전라북도	전주	전주	전주	전주	전주	전주
	46.7%	31.9%	39.1%	26.8%	27.2%	25.9%
전라남도	목포	제주	제주	목포	광주	광주
	51.9%	36.8%	30.4%	27.7%	18.8%	18.5%
경상북도	대구	대구	대구	대구	대구	대구
	77.0%	49.2%	51.3%	50.2%	46.0%	44.2%
경상남도	부산	부산	부산	부산	부산	부산
	60.5%	49.0%	52.8%	47.3%	45.0%	47.2%
황해도	해주	해주	해주	해주	해주	해주
	50.6%	40.2%	39.4%	39.1%	24.6%	22.2%
평안남도	평양	평양	평양	평양	평양	평양
	76.9%	66.3%	71.6%	72.6%	73.4%	65.9%
평안북도	신의주	신의주	신의주	신의주	신의주	신의주
	60.6%	35.7%	52.7%	50.5%	32.7%	36.5%
강원도	춘천	철원	철원	철원	춘천	춘천
	100%	39.4%	38.4%	37.6%	21.0%	13.7%
함경남도	원산	원산	함흥	원산	흥남	흥남
	60.0%	43.6%	42.1%	31.5%	33.3%	25.0%
함경북도	청진	청진	청진	청진	청진	청진
	33.6%	27.4%	32.1%	30.6%	45.0%	37.7%

* 비고: 비율은 각 도 부, 지정면(읍)의 인구 총수 중 수위도시의 인구수

일제강점기 전 기간 동안 수위도시의 변화가 없는 도는 경기도(경성), 전라북도(전주), 경상북도(대구), 경상남도(부산), 황해도(해주), 평안남도(평양), 평안북도(신의주), 함경북도(청진) 등이다. 초기부터 전통 도시와 식민지 신도시 2, 3개가 경합하다가 1930년대 이후 수위도시가 한 곳으로 귀결되는 도는 충청북도(청주, 충주), 충청남도(공주, 강경, 대전), 전라남도(목포, 광주) 등을 들 수 있다. 강원도는 경원선 정차역이 위치한 철원이 오랫동안 수위도시를 유지하다가 1939년 경춘선이 개통하면서 비로소 도청 소재지 춘천이 수위도시가 되었다.[47] 함경남도는 신도시 원산과 전통 도시 함흥이 경합했으나, 1930년대 후반 신공업도시 흥남이 수위도시로 부상했다.

이상에서 일제강점기 도시 인구 변화의 기본적인 추세를 몇 가지 측면에서 살펴보았다. 다음으로 이 시기 인구 구성에서 각 도시의 특징을 보여주는 기본적인 지표로서 민족별 구성을 살펴보겠다. 이를 위해 민족별 인구수를 알 수 있는 1920, 1930, 1940년 통계를 정리했다. 따라서 여기에는 1940년 이후 읍으로 승격한 도시가 누락되어 있다. 그러나 대체의 추세를 조망하는 것은 가능하리라고 생각한다.[48]

---

47 고준성·염복규, 2023, 「근대 춘천의 강원도 수부도시화 과정과 의미」, 『도시연구』 34, 85쪽.

48 1945년 현재 22개부, 124개읍 중 경기도 소사읍, 장호원읍, 여주읍, 의정부읍, 충청남도 홍성읍, 온양읍, 광천읍, 서산읍, 전라북도 신태인읍, 부안읍, 전라남도 담양읍, 장성읍, 완도읍, 경상북도 구룡포읍, 경상남도 진영읍, 구포읍, 황해도 남천읍, 신막읍, 평안남도 송호읍, 개천읍, 양덕읍, 평안북도 희천읍, 용암포읍, 청수읍, 강원도 주문진읍, 고성읍, 김화읍, 묵호읍, 속초읍, 평강읍, 북평읍, 함경남도 홍원읍, 고원읍, 천내읍, 영흥읍, 신창읍, 함경북도 차호읍, 주을읍 등 38개읍이 누락되어 있다.

〈표 1-11〉 1920, 1930, 1940년 부·지정면(읍) 민족별 인구 구성의 변화

지역		1920년 조선인/일본인 수		1920년 조선인/일본인 비율		1930년 조선일/일본인 수		1930년 조선인/일본인 비율		1940년 조선일/일본인 수		1940년 조선인/일본인 비율	
		조선인	일본인	조선인	일본인	조선인	일본인	조선인	일본인	조선인	일본인	조선인	일본인
조선	조선	16,916,078	347,850	97.8%	2.0%	20,438,108	527,016	97.1%	2.5%	23,547,465	707,337	96.8%	2.9%
	부읍전체	605,353	222,752	72.0%	26.5%	1,532,227	360,166	79.3%	18.6%	4,148,569	555,954	87.5%	11.7%
경기도	경기도	1,689,313	90,870	94.6%	5.1%	2,004,012	135,863	92.9%	6.3%	2,668,119	188,070	93·1%	6.6%
	부읍전체	251,601	80,419	74.8%	23.9%	399,217	121,500	74.8%	22.8%	1,058,667	178,325	85.0%	14.3%
	경성부	181,829	65,617	72.7%	26.2%	279,865	105,639	71.0%	26.8%	775,162	154,687	82.9%	16.5%
	인천부	23,855	11,281	65.4%	30.9%	52,971	11,758	77.7%	17.3%	151,454	17,850	88.5%	10.4%
	개성부 (송도면)	35,426	1,212	96.4%	3.3%	47,722	1,531	96.4%	3·1%	69,919	1,944	97.0%	2.7%
	영등포읍	2,014	913	67.0%	30.4%	7,203	987	85.5%	11.7%	경성부 편입	경성부 편입	경성부 편입	경성부 편입
	수원읍	8,477	1,396	85.6%	14.1%	11,456	1,585	86.9%	12.0%	27,473	2,696	90.7%	8.9%
	안성읍									12,692	255	97.8%	2.0%
	평택읍									11,576	519	95.4%	4.3%
	이천읍									10,391	374	96.4%	3.5%
충청북도	충청북도	770,828	5,883	99.2%	0.8%	890,877	8,030	99.0%	0.9%	935,111	9,425	99.0%	1.0%
	부읍전체	3,522	1,662	66.7%	31.5%	35,233	4,063	88.8%	10.2%	88,517	5,606	93.9%	5.9%
	청주읍	3,522	1,662	66.7%	31.5%	13,464	2,892	81.2%	17.5%	30,746	3,420	89.7%	10.0%
	충주읍					21,769	1,171	94.3%	5.1%	26,304	1,106	95.8%	4.0%
	영동읍									13,604	626	95.5%	4.4%
	제천읍									17,863	454	97.4%	2.5%
충청남도	충청남도	1,120,922	16,814	98.4%	1.5%	1,356,942	23,180	98.1%	1.7%	1,548,032	27,051	98.2%	1.7%
	부읍전체	16,626	8,167	65.7%	32.3%	55,056	13,207	80.3%	19.3%	127,389	17,377	87.8%	12.0%
	대전부	1,963	4,164	31.6%	67.0%	14,741	6,723	67.9%	31.0%	35,574	9,914	78.1%	21.8%
	조치원읍	3,276	1,145	72.6%	25.4%	7,019	1,251	83.6%	14.9%	10,812	1,180	90.0%	9.8%
	공주읍	5,743	1,548	77.2%	20.8%	10,931	1,994	83.3%	15.2%	14,130	1,278	91.6%	8.3%
	강경읍	5,644	1,310	79.0%	18.3%	10,940	1,547	85.9%	12.2%	13,350	1,457	89.6%	9.8%
	천안읍					11,425	1,692	90.4%	13.4%	14,930	1,314	91.6%	8.1%

지역		1920년 조선인/일본인 수		1920년 조선인/일본인 비율		1930년 조선일/일본인 수		1930년 조선인/일본인 비율		1940년 조선일/일본인 수		1940년 조선인/일본인 비율	
		조선인	일본인	조선인	일본인	조선인	일본인	조선인	일본인	조선인	일본인	조선인	일본인
충청남도	논산읍									10,316	794	92.5%	7.1%
	장항읍									10,809	895	92.4%	7.6%
	예산읍									17,468	545	96.6%	3.0%
전라북도	전라북도	1,197,670	21,254	98.2%	1.7%	1,467,604	32,747	97.6%	2.2%	1,564,041	33,779	97.8%	2.1%
	부읍전체	23,819	9,910	69.8%	29.0%	78,303	18,897	79.2%	19.1%	150,142	22,714	86.6%	13·1%
	군산부	8,243	5,659	58.3%	40.0%	16,894	8,707	64.2%	33·1%	31,945	8,391	78.8%	20.7%
	전주부	13,036	2,804	81.8%	17.6%	32,909	5,186	85.3%	13.4%	41,090	6,075	87.0%	12.9%
	이리읍 (익산면)	2,540	1,447	62.7%	35.7%	13,979	3,772	77.8%	21.0%	17,875	4,390	80.0%	19.6%
	정주읍 (정읍면)					14,521	1,232	91.1%	7.7%	18,580	1,270	93.3%	6.4%
	남원읍									14,499	792	94.7%	5.2%
	김제읍									15,342	1,466	91.0%	8.7%
	금산읍									10,811	330	96.9%	3.0%
전라남도	전라남도	1,927,139	26,659	98.6%	1.4%	2,288,429	40,986	98.1%	1.8%	2,593,176	45,322	98.3%	1.7%
	부읍전체	23,872	8,098	74.1%	25.1%	111,602	17,172	86.1%	13.3%	314,025	29,389	91.4%	8.5%
	목포부	11,270	5,273	67.5%	31.6%	26,335	7,922	75.9%	22.8%	55,652	8,514	86.6%	13.3%
	광주부	12,602	2,825	81.3%	18.2%	26,695	6,074	80.8%	18.4%	55,975	8,456	86.8%	13·1%
	여수읍					19,889	2,493	88.5%	11.1%	34,168	3,631	90.4%	9.6%
	제주읍					38,683	683	98.2%	1.7%	38,490	749	98.1%	1.9%
	순천읍									24,860	2,967	89.2%	10.6%
	나주읍									14,512	1,050	93.2%	6.7%
	송정읍									11,854	1,019	91.9%	7.9%
	벌교읍									22,327	381	98.3%	1.7%
	강진읍									13,089	504	96.2%	3.7%
	영산포읍									14,754	887	94.2%	5.7%
	보성읍									11,825	519	95.8%	4.2%
	장흥읍									16,519	712	95.8%	4.1%

지역		1920년 조선인/일본인 수		1920년 조선인/일본인 비율		1930년 조선일/일본인 수		1930년 조선인/일본인 비율		1940년 조선일/일본인 수		1940년 조선인/일본인 비율	
		조선인	일본인	조선인	일본인	조선인	일본인	조선인	일본인	조선인	일본인	조선인	일본인
경상북도	경상북도	2,082,819	28,744	98.6%	1.4%	2,373,856	40,389	98.2%	1.7%	2,428,177	43,583	98.2%	1.8%
	부읍전체	42,907	14,714	73.9%	25.4%	154,186	26,436	84.8%	14.5%	357,280	31,480	91.8%	8.1%
	대구부	32,451	11,942	72.6%	26.7%	73,060	19,426	78.3%	20.8%	158,468	20,187	88.6%	11.3%
	김천읍	6,981	1,354	83.0%	16.1%	13,519	1,856	87.1%	12.0%	28,400	2,252	92.6%	7.3%
	포항읍	3,475	1,418	70.8%	28.9%	9,464	2,248	80.3%	19.1%	25,879	2,649	90.7%	9.3%
	안동읍					14,049	785	94.4%	5.3%	22,100	1,694	92.8%	7.1%
	경주읍					18,042	949	94.7%	5.0%	22,060	1,318	94.3%	5.6%
	상주읍					26,052	1,172	95.2%	4.3%	29,684	1,214	96.0%	3.9%
	영천읍									16,813	482	97.2%	2.8%
	감포읍									12,380	747	94.3%	5.7%
	예천읍									16,023	350	97.6%	2.1%
	의성읍									12,589	299	97.6%	2.3%
	영주읍									12,884	288	97.7%	2.2%
경상남도	경상남도	1,729,010	66,467	96.3%	3.7%	2,045,113	88,560	95.8%	4.1%	2,147,602	93,882	95.8%	4.2%
	부읍전체	76,296	45,463	62.5%	37.2%	209,025	66,412	75.6%	24.0%	472,407	81,604	85.2%	14.7%
	부산부	40,532	33,085	54.9%	44.8%	97,558	47,761	66.8%	32.7%	192,215	57,281	77.0%	22.9%
	마산부	11,923	4,172	73.8%	25.8%	22,189	5,587	79.6%	20.0%	30,590	5,819	84.0%	16.0%
	진주읍(부)	10,590	2,023	83.7%	16.0%	22,862	2,270	90.8%	9.0%	40,821	2,449	94.3%	5.7%
	진해읍	565	3,802	12.9%	87.1%	13,338	5,530	70.6%	29.3%	14,457	5,290	73.2%	26.8%
	통영읍	12,686	2,381	84.1%	15.8%	19,600	3,135	85.9%	13.7%	29,217	2,970	90.7%	9.2%
	밀양읍					15,553	1,118	92.9%	6.7%	19,183	1,173	94.2%	5.8%
	동래읍					17,925	1,011	94.6%	5.3%	19,105	1,605	92.2%	7.7%
	울산읍									15,648	853	94.8%	5.2%
	김해읍									23,281	630	97.4%	2.6%
	삼천포읍									21,553	463	97.8%	2.1%
	방어진읍									13,277	1,234	91.5%	8.5%
	거창읍									13,276	479	96.5%	3.5%

지역		1920년 조선인/일본인 수		1920년 조선인/일본인 비율		1930년 조선일/일본인 수		1930년 조선인/일본인 비율		1940년 조선일/일본인 수		1940년 조선인/일본인 비율	
		조선인	일본인	조선인	일본인	조선인	일본인	조선인	일본인	조선인	일본인	조선인	일본인
경상남도	하동읍									11,266	487	95.8%	4.1%
	고성읍									14,583	320	97.8%	2.1%
	장승포읍									13,935	551	96.2%	3.8%
황해도	황해도	1,264,757	14,255	98.8%	1.1%	1,499,643	17,669	98.4%	1.2%	1,785,556	24,620	98.5%	1.4%
	부읍전체	21,948	6,217	77.0%	21.8%	51,756	7,096	85.6%	11.7%	238,337	14,736	93.5%	5.8%
	해주읍(부)	12,868	1,477	89.1%	10.2%	20,727	2,634	87.0%	11.1%	56,210	5,949	89.7%	9.5%
	겸이포읍	9,080	4,740	64.5%	33.7%	9,557	2,521	75.5%	19.9%	21,552	4,121	83·1%	15.9%
	사리원읍					21,472	1,941	89.7%	8.1%	33,170	1,868	93.9%	5.3%
	연안읍									18,719	424	97.6%	2.2%
	신천읍									18,828	341	97.6%	1.8%
	재령읍									18,601	323	97.4%	1.7%
	옹진읍									22,221	633	97.0%	2.8%
	장연읍									15,858	228	97.6%	1.4%
	안악읍									20,585	199	98.7%	1.0%
	황주읍									12,593	650	94.5%	4.9%
평안남도	평안남도	1,052,606	27,646	97.2%	2.6%	1,288,804	33,891	96.8%	2.5%	1,607,185	48,809	96.7%	2.9%
	부읍전체	70,822	21,082	76.0%	22.6%	165,908	25,731	84.5%	13·1%	348,395	37,121	89.4%	9.5%
	평양부	54,643	16,289	76.2%	22.7%	116,899	20,073	83·1%	14.3%	254,599	28,463	89.0%	10.0%
	진남포부	16,179	4,793	75.3%	22.3%	32,073	5,333	83.8%	13.9%	60,191	7,532	87.7%	11.0%
	안주읍					16,936	325	97.3%	1.9%	18,118	408	97.2%	2.2%
	순천읍									15,487	718	95.2%	4.4%
평안북도	평안북도	1,187,243	12,040	98.5%	1.0%	1,519,037	20,063	97.2%	1.3%	1,708,270	28,570	96.6%	1.6%
	부읍전체	14,600	4,836	64.1%	21.2%	71,129	10,038	78.0%	11.0%	160,391	15,063	85.8%	8.1%
	신의주부	7,058	3,824	51.2%	27.7%	31,445	7,526	65.4%	15.7%	43,586	9,350	71.3%	15.3%
	의주읍	7,542	1,012	84.1%	11.3%	9,408	431	93.7%	4.3%	10,185	470	93.5%	4.3%
	정주읍					8,377	937	87.7%	9.8%	13,817	1,297	90.5%	8.5%
	선천읍					12,969	460	94.3%	3.3%	19,915	699	95.1%	3.3%
	강계읍					8,930	684	91.1%	7.0%	23,170	1,462	91.9%	5.8%

지역		1920년 조선인/일본인 수		1920년 조선인/일본인 비율		1930년 조선일/일본인 수		1930년 조선인/일본인 비율		1940년 조선일/일본인 수		1940년 조선인/일본인 비율	
		조선인	일본인	조선인	일본인	조선인	일본인	조선인	일본인	조선인	일본인	조선인	일본인
평안북도	북진읍									22,079	613	91.8%	2.5%
	박천읍									15,410	254	98.0%	1.6%
	만포읍									12,229	918	89.6%	6.7%
강원도	강원도	1,175,062	6,459	99.4%	0.5%	1,473,972	11,112	99.1%	0.7%	1,742,928	20,746	97.7%	1.2%
	부읍전체	2,513	1,036	70.1%	28.9%	36,539	3,425	90.8%	8.5%	131,437	8,324	93.9%	5.9%
	춘천읍	2,513	1,036	70.1%	28.9%	8,416	1,707	82.3%	16.7%	26,556	2,858	90.1%	9.7%
	강릉읍					13,767	763	94.4%	5.2%	21,679	1,417	93.8%	6.1%
	철원읍					14,356	955	92.9%	6.2%	22,416	980	95.6%	4.2%
	장전읍									15,987	1,077	93.4%	6.3%
	원주읍									12,302	457	96.3%	3.6%
	삼척읍									19,278	1,239	93.9%	6.0%
	고저읍									13,219	296	97.7%	2.2%
함경남도	함경남도	1,211,920	15,828	99.3%	1.3%	1,527,975	39,247	96.8%	2.5%	1,802,569	68,672	95.9%	3.7%
	부읍전체	35,108	10,231	76.3%	22.2%	83,301	18,917	79.9%	18.1%	328,562	54,052	85.1%	14.0%
	원산부	19,840	7,134	71.9%	25.9%	32,241	9,260	75.4%	21.7%	64,918	13,386	81.8%	16.9%
	함흥부	15,268	3,097	82.9%	16.8%	34,191	8,984	78.0%	20.5%	64,446	10,100	85.6%	13.4%
	북청읍					16,869	673	95.5%	3.8%	26,847	715	97.1%	2.6%
	흥남읍(부)									100,618	27,109	78.2%	21.1%
	혜산읍									15,190	1,229	90.4%	7.3%
	신포읍									26,436	501	97.9%	1.9%
	단천읍									30,107	1,012	96.3%	3.2%
함경북도	함경북도	506,789	14,931	95.8%	2.8%	701,844	35,279	94.2%	4.7%	1,016,699	74,808	92.2%	6.8%
	부읍전체	21,719	10,917	65.0%	32.7%	80,972	27,272	72.3%	24.4%	373,020	60,163	84.8%	13.7%
	청진부	6,858	4,114	61.2%	36.7%	25,639	8,873	71.4%	24.7%	165,869	29,110	83.8%	14.7%
	회령읍	7,298	1,985	77.3%	21.0%	14,899	4,045	76.5%	20.8%	21,903	3,372	85.0%	13·1%
	나남읍	3,202	3,798	44.3%	52.5%	8,929	10,281	45.2%	52.0%	청진부편입	청진부편입	청진부편입	청진부편입
	성진읍(부)	4,361	1,020	78.8%	18.4%	11,890	1,680	86.0%	12.2%	53,767	9,024	85.1%	14.3%

지역		1920년 조선인/일본인 수		1920년 조선인/일본인 비율		1930년 조선일/일본인 수		1930년 조선인/일본인 비율		1940년 조선일/일본인 수		1940년 조선인/일본인 비율	
		조선인	일본인	조선인	일본인	조선인	일본인	조선인	일본인	조선인	일본인	조선인	일본인
함경북도	웅기읍					19,615	2,393	85.3%	10.4%	24,512	2,644	88.8%	9.6%
	나진읍(부)									28,689	8,703	74.9%	22.7%
	길주읍									23,233	1,607	92.7%	6.4%
	아오지읍									25,764	3,832	85.7%	12.7%
	어대진읍									13,282	387	96.8%	2.8%
	무산읍									16,001	1,484	88.5%	8.2%

* 출전: 『朝鮮總督府統計年報(1920년도판)』, 『朝鮮國勢調査報告(1930, 1940년도판)』

위 표에 따르면 1920, 1930, 1940년 조선 전체에서 일본인 인구 비율은 2.0%, 2.5%, 2.9%로 조금씩 증가했다. 그러나 도시에서의 비율은 26.5%, 18.6%, 11.7%로 감소했다. 이는 1920년대 중반 이래 전통적 읍치에서 기원한 면 지역이 순차적으로 지정면(읍)으로 승격했기 때문이다. 또 기존의 부, 지정면(읍)도 이촌향도에 의해 조선인 인구 비율이 점차로 증가했다. 다음으로 각 도별로 민족별 인구 구성의 차이를 살펴보자.

먼저 도 전체 인구 중 상대적으로 일본인 인구 비율이 높은 도는 경기도, 경상남도, 함경북도 등이다. 다만 함경북도의 경우 1920, 1930, 1940년 일본인 인구 비율의 증가가 상대적으로 가파르다. 그런데 도 전체가 아닌 도시 인구만 놓고 보면 다른 지점이 보인다. 1920년의 경우 모든 도에서 도시 인구 중 일본인 인구 비율은 20%인데, 그중에서도 30% 이상인 도는 충청북도, 충청남도, 경상남도, 함경북도 등이다. 이 중 경상남도를 제외한 3개도는 한두 개의 도시에 일본인 인구의 집중도가 높았던 것으로 해석할 수 있다.

1930년이 되면 많은 도의 도시 인구 중 일본인 인구 비율이 20% 미만으로 내려간다. 그런 중에도 여전히 도시 인구 중 일본인 인구 비율이 20% 이상인 도는 경기도, 경상남도, 함경북도 등이다. 이 중 함경북도를 제외하면 경기도와 경상남도에서는 경성, 인천, 부산 등 대도시의 영향력이 절대적이었다고 해석할 수 있다.

1930년대 많은 읍의 신설에 따라 1940년이 되면 많은 도에서 도시 인구 중 일본인 인구 비율은 10% 미만으로 떨어진다. 그런 중에도 여전히 도시 인구 중 일본인 인구 비율이 10% 이상인 도는 경기도, 충청남도, 전라북도, 경상남도, 함경남도, 함경북도 등이다. 다른 도의 경우 인구 구성의 추세가 비슷하게 유지되었던 것으로 볼 수 있는데 반해 함경남도는 흥남이라는 새로운 도시의 등장이 큰 영향을 미쳤던 것으로 해석된다. 다음으로 좀 더 세부적으로 각 도시별 일본인 인구 비율의 변화를 살펴보자.

〈표 1-12〉 1920, 1930, 1940년 일본인 인구 비율에 따른 부·읍 구분

연도 일본인 인구 비율	1920(36)	1930(55)	1940(109)
20% 이상	경성, 인천, 영등포, 청주, 대전, 조치원, 공주, 군산, 이리, 목포, 대구, 포항, 부산, 마산, 진해, 겸이포, 평양, 진남포, 신의주, 춘천, 원산, 청진, 회령, 나남(24)	경성, 대전, 군산, 이리, 목포, 대구, 부산, 마산, 진해, 원산, 함흥, 청진, 회령, 나남(14)	대전, 군산, 부산, 진해, 흥남, 나진(6)
20% 미만 15% 이상	강경, 전주, 광주, 김천, 진주, 통영, 함흥, 성진(8)	인천, 청주, 공주, 광주, 포항, 겸이포, 신의주, 춘천(8)	경성, 이리, 마산, 겸이포, 신의주, 원산(6)

15% 미만 10% 이상	수원, 해주, 의주(3)	영등포, 수원, 조치원, 강경, 전주, 여수, 김천, 통영, 해주, 평양, 진남포, 성진, 웅기(13)	인천, 청주, 전주, 목포, 광주, 순천(전남), 대구, 평양, 진남포, 함흥, 청진, 회령, 성진, 아오지(14)
10% 미만 5% 이상		충주, 천안, 정읍/정주, 안동, 경주, 진주, 밀양, 동래, 사리원, 정주, 강계, 강릉, 철원(13)	수원, 조치원, 공주, 강경, 천안, 논산, 장항, 정읍/정주, 남원, 김제, 여수, 나주, 송정, 영산포, 김천, 포항, 안동, 경주, 감포, 진주, 통영, 밀양, 동래, 울산, 방어진, 해주, 사리원, 정주, 강계, 만포, 춘천, 강릉, 장전, 삼척, 혜산, 웅기, 길주, 무산(38)
5% 미만	송도/개성(1)	송도/개성, 제주, 상주, 안주, 의주, 선천, 북청(7)	송도/개성, 안성, 평택, 이천, 충주, 영동, 제천, 예산, 금산, 제주, 벌교, 강진, 보성, 장흥, 상주, 영천, 예천, 의성, 영주, 김해, 삼천포, 거창, 하동, 고성, 장승포, 연안, 신천, 재령, 옹진, 장연, 안악, 황주, 안주, 순천(평남), 의주, 선천, 북진, 박천, 철원, 원주, 고저, 북청, 신포, 단천, 어대진(45)

* 비고: ① 밑줄은 1920년, 1930년, 1940년 통계에 모두 등장하는 도시 ② 영등포, 나남은 경성, 청진에 편입되어 1940년 통계에서 제외됨

1920년 현재 36개 부·지정면 중 일본인 인구 비율이 20% 이상인 곳은 24개, 20% 미만 15% 이상인 곳은 8개, 15% 미만 10% 이상인 곳은 3개이다. 도시 지역의 대부분이 일본인 인구 10% 이상이라고 할 수 있다. 그중에서도 대전(67.0%), 진해(87.1%), 나남(52.5%)의 세 도시는 일본인 인구 비율이 50% 이상으로 철도와 군사 두 측면에서 완벽한 신도시의 특수성을 잘 보여준다. 이 세 도시를 제외하고도 일본인 인구 비율이 30% 이상인 도시가 인천, 영등포, 청주, 군산, 이리, 목포, 겸이포, 청진 등 8개에 이른다. 한편 이와 대조적으로 송도/개성의 일본인 인구 비율은 3.3%에 불과하다.

다음으로 1930년 현재 이런 추세는 어떻게 변했는지 살펴보자. 부·읍의 총수가 55개로 증가했으나, 일본인 인구 비율이 20% 이상인 곳은 14개로 감소했다. 20% 미만 15% 이상인 곳도 8개로 같으므로 사실상 감소했다. 일본인 인구 비율이 30% 이상인 곳도 대전, 군산, 부산, 나남의 네 도시에 불과하다. 특기할 사실은 1920년 현재 87.1%에 달했던 진해의 일본인 인구 비율이 29.3%로 급감한 점이다. 그에 반해 일본인 인구 비율이 15% 미만 10% 이상인 곳은 13개로 크게 증가했다. 비율 10% 미만 5% 이상인 곳도 13개가 새롭게 등장했으며, 5% 미만인 곳은 7개로 증가했다. 또 1930년 새롭게 부·읍으로 승격한 지역 대부분이 일본인 인구 비율 10% 미만이나 여수, 웅기는 예외적이라는 점도 지적할 수 있다.

마지막으로 1940년의 추세를 살펴보자. 부·읍 총수 109개 중 일본인 인구 비율이 20% 이상인 곳은 6개에 불과하며 20% 미만 15% 이상인 곳도 6개, 15% 미만 10% 이상인 곳은 14개이다. 특기할 사실은 일본인 인구 비율 20% 이상인 6개 도시 중 흥남, 나진이 새롭게 등장한 도시라는 점이다. 각각 1930년대 중반 이래 전시 공업화와 대륙 침략 정책의 거점 도시라는 상징성을 갖는다. 일본인 인구 비율 10% 미만 5% 이상인 곳은 38개이며, 5% 미만인 곳은 45개이다. 그 대부분은 전통적 읍치에서 기원한 새롭게 부·읍으로 승격한 지역이다. 그런데 예외적으로 이 시기 새롭게 승격한 지역 중 순천(전남)과 아오지의 일본인 인구 비율은 10% 이상이다. 탄광지대인 아오지의 경우 넓은 의미에서 공업도시의 범주에 포함된다고 할 수 있으나, 순천(전남)은 예외적이다. 인접한 경쟁지역으로서 먼저 읍으로 승격한 공업도시 여수의 경우 1930년에 비해 오히려 일본인 인구 비율이 감소했는데(11.1% → 9.6%), 순천의 일본인 인구 비율(10.6%)이 그보다 더 높은 것은 눈여겨볼 만한 현상이다.

덧붙여 조선 도시 중 유일한 예외적 사례로서 신의주 인구 구성의 특이성을 지적해 두겠다. 신의주는 1910년대 안동(安東; 중국 단둥)과 압록강 철교로 연결되어 일제강점기에도 계절 노동자를 비롯한 중국인의 이주가 활발했다. 이런 점을 반영하여 1920년 현재 신의주는 조선인과 일본인 외에 대부분 중국인인 외국인 인구 비율이 21.1%에 달한다. 조선인, 일본인, 중국인이 인구를 삼분하고 있는 정도이다. 그 비율은 1930년 18.9%, 1940년 13.4%로 점점 떨어지기는 하지만 같은 시기 조선 (도시) 전체와 비교하면 여전히 압도적이다. 이와 같이 신의주는 일제강점기 '국제도시'적 성격을 지닌 거의 유일한 도시였다고 할 수 있다.

다음으로 도시성의 핵심 지표라고 할 수 있는 직업별 인구 구성을 살펴보자. 몇몇 개별 도시가 아니라 조선 도시 전체의 차원에서 그 전반적 추세를 살펴보는 것은 불가능하다. 따라서 이에 대해서는 조선 전체의 직업별 인구 구성 통계의 신뢰도가 높은 1930년 국세조사의 직업별 대분류를 살펴보겠다. 따라서 여기에는 1930년 당시 55개 부·읍의 통계만 반영되어 있지만, 이를 통해 불완전하나마 적어도 일제강점 중기(1930년) 조선의 도시성의 윤곽을 그려 볼 수는 있을 것이다.

〈표 1-13〉 1930년 부·읍 직업별 인구 비율

지역	농업	수산업	광업	공업	상업	교통업	공무, 자유업	가사 사용인	기타 유업자
전국	78.5%	1.2%	0.4%	6.0%	5.8%	1.1%	1.9%	1.2%	4.0%
전국부읍합계	17.1%	1.8%	0.2%	19.3%	26.3%	6.9%	10.8%	4.6%	12.9%
경기도	62.3%	0.7%	0.2%	9.6%	10.8%	2.6%	4.6%	8.3%	6.7%
경성부	1.8%	0.0%	0.3%	23.3%	30.3%	6.4%	18.2%	9.0%	10.6%
인천부	3.5%	1.7%	0.1%	18.8%	30.2%	14.4%	6.5%	3.4%	21.4%

지역	농업	수산업	광업	공업	상업	교통업	공무,자유업	가사사용인	기타유업자
개성부	10.9%	0.0%	0.3%	22.2%	29.8%	2.1%	6.8%	5.9%	22.0%
영등포읍	19.4%	0.0%	0.0%	31.3%	11.9%	5.7%	5.7%	2.1%	23.8%
수원읍	19.2%	0.0%	0.0%	15.8%	31.5%	4.6%	9.5%	6.8%	12.6%
경기부읍합계	3.5%	0.2%	0.3%	22.6%	30.0%	7.1%	15.3%	7.8%	13.3%
충청북도	85.8%	0.0%	0.1%	3.2%	4.8%	0.4%	1.4%	1.1%	3.2%
청주읍	16.4%	0.0%	0.0%	25.6%	24.3%	3·1%	12.4%	3.5%	14.8%
충주읍	64.8%	0.0%	0.1%	5.6%	12.4%	1.7%	3.8%	1.0%	10.6%
충북부읍합계	43.7%	0.0%	0.0%	14.3%	17.6%	2.3%	7.5%	2.1%	12.4%
충청남도	75.9%	0.8%	0.1%	10.0%	5.5%	0.7%	1.5%	1.6%	3.9%
대전부	14.0%	0.0%	0.0%	22.6%	28.3%	8.9%	9.2%	3·1%	11.7%
조치원읍	27.5%	0.0%	0.0%	14.5%	29.3%	5.9%	5.7%	2.7%	14.3%
공주읍	12.9%	0.0%	0.2%	25.5%	24.5%	3.5%	14.7%	7.3%	11.4%
강경읍	19.8%	0.2%	0.1%	14.0%	27.3%	5.4%	5.3%	4.5%	23.4%
천안읍	51.3%	0.0%	0.4%	9.7%	17.1%	4.0%	4.6%	2.7%	10.3%
충남부읍합계	23.6%	0.0%	0.1%	18.4%	25.6%	6.0%	8.3%	4.1%	13.9%
전라북도	80.7%	0.3%	0.0%	7.0%	4.8%	0.7%	1.3%	2.0%	3.2%
군산부	3.2%	4.0%	0.2%	18.6%	37.1%	16.3%	8.2%	5.3%	7.1%
전주부	13.7%	0.0%	0.0%	24.4%	26.5%	4.6%	9.4%	6.8%	14.6%
이리읍	26.7%	0.1%	0.0%	12.2%	27.5%	3.8%	7.3%	5.5%	16.8%
정주읍	61.9%	0.0%	0.0%	8.4%	16.0%	1.9%	3.9%	5.4%	2.4%
전북부읍전체	21.5%	1.2%	0.1%	17.8%	27.8%	7.3%	7.7%	5.9%	10.7%
전라남도	83.7%	1.5%	0.1%	4.2%	3.7%	0.5%	1.0%	1.3%	4.0%
목포부	5.8%	6.1%	0.1%	16.1%	38.0%	11.4%	7.2%	5.2%	10.2%
광주부	21.7%	0.0%	0.0%	22.3%	25.1%	3.6%	10.9%	5.7%	17.4%

지역	농업	수산업	광업	공업	상업	교통업	공무, 자유업	가사 사용인	기타 유업자
여수읍	44.3%	4.9%	0.0%	13.9%	19.0%	3.2%	2.9%	1.2%	10.7%
제주읍	83.1%	0.5%	0.0%	8.1%	3.4%	0.5%	1.5%	0.5%	2.3%
전남부읍전체	45.0%	2.5%	0.0%	14.0%	19.0%	4.2%	5.1%	2.8%	8.8%
경상북도	83.4%	0.6%	0.1%	4.6%	5.3%	0.5%	1.4%	1.3%	2.8%
대구부	8.6%	0.1%	0.0%	27.2%	29.3%	4.8%	12.3%	9.4%	8.1%
김천읍	16.6%	0.0%	0.0%	22.6%	32.9%	5.5%	7.4%	3.6%	11.5%
포항읍	20.2%	10.5%	0.0%	13.0%	32.2%	6.3%	5.0%	4.1%	8.8%
안동읍	49.9%	0.0%	0.1%	9.9%	16.5%	2.0%	6.6%	3.4%	11.6%
경주읍	54.4%	0.0%	0.0%	8.2%	17.3%	2.6%	4.2%	7.2%	6.1%
상주읍	70.7%	0.0%	0.4%	4.1%	12.0%	0.9%	2.9%	2.8%	6.3%
경북부읍전체	27.2%	0.8%	0.1%	19.0%	25.1%	4.0%	8.7%	6.9%	8.2%
경상남도	73.0%	3.0%	0.1%	6.3%	7.2%	1.3%	1.9%	1.7%	5.5%
부산부	4.4%	5.4%	0.1%	21.1%	28.3%	10.2%	7.6%	4.0%	18.9%
마산부	10.9%	1.9%	0.1%	14.9%	31.3%	5.4%	11.2%	6.3%	18.0%
진주읍	31.9%	0.0%	0.0%	14.0%	24.3%	3.6%	7.5%	9.0%	9.7%
진해읍	40.6%	2.4%	0.0%	11.6%	13.5%	2.3%	16.1%	1.2%	12.2%
통영읍	16.3%	9.3%	0.2%	18.5%	30.1%	6.4%	5.4%	5.5%	8.3%
밀양읍	45.0%	0.4%	0.0%	7.9%	20.2%	2.3%	4.2%	3.6%	16.4%
동래읍	54.6%	0.0%	0.0%	14.1%	15.0%	1.8%	3.8%	5.1%	5.6%
경남부읍전체	17.3%	4.0%	0.1%	17.7%	25.8%	7.2%	7.9%	4.6%	15.5%
황해도	86.3%	1.1%	0.6%	2.5%	4.2%	0.7%	1.2%	0.8%	2.5%
해주부	14.8%	0.1%	0.1%	20.1%	30.5%	3.5%	12.4%	4.4%	14.2%
겸이포읍	12.0%	0.3%	2.5%	26.6%	21.2%	20.5%	4.6%	2.8%	9.5%

지역	농업	수산업	광업	공업	상업	교통업	공무, 자유업	가사 사용인	기타 유업자
사리원읍	35.0%	0.0%	0.1%	13.8%	24.8%	4.7%	5.0%	1.5%	15.1%
황해부읍전체	22.7%	0.1%	0.6%	18.9%	26.0%	7.9%	7.5%	2.8%	13.5%
평안남도	78.2%	0.5%	0.9%	6.4%	6.1%	1.5%	2.1%	0.5%	3.6%
평양부	6.2%	0.1%	0.4%	31.0%	29.3%	7.0%	11.3%	2.0%	12.7%
진남포부	3.8%	6.5%	0.2%	16.0%	26.4%	19.0%	6.0%	1.5%	20.5%
안주읍	55.2%	0.1%	0.0%	9.6%	20.7%	2.3%	4.1%	1.5%	6.5%
평남부읍전체	10.2%	1.3%	0.3%	26.2%	28.0%	8.9%	9.6%	1.9%	13.6%
평안북도	84.6%	0.4%	0.9%	2.9%	4.5%	1.5%	1.6%	0.5%	3·1%
신의주부	5.4%	0.2%	0.2%	24.7%	25.7%	15.4%	9.4%	3.0%	16.0%
의주읍	18.4%	0.0%	0.0%	14.0%	31.1%	2.8%	9.5%	4.7%	19.5%
정주읍	50.4%	0.0%	0.2%	7.4%	16.1%	6.7%	6.4%	0.5%	12.3%
선천읍	23.6%	0.0%	1.2%	12.5%	27.3%	3·1%	6.4%	0.8%	25.0%
강계읍	19.4%	0.2%	0.2%	13.6%	28.3%	6.1%	11.2%	1.5%	19.4%
평북부읍전체	15.1%	0.1%	0.3%	19.3%	25.6%	11.0%	8.9%	2.4%	17.3%
강원도	83.9%	1.0%	0.3%	4.8%	4.7%	0.6%	1.3%	1.0%	2.4%
춘천읍	24.8%	0.1%	0.0%	16.0%	21.5%	4.1%	16.9%	3.5%	13.1%
강릉읍	47.0%	1.8%	0.0%	11.2%	21.7%	3·1%	5.3%	3.4%	6.4%
철원읍	42.8%	0.0%	0.0%	10.2%	19.2%	3.6%	6.2%	2.4%	15.5%
강원부읍전체	39.8%	0.7%	0.0%	12.0%	20.7%	3.6%	8.6%	3.0%	11.5%
함경남도	69.9%	2.6%	0.6%	10.6%	7.2%	1.6%	2.0%	0.6%	5.1%
원산부	3.7%	4.5%	0.0%	17.3%	38.7%	11.4%	8.0%	2.6%	13.9%
함흥부	6.7%	0.1%	0.3%	24.7%	28.5%	5.3%	20.4%	2.1%	12.0%
북청읍	46.9%	0.0%	0.0%	11.3%	23.6%	3·1%	5.2%	0.8%	9.2%

지역	농업	수산업	광업	공업	상업	교통업	공무, 자유업	가사 사용인	기타 유업자
함남부읍전체	12.6%	1.8%	0.1%	19.3%	31.7%	7.3%	12.7%	2.0%	12.2%
함경북도	60.4%	6.1%	1.0%	10.8%	7.8%	2.5%	4.7%	0.3%	6.3%
청진부	3.5%	14.1%	0.2%	15.6%	24.0%	17.4%	6.5%	1.0%	17.6%
회령읍	21.0%	0.0%	0.4%	11.8%	21.5%	6.5%	27.8%	0.4%	10.5%
나남읍	5.3%	0.0%	0.3%	10.1%	17.6%	2.9%	51.8%	1.2%	10.8%
성진읍	8.8%	17.7%	0.1%	12.9%	29.2%	9.7%	7.3%	1.1%	13.2%
웅기읍	22.1%	13.3%	0.1%	11.9%	17.7%	7.1%	4.0%	0.3%	23.6%
함북부읍전체	11.1%	9.0%	0.2%	12.8%	21.5%	9.7%	19.1%	0.8%	15.7%

* 출전:『朝鮮國勢調査報告(1930년도판)』

먼저 위 표에는 반영되어 있지 않지만 인구 총수 중 전체 유업자의 비율은 전국 46.4%, 부·읍 합계 37.7%로 전국의 추세가 다소 높다. 이는 유업자 중 농업의 비율이 압도적인 사회상을 반영한다고 여겨진다.

유업자 중 각 직업별 비율을 비교하면 전국과 부·읍 합계의 차이는 확연하다. 익히 짐작할 수 있는 바이지만 농업 인구의 비율은 전국 78.5%인데 부·읍 합계는 17.1%에 불과하다. 이를 대신하여 부·읍에서 비율이 높은 직업군은 상업, 공업, 기타유업자, 공무·자유업 등의 순서이다. 1930년 현재 직업 측면에서 도시성은 뚜렷하다고 할 수 있다. 그중에서도 전국 6.0%인데 부·읍 합계는 19.3%인 공업 인구의 비율은 농업과 가장 큰 상관관계를 보인다. 이 두 부문에서 55개 부·읍의 특징을 살펴보자.

〈표 1-14〉 1930년 농업 및 공업 인구 비율에 따른 부·읍 분류

비율	농업 인구	공업 인구
10% 미만	경성, 인천, 군산, 목포, 대구, 부산, 평양, 진남포, 신의주, 원산, 함흥, 청진, 나남, 성진(14)	충주, 천안, 정주(전북), 제주, 안동, 경주, 상주, 밀양, 안주, 정주(평북)(10)
10% 이상 20% 미만	개성, 영등포, 수원, 청주, 대전, 공주, 강경, 전주, 김천, 마산, 통영, 해주, 겸이포, 의주, 강계(15)	인천, 수원, 조치원, 강경, 군산, 이리, 목포, 여수, 포항, 마산, 진주, 진해, 통영, 동래, 사리원, 진남포, 의주, 선천, 강계, 춘천, 강릉, 철원, 원산, 북청, 청진, 회령, 나남, 성진, 웅기(29)
20% 이상 30% 미만	조치원, 이리, 광주, 포항, 선천, 춘천, 회령, 웅기(8)	경성, 개성, 청주, 대전, 공주, 전주, 광주, 대구, 김천, 부산, 해주, 겸이포, 신의주, 함흥(14)
30% 이상 40% 미만	진주, 사리원(2)	영등포, 평양(2)
40% 이상 50% 미만	여수, 안동, 진해, 밀양, 강릉, 철원, 북청(7)	
50% 이상	충주, 천안, 정주(전북), 제주, 경주, 상주, 동래, 안주, 정주(평북)(9)	

먼저 농업 인구 비율 50% 이상 도시와 공업 인구 비율 10% 미만 이상 도시는 거의 일치한다. 두 부문의 상관관계가 뚜렷하다. 또 농업 인구와 공업 인구 모두 10% 이상 20% 미만 구간에 가장 많이 모여 있다. 부·읍 합계 평균에 수렴하는 모습이다. 그중에서도 공업 인구의 수렴도가 더 높다. 더불어 같은 도내 공업 인구 비율의 순위에서 예상치 못한 모습이 보인다. 전통 도시가 신도시보다 공업 인구 비율이 높은 경우가 적지 않은 것이다. 예컨대 인천보다 개성, 대전보다 공주, 군산보다 전주, 목포보다 광주, 원산보다 함흥의 공업 인구 비율이 더 높다. 1930년 현재 조선은 전반적으로 농업 중심 사회이며, 공업 분야에서도 경공업 중심의 상태로서 새로운 중공업이 발달하기 전의 상태임을 반영한다고 해석할 수 있다. 다음으로 상업 인구 비율에 따라 도시를 분류해 보자.

〈표 1-15〉 1930년 상업 인구 비율에 따른 부·읍 분류

10% 미만	제주(1)
10% 이상 20% 미만	영등포, 충주, 천안, 정주(전북), 여수, 안동, 경주, 상주, 진해, 동래, 정주(평북), 철원, 나남, 웅기(14)
20% 이상 30% 미만	개성, 청주, 대전, 조치원, 공주, 강경, 전주, 이리, 광주, 대구, 부산, 진주, 밀양, 겸이포, 사리원, 평양, 진남포, 안주, 신의주, 선천, 강계, 춘천, 강릉, 함흥, 북청, 청진, 회령, 성진(28)
30% 이상 40% 미만	경성, 인천, 수원, 군산, 목포, 김천, 포항, 마산, 통영, 해주, 의주, 원산(12)

상업 인구 비율은 전국 부·읍 합계의 평균(26.3%)에 수렴하는 경향이 농업이나 공업보다 강하다. 덧붙여 상업 인구 비율 20% 미만의 도시와 공업 인구 비율 10% 미만의 도시가 상당히 겹치는 점도 지적할 수 있다. 한편 상업 인구 비율이 가장 높은 구간에서 남북의 지역적 차이가 확연함은 특기할만 하다. 상업 인구 비율 30% 이상 도시 12개 중 북부 지역에 속하는 도시는 해주, 의주, 원산 등 세 곳에 불과하다.

마지막으로 비율이 전반적으로 너무 낮은 광업을 제외한 기타 부문에서 특징을 살펴보자. 전국적으로 인구 비율 1%대인 수산업에서 포항, 청진, 성진, 웅기 등 4곳은 그 비율이 10% 이상이며, 목포, 부산, 통영, 진남포 등 4곳은 10% 미만 5% 이상이다. 이상 8개 도시를 '수산업도시'라고 부를 수 있을 것이다.

교통업 인구 비율의 경우 인천, 군산, 목포, 부산, 겸이포, 진남포, 신의주, 원산, 청진 등 9개 도시의 비율이 10% 이상이다. 개항장으로 출발한 도시와 정확하게 일치한다.

공무·자유업 인구 비율의 경우 경성, 청주, 공주, 광주, 대구, 마산, 진해, 원산, 청진, 해주, 평양, 강계, 춘천, 함흥, 회령, 나남 등 16개 도시의 비

율이 10% 이상이다. 진해, 나남 등 군사도시를 제외하면 대부분 도청 소재지이다. 그러나 도청 소재지 중 전주, 부산, 신의주가 누락되어 있으며, 같은 도내에서 부산보다 마산, 신의주보다 강계의 비율이 높은 점은 특기할만 하다.

가사사용인 인구 비율도 흥미롭다. 그 비율은 가사사용인을 고용할 만한 계층이 다수 거주하는 사실을 반영하기 때문이다. 부·읍 합계 가사사용인 인구 비율은 4.6%임을 감안할 때 그 비율이 5% 이상인 도시는 경성, 개성, 수원, 공주, 군산, 전주, 이리, 정주(전북), 목포, 광주, 대구, 경주, 마산, 진주, 통영, 동래 등 16곳이다. 몇몇 예외가 있지만 대부분 전통 도시 유형에 속하는 지역이며, 모두 경기도 이남에 속하는 도시들이다. 이런 점에서 가사사용인의 존재는 경제적 차원과 더불어 여전히 남아있는 신분제 유제의 측면이 강하다고 할 수 있다.

마지막으로 기타유업자 인구 비율을 생각해 보자. 기타유업자는 말 그대로 다른 분류에 속하지 않는 다양한 직업군이다. 따라서 기타유업자 인구 비율의 높고 낮음을 통계만으로 해석하기는 어렵다. 다만 대부분 도시에서 기타유업자 인구 비율은 10% 이상 20% 미만인데 반해 여기에서 벗어나는 몇몇 도시가 있다. 인천, 개성, 강경, 진남포, 선천, 웅기 등 6개 도시는 기타유업자 인구 비율이 20% 이상이며, 군산, 정주(전북), 제주, 대구, 포항, 경주, 상주, 진주, 통영, 동래, 겸이포, 안주, 강릉, 북청 등 14개 도시는 그 비율이 10% 미만이다. 그러나 각각에 속하는 도시가 공통된 유형에 속하는 것으로 보기 어려운 점으로 보아 이 같은 비율을 보이는 이유는 개별 도시별로 해석해야 할 것으로 생각한다.

제2장
일제강점 전후 도시 형성의 갈래와 양상

1. 강점 전후 '신도시'의 형성

일제강점기 도시화에서 먼저 논해야 할 핵심적인 국면은 개항에서 일제강점으로 이어지는 기간 중 그와 밀접하게 관련된 '신도시'의 형성이라고 할 수 있다. 신도시의 형성은 '식민지 도시화'라는 이 시기 도시화의 특징을 가장 뚜렷하게 반영한 현상이기도 하고 광복 이후 현대 한국 도시화의 방향에도 많은 흔적을 남긴 '식민지 유산'이기도 하기 때문이다.

일제 초기 신도시의 형성 배경은 개별 도시별로 보면 여러 가지로 구분된다. 또 단일한 배경이 아니라 여러 가지 요인이 복합적으로 작용한 경우도 적지 않다. 그러나 크게 분류하면 대략 개항, 철도 부설, 군사기지 건설, 이주 어촌 형성 등 네 가지 요인으로 구분할 수 있으며, 이상 네 가지 요인으로 분류할 수 없는 기타 요인이 있다. 먼저 1910년대 부와 지정면으로 지정된 36개 도시 중 신도시 유형에 해당하는 도시를 형성 요인에 따라 분류하면 다음과 같다.

〈표 2-1〉 1910년대 지정된 부·지정면의 도시 형성 요인별 분류

형성 요인	부(12)	지정면(24)
개항	인천, 군산, 목포, 부산, 마산, 진남포, 원산, 청진	성진
철도 부설	신의주(경의선)	영등포, 대전, 조치원, 김천(이상 경부선), 익산(호남선)
군사기지 건설		진해, 겸이포, 나남, 회령
이주 어촌 형성		포항, 통영
기타		청주, 강경, 춘천
※ 전통 도시 유형	경성, 대구, 평양	송도(개성), 수원, 공주, 전주, 광주, 진주, 해주, 의주, 함흥

위 표에서 알 수 있듯이 식민지 도시화의 출발점에서 가장 중요한 요인은 역시 개항과 철도 부설이었다고 할 수 있다. 그리고 군사기지 건설과 이주 어촌 형성이 도시화의 요인으로 작용했음을 알 수 있다. 이하에서는 신도시 형성의 요인에 따라 주요 도시의 초기 형성 과정을 살펴보겠다.

1) 개항도시에서 식민지 도시로

(1) 부산(1876)

부산은 조선시대부터 초량왜관(草梁倭館)에서 일본과 교류가 있었던 곳으로 1876년 「조일수호조규(朝日修好條規)」(이하 「조규」)에 의해 첫 번째로 개항한 상징성이 큰 도시이다. 「조규」는 개항장에서 일본 화폐 유통, 일본 수출입 상품의 관세 면제, 조선 연안 무역에서 일본의 특권을 규정했다. 일본공사관은 초량왜관에 설치되었다.

이어서 1877년 1월 「조규」 부록 제3관 8에 명시된 "개항장에서 일본인의 지기(地基) 조차(租借) 인정"에 의거하여 「부산구조계조약(釜山區租界條約)/부산항거류지차입약서(釜山港居留地借入約書)」가 체결되었다. 이를 근거로 일본 측은 초량왜관의 약 11만 평의 부지를 조계로 설정했다. 그리고 조계에는 경찰서, 재판소, 우편국 등 각종 행정기구를 설치했다.[1]

---

[1] 조계(租界)와 거류지(居留地)는 오랫동안 혼용하여 사용된 용어이다. 사전적 의미로 조계는 "개항 도시의 외국인 거주지"로서 "외국이 행정권과 경찰권을 행사"한 지역이며, 거류지는 "조약이나 관례에 따라 한 나라가 그 영토의 일부를 한정하여 외국인의 거주와 영업을 허가한 지역"으로서 큰 차이는 없다. 전성현은 최근 연구에서 조약문 중 개항장의 일본인 거주지를 의미하는 concession이나 settlement의 번역을 둘러싸고 이를 일본인의 거주, 통상의 자유를 확대하는 방향으로 해석한 일본 측이 '거류지'로 번역한 반면 그 자유를 제한할 수 있는 권리를 강조한 조선 정부는 '조계'로 번역

1878년 1월에는 일본 제일은행 부산지점이 개업했다. 이듬해 10월에는 초량왜관의 동관(東館) 자리에 일본영사관이 설치되었다. 그 주변으로 은행, 대규모 상점 등이 들어섰다. 왜관 서관(西館) 주변에는 개항 이후 지속적으로 도항하는 일본인의 소상점과 주택이 들어서 마을을 형성했다. 조계의 동서를 연결하는 도로에는 장수통(長手通; 현재 부산 중구 광복로)이라는 이름이 붙여졌다. 1880년 영사가 파견되어 부산 일본영사관이 공식적으로 개청했다.[2]

　이후 일본 측의 영역은 점차 확대되었다. 1883년부터는 조계 사방 10리 이내의 토지를 매수할 수 있게 되었으며, 1885년에는 절영도(絶影島; 현재 부산 영도) 토지 일부를 해군 군용지로 조차했다. 이런 거류지의 확장과 토지 매수는 더 많은 일본인의 도항을 유도했다. 그리고 일본인의 증가는 다시 거류지의 확대를 가져왔다. 거류지 내의 도로 확장과 상수도 설비 등 시가지 정비도 이루어졌다.

　통감부 시기에는 외국인의 토지 거래와 소유가 사실상 합법화되었다. 이에 일본인의 거류지 주변 토지 소유도 더욱 증가했다. 일본인 인구가 지속적으로 증가함에 따라 토지 수요가 증가하자 해안 매립 사업을 벌이는 한편 서부 지역으로 시가지를 확장해 나갔다. 「거류민단법」을 시행하면서 부산에도 거류민단 역소(役所)가 설치되어 거류지의 일본인 자치 행정을 시작했다. 이상의 과정을 거치며 부산의 일본인 인구는 급속하게 증

　했다고 주장했다(전성현, 2018, 「'租界'와 '居留地'의 사이 – 개항장 부산의 일본인 거주지를 둘러싼 조선과 일본의 입장 차이와 의미」, 『한일관계사연구』 62 참고). 즉 조계와 거류지는 단지 번역의 차이가 아니라 개항 과정에서 양국 간의 입장의 차이와 대립을 반영한다는 것이다. 여기에서는 일단 조계로 통일하여 표기하기로 하겠다.

2　이가연, 2021, 「개항장 부산 일본 거류지의 소비공간과 소비문화」, 『항도부산』 39, 부산광역시사편찬위원회 참고.

가했다. 개항 직후 80여 명 정도였던 부산의 일본인 인구는 강제병합 무렵에는 약 2만 2,000명으로 증가했다. 부산은 전형적인 일본인 도시로 변모했던 것이다. 하나의 사례로 1916년 부산의 민족별 인구 구성을 보면 조선인 3만 2,846명(53.8%), 일본인 2만 8,012명(45.9%), 외국인 189명(0.3%)이다. 조선인, 일본인 비율이 거의 반반 정도이다.[3]

1900년대에 들어서면서 부산의 도시 '개발'에서 눈에 띄는 현상은 '매축(埋築) 붐'이었다. 북항(부산진)에서 시작한 매축 사업에는 일본인은 물론 조선인도 많이 참여했다. 매축에 의한 토지 자원의 창출은 그만큼 많은 경제적 이익을 가져다주었기 때문이다. 새로운 매축지에는 철도나 도로 등 근대적 도시 인프라가 구축되었다. 경부선 선로가 매축지로 이전했다. 부산진역도 신설되었다. 이어서 부산과 동래를 연결하는 도로가 확장되었으며, 이 도로에는 전차선로가 부설되었다. 전차는 (식민지) 신도시 부산과 전통 도시 동래를 하나의 생활권으로 묶는 역할을 했다. 궁극적으로 동래가 부산에 흡수되는 단초는 매우 이른 시기에 마련되었던 것이다.[4]

이상과 같이 일제강점을 전후하여 부산은 대표적인 식민지 신도시, '조선 속 작은 일본'으로 변모했다. 조계를 중심으로 신시가지는 여느 일본 도시와 다를 바 없는 외관이 형성되었다. 행정, 상업 시설은 물론이거니와 신사, 사찰, 유곽, 극장 등이 들어섰다. 이것은 일본적인 것이기도 하거니와 일본이 수용한 서양적인 것이기도 했다. 그리하여 부산은 일본적인 것, 조선적인 것, 그리고 서양적인 것까지 뒤섞인 '혼종의 공간'으로 '재탄생'했다.

---

3   『朝鮮總督府統計年報(1916년도판)』.
4   차철욱, 2007b, 「1910년대 부산진 매축과 그 성격」, 『지역과 역사』 20 참고.

(2) 원산(1880)

원산은 개항 이전까지 '원산진'으로 불리던 한반도 북부 동해안의 한적한 어촌이었으나 함경도 남부, 강원도 북부를 연결하는 지리적 요충지로서 함흥평야의 곡물, 강원도의 광물을 집산할 수 있는 곳이었다. 동해안 일대에서 수도 한성으로 나아가는 길목이었으며 서북쪽으로는 평양에 이르는 곳이었다. 따라서 조선시대에는 기근에 대비하여 상평창의 창고를 두고 경상도 방면의 미곡을 저장했다가 풍년일 때에 이 곡식을 유통시키는 등 이미 상업 중심지로 기능하던 곳이기도 했다. 또 동해안의 양항으로서 풍부한 수산물을 획득할 수 있는 곳이기도 했다.[5]

한편 19세기 말 동아시아의 국제 정세가 급박해지면서 원산은 환동해권의 국가들, 즉 일본, 청국, (극동)러시아 등에게 경제적 측면에서 뿐만 아니라 군사적으로도 점차 중요해졌다. 러시아의 블라디보스톡과 직접 연결되는 곳이었으며 청국에게는 상하이를 경유한 수출입 무역의 창구였다. 일본도 본국에서 부산을 거쳐 원산을 경유하는 통상 항로를 운영하고자 했다. 원산은 세 나라의 경제적 이익이 교차하는 지점에 위치해 있었다. 군사적으로도 일본은 남하하는 러시아 세력을 방어하기 위해서는 원산을 선점해야 했다. 반대로 러시아도 개항 이전부터 원산을 포함한 영흥만 일대를 'Port Lazaref'라고 명명하는 등 군사적 관심을 가지고 있었다. 비슷한 취지에서 영국도 이 일대에 군사적 관심이 있었다.

이런 가운데 원산 일대의 개항을 먼저 주장한 것은 일본군 측이었다. 원산 개항의 시발점에 '군사적 요인'이 강하게 작용했음을 알 수 있다. 일본군은 원산을 러시아와 영국 등에 대해 군사적 우위를 차지할 수 있는

---

5 이가연, 2021, 「개항장 원산과 일본 상인의 이주」, 『동북아문화연구』 63 참고.

거점으로 중요하게 인식했다. 일본 측은 이미 1878년부터 해군 측량선을 동원하여 영흥만 일대를 상세히 조사, 측량했다. 그리하여 처음에는 '영흥부 해구(海口)', '문천군 송전촌 만구(灣口)' 등을 개항지로 검토했으나 1879년에 가서 원산진 개항을 최종 결정했다. 이때에 일본 해군은 원산진 부두 설계까지 계획했다.[6]

한국 정부와 개항 관련 협의가 마무리되자 교섭 대표 일본 공사 하나부사(花房義質)는 공사관 관리와 상인 등을 거느리고 1879년 10월 원산에 상륙하여 거류지 예정지를 시찰하고 부두 축조, 도로 개설, 하천 매립 등의 시설 계획을 수립했다. 그리하여 1880년 5월 1일 원산 개항 당일에는 거류지의 대강이 결정된 상태였다. 원산의 거류지는 대략 앞서 개항한 부산과 유사한 형태로서 약 10만 평의 일본전관조계를 설정했다.[7]

초기 원산으로 이주한 일본인은 대개 길거나 짧게 부산에서 체류하다가 이동한 사람들이었다. 요컨대 부산에서 새로운 이권을 찾기 어려운 사람들이 새로운 개항장의 이권을 선점하기 위해 활동 근거를 옮긴 경우가 많았다는 의미이다. 따라서 원산의 상업 활동도 부산과 긴밀하게 연결되어 있었으며, 원산 개항 초기에는 부산의 일본인 수가 일시 감소하는 현상도 나타났다.

이런 가운데 원산이 대외 무역항으로 기능하게 됨에 따라 한국인 가운데에서도 원산으로 이주하는 사람이 나타났다. 주로 조선시대 이래 의

---

6 奧平武彦, 1937, 「朝鮮の條約港と居留地」, 『朝鮮社會法制史硏究』(京城帝國大學法學會論集 第九冊) 참고. ※ 오쿠다이라 다케히코(奧平武彦): 1900~1943, 1924년 도쿄제대 정치학과 졸업, 1926.8. 경성제대 조교수 부임, 1932년 교수 승진, 조선 외교사 및 정치사 연구.
7 高尾白浦, 1922, 『元山港』, 東書店 참고.

주와 개성을 중심으로 활동하던 만상(灣商)과 송상(松商) 출신이 많았다. 그 밖에 평안도 일대의 상인들도 원산으로 모여들었다. 그들 중 만상은 원산에서 잡은 명태를 일본 선박으로 운반하여 부산에서 판매하는 사업으로 큰돈을 벌기도 했다. 개항장을 중심으로 한국 상인의 활동이 활발해지자 일본 상인들은 1881년 상법회의소를 설립하여 그들의 네트워크를 구축하고 원산 상계에서 우위를 점하고자 했다. 이상과 같이 원산의 경우는 개항 이전부터 상업적 요지의 조건을 가지고 있었던 북부 지역 개항도시의 특징을 보여준다.

(3) 인천(1883)

개항장으로서 인천의 핵심적인 의미는 수도 한성의 관문이라는 점이다. 개항 후 각국조계, 일본전관조계, 청국전관조계가 설치된 인천에서 일본인 거류지가 확장된 결정적인 계기는 청일전쟁과 러일전쟁이었다. 청일전쟁기 인천 근해는 주요 전장 중 하나였다. 인천의 일본인은 일본군을 도와 통역, 군수품 수송 등의 임무를 수행했다. 인천에 상륙한 일본군도 거류지에 전진기지를 구축했다. 일본인의 거류지 밖 진출도 더 활발해졌다. 전관조계를 '불법적'으로 벗어나 각국조계에 거주하는 일본인이 점차 증가하여 일본인 거류지의 인구를 추월하기에 이르렀다. 러일전쟁기에도 인천 근해는 주요 전장이 되었으며, 인천의 일본인은 또 한 번 전쟁 수행에 적극 협력했다. 전쟁 협력과 일본의 승전은 곧 인천에서 일본인 세력의 영향력을 확대해 나가는 과정이었다.[8]

---

8   인천 개항과 일본인 세력의 전반적인 확대 과정은 추교찬, 2020, 『인천 일본인 거류민단의 구성과 운영』, 인하대학교 박사학위논문.

인천에 정착한 일본인의 활동을 주도한 것은 다른 개항도시와 마찬가지로 거류민단의 지도자격인 거류민회 의원이었다. 거류민단이 해체되는 1914년까지 인천 거류민회 의원은 네 차례 교체되었는데, 이들 중 두 번 이상 의원직을 역임한 자는 21명이다. 이들은 초기 일본인 사회의 주도층이라고 할 수 있다. 출신지, 인천 이주 시기, 직업 등을 기준으로 이들을 나누어 보면 세 그룹 정도로 구분된다. 첫 번째 그룹은 개항과 더불어 인천으로 도항한 규슈(九州), 야마구치(山口) 출신자로서 인천 일본인 사회의 이른바 '원로' 그룹이다. 이들은 초창기 인천이 서해안의 유일한 개항장이었던 이점을 살려 주로 황해도, 경기도, 충청도 일대의 미곡 무역에 종사했고 이를 기반으로 미두취인소(米豆取引所)를 설립했다. 이후에는 미곡 무역으로 축적한 자본을 토대로 사업 영역을 확장해 나갔다. 두 번째 그룹은 이주 시기가 약간 늦은 자들로서 미곡 무역이나 미두 취인 등과 관계 없이 원래의 사업 경험을 살려 상점을 개설한 이들이다. 첫 번째, 두 번째 그룹은 축적한 부를 바탕으로 인천 일대 토지를 대량으로 매수하고 내지 이권 선점을 위한 다양한 활동을 벌여 나갔다. 세 번째 그룹은 1900년대에 이주한 기자, 의사, 상업학교 출신자 등 상대적으로 교육 정도가 높은 엘리트 그룹이다.[9]

거류민단에서는 일본인을 위한 거류지의 각종 시설 설치 외에 여러 사안을 처리했다. 이 중 중요한 것으로 교육과 의료 문제를 들 수 있다. 인천 영구 정착을 전제로 할 때 2세 교육 문제는 가장 먼저 해결해야 할 과제였다. 인천의 일본인 소학교 학생수는 1890년 81명에서 통감부 설치 직후인 1906년 1,144명, 거류민단 해체기인 1914년에 1,237명까지 증가했다.[10]

---

9 추교찬, 2020, 앞의 글, 85쪽.
10 小川雄三(朝鮮新報社 기자), 1898, 『新撰仁川事情』; 김석희 옮김, 2007, 『신찬인천사

학교의 신설과 유지를 위한 비용, 상급 학교의 부족, 조선에서 이수한 교육을 일본 본국 학교에서 인정받는 문제 등 해결해야 할 과제는 한두 가지가 아니었다. 의료 문제도 마찬가지였다. 거류민단의 재정으로는 병원을 직접 운영할 수 없었기 때문에 거류지의 병원은 대개 위탁 운영되었다.[11]

이런 공공 사업을 운영하기 위한 거류민단은 일본의 지방세를 참조하여 민단세와 수수료를 부과하고 민단 채권을 발행했다. 거류민단 수입의 90% 정도를 차지한 민단세는 토지세, 건물세, 영업세, 호별세, 잡종세 등 다양했다. 거류민단의 세출에서 가장 많은 비중을 차지한 것은 교육비였다. 1907년 현재 경상세출의 약 32%를 차지했던 거류민단의 교육비는 「부제」 시행 직전인 1913년에는 43%까지 증가했다. 교육비 지출은 거류민단의 경상수입만으로도 해결되지 않아 거류민단채를 발행하기도 했다. 이렇게 발생한 거류민단의 교육비 부채는 거류민단 해체 이후 인천부 재정에 지속적으로 부담을 주었다.

한편 거류민단의 수뇌부를 구성한 일본인 유력자 간에는 갈등과 협력이 반복되었다. 갈등의 사례로는 만석동의 유곽 설치 문제, 민단세 과표의 불공정을 지적한 지주들의 납세 거부 운동 등을 들 수 있다.[12] 이런 갈등은 거류민단이 일본인의 공동 이익을 추구하는 단체라기보다 일본인 각자의 이익 실현의 장이었음을 보여준다. 그리고 내부의 갈등이 격화되었을 때 조정 역할을 해야 할 거류민회는 제 기능을 하지 못했다. 이는 거류민 사회의 균열상을 드러내는 계기가 되었으며, 제1기 거류민단이 종료될 무

정』, 인천대학교 인천학연구원, 108쪽; 仁川府, 1933, 『仁川府史』, 1275~1290쪽.
11 仁川府, 1933, 위의 책, 1396~1408쪽.
12 추교찬, 2020, 앞의 글, 175~204쪽.

렵 통감부가 민장 관선제를 추진하는 빌미가 되기도 했다.

그런데 내부적으로 갈등을 거듭하면서도 민장 관선제 반대와 인천항 건설 문제 등에서 거류민단은 통감부 등 식민지 권력에 대항하는 구심점 역할을 했다. 그러나 인천 거류민단은 다른 개항장에 비해 민장 관선제 반대에 미온적이었다. 한성에 인접한 지리적 특징상 인천 일본인 사회는 통감부의 입김을 상대적으로 강하게 받을 수밖에 없었다. 그리하여 인천 거류민단은 민장 관선제에 강력하게 반대하는 대신 이에 협조하는 태도를 취하면서 반대급부로 인천 일본인 사회의 염원이었던 인천 축항 문제를 총독부의 지원을 받아 해결했다.

거류민단이 개항 직후부터 통감부 시기에 걸쳐 적극적으로 추진한 사업은 해안 매립이었다. 이는 부산의 경우와도 유사하다. 매립을 통한 토지 자원의 확대는 거류민의 활동 영역을 넓히는 유효한 방책이었다. 게다가 인천의 경우는 일본조계가 청국조계와 각국조계로 둘러싸여 있어 주변 지역으로 확장이 어려운 상태였다. 이런 상황을 타개하고 이주 일본인 증가에 따른 토지 부족 문제를 해결하기 위해 일본 정부는 일본조계 앞 해안 매립 사업을 구상했다. 이런 방식의 거류지 확장은 청국이나 서양 각국과의 충돌 없이 일본인 거주지를 확장하고 매립지를 기타 다양한 용도로 활용할 수 있는 점에서 유력한 사업으로 간주되었다.[13]

일본 정부는 개항 초기부터 해안 매립 사업을 구상했으나, 일본의 세력 확대를 견제한 서양 열강의 반대와 여러 정치적 상황 때문에 실제 매립 사업은 경인선이 부설될 무렵인 1899년경에야 시작되었다. 이때부터

---

13 박진한, 2014, 「개항기 인천의 해안매립사업과 시가지 확장」, 『도시연구』 12; 2016a, 앞의 글 참고.

강제병합 직전까지 10여 년간 추진한 해안 매립은 개항장 일대 일본식 시가지 확장과 도시경관의 변화를 가져온 핵심적인 계기가 되었다. 해안 매립은 비교적 다른 세력과 마찰을 피하면서 토지 자원을 확보하는 사업으로서 수익성이 컸기 때문에 많은 일본인 유력자들이 사업에 뛰어들었다.

해안 매립 과정에서 일본인 거류민들은 여러 수단을 동원했다. 한국인으로부터 지계를 사들이기도 하고 한국인을 내세워 매립회사를 설립하기도 했다. 심지어 지계를 위조하는 경우도 있었다. 예컨대 만석동 매립사업자 이나타는 한국인 관료와 결탁하여 만석동 지계를 위조했다. 한성신보 사장 출신 기쿠치 겐조(菊池謙讓)는 한국인을 내세워 회사를 설립한 다음 외부 관료를 매수하여 매립권을 확보했다. 한국 정부도 일본인의 탈법적 매립권 확보 문제를 인지하고 있었으나 이를 막지 못했다. 통감부 설치 이후 일본인 매립사업은 사실상 별다른 구속이나 통제 없이 전개되었다. 일본 정부는 매립권 양도를 둘러싼 한국인과 일본인 사이의 분쟁에만 제한적으로 개입했다.

매립으로 생긴 토지에는 곡물두량장(斗量場), 창고, 해운회사 등과 같은 항만 시설과 기타 일본인이 운영하는 각종 회사(전기회사, 연초회사, 장유회사, 정미공장 등)가 들어섰다. 그리하여 일본조계 북쪽 만석정(萬石町; 인천 동구 만석동) 일대부터 거류지를 거쳐 인천대신궁(仁川大神宮 → 仁川神社; 인천 중구 신생동 인천여자상업고등학교 자리)으로 이어지는 해안 일대 매립지에는 일찍부터 완연한 일본풍 도시경관이 형성되었다.

매립과 함께 거류지를 확장하는 또 하나의 방책은 묘지 설치를 통한 시가지 확장이었다.[14] 일본 측은 한국 정부와 묘지 부지 협의를 시작하기

---

14 박진한, 2016b, 「인천의 일본인 묘지 이전과 일본식 시가지 확장 과정」, 『인천학연구』

전에 첩보장교를 동원하여 묘지 예정지 일대를 측량하고 실측도를 작성하는 등 치밀하게 준비했다.[15] 이런 과정을 거쳐 일본인 거류민들은 조계보다도 넓은 약 1만 5,000평의 묘지 부지를 확보했다. 여기에 더하여 거류민들은 축현 일대 이하영 소유지와 묘지 부지 일부를 교환하여 거류지 외곽에 다시 3,500여 평의 새로운 부지를 확보했다. 이하영 소유지를 새로운 공동묘지로 지정하고 육·해군 묘지를 이장하는 한편 옛 묘지 부지에는 일본식 상점과 주택을 지어 '신시가지'를 조성했다. 그리하여 개항 초기 거류지 남쪽의 한적한 지역이었던 육·해군 묘지 일대는 20여 년 만에 궁정(宮町)과 사정(寺町)이란 이름의 일본식 시가지, 인천을 대표하는 번화가로 변모했다(인천 중구 신포동, 답동 일대).

이상의 과정에서도 공식적으로 한국 정부에 영향력을 행사하며 여러 가지 요구를 한 주체는 인천영사관이었지만, 실질적으로 부지를 확보하고 시가지를 개발한 것은 거류민단이었다. 거류민단은 부지 구입, 분묘 이장, 사원과 학교의 건축, 도로 개수 등 시가지 조성에 소요되는 비용 일체를 부담했다. 일본인 거류민단은 내부적으로 치열한 세력 간 다툼을 벌이기도 했지만, 거류민의 세력 확장과 이익 확보를 위해서는 높은 단결력을 보였던 것이다.[16]

이렇게 일본인 거류민이 증가하고 일본식 시가지가 확장되는 과정에서 자연히 거류지 외곽의 한국인 마을은 더욱 외곽으로 밀려났다. 예컨대 개항 초기 각국조계와 일본인 묘지 사이에 위치했던 답동 일대 한국인 마

24, 인천대학교 인천학연구원.
15 남영우, 2011, 『일제의 한반도 측량침략사』, 법문사, 63~68쪽.
16 仁川府, 1933, 앞의 책, 1428~1429쪽.

〈그림 2-1〉 1931년 인천부내도

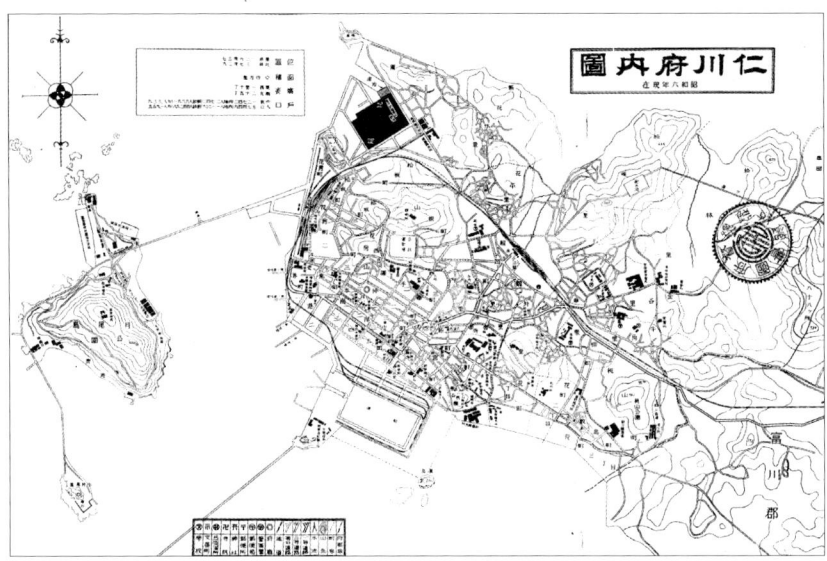

* 출전: 仁川府, 1933, 『仁川府史』

을은 이곳이 일본식 시가지로 개발되면서 묘지 아래쪽 구릉으로 밀려 났다. 그리고 묘지 이장과 시가지 개발 과정에서 지가가 다시 상승하면서 이를 감당하기 어렵게 되자 송림리, 송현리 일대 산비탈까지 밀려나게 되 었다(인천 동구 송림동, 송현동 일대). 1924년 『개벽』의 한 기사는 이런 정황 을 잘 보여준다.

> 從來 朝鮮人들은 각국 居留地의 東坍浦, 畓洞, 龍洞, 花開洞, 花島洞(新 花水里), 平洞(花平里), 萬石洞 等地에 散在하다가 그나마 日人 居留地 의 팽창으로 坍浦, 畓洞 등의 市街地를 여지업시 내여노코는 엇지 하 는 수 업시 허위허위 東山을 넘어 典圜局 所在地(今 高等女學校 所在 地)의 방면 及 花平里 근방으로 올마버렷다. (중략) 제법 北部 一帶도

繁盛하야오는 것 가티 뵈이는 지금의 松峴里, 松林里 등의 新設部落, 凸凹不一한 산비탈, 게딱지갓튼 속으로 기어나고 기어들어가는 그들의 窮狀을 보아라.[17]

(4) 목포(1897)

목포는 서남해 해로의 요충지로서 역사적으로 일정하게 항구로서 기능하던 곳이었다.[18] 그리하여 일찍부터 목포의 지리적 위치에 주목한 일본 정부는 현지 조사를 실시했다. 그 결과 목포는 부산과 인천의 중간 지점에 위치한 개항장으로 결정되었다. 목포 개항이 예상되면서 각국의 관심이 증대했다. 그러나 실제 움직임을 보이는 것은 대부분 일본인이었다.[19]

1897년 10월 개항한 목포에는 각국조계가 설치되었지만 외국인 인구 중 일본인의 비율이 95% 이상이었다. 그리하여 영사관도 일본만 설치했다.[20] 개항 초기 한국인에 비해서도 거의 2배에 달했던 목포의 일본인 인구수는 이후 상황의 변화에 따라 증감을 보인다. 택지 공매가 시작된 1898년에는 목수, 일용노동자 등 건설 공사에 관계된 인력이 크게 증가했다. 그러나 1899년 후반에는 오히려 감소하는 경향을 보였다. 목포 거류지의 시가지 조성은 지형적 특징 때문에 해벽 공사부터 시작되었다. 해

---

17 「仁川아 너는 엇더한 都市?(一)」, 『開闢』 48호, 1924.6, 127~128쪽.
18 최성환, 2011, 「목포의 해항성과 개항장 형성 과정의 특징」, 『한국민족문화』 39, 부산대학교 한국민족문화연구소 참고.
19 최성환, 2012, 「개항 초기 목포항의 일본인과 해상네트워크」, 『한국학연구』 26, 인하대학교 한국학연구소 참고.
20 木浦誌編纂會, 1914, 『木浦誌』, 33~42쪽.

벽 공사는 1899년 6월 착공하여 1901년 5월 준공했다. 그러나 이후에도 여러 차례 해벽이 붕괴하는 사고가 일어났다. 1909년 5월 세 번째 보강 공사를 마치고서야 안정화되었다. 이렇게 거류지가 안정적 주거지가 되는데 상당한 시간이 걸림에 따라 일본인 이주도 급격하게 이루어지는 데에는 한계가 있었던 것이다.[21]

개항 초기 목포에 들어온 일본인은 대부분 부산에서 이주한 자들이었다. 이들은 부산에서의 사업 경험을 토대로 목포에 정착했다. 물론 인천에서 이주한 자들도 있었으나 부산 출신자의 영향력이 압도적이었다. 목포 거류지 경제는 부산 경제의 연장선에 있었다고 해도 과언이 아니었다. 일본인 무역업자의 조직인 목포상화회 구성원도 대부분 부산에서 활동을 시작한 자들이었다. 이런 점은 '후발 개항장'으로서 목포의 큰 특징이라고 할 수 있다.[22]

개항과 더불어 목포에서도 일본인 거류민회가 조직되었다. 거류민회 역소는 1900년 설립된 목포 일본인상업회의소 사무실도 겸했다. 처음에는 15명으로 구성된 거류민회 의원 중 5명을 일본 영사가 지명했다. 영사의 지명은 1901년 거류민회 규칙을 개정하면서 폐지되었다. 거류민회 의원 다수는 상업회의소 의원을 겸임했다. 목포 거류민회는 다른 지역과 비슷하게 일본 정부(영사관)와 밀접한 관계를 맺고 있으면서 동시에 갈등하기도 했다. 예컨대 거류민회는 회원들에게 회비를 걷으면서 납부를 거절한 자를 영사관에 신고하고 자체적으로 '퇴한(退韓) 명령'을 내리기도

---

21 양상호, 1995, 「목포각국공동거류지의 도시 공간의 형성 과정에 관한 고찰」, 『건축역사연구』 4-1, 120~122쪽.
22 木浦誌編纂會, 1914, 앞의 책, 146쪽.

〈그림 2-2〉 1908년경의 목포 일본인 시가지

* 출전: 木浦誌編纂會, 1914, 『木浦誌』, 62쪽.

했다. 그런데 이에 대해 일본 공사 하야시 곤스케(林權助)가 이를 부당한 처사라며 취소하는 경우도 있었다. 거류민회와 일본 정부 간의 '긴장' 관계를 보여준다.

개항장의 일본인 거류지를 중심으로 관공서, 학교, 공장 등 다양한 시설이 들어서며 차츰 일본풍의 근대적 시가지가 형성되었다. 1898년 동본원사 별원(東本願寺 別院; 목포 오거리문화센터), 일본인 소학교(목포 유달초등학교)가 세워진 것을 시작으로 1900년에는 일본 영사관, 경찰서, 우편국, 관사 등이 준공했다. 그 밖에 제일은행, 일팔은행, 동양척식회사 목포지점 등 금융기관, 회사도 설립되었다. 이 같은 서양식 건축물 주변에는 일본인들의 일식 주택이 들어서기 시작했다.[23]

한편 개항장에는 한국인도 유입되었다. 이들은 주로 유달산 자락의 쌍교동(북교동, 죽교동 일대)에 위치한 공동묘지에 터를 잡았다. 조선 정부는 목포에 무안감리서를 설치했는데, 감리서 인근에는 김성규, 문재철 등 한국인 유력 지주가 자리를 잡았다. 한국인 시가지는 거류지의 일본인 시가지와 달리 자연발생적으로 형성되었다. 양측의 대조적인 모습은 도로망의 구조 등에서도 뚜렷하게 확인되며, 현재까지도 그 흔적을 남기고 있다. 개항 이후 새롭게 유입된 한국인 노동자의 일자리는 주로 항구 쪽에 있었다. 그리고 항구 쪽의 일터로 가기 위해 한국인 노동자들은 매일 같이 거류지의 일본인 거주지를 통과해야만 했다. 이런 생활의 경험을 통해 한국인들은 일본인 거류지의 '근대적 경관'을 일상적으로 눈에 담을 수밖에 없었다.

(5) 진남포(1897)

조선 북부의 중심도시인 평양의 외곽 대동강 연안의 진남포는 조선시대 평안도 삼화현(三和縣)에 속했던 곳이다. 훗날 "서선(西鮮) 제일의 양항(良港)"으로 불린 곳이나 개항 이전까지는 소수의 주민이 어업에 종사하는 한적한 어촌이었다. 원래 '증남포(甑南浦)'라고 불렸으나 1910년 병합과 더불어 '진남포'로 명칭이 바뀌었다.[24]

진남포 일대에 큰 변화가 찾아온 첫 번째 계기는 청일전쟁이었다. 전

---

23 김주관, 2006, 「개항장 공간의 조직과 근대성의 표상」, 『지방사와 지방문화』 9-1 참고.
24 이가연, 2016, 「진남포의 '식민자' 도미타 기사쿠(富田儀作)의 자본축적과 조선인식」, 『지역과 역사』 38, 394~395쪽.

쟁이 발발하자 진남포는 일본군의 상륙지점이 되었고 일본 함대의 정박지 및 일본군의 병참기지가 되었기 때문이다. 일본군은 진남포와 평양 사이에 경편철도를 부설하고 군수품을 수송했다. 이에 진남포에는 군인과 군속, 그리고 군수품을 공급하기 위한 어용상인으로 넘쳐나기 시작했다. 물품 하역과 운반을 위한 인부도 증가했다. 이들은 대개 한성이나 인천에 근거를 두고 일시적으로 활동하는 자들이었다. 따라서 진남포에 정착한 것은 아니며 전쟁이 끝나자 썰물처럼 빠져나갔다.[25]

그러나 진남포는 1897년 개항과 함께 다시 주목받기 시작했다. 개항 직후 진남포에도 일본과 청국영사관, 세관이 설치되었다. 일본인이 증가하면서 이듬해에는 일본거류민총대역장이 설치되었다. 한국 정부도 삼화군청을 진남포로 이전하여 개항장을 단속하고자 했다. 진남포는 1904년 러일전쟁이 발발하면서 다시 군사 요충지가 되었다. 군용선의 정박지, 군수품을 비롯한 물산의 집산지가 되면서 어용상인의 이주가 증가하고 토목·건축 경기도 활발해졌다. 이에 진남포 시가지의 기초가 조성되었다.[26]

진남포도 각국거류지였지만 주로 일본인 인구의 증가가 두드러졌다. 1897년 개항 당시 32명에 불과했던 일본인 인구는 러일전쟁 전까지도 꾸준히 증가하여 1904년에는 1,789명에 이르렀다. 전쟁이 발발하자 인구는 급증하여 1905년에는 3,000명을 넘어섰다. 이런 인구 증가는 전쟁 특수에 기인한 것이었기 때문에 그대로 지속되지는 않아 전쟁이 끝나면서 일시 감소세로 돌아섰지만 한반도에서 일본의 지배력이 확고해지면서

---

25 김경남, 2021a, 「1894~1910년 진남포 일본군병참기지 건설과 도시 형성의 특성」, 『한일관계사연구』 71, 331~336쪽.

26 前田方 편저, 1926, 『鎭南浦府史』, 45~48쪽.

1908년경부터는 다시 증가세로 돌아섰다. 이 무렵을 전후하여 평남선 부설, 진남포 축항 등의 인프라 정비 계획이 수립되어 진남포의 도시적 발전이 예상되었기 때문이다. 1910년 병합 당시 진남포 인구는 조선인 8,181명, 일본인 3,698명 등 합계 1만 2,329명으로 일본인 비율이 30%를 약간 상회했다.

진남포는 개항 초기에는 항만 설비가 불완전하여 인구나 무역액이 급증하지 않았다. 그러나 러일전쟁 이후부터 급속한 발전을 보였다. 예컨대 1898년 진남포의 수이출액은 8만 6,000엔, 수이입액은 4만 5,000엔이었으나 10년 후인 1908년에는 수이출 198만 엔, 수이입 360만 엔으로 합계 38배나 증가했다. 그리하여 강제병합 직전 진남포의 무역량은 부산, 인천에 이어 세 번째를 차지하게 되었다. 강제병합 직후인 1910년 10월에는 평남선(평양-진남포)이 개통하여 평양과 철도 연결이 이루어졌다. 이에 황해도의 농산물이나 서선 일대에서 채굴된 광물의 운송에도 진남포항의 이용이 증가했다.

1915년 5월에는 진남포 축항 공사가 완공되었다. 이는 진남포의 일본인들로서는 개항 이래 '숙원 사업'의 성취로서 해륙 연락의 완성으로 화물 취급 시간의 단축, 부대 비용의 절감 등 많은 효과를 가져왔다. 1910년대 진남포의 무역액 증가, 도시적 발전에는 항만, 철도의 정비뿐 아니라 1915년 쿠하라(久原)제련소 건설, 그리고 1918년 겸이포 미츠비시(三菱) 제철소 건설이 결정적인 영향을 미쳤다. 이어서 진남포에는 제분회사, 피혁제조소, 조면회사 등의 창업이 이루어졌고 정미공장들의 규모도 확대되었다. 또 평양무연탄회사의 채굴 개시와 더불어 평양-진남포 일대에는 제당회사, 병기제조소 등 대규모 공장이 신설되었다. 이런 경기의 활황과 무

역액의 증가는 1910년대 내내 더 많은 일본인을 진남포로 유인했다.[27]

(6) 군산(1899)

주지하듯이 군산은 목포와 더불어 호남의 대표적인 개항도시이다. 1899년 5월 1일 개항한 군산에는 각국조계가 설치되었다. 이에 조계로 설정된 구역에 살고 있던 한국인들은 가옥 철거와 함께 이주해야만 했다. 한국인의 새로운 거주지는 조계 북쪽 구릉 일대에 집중되었다. 조계 안 거류지에는 주로 일본인이 이주했다. 이에 개항과 조계의 설치는 원도심의 거주지를 민족적으로 양분하는 결과를 낳았다.[28]

1901년 조직된 군산 일본인 거류민회는 거류지 토지를 경매하여 얻은 이익을 재원으로 근대적 시설을 갖추어 나갔다. 시가지는 동서로 길게 확장되었으며, 이사청, 세관, 우체국, 병원, 경찰서, 거류민단역소 등 공공기관이 차례로 설립되었다. 여기에 더하여 제일은행, 일팔은행, 미곡검사소 등이 신설되어 경제 중심지가 형성되었다. 거류지의 서쪽 끝에는 일본인 유치원, 소학교 등 교육시설도 들어섰다. 그 밖에도 군산창고회사, 해운회사, 군산통상합자회사, 후지모토(藤本)회사 군산출장소, 오카자키(岡崎)상사 등의 상업·금융회사들이 들어섰다.[29]

이상의 여러 시설은 대부분 러일전쟁 이후 집중적으로 들어서기 시작했다. 따라서 군산의 일본인 인구도 러일전쟁을 기점으로 급증했다. 군산의 일본인 인구수를 보면 1899년 개항 당시 20호 77명에서 1907년

---

27 이가연, 2016, 앞의 글, 396~398쪽.
28 이성호, 2008, 「식민지 근대도시의 형성과 공간 분화」, 『쌀·삶·문명연구』 1, 전북대학교 쌀·삶·문명연구원, 186쪽.
29 群山府, 1935, 『群山府史』, 12~22쪽.

〈그림 2-3〉 군산항의 '쌀의 산'

* 출전: 群山府, 1935, 『群山府史』

1,255호 4,426명으로 50배 이상 증가했다. 이 무렵부터 한반도에서 일본의 독점적 지배가 확립되면서 금강, 만경강, 동진강 일대 곡창지대의 쌀 생산은 일본인의 큰 관심을 끌기 시작했다. 그리하여 군산은 일본인이 호남평야로 진출하는 교두보가 되었다.

초기 군산으로 이주한 일본인의 직업 분포를 보면 상업 부문이 약 25개 업종에 걸쳐 27% 정도를 차지했다. 다음으로 서비스업에 속하는 업종도 약 18%를 차지했는데, 세부적으로 보면 각종 오락시설 경영, 이발업, 목욕업, 세탁업, 음식점 경영, 숙박업 등 다양하다. 그 밖에 관리, 회사원, 은행원, 전문직도 많이 분포하고 있음을 볼 수 있다. 강제병합 이전부터 군산의 거류지는 일본인 중심의 근대 도시로서 면모를 여실히 갖추어

가고 있었던 것이다.[30]

(7) 청진(1908)

청진도 개항 이전까지 20~30호 규모의 작은 어촌에 불과했다. 청진에 큰 변화가 찾아온 계기는 1904년 러일전쟁 발발이었다. 일본군은 원산에 상륙하여 러시아군과 전투를 치르면서 길주를 경유하여 무산, 회령으로 나아가 격전을 벌였다. 이 과정에서 군수품 및 군대 수송을 위한 병참기지의 필요성을 느끼게 되었다. 이에 실측을 통해 적당한 지점을 찾은 결과 청진이 양항으로서 최적의 상륙지점이라고 판단, 항구를 개발하기로 결정했다. 이때 일본군은 그들이 지목한 항구에 '청진(淸津)'이라는 지명을 붙였다.[31]

이같이 러일전쟁기에 일종의 '군항'으로 개발된 청진에는 처음 주둔 부대, 육군운수부출장소, 야전우편국 등 군 관련 시설이 들어서고 군인이나 그 관련자만 거주했다. 그러다 1905년 가을에야 3명의 일본인 주류 상인이 들어왔다. 이듬해 말에는 민간인 73명이 거주한 것이 확인되며, 1907년에는 280명까지 증가했다. 일본인 인구가 점차 증가하면서 1907년 성진이사청(城津理事廳)의 권유에 따라 일본인회가 설립되었다. 공식적인 개항은 이듬해인 1908년 이루어졌다.

청진의 일본인은 대부분 상업 종사자로서 청진상화회(淸津商和會)를 조직했다. 상화회는 곧 일본인상업회의소로 확대되었다. 강제병합 직전인 1910년 3월에는 북만주에서 전염병이 발생하여 간도로부터 조선에

---

30 三輪規·松岡琢磨, 1907, 『富之群山』, 群山新報社, 52~58쪽.
31 송규진, 2013b, 「일제강점기 '식민도시' 청진 발전의 실상」, 『사학연구』 110, 331쪽.

들어오는 우마차 검역 때문에 청진의 곡물업자들은 영업을 정지할 정도로 어려운 상황에 처했다. 이에 상업회의소측은 곡물업을 활성화하고자 미곡에 부과되는 이입세를 철폐하기 위해 적극적으로 로비 활동을 벌이기도 했다.[32]

강제병합 후 「조선상업회의소령」이 공포되자 청진 일본인상업회의소는 1916년 조선인까지 포함하여 정식 상업회의소 인가를 신청했다. 그러나 총독부는 청진은 활발한 상업지가 아니라는 이유로 이를 각하했다. 청진의 일본인들은 1919, 1921, 1925년에도 잇달아 상업회의소 인가를 신청하여 마침내 1926년 법정 청진상업회의소가 개소했다.[33]

2) 철도 부설과 지역 중심도시의 새로운 부상

(1) 대전

개항과 더불어 강제병합 전후 새로운 도시 형성의 결정적인 촉매제가 된 것은 철도 부설이었다. 일제에 의한 철도 부설은 철도노선이 통과하느냐의 여부, 기차역이 설치되느냐의 여부에 따라 지역 중심도시의 운명을 갈랐다. 전통 도시 중 철도노선에서 소외된 도시는 일제강점기 쇠락의 운명을 피하지 못했으며, 반대로 기차역 입지에 의해 하루아침에 신도시가 형성된 지역도 있었다. 그러나 이렇게 건설된 신도시의 운명도 같지는 않았다. 이 가운데에는 일제강점기에 기원하여 오늘날까지도 한국 도시 체계에서 대도시의 위상을 공고히 지키고 있는 도시도 있지만 광복 후 사

32　清津商工會議所, 1944, 『清津商工會議所史』, 1~13쪽.
33　송규진, 2013b, 앞의 글, 335~336쪽.

회·경제 상황의 일변에 따라 군소 도시로 위상이 하락한 경우도 있다. 이하에서는 이런 도시 부침의 주요 사례를 살펴보겠다.

철도 부설에 의한 신도시 형성에서 대전(大田)은 제일의 사례라고 할 만하다. 조선시대 '대전'은 금강의 지류인 대전천 일대의 벌판, 하나의 '한촌(寒村)'에 불과했다.[34] 그러나 일제강점기 대전은 한반도의 주요 도시로 '발전'했으며, 충청도에서도 전통적인 중심도시인 공주, 청주, 충주 등을 능가하는 도시로 성장했다. 이런 극적인 변화의 첫 번째 계기는 경부선 대전역의 설치였다. 경부철도회사는 1892년부터 경부선 노선 선정을 위한 세 차례 대규모 답사를 진행했다. 이때 충청도에서는 1, 2차 조사에서는 청주, 3차 조사에서는 공주를 경유하는 노선을 유력하게 검토했다. 당시의 도시 위상에 비추어 보면 자연스러운 귀결이었다고 할 수 있다.

그런데 일본군과 합동으로 진행한 1900년의 4차 조사에서 청주와 공주 대신 처음으로 '회덕(懷德)'이 언급되었다. 4차 조사의 주안점은 일본군의 개입에서 짐작할 수 있듯이, 군사적 목적에 초점을 맞추어 부산에서 서울까지 최단 거리 노선을 설정하는 것이었다. 이런 견지에서 기성 도시인 청주와 공주 대신 회덕이 부상했던 것이다. 그런데 이어진 5차 조사에서는 대전이 조치원과 영동 사이의 기착지로 최종 확정되었다. 이는 이례적인 결정이었다. 경제 규모와 인구, 교통 수요 등을 고려하면 기차역은 기존 읍치인 회덕에 설치하는 게 자연스러웠다. 다른 역의 사례를 보아도 대전과 같이 전혀 도시적 기반이 없는 곳에 기차역을 신설한 경우는 거의 없었다.

이같이 황량한 벌판에 기차역을 신설한 이유는 무엇이었을까? 먼저 주

34　田中麗水, 1917, 『大田發展誌』, 4쪽.

목할 점은 대전역의 입지가 대전천을 끼고 있어 대지가 낮고 평평하다는 점이다. 그만큼 철도 공사에 유리한 지형으로 공사 기한 단축과 비용 절감을 예상할 수 있었다. 그리고 물이 풍부하여 증기기관차 운행에 필요한 급수시설의 설치와 운용에도 유리했다. 이에 더하여 결과적으로 사람이 거의 살지 않는 한적한 입지는 역설적으로 기차역 신설에 큰 장점으로 작용했다. 실제 대전역의 건립 과정을 보면 다른 지역에서 보이는 주민의 저항이나 토지 수용과 보상에 대한 기록을 찾아보기 어렵다. 일제의 입장에서 보자면 그만큼 기차역 설치와 철도 부설의 '장애물'이 없었던 셈이다.[35]

대전역을 신설하면서 대전의 일본인 인구는 급격하게 증가했다. 1904년 188명이었던 대전의 일본인 수는 1910년에는 이미 3,500명을 넘어섰다. 같은 시기 전국의 일본인 인구 증가율이 35% 정도였던데 반해 대전의 증가율은 약 76%로 2배 이상 빠른 속도였다. 대전역 설치에서 강제병합에 이르는 기간 동안 대전의 '일본인 도시화'는 급속하게 전개되었던 것이다.[36]

인구 측면과 더불어 대전의 독특함은 공간적으로도 확인할 수 있다. 대전의 주거지는 대전역 철도부지 내의 일본인 정착지에서 출발했다. 이 구역이 1914년 행정구획 확정 과정에서 최초의 대전면 행정구역으로 확정되었다. 초기 대전면의 형태를 보면 남북으로 비스듬히 기울어져 좁고 긴 형태를 보인다. 이는 일본인 정착지가 철도 부지를 따라 동쪽의 철도와 서쪽의 대전천을 경계로 그 안에서 확장되어 갔기 때문이다. 철도를

---

35 고윤수, 2021a, 「식민도시 대전의 기원과 도시 공간의 형성」, 『도시연구』 27, 14~16쪽; 강점 전후 일제의 간선철도 부설과 주민의 저항에 대해서는 정재정, 1999, 『일제침략과 한국철도』, 서울대학교출판부, 245~304쪽.
36 田中麗水, 1917, 앞의 책, 8쪽.

넘어서 시가지를 확장하는 것은 불가능했으며 폭 100~180m에 이르는 대전천을 넘어 시가지가 확장되는 것도 어려웠으리라 짐작된다.[37]

대전면의 또 하나의 특징은 면적이 0.082방리(方里; 1.26km²)에 불과하여 '비정상적'으로 작았다는 사실이다. 당시 대전군 12개 면의 평균 면적은 3.21방리(49.5km²)로서 거의 대전면의 40배에 이르렀다. 1914년 확정된 전국 2,521개 면의 평균 면적은 5.67방리(87.43km²)로서 대전면 면적의 거의 70배에 달했다. 일제가 겨냥한 1914년 전국 행정구획 정비의 주요 목적이 최말단 행정단위로서 면의 '균질화'였다는 점을 감안하면 대전면은 이례적인 경우였음을 금방 알 수 있다.[38]

이에 더하여 대전면은 대전군 외남면(外南面)이라는 다른 면 안에 설치된 '면 안의 면'이라는 점에서도 독특했다. 이런 특징은 대전이 오로지 기차역 설치에서 비롯된 완벽한 일본인 중심의 신도시, 일종의 '철도 부속지'였다는 점에서 기인한다고 하겠다.[39] 참고로 1920년 현재 대전면은 인구 총수 6,218명 중 일본인 인구가 4,164명(약 67%)을 차지하는 완벽한 일본인 도시였다.[40] 어떤 점에서 일제강점기 내내 대전의 '발전'과 '확장' 과정은 대전의 이 같은 '기원의 독특함'이 희석되는 과정이었다고 할 수 있다.[41]

---

37 「大田面地圖」, 1914 참고.
38 일제 초기 '면의 균질화' 정책에 대해서는 윤해동, 2006, 「일제시기 면제 실시와 근대적 관료행정제도의 도입」, 『한국사학보』 24 참고.
39 고윤수, 2021a, 앞의 글, 30쪽.
40 『朝鮮總督府統計年報(1920년도판)』
41 대전의 조선인, 일본인 인구는 1930년 14,741명(67.9%), 6,723명(31.0%), 1940년 35,574명(78.1%), 9,914명(21.8%)로 변했다. 일제 말기까지도 일본인 인구 비율이 매우 높았으나 초창기의 극단적인 민족별 인구 비율과는 확연히 달라졌음을 알 수 있다.

(2) 신의주

철도 부설, 기차역 설치와 관련하여 '탄생'한 대표적 신도시의 하나로 신의주의 경우도 들 수 있다. 후일 신의주라고 불리게 된 지역은 원래 압록강 입구에서 약 30km, 용암포(龍岩浦)에서 약 24km 상류에 위치한 모래벌판으로서 19세기 말까지도 겨우 10여 호가 산재할 뿐이었다. 당시 행정구역으로는 의주군 광성면(光城面)으로서 압록강을 경계로 중국 안동(安東; 단둥)과 마주보고 있었다. 이런 한촌이 경의선의 종착역으로 결정됨에 따라 일약 도시화되었던 것이다.[42]

신의주라는 이름을 얻는 지점이 경의선 종착역으로 결정된 것은 중국 대륙과의 연결 문제 때문이었다. 양측 사이의 연결은 여러 경로가 있었으나, 중국 구련성(九連城)의 남쪽 평야지대인 안동이 압록강 철교의 중국 측 정거장이 됨에 따라 그 최단거리 대안 지점이 경의선의 종점으로 정해졌던 것이다. 종착역의 위치가 정해지면서 이 일대에는 제일 먼저 1904년 6월 철도 부설을 위한 임시군용철도감부 출장소가 설치되었으며, 뒤이어 9월 철도용 목재 공급을 위한 공장이 들어섰다.[43]

이 무렵부터 일본인 인구도 증가하여 1905년 6월 일본인구락부가 처음 조직되었다. 일본인구락부는 일본인회를 거쳐 1908년 거류민단으로 확대되었다. 일본인 단체는 시가지 설계와 도로 개수 등을 실질적으로 진행했다. 일본인 인구가 증가함에 따라 1906년 4월에는 세관, 1907년 1월에는 이사청이 설치되었다. 신의주 이사청은 안동 일본영사관 업무까지

---

42 김승, 2018b, 「일제시기 국경도시 신의주의 인구 변동과 도시 공간의 변화」, 『로컬리티 인문학』 19, 부산대학교 한국민족문화연구소, 326쪽.

43 손정목, 1982, 『韓國開港期都市變化過程研究』, 一志社, 390~397쪽.

〈그림 2-4〉 신의주 영림창의 저목장

* 출전: 元山每日新聞社, 1929, 『朝鮮大圖繪 平安北道』

겸했다. 목재업이 발달함에 따라 1908년에는 신의주 영림창(營林廠)이 설치되었다. 영림창까지 설치되면서 일본인 상공업자의 왕래가 더욱 빈번해졌다.[44]

그런데 압록강철교 공사를 본격적으로 시작하기 전까지 신의주의 경기는 그다지 활황은 아니었던 것으로 보인다. 워낙 별다른 경제 기반이 없는 곳이었기 때문이다. 1909년 6월 신의주거류민단이 "상업 부진"을 이유로 민단세 면제를 요청하는 탄원서를 제출했음은 이를 단적으로 보여준다.[45] 이에 거류민단은 같은 해 10월 철도관리국과 교섭하여 사용하지 않는 군용지를 차입, 일본인에게는 대부하고 조선인에게는 평당 45전

---

44 和田孝志, 1911, 『新義州史』, 6~13쪽.
45 「日人納稅反對」, 『大韓每日申報』, 1909.6.26.

에 매각했다. 이 같은 토지 대부 혹은 매매 양상은 이후까지 문제가 되는 신의주 시가지의 극단적으로 불균등한 소유관계의 '기원'이 되었다.[46]

신의주의 경기는 1909년 8월 압록강철교 공사를 시작하면서 활성화되었다. 많은 노동자가 유입되었으며 노동자를 위한 새로운 시설이 들어서고 마을이 형성되었다. 압록강철교 공사는 초기 신의주 도시 형성에 분수령이 되었다. 공식적으로 철교는 1911년 준공됐다. 이에 따라 경의선은 중국 측 안봉(安奉)철도(安東-奉天; 중국 선양)와 연결되었다. 안봉철도는 다시 경봉(京奉)철도(奉天-北京)와 연결되었다. 그러므로 압록강철교의 준공에 따라 일본 본토에서 북경까지 철도가 연결되었던 셈이다.

한편 철교 공사와 함께 신의주에는 조선인·일본인 노동자와 더불어 중국인 노동자도 유입되었다. 중국인 노동자는 대부분 신의주에 정착해서 거주하기보다 중국과 신의주를 오가는 존재였지만, 이후에도 오랫동안 신의주 인구의 상당한 부분을 차지했다. 민족별 인구 구성에서 이미 살펴보았듯이 신의주는 철도 부설에서 기원한 '신도시'이면서 교통이나 인구 등의 측면에서 명실공히 일본-한반도-중국 대륙을 연결하는 국경도시, 국제도시가 되었다.[47]

초기 신의주의 도시 형성 과정에서 가장 큰 현안은 수해 방지 문제였다. 본래 주거에 적절하지 않은 강변 저지대에 형성된 도시였기 때문이다. 이에 1912년 신의주거류민단은 국고보조를 받아 제1제방을 준공했다. 자연스럽게 안전성이 확보된 제방 안쪽 시가지가 이듬해 행정구역

---

46 염복규, 2020, 앞의 글, 47쪽.
47 1920년의 경우만 보아도 신의주 인구에서 조선인은 7,058명(51.2%), 일본인은 3,824명(27.7%)이다. 나머지 21.1%는 거의 다 중국인이었다.

획정과정에서 신의주부 행정구역이 되면서 각종 시설이 확충되고 지가도 크게 상승했다. 이렇게 신의주는 제방으로 둘러싸인 공간적 조건상 인구 증가 등 확장 요인이 발생해도 쉽사리 도시 확장이 이루어지기 어려운 도시였다.

제방 안쪽의 신의주 시가지는 다른 도시와 비슷하게 일본인 중심지와 조선인 중심지로 구분되었다. 그 경계선은 대체로 신의주역 앞 가로였다. 역전 가로를 경계로 북쪽(강안)의 대화정, 욱정, 앵정, 빈정, 본정, 상반정 등지가 일본인 중심지였으며, 남쪽(내륙)의 운정정, 매지정, 영정, 진사정, 노송정, 약죽정, 하정 등지가 조선인 중심지에 가까웠다. 조선인 중심지 중에서도 양측의 경계, 즉 역전 가로 인접지인 영정, 진사정, 노송정 등은 번화가 내지는 부촌인 반면 반대로 제방 부근의 외곽 지역은 빈민가에 가까웠던 것으로 보인다. 예컨대 운정정, 하정 같은 곳은 제방 안쪽이지만 바깥쪽의 미륵동과 다름없는 대표적인 빈민 거주지라고 인식되었다. 이렇게 초창기 신의주 시가지는 민족별, 계층별 구분이 중첩된 도시였다.

1920년대 전반 신의주 인구는 도청 이전을 전후한 도시 개발의 열기에 힘입어 크게 증가하는 추세를 보였다. 이는 도시의 상당한 토지난·주택난을 야기했다. 물론 이는 신의주만의 문제는 아니었지만 신의주는 '제방으로 둘러싸인 도시'라는 특징이 있었다. 이용 가치가 있는 토지의 제약이 상대적으로 심했다는 뜻이다. 이런 조건은 신의주의 고유한 사회문제를 야기한 중요한 배경이 되었다.

(3) 김천

경북 내륙, 대구 외곽의 소읍이었던 김천(金泉)은 경북 내륙 서북부에 위치하여 북쪽으로는 경북의 농업지대인 상주, 문경, 예천 등과 연결되며 남쪽으로는 경남 거창, 진주, 삼천포로 연결된다. 또 낙동강 수운과도 연결되는 교통의 요지이다. 따라서 전통적으로 농촌이면서도 상업이 발달한 지역이다. 이런 김천에 새로운 도시적 변화를 불러온 일차적 요인도 철도였다. 김천에서는 1904년 초부터 경부선 철도 공사가 시작되었다. 이에 부산의 일본인 일부가 김천으로 들어오기 시작했다. 이들은 처음에 주로 김천장 부근에 자리를 잡았다. 김천장은 낙동강 수운과 연결되는 지점이면서 남산천과 감천이 삼각지를 이루어 모래가 쌓인 비교적 고지대에 위치해 있었다. 당시 김천장은 경북 도내에서 물류매매고가 높은 편에 속하는 곳이었다.[48]

초기에 김천에 들어온 일본인 다수는 철도 공사 관련자였기 때문에 이듬해 경부선이 개통하면서 김천을 떠났다. 그러나 철도 개통을 전후하여 김천에 정착하는 일본인도 생겨났다. 김천에 정착한 최초의 일본인은 1904년 3월 잡화점을 개업한 모리모토(森本音次郎)라는 자였다. 이어서 일본인 경영의 음식점, 여관, 술집, 우편취급소 등이 잇달아 생겨났다. 그 밖에도 부산을 거점으로 활동하던 무역상 중 김천을 새로운 활동 지역으로 삼는 경우가 계속 있었다. 그중에서도 오쿠라(小倉孝吉)라는 자는 김천을 거점으로 경부선을 이용, 일본의 식염을 이입하고 대두를 이출하는 방식의 무역을 통해 많은 부를 축적했다.[49] 그의 성공 사례는 부산의 일본인들에게 김천의 상업지로서 가능성을 확인시켜 주는 계기가 되었다. 대개의 일본인 상인들은 김천역을 거점으로 다양한 일용잡화를 들여오고 경북 농

48　김일수, 2016, 「일제강점기 김천의 일본인사회와 식민도시화」, 『사림』 56, 238~242쪽.
49　達捨藏, 1918, 『金泉發展誌』, 1~5쪽.

촌 지역의 쌀, 콩, 면화 등을 이출하는 방식으로 사업을 벌여 나갔다.[50]

김천에 정착하는 일본인이 증가하면서 일본인회 조직이 추진되었다. 1906년 3월 일본인 가옥의 화재를 계기로 소방을 명분으로 한 김천 일본인회가 처음으로 조직되었다. 이 무렵 김천의 일본인 인구는 150명 정도였다. 김천 일본인회는 첫 사업으로 일본인이 집주하는 김천장터와 그 부근의 도시시설 구축을 추진했다. 그리고 일본인 거주지 일대를 세 구역으로 나누어 본정(本町), 욱정(旭町), 금정(錦町) 등의 지명을 붙이기도 했다. 내륙의 소읍에 불과했던 김천은 기차역 설치를 계기로 식민지 도시화를 추진했던 것이다.[51]

이 시기 여러 시설 공사가 진행되었다. '본정통'에는 하수구를 구축하고 일본인 마을의 공동우물도 시설했다. 이어서 김천장과 김천역을 연결하는 도로 개수 공사도 계획했다. 전형적인 농촌이었던 김천에 일본인이 정착한 주요 계기가 철도를 이용한 상업 활동이었기 때문에 일본인 중심지와 기차역을 연결하는 도로는 일본인 사회 '발전'의 사활이 걸린 현안이었다고 할 수 있다. 이렇게 김천장-김천역을 중심으로 한 일본인 중심지가 시가지화하는 반면 원래 김천면의 행정 중심이었던 조선인 중심지는 여전히 농촌에 머물러 있었다. 김천에서도 규모는 작지만 '식민지 이중도시' 현상이 나타났다.

그런데 일본인 중심의 도시화 과정도 순탄한 것만은 아니었다. 일본인회가 주도하는 도시화 과정이 식민지 권력의 보호와 원조에 기반하고 있었지만 자기 이해관계를 앞세우는 일본인들의 활동은 때때로 권력과 갈등

50　손경희, 2010, 「1910년대 경부선 개통과 도시성격의 변화」, 『역사와 담론』 55, 115~133쪽.
51　逵捨藏, 1918, 앞의 책, 11쪽.

하기도 했다.[52] 1920~1930년대 문제가 된 경북 내륙 지역을 연결하는 경북선(慶北線) 철도의 부설 과정 같은 경우는 대표적인 사례라고 할 수 있다.[53]

(4) 이리(익산)

강제병합 이전 이리(익산)는 '솜리'라고 불린 농가 10여 호가 산재한 작은 농촌 마을에 불과했다. 원래 전주군 남일면에 속했다가 1899년부터 익산군에 속했다. 이리의 도시화도 호남선 익산역의 예정지로 결정되면서 시작되었다. 호남선 공사가 한창인 1911년 8월 익산군청이 금마에서 익산역 예정지 일대로 옮겨오고 이듬해 3월 호남선이 개통하면서 기차역을 중심으로 시가지가 본격적으로 형성되었다.[54]

1914년 11월에는 익산과 전주를 연결하는 전북경편철도(전라선)가 개통했다. 이로써 익산은 두 철도가 교차하는 교통의 요지로 부상했다. 이 무렵부터는 과거 전주의 관할이었던 기억도 사라지고 독자적인 지역 중심의 이미지가 형성되었다. 이런 과정에서 많은 일본인이 익산으로 유입되었다. 1915년 현재 민족별 인구 구성을 보면 한국인과 일본인이 4대 6(각각 1,367명, 2,053명)에 가까울 정도였다.

주지하듯이 익산면은 1917년 「면제」 시행 때에 도청 소재지인 전주면과 함께 전북에서 두 곳 뿐인 지정면으로 지정되었다. 이때 특기할 점은 지정면이 되면서 면내 이리, 마동, 동산리 등 면사무소에 인접한 지역으로

---

52 김일수, 2016, 앞의 글 참고.
53 경북선 부설 과정과 그에서 비롯된 지역 갈등에 대해서는 김희진, 2022, 「조선철도 경북선 부설과 경상북부 지역사회의 변화」, 『역사교육』 164 참고.
54 정승진, 2008, 「일제시대 식민 '신도시'의 출현과 주변 농촌」, 『쌀·삶·문명연구』 창간호, 전북대학교 쌀·삶·문명연구원, 136~139쪽.

〈그림 2-5〉 1920년대 이리의 일본인 시가지(榮町 3정목)

* 출전: 山下春圃, 1927, 『湖南寶庫 裡里案內』, 惠美須屋書店

면 행정구역을 축소하고 대장촌을 비롯하여 면내 '농촌' 지역은 인접한 보통면에 편입한 점이다. 이후 익산면 내에서도 이리 일대에 주요 관공서, 공공시설, 편의시설 등이 집중적으로 건립되었다. 그중에서도 이리역 앞 중앙동을 중심으로 일본식 시가지가 조성되었다. 1928년부터는 전북경편철도의 광궤화가 시작되어 1930년 전라선 전 구간이 완공되었다. 이로써 이리의 지리적 위상은 더욱 중요해졌다.[55]

식민지 교통체계에서 이리의 역할은 무엇보다 호남 일대에서 생산된 쌀의 수송과 반출이었다고 할 수 있다. 이런 점을 상징적으로 보여주는 사건은 처음에 김제에 설치되었던 동양척식회사 지점을 이리로 옮긴 일

55　木原壽, 1928, 『益山郡事情』, 全羅北道益山郡廳, 1~4쪽.

이다. 식민지 농업 금융의 핵심 기구인 동척 지점의 입지는 이리의 도시화를 더 가속화하는 요인이 되었다.[56]

한편 기차역을 중심으로 이리가 식민지 신도시로 성장함에 따라 반대의 영향을 받은 지역은 강경이었다. 철도 교통이 아직 미비했을 때 강경은 충청, 호남의 물산을 집산하여 수운을 통해 군산항으로 수송하는 교통의 결절점이었다.[57] 그러나 철도 교통이 점차 확대되면서 교통축이 이리-군산으로 옮겨가자 강경의 성장은 둔화되었던 것이다. 이런 점은 1920년대 초 인구증가 추세에서 금방 확인할 수 있다. 1920년 현재 7,147명, 4,054명이던 강경면과 익산면의 인구수는 1925년 1만 1,248명, 1만 3,403명으로 역전되었다. 그리고 일제 말기까지 강경과 익산의 인구 규모의 차이는 점점 더 벌어졌다.

익산면은 1931년 4월 「읍제」 시행과 함께 익산읍으로 개편되었으나, 곧이어 같은 해 11월 '이리읍'으로 개칭되었다. 단지 지역명의 변화에 불과하지만, 전통적으로 한 동네(일개 리)의 명칭이 도시명으로 격상되는 시점은 식민지 근대 도시로서 '이리'가 공식적으로 탄생하는 순간이기도 했다.[58]

(5) 조치원

조선시대 연기현 북쪽에 속한 조치원도 평범한 농촌 마을에 불과했다. 그중에서도 후일 조치원의 중심지가 되는 원리, 교리, 정리, 평리, 명리 일

56　山下春圃, 1927, 『湖南寶庫 裡里案內』, 惠美須屋書店, 29~35쪽.
57　坂田富藏, 1911, 『最近江景事情』, 日韓印刷株式會社, 55~68쪽.
58　정승진, 2008, 앞의 글, 151쪽.

대는 갈대밭이 있는 늪지대였다. 1901년 경부선 노선을 결정하기 위해 일본군 측량대가 들어오면서 일본인의 거주가 처음 시작되었으며, 1905년 조치원역이 설치되면서 '신도시'로 발전하기 시작했다. 조치원의 '발전상'은 1906년에 일본인 교육기관인 조치원소학교가 개교한 데에서도 확인할 수 있다. 이 학교에는 조치원뿐만 아니라 부강, 성환, 신탄진, 천안 등지의 학생들도 다니기 시작했다. 조치원이 충남 일대에서 일본인 중심지 역할을 하고 있었음을 알 수 있다.[59]

일제강점기 철도 교통 체계에서 조치원은 기본적으로 X자형 간선 철도망에 속하는 도시이면서 동시에 내륙 연결 철도망에 속해 있었다. 경부선 기차역이 설치되어 있으면서 호남선의 분기점인 대전, 후일 충남선(장항선)의 분기점이 되는 천안과 인접해 있었고 또한 충북선의 분기점이기도 했다. 한반도 중부 철도망의 요충지였다고 할 수 있다.[60]

조치원은 강제병합 초기부터 도시 규모에 비해 일본인 인구의 비율이 최상위에 속하면서 주로 조치원역 일대를 중심으로 급속하게 시가지가 형성되었다. 이런 점 때문에 대전, 공주, 강경과 더불어 1917년 「면제」 실시 당시 충남의 4개 지정면 중 하나로 지정되었다. 1920년 당시 일본인 인구 비율이 25.4%로서 원래 조치원보다 도시 규모가 컸던 공주(20.8%), 강경(18.3%)보다도 높은 수준이었다.

그러나 일제강점기 조치원의 도시화 속도는 점차 지체되었다. 인구 규모만으로 도시화의 전모를 규정할 수는 없지만 1945년 8·15 당시 충남

59　酒井三洲, 1915, 『鳥致院發展誌』, 1~10쪽.
60　최원희, 2012, 「일제 식민지 근대도시 조치원의 출현요인, 도시체계상에서의 위상 및 도시내부구조 형성 과정」, 『한국지리학회지』 1-1, 102~103쪽.

의 12개 도시(1부, 11읍) 중 조치원의 인구 순위는 11위였다. 조치원은 강제병합 전후 철도 신도시로 형성되었지만, 일제강점기 내내 다른 발전 동력을 갖지 못했기 때문이다. 그에 비해 새로운 도시적 성장을 보인 천안, 논산, 장항 등이 조치원을 추월했던 것이다.

이런 경향은 광복 후에도 지속되었다. 1960년대 산업화 과정에서 조치원은 성장 대상에서 제외되면서 정체를 거듭했다. 그리하여 조치원역은 대전역과 천안역 사이의 간이역에 불과하게 되었다. 그 결과 조치원은 1931년 읍으로 개편된 이래 현재까지도 '세종시 조치원읍'으로 남아있게 되었던 것이다.[61]

(6) 천안

천안은 전통적으로 서울과 삼남 지방을 이어주는 중요한 길목으로 기능해 온 지역이다. 조선시대부터 '천안 삼거리'로 불린 삼남대로의 분기점에서는 서울에서 내려온 길이 목천과 병천을 지나 청주 – 문경새재 – 대구 – 동래로 이어지는 길과 공주를 거쳐 노산 – 강경 – 전주 – 순천으로 이어지는 길이 나누어졌다. 이런 지리적 특징 때문에 천안에는 삼남 여러 지방의 사람들이 모여들었다. 이렇게 여러 지방민이 뒤섞이는 과정에서 천안의 '전통적인 정체성'이 형성되었다.[62]

그런데 경부선의 부설은 천안의 지역 정체성을 새롭게 구성하는 결정적인 계기가 되었다. 1905년 1월 경부선 천안역이 운영을 시작했다. 이후 천안역은 1927년 안성선(천안 – 장호원), 1931년 충남선(천안 – 장항, 광복 후

---

61 최원희, 2012, 앞의 글, 122쪽.
62 박상준, 2018, 「1920~1940년대 '천안읍'의 지역정치와 유력자층의 동향」, 중앙대학교 석사학위논문, 6~7쪽.

장항선으로 개칭)이 개통하자 두 철도를 연결한 경남선의 중간 지점으로서 일제강점기 철도 교통의 요지로 부상했다.

철도 교통이 발달하면서 천안의 상권도 크게 확장되었다. 1920년 통계에 따르면 천안장의 매출액은 124만 원으로서 천안군 내 다른 시장 네 개를 합친 것(병천장 13만 3,000원, 입장장 5만 6,500원, 성환장 5만 원, 풍세장 1만 1,000원)에 비해 다섯 배에 가까울 정도였다.[63]

천안은 대전, 조치원, 공주, 강경에 이어 1923년 충남에서 다섯 번째로 지정면으로 지정되었다. 일제 말기의 인구 규모를 보면 도청 소재지 대전에 이어 충남에서 두 번째 순위까지 올랐다. 이런 일제강점기 천안의 도시적 '성장' 기원이 경부선 천안역 설치에서 비롯되었음은 부인할 수 없는 사실이라고 하겠다.

(7) 강경

일제강점기 도시의 유형 중 강경은 독특한 위치를 차지한다. 조선시대 이래 상업 중심지로서 전통 도시의 성격이 있으면서 개항 이후 수운을 통한 일본인의 진출과 도시화가 이루어진 이후 호남선의 부설과 강경역의 설치는 강경에 철도 신도시로서의 성격을 더하는 계기가 되었다. 이런 점에서 강경은 철도 부설에 의한 신도시의 전형적인 사례는 아니나 하나의 변형된 사례라고 할 수 있다.

강경은 금강 하류에 면한 지역으로서 전통적으로 도시의 중심을 흐르는 강경천의 수운이 발달한 곳이었다. 그리하여 일찍부터 충청도와 전라도를 연결하는 금강 포구상업이 성했다. 금강에 면한 여러 지역 중 강경

63　田中市之助, 1921, 『忠南發展誌』, 大田實業協會, 222~223쪽.

이 물류의 중심지가 되었던 결정적인 이유는 공주, 부강, 부여 등에는 드나들 수 없는 큰 배가 강경포에는 드나들 수 있는 지리적 이점이 있었기 때문이다.[64] 그리하여 자연히 배후의 강경평야, 논산평야 등 곡창지대에서 생산되는 곡물은 강경포로 집산되었으며, 강경포, 강경장은 조선 후기 2대 포구, 3대 시장이라고 불릴 정도로 발달했다.[65]

강경의 지리적 이점은 이른 시기부터 일본인이 진출하는 계기가 되었다. 강경이 충남에서 가장 먼저 전신이 개통한 지역이라는 점은 강제병합을 전후한 시기 도시의 변화상을 잘 보여준다. 그런데 철도의 부설은 강경의 도시적 위상에 큰 변화를 가져왔다. 철도망이 확대되면서 점차 물류 수송의 중심은 수운에서 철도로 대체되었다. 강경포, 강경장으로 대표되었던 강경의 도시적 위상은 더 이상 유지될 수 없었다.[66]

이런 가운데 1910년대 초 호남선 부설과 강경역 설치는 강경의 도시적 성격을 변화시키는 계기가 되었다. 1911년 3월 호남선 군산-강경 노선 부설 공사가 진행되며 강경역이 채운산 북쪽에 설치되었다. 강경역의 위치는 전통적으로 조선인 상권의 중심지인 강경장 일대와는 강경천을 사이에 두고 떨어진 곳이었다. 이에 강경역의 설치는 기존의 상권과 구분되는 역전 일대 일본인 상권이 형성되는 계기가 되었다.

같은 해에는 논산-강경-익산을 연결하는 도로도 부설되었으며, 이어서 강경역과 간선도로를 연결하는 여러 도로가 개수되었다. 새롭게 부설된 도로는 전통적 시가지와는 다른 격자형의 블록을 만들어 냈다. 그리

---

64 최완기, 2001, 「조선 후기 강경 포구에서의 선상활동」, 『역사교육』 79, 72~73쪽.
65 坂田富藏, 1911, 앞의 책, 2쪽.
66 정연태, 2007, 「日帝の地域支配·開發と植民地的近代性」, 『近代交流史と相互認識』 2, 慶應義塾大學出版會, 16~19쪽.

고 새로운 도로를 중심으로 여관, 음식점 등 상업시설, 다양한 회사, 상점이 증가했다. 이런 과정을 거쳐 강경역 일대는 강경의 새로운 중심으로 부상했다. 그리하여 강경은 전통적인 수운 중심도시에서 철도교통 중심도시로 성격이 변화했다.[67]

3) 군사기지화와 군사도시의 탄생

(1) 나남

개항이나 철도 부설만큼 '범용한' 경우는 아니지만 강점 전후 신도시 형성의 또 하나의 주요한 요인으로 일제에 의한 군사기지 건설을 들 수 있다. 이는 주로 1904~1906년 러일전쟁이 계기가 되었다. 러일전쟁은 일제가 한반도에서 독점적인 지배권을 획득하는 계기이기도 했지만 전쟁 수행을 위한 군사기지의 건설은 일제강점기 신도시의 한 유형으로서 '군사도시'가 탄생하는 과정이기도 했다. 먼저 일제강점기 국경 수비를 전담한 일본 육군 19사단 사령부가 위치했던 나남(羅南)의 경우를 살펴보자.[68]

일제는 러일전쟁 과정에서 주전장 중 한 곳이기도 했으며 이후 러시아와 국경을 접하게 된 함경북도의 군사적 중요성을 더 크게 인식하게 되었다.[69] 이에 주목하게 된 지역이 바로 나남이다. 나남은 러시아 접경 두

---

[67] 현태준, 2020, 「일제강점기 강경의 도시화 과정」, 한국기술교육대학교 석사학위논문, 47~55쪽.

[68] 김홍희, 2018, 「일제하 羅南의 군기지 건설과 군사도시화」, 『한국민족운동사연구』 95, 184~191쪽.

[69] 조재곤, 2013, 「러일전쟁 시기 함경도 전투의 전개 과정」, 『군사』 86, 국방부 군사편찬연구소, 67~68쪽.

만강 하구에서 약 100km 정도 거리에 위치해 있으면서 일본 본토에서 이동이 용이한 청진항의 배후지였다. 일제는 항구와 연결이 잘 되면서 내륙에 위치하여 안전성이 높고 아직 미개발지인 나남을 군사기지로 적당하다고 판단했다.[70]

일본군은 1906년 5월 주차군경리부 임시건축과를 설치하고 군사기지 건설에 착수했다. 나남의 기지 건설을 위해 설치한 나남파출소는 먼저 약 100만 평의 대규모 부지를 수용했다. 이때 관유지는 무상으로 수용했으며, 상당한 규모의 민유지도 평당 7전의 헐값으로 매수했다. 1908년부터 실제 공사를 시작하여 주요 군사시설은 1911년 말까지, 기타 부속 건물은 1913년 말까지 완공했다. 총 공사비용은 약 500만 원이었다. 당시로서는 막대한 비용이었다. 완성된 나남 기지에는 보병 25여단 사령부를 배치했다. 25여단에는 조선 방위뿐 아니라 국경 일대 첩보 수집, 철도 시설 보호 등 다양한 임무가 주어졌다.

1915년 조선에 2개 사단 상주 체제가 결성되면서 경성 용산(20사단)과 더불어 나남(19사단)이 사단 주둔지로 결정되었다. 이에 1917~1922년 나남기지에서는 사단 규모의 건물 신축, 증축 공사가 진행되었다. 1916년 용산에서 업무를 시작한 19사단 사령부는 1919년 4월 나남으로 이전했다. 19사단 사령부가 위치하면서 군사도시로서 나남의 위상은 더욱 높아졌다. 19사단은 이른바 대소 방위의 주력 부대로서 동만주 일대 독립군을 탄압

---

70 "나남은 사방이 구릉이고 중앙에 羅南川이 흐르며, 면적 100만 평의 광활한 땅이 있어 군용지로서 천혜의 조건을 갖추고 있다. 나남으로부터 4.5里의 거리에 淸津港이 있으며, 1리의 거리에는 함북의 수도 鏡城이 있으며, 0.5리에는 獨津港이 있다. 한 방향(一方)으로 나아가면 러시아와 중국 국경에 접할 수 있어 군사상 중요한 땅이다."(國井天波, 1916, 『大淸津港』, 元山每日新聞社, 134~135쪽.)

했으며, 나아가 대륙 침략을 위해 동만주 지역으로 파견되기도 했다. 이런 활동은 모두 나남에 대규모 군사기지가 구축되어 있었기 때문에 가능했다.[71]

나남 시가지는 군사기지를 중심으로 전형적인 신도시로 건설되었다. 시가지 전체는 격자형과 방사상 가로망으로 구성되었으며 주요 지점을 연결하는 교통망도 구축되었다. 이렇게 군사도시로 '발전'하면서 나남의 인구는 초기에는 급증했으나, 1920년대 중반 이후에는 증가 추세가 둔화되는 모습을 보인다.[72] 덧붙여 나남의 인구 구성의 특징은 일본인 인구의 비율이 매우 높다는 점이다. 이는 군사도시로서 어느 정도 짐작할 수 있는 점이나 일제 초기는 물론 1930년까지도 일본인 인구 비율이 50%를 넘는 도시는 나남이 유일하다.

나남은 군사도시로 출발했지만 1920년 함경북도청이 청진에서 이전하면서 행정 기능까지 추가되었다. 이에 따라 철도, 각급 학교, 신사 등도 도내에서 나남에 우선 신설되면서 점차 함경북도의 핵심 도시로 '발전'했다.[73] 그러나 나남은 끝내 독자의 부로 승격하지 못하고 1940년 다시 청진에 흡수·통합되었다. 이 점은 일제강점기 나남의 도시 발달이 군사도시에서 출발한 근본적인 한계성을 끝내 극복하지 못했음을 보여준다.[74]

---

71 김홍희, 2018, 앞의 글, 194~204쪽.

72 1920년부터 청진에 다시 흡수될 때까지 나남의 5년 단위 인구 증가를 보면 1920년 7,228명, 1925년 15,562명, 1930년 19,755명, 1935년 24,090명이다. 1920~1925년간 인구증가율은 115.3%로 매우 높으나, 이후에는 20%대로서 오히려 도내 도시 평균보다도 낮은 편이다.

73 國井天波, 1916, 앞의 책, 142~150쪽.

74 강제병합 당시 함경북도청의 소재지는 청진이었다가 1920년 도청 이전으로 도청 소재지는 나남이 되었다. 그러나 1940년 4월 나남읍의 청진부 편입으로 도청 소재지는

(2) 회령

함경북도의 북단 두만강변에 위치한 회령(會寧)은 전통적인 국경의 요충지로서 러일전쟁기 러시아군 사령부가 설치되었던 곳이다. 1904년 회령에 들어온 러시아군은 주민을 동원하여 강제로 도로를 구축했다. 러일 간 전투가 한창이던 1905년 여름에는 주민들이 국경을 넘어 피난하기도 했다. 러일전쟁이 끝나자 일제는 회령을 군사기지화하여 1905년 10월부터 보병 1개 대대의 수비대가 주둔했다. 이는 1920년 4월 보병 75연대로 증강되었다. 연대는 인근 종성(鐘城)과 온성(穩城)의 수비까지 관할했다. 부대 건물은 1911년 준공했으며, 1921년 한 차례 증축되었다. 그 밖에 회령 교외에는 나남 19사단의 실탄연습장도 설치되었다. 이렇게 회령은 두만강을 경계로 한 국경 일대 최북단의 군사기지로서 위상을 공고히 다져갔다.[75]

군사기지로서뿐 아니라 일제가 회령의 역할로 또 하나 중시한 것은 회령과 간도 사이의 연결망을 정비하는 것이었다. 러일전쟁 이후에도 양쪽의 왕래는 여전히 도보로 이루어졌고 물류 수송은 우차(牛車)를 이용하는 정도였다. 통신 연결이 되지 않는 것은 물론이었다. 그러나 1908년 4월 청진이 개항하면서 회령에는 큰 변화가 일어났다.

먼저 1914년 3월 청진-회령 1등 도로가 완공되었다. 이어서 더 중요한 것은 철도가 개통한 점이다. 청진-회령 간에는 원래 1906년 일본 육군이 건설한 경편철도가 존재했다. 그러나 경편철도는 운임도 고액이고 수압식

다시 청진이 된 셈이다. 이상의 변화는 함경북도의 중심도시로서 청진과 나남 간의 관계 변화를 상징적으로 보여준다.

[75] 오미일, 2017, 「間島의 통로, 근대 회령지방의 월경과 생활세계」, 『역사와 세계』 51, 196~198쪽.

(手押式)이라서 시간도 너무 오래 걸렸으며 눈비가 내리면 교량이 파괴되어 여름에는 불통인 때가 태반이었다. 교통 연결의 역할이 크게 부실했던 것이다. 그런데 제1차 세계 대전을 계기로 일본 상품의 간도 수출이 점차 증가하고 간도 농산물의 일본 수출이 부각되면서 철도 개선의 필요성이 제기되었다. 청회선은 1915년 10월 재착공하여 1917년 11월 다시 개통했다. 청회선 개통은 회령의 경제에 큰 변화를 가져왔다. 그간 길림과 블라디보스톡을 경유했던 간도 지역의 화물 대부분이 회령으로 반입되어 청진항을 통해 수출되기 시작했다. 청회선 개통 이래 1910년대 후반 회령의 도시화는 급속하게 진전되었다.[76] 회령의 철도 교통망은 더욱 확대되었다. 경원선 종착역 원산에서 출발하여 함경남북도를 종관하는 함경선이 순차적으로 개통되어 1928년 원산-회령 구간이 준공했다. 이로써 경성에서 회령에 이르는 기차 직행로가 열린 것이다. 한편 1920년에는 회령에서 두만강에 연한 상삼봉(上三峰), 종성을 거쳐 동관역(潼關驛; 함경북도 온성군 강안리)에 이르는 58km의 도문(圖們)경편철도가 개통했다. 도문철도는 간도로 향하는 교통에서 중요한 지위를 차지하고 있었으나 경편철도여서 수송력이 크게 떨어졌다. 이에 광궤 부설 운동이 지속적으로 전개되었다. 그 결과 1932년에는 광궤철도로 재완공되었다. 한편 1924년에는 상삼봉에서 간도 용정에 이르는 천도(天圖)경편철도가 개통했다. 도문철도와 천도철도의 연결로 간도로의 교통 연결은 더욱 편리해졌다.[77]

이상과 같이 회령에 연결되는 철도 교통망이 확대되던 1910~1920년대는 도시로서 회령의 '전성기'였다고 할 수 있다. 그런데 1920년대 후반

---

76 永井勝三, 1923, 『會寧及間島事情』, 121~122쪽.
77 間島敎育會, 1935, 『間島』, 178~189쪽.

일제가 만주 길림과 북부 조선을 연결하는 새로운 철도 노선을 추진하면서 이런 흐름에는 변화가 생겼다. 일제는 오래전부터 함경선에 이어 회령-길림의 길회선을 부설하고 이를 장춘에 이르는 길장선에 연결하려고 했다. 회령은 간도와의 연결에 경제를 의존하는 도시였다. 따라서 회령상업회의소 등은 1927년 길회선과 회돈선(회령-돈화)의 속성 부설을 총독부에 청원하고 지역 언론과 협력하여 시민대회를 개최하고 기성회를 조직하는 등 여러 활동을 전개했다.

그러나 만철은 중국 측의 요구를 받아들여 돈화에서 국자가를 거쳐 온성, 나진으로 연결되는 노선을 결정했다. 그리하여 1933년 길회선과 경도선(신경-청진)이 완전 개통하면서 노선에서 배제된 회령은 교통과 물자 유통의 요충지로서 역할이 크게 감소했다. 이제 만주, 간도 방면의 물자는 회령보다 나진, 웅기, 청진으로 향하기 시작했다.[78] 이는 인구 증가 추세에서도 잘 드러난다. 1920~1925년 56.9%에 달했던 회령의 인구 증가율은 점차 하락하여 마침내 일제 말기에는 인구가 감소하기까지 했다.[79] 인구 순위 면에서도 회령은 1920년 청진부를 제외한 함경북도의 3개 지정면(회령, 나남, 성진) 중 1위였는데, 1944년에는 10개 읍 중 6위에 불과했다.

(3) 진해

일제강점기 일본 해군기지가 설치되어 신도시로 '발전'한 대표적인 지역은 진해이다. 원래 창원부 현동이라고 불렀던 지역에 '진해'라는 이름을

---

78 오미일, 2017, 앞의 글, 203~206쪽.
79 회령읍 인구는 1940년 2만 5,761명에서 1944년 2만 4,339명으로 감소했다. 이는 당시 어떤 도시에서도 나타나지 않은 이례적인 현상이다.

붙인 것도 일본 해군이다. 그 발단도 역시 러일전쟁에서 기인한다. 일본군은 러시아에 정식 선전포고를 하기도 전 해군 연합함대에 러시아함대를 격멸하고 육군 선유부대를 호송할 것, 진해만을 점령하고 조선해협을 경계할 것 등의 명령을 내렸다. 이에 일본 해군은 진해만을 점령하여 창원, 웅천, 거제의 각 군은 일본 해군의 세력권에 들어갔다.[80]

처음 거제도 장목면 송진을 점령하여 임시 근거지로 삼은 일본 해군은 1906년 7월 진해만 일대를 군항으로 건설하고자 토지를 수용하겠다는 요구를 대한제국 정부에 전달했다. 해군은 대규모로 수용한 예정지에서 군항은 직접 건설하고, 시가지는 토지 대부를 통해 간접적으로 경영하려는 방침을 세웠다.

진해 시가지 조성은 강제병합 이후 본격적으로 시작되었다. 조선총독부는 1911년부터 해군과 본격적으로 진해만 관할권을 둘러싼 협의를 시작했다. 이 과정은 간단치 않았지만 결과적으로 1912년 군항시설 구역을 제외한 진해 시가지의 관할권이 해군에서 총독부로 이전되었다. 진해 시가지 조성 사업은 아직 총독부로 시가지 관할권이 이전되기 전부터 시작되었다. 해군은 1차, 2차에 걸쳐 일본인들에게 토지를 대부했다. 이에 초창기 진해의 일본인 사회가 형성되었다. 당시 해군은 「진해만해군용지대하내규(鎭海灣海軍用地貸下內規)」에 의거하여 차용인의 토지매매 전대권을 제한했다. 개인적인 토지 투기 등을 통해 시가지 조성에 장애가 생길까 우려했기 때문이다.

해군이 주도하던 시가지 조성 사업의 주체는 관할권이 총독부로 넘어

---

80 김경남, 2012, 「한말 일제의 진해만 요새 건설과 식민도시 개발의 변형」, 『항도부산』 28, 26~30쪽, 부산광역시사편찬위원회.

가면서 일본인 단체인 진해학교조합으로 바뀌게 된다. 시가지 관할권의 변동과 더불어 해군은 진해학교조합에 3차 토지 대부를 했다. 이는 시가지 24만여 평, 산림 134만여 평 규모로서 그때까지의 대부 면적 중 최대 수준이었다. 진해학교조합은 이 토지를 조합의 기본재산으로 하고 시가지 전대 사업을 시작했다. 이는 실질적으로 진해학교조합이 해군의 시가지 토지 대부 사업을 계승했음을 의미한다.[81]

진해학교조합은 1911년 현동학교조합이라는 명칭으로 설립되었다.[82] 학교조합의 설립은 그만큼 일본인 정착 인구가 증가했음을 의미한다. 예컨대 1911년 9월 현재 진해에는 배를 타고 마산으로 통학하는 일본인 학생이 124명이나 있었다. 해상 통학은 위험성이 컸기 때문에 부모들은 해군 측에 학교 설립을 요구했다. 이에 1911년 10월 현동학교조합 설립 인가가 이루어지게 되었으며, 이듬해 1월 현동소학교가 개교했다. 같은 해 6월 학생수는 550명을 넘었다. 일본인 인구가 급증하고 있음을 확연하게 알 수 있다.

1912년 마산부 웅중면과 웅서면이 창원군 진해면으로 개편되면서 현동학교조합은 진해학교조합으로 명칭을 변경했다. 이 무렵 해군으로부터 대규모 토지를 대부받은 학교조합은 일본인 교육시설 확대 등을 명분으로 토지 전대 등의 사업을 추진해 나갔던 것이다. 그리고 이것은 명분은 어찌 되었든 실질적으로는 진해 시가지의 형성 과정이었다고 할 수 있다. 진해학교조합은 대부받은 토지를 3구로 나누어 여러 번에 걸쳐 경쟁입찰을 실시했다.

---

81 류나래, 2020, 「식민지 군항도시 진해의 '진해학교조합'과 시가지 경영」, 『도시연구』 24, 45~48쪽.

82 「朝鮮總督府告示 제329호」, 『朝鮮總督府官報』, 1911.11.1.

〈그림 2-6〉 1910년대 진해의 도시 개발 구상

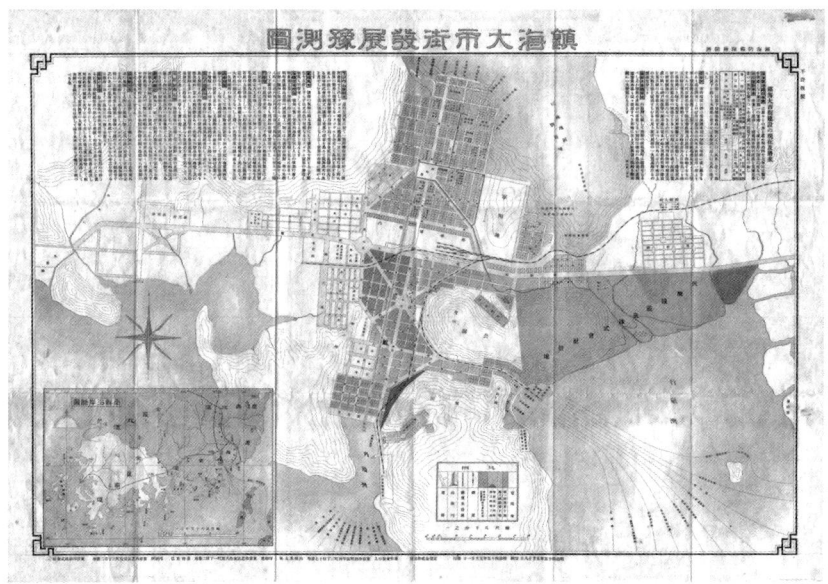

* 출전: 鎭海大市街發展豫測圖(1912.5.21)

    1913년 제정된 「학교조합령」에 따르면 학교조합의 업무는 일본인 교육에 한정되어 있었다. 그러나 진해학교조합은 이미 「학교조합령」 제정 이전부터 토지 대부 등을 실시하고 있었으며, 이를 계기로 시가지 시설 정비, 위생 사업 등 교육의 영역을 넘어서는 다양한 사업을 전개하고 진해 지역사회에서 큰 영향력을 발휘하게 되었던 것이다.[83]

    진해학교조합의 사례는 강제병합을 전후하여 일본인 거류민단이 학교조합으로 개편되는 과도기의 상황을 잘 보여준다고 할 수 있다. 하나 주목할 만한 점은 학교조합이 관여한 사업 중 위생사업 같은 경우는 일본

---

83   류나래, 2020, 앞의 글, 59~65쪽.

인 시가지뿐 아니라 경화동 등 일본인 시가지 외곽에 밀려난 조선인에 의해 조성된 마을에까지 미쳤다는 점이다. 이는 전염병 차단, 방역 등은 민족 구분 없이 지역 단위로 일관되게 실시해야 효과를 거둘 수 있었기 때문이다. 이런 일련의 사업을 통해 진해학교조합은 일본인 중심지뿐 아니라 '신도시' 진해 전역의 초기 형성 과정에서 가장 큰 역할을 하는 단체로 부상할 수 있었다.[84]

---

84 영역을 넘나드는 진해학교조합, 위생조합의 전염병 방역의 의미는 류나래, 2021, 「식민지 군항도시 진해의 위생행정과 지역유력자」, 『한일관계사연구』 72, 309~320쪽.

2. '전통 도시'의 식민지적 변화

일제강점기 발달한 신도시와 더불어 식민지 도시의 또 하나의 중요한 유형은 전통적인 '읍치'에서 변화한 도시들이다. 식민화 전후 전통 도시의 변화 경로는 매우 다양하다. 하지만 대체로 세 가지 유형으로 다시 나누어 볼 수 있다. 이는 다음과 같다.

〈표 2-2〉 '전통 도시'의 식민지적 변화 유형 분류

식민지화 전후 지역 중심 도시 지위 유지	수원, 대구	조선시대 지역 중심도시 위상 정립 → 일제강점기 도시적 지위 유지
식민지화 전후 지역 내 중소도시 지위 유지	충주, 홍성, 상주, 남원, 나주, 순천	조선시대 지역 내 중소도시 → 일제강점기 비슷한 도시적 지위 유지
식민지화 전후 지역 중심 도시 지위 상실	개성, 전주, 광주, 동래, 진주, 원주	일제강점기 지역 내 신도시 성장으로 지역 내 도시적 지위 하락

전통 도시는 공통적으로 비슷한 물리적 변화 과정을 보인다. 전통 도시 대부분이 조선시대 읍치에서 비롯했기 때문에 식민지화 이전 읍성, 객사, 관아 등 전통적인 도시 '시설'이 존재했다. 이것들은 대개 일제 초기 관청, 학교, 병원 등의 '식민지 근대' 시설로 전용되었다. 그리고 점차 식민지 근대 시설을 신축하면서 대부분 훼철되어 소멸했다. 이는 여러 도시에서 공통적으로 보이는 현상이나 각 도시별로 다른 양상을 보이기도 한다.[85]

---

85 염복규, 2023, 「한국의 근현대 도시화」, 『새로 쓴 한국사특강』, 서울대학교출판문화

1) 식민지화 전후 지역 중심도시 지위 유지

(1) 수원

수원은 조선 후기 유수부(留守府)를 설치하면서 전통 도시로 성장한 이래 일제강점기 경기도의 지역 중심도시로서 지위를 유지했다. 물론 도청은 경성에 위치해 있었으나 수원은 줄곧 경기도의 주요 도시로 인식되었으며, 이는 1967년 경기도청이 수원으로 이전하는 기반이 되었다. 그 결정적 요인은 바로 철도 부설과 기차역 입지였다. 수원의 식민지 근대 도시로서 '발전'은 경부선 부설과 불가분의 관계를 가진다.[86]

일제는 경부선의 노선을 결정하는 과정에서 5회의 현장 답사를 실시했다. 1, 2차 답사 때는 군사적 목적에서 서울-부산을 최단거리로 연결하는 노선을 우선 고려했다. 이에 따라 서울-용인-죽산-청주를 거치는 노선을 선정했다. 그런데 3차 답사 때는 노량진-영등포-수원-공주-논산 등 상공업이 어느 정도 발달한 지역을 통과하는 쪽으로 노선을 수정했다. 다시 4, 5차 답사를 거치는 과정에서 군사적 목적과 경제적 목적을 같이 고려하는 방향으로 노선을 조정했다. 이 과정에서 몇몇 통과 지점이 수정되었으나, 수원의 통과는 최종 결정되었다. 수원의 통과는 지역에서 중심성, 농산물의 집산 지점으로서 역할 등을 고려한 것이었다.[87]

수원 구간의 노선 결정 과정에도 우여곡절이 있었다. 애초에 수원 구

원, 527쪽.
86   김백영, 2012, 「일제하 식민지도시 수원의 시기별 성격 변화」, 『도시연구』 8, 8~11쪽.
87   정재정, 1999, 앞의 책, 50~60쪽.

간은 지지대(遲遲臺)고개[88]의 서쪽 산에 터널을 뚫고 대유평(大有坪)[89]을 거쳐 화서문 밖, 팔달산 기슭을 뚫고 나가는 노선이었다. 그런데 이 노선에 대해 철도원 총재 유기환(俞箕煥)은 정조대의 역사성이 깃든 지지대비(遲遲臺碑)와 화녕전(華寧殿)이 있는 팔달산을 훼손한다는 이유로 계속 반대 의사를 밝혔다. 그럼에도 불구하고 일본 측이 공사를 강행하려고 하자 주민들의 반대 시위가 계속되었다. 이에 철도원이 군산포(軍山浦; 현재 군포시)에서 사시현(四時峴)을 넘는 노선을 권고한 끝에 일본 측은 기존 노선보다 1마일 정도 우회하지만 터널 공사가 필요없는 노선을 확정했다.[90]

이상과 같이 경부선 수원 구간을 외곽으로 우회하는 방향으로 결정한 것은 이후 수원의 도시 변화에 결정적인 영향을 미쳤다. 많은 경우 철도가 통과하는 전통 도시에서 성곽이 철거된 반면에 수원의 경우는 화성이 온전하게 보전됨에 따라 성내 조선인 시가지가 큰 변화 없이 유지된 것이다.

그 반면에 수원역이 전통적 시가지 외곽에 입지함에 따라 그를 중심으로 일본인 중심의 신시가지가 형성되었다. 수원역은 1905년 1월 보통역으로 영업을 개시했다. 이를 기점으로 성내가 중심이었던 수원 시가지는 점차 성 밖으로 확장되었다. 먼저 확장된 곳은 남문 밖 교동 일대와 현재 중동 사거리 일대였다. 이곳에서 역전까지는 원래 인가가 드문 벌판이었으나 일본인들이 이주하면서 시가지가 형성되었다.[91]

---

88 경기도 의왕시 왕곡동과 수원시 장안구 파장동 사이에 위치한 고개, 정조가 사도세자의 능인 현륭원을 참배하고 돌아갈 때마다 이 고개에서 눈물을 흘리며 한참을 지체했다고 하여 느릴 지(遲)자를 두 번 붙여 지지대로 부른다고 전해진다.
89 정조대 수원 화성을 축성하면서 조성한 농장.
90 朝鮮總督府 鐵道局, 1914, 『朝鮮鐵道驛勢一般』, 94쪽.
91 김백영, 2012, 앞의 글, 17쪽.

〈그림 2-7〉 1920년대 초 수원약도

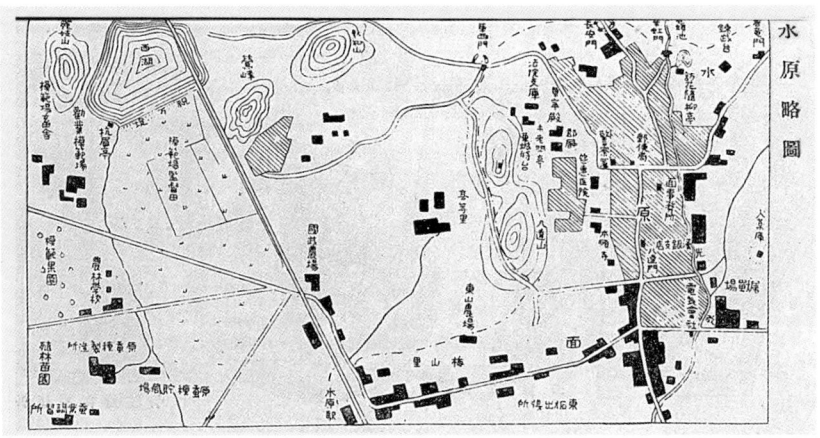

* 출전: 滿鐵京城管理局, 연도 미상, 『京城(水原開城)』
* 비고: 만철경성관리국이 조선 철도를 관장한 기간이 1917~1925년이므로 1920년대 초로 추정

처음에는 읍치의 행정기구가 성내에 잔존함에 따라 수원역 부근에는 권업모범장, 수원묘포(苗圃), 농림학교 등 농업 관련 시설이 입지했다. 그러나 점차 수원군청, 경찰서, 구재판소, 헌병분대, 우편국, 수비대 등 관공서들이 하나, 둘 수원역 부근으로 옮겨오기 시작했다.[92]

수원은 철도 부설이 '화성(華城)'으로 상징되는 전통 도시의 관성을 단절시키지 못함으로써 식민지 신도심과 전통 도심이 병립하게 되었다. 그러나 식민지 근대화의 전개에 따라 도시의 중심은 점차 신도심으로 이동했다. 이 점은 철도 부설이 전통 도시의 식민지적 변화에 영향을 미친 한 형태라고 할 수 있다.

---

92 酒井政之助, 1923, 『水原』, 酒井出版部 참고.

(2) 대구

대구는 조선시대 경상감영 소재지로서 식민지화 이후 지역 중심도시의 지위를 유지한 전형적인 사례라고 할 수 있다. 대구는 지형적으로 낙동강 중류에 합류하는 금호강과 그 지류인 신천(新川)에 걸쳐 퍼져 있는 분지로서 시가지의 주요부는 분지 중앙에 신천의 범람원으로 형성되었다. 대구는 1601년(선조 34) 상주에서 경상감영이 옮겨온 이래 줄곧 경상도 일대의 행정 중심지이자 영남대로의 중간에 위치한 교통의 요지로서 도시화가 진전된 전통적인 성곽도시이다.[93]

1900년 전후 처음 이주한 대구의 일본인이 급증하기 시작한 시점은 1903년 경부선 부설 공사를 시작하면서부터이다. 1904년 6월에는 회원 120명 규모의 대구일본동포회가 조직되었으며, 이는 같은 해 8월 대구일본거류민회로 확대되었다. 대구는 1905년 경부선이 개통하면서 결정적인 도시적 변화를 맞이했다. 경부선이 경산군 고모역에서 그대로 남문 밖으로 직행하지 않고 대구의 동쪽을 크게 도는 방향으로 부설되면서 대구역이 북문 밖에 설치되었다. 이는 경상감영을 기준으로 대구의 도시적 중심은 남쪽에서 북쪽으로 이동하여 원래 대구의 중심지였던 남부가 쇠퇴하는 반면 북부가 성장하는 계기가 되었다.[94]

경부선이 개통하고 대구역을 설치하면서 일본인 인구는 더욱 증가했다. 1907년 740호, 2,468명이었던 일본인은 1910년에는 2,004호, 6,492명까지 증가했다. 초창기 주로 대구역을 중심으로 성곽 북쪽 외곽에 정착한 일본인은 성내 진출을 기도했다. 이를 위해서는 대구읍성의 철거

93　손정목, 1982, 『韓國開港期都市社會經濟史硏究』, 一志社, 114~116쪽.
94　김일수, 2003, 「일제강점 전후 대구의 도시화 과정과 그 성격」, 『역사문제연구』 10, 89쪽.

와 대구역과 기존 시가지를 연결하는 도로 부설이 필요했다.[95]

1차적으로 1905~1906년 철도국과 일본군 수비대에 의해 동문 부근의 철거가 이루어졌다. 이때 철거의 명분은 "성곽이 도시의 자유로운 발전을 저해한다"는 것이었는데, 이때 '자유로운 발전'의 주체는 물론 성곽 외부에 자리잡은 일본인 세력이었다.

성곽 철거의 2차 시도는 1906년 대구군수 겸 경북관찰사서리 박중양(朴重陽)과 일본인 거류민단의 제휴에 의해 이루어졌다. 관비유학생 출신으로 러일전쟁기 일본군 통역으로 일본 측에 밀착하여 출세한 박중양은 '혁구개신(革舊改新)'이란 명분을 내세워 대구성곽 철거, 시가지 도로 개수, 대구시장 개선 등을 추진했다. 박중양은 정부에 올린 청의서에서 "성곽이 오래되고 곳곳이 붕괴하여 통행에 불편을 초래하므로 성곽을 허물고 그 자리에 도로를 내면 좌우의 민가는 가게를 낼 수 있다"라고 하며 대구읍성의 철거를 건의했다.

그러나 정부가 성곽 철거를 불허하자 박중양은 1906년 10월 일본인 거류민단과 협의하여 독단적으로 철거를 단행했다. 당시 대구 일본인 사회를 주도하던 이와세(岩瀨靜)는 부산에서 조선인, 일본인 인부 60여 명을 동원하여 성곽의 주요부를 집중적으로 철거했다. 이 과정에서 박중양은 지방민과 여론의 큰 비난을 받았다.

성곽을 철거하면서 일본인 거류민단은 대구도로위원회를 조직하고 성곽 안팎의 도로의 노선과 너비의 구체안을 심의, 결정했다. 11월 18일 개최된 제1회 위원회에서는 북문과 동문 밖 도로 개통에 관한 건, 역전 도

---

95 김일수, 2015, 「'한일병합' 이전 대구의 일본인거류민단과 식민도시화」, 『한국학논집』 59, 계명대학교 한국학연구원, 256~260쪽.

로의 폭 결정에 관한 건, 성곽 철거 작업의 청부에 관한 건 등이 논의되었다. 이 가운데 마지막 안건을 둘러싸고 찬반양론으로 나뉘었다. 처음부터 성곽 철거가 조선 정부의 허가 없이 시작된 데 대해 일본인 사회 내부에서도 반대 여론이 일었던 것이다.

이런 과정에서 성곽 철거 작업이 예정보다 지지부진하자 대구이사청이 나서서 부역 인부를 징발, 공사에 박차를 가했다. 한편 1907년 3월 거류민단은 5,000원을 기채하여 도로 공사에 착수했다. 이리하여 동, 서, 북의 3문과 동장대, 남장대, 북장대, 망경루가 모두 철거되는 등 4월에는 성곽 철거가 거의 완료되었다. 이 과정에서 나온 토사와 석재로 유곽 예정지 부근과 문밖 저지대를 매립하기도 했다.

1908년 겨울에는 대구군이 정부로부터 치도비 2만여 원을 받아 성곽을 철거한 뒷터를 도로로 만들기 시작하여 이듬해 12월까지 공사를 마무리했다. 성곽을 철거한 자리에 동성로, 남성로, 서성로, 북성로 등으로 연결된 순환도로가 완성되었다. 1909년에는 정식으로 경북관찰사로 부임한 박중양이 주도하여 시가지 내부 간선도로 공사를 시작하여 중심부를 관통하는 십자로를 완공했다.[96]

이상의 과정에서 대구 일본인 세력은 북문 밖 대구역 부근, 새롭게 부설된 간선도로변, 옛 관찰부 동부 지역에 토지를 집적하고 대구의 원도심부를 장악해 나갔다. 이렇게 대구의 초창기 식민지 도시화는 개항도시와 같이 일본인 중심 신시가지를 새롭게 건설하는 방식이 아니라 전통적 시가지의 외곽에서부터 중심으로 '진입'해 들어간 것이라는 특징을 보인다.

---

96 河井朝雄, 1930, 『大邱物語』, 朝鮮民報社, 161~171쪽; 이형식, 2020, 「친일관료 박중양과 조선통치」, 『일본공간』 26, 국민대학교 일본학연구소, 57~58쪽.

〈그림 2-8〉 1920년대 대구부전도

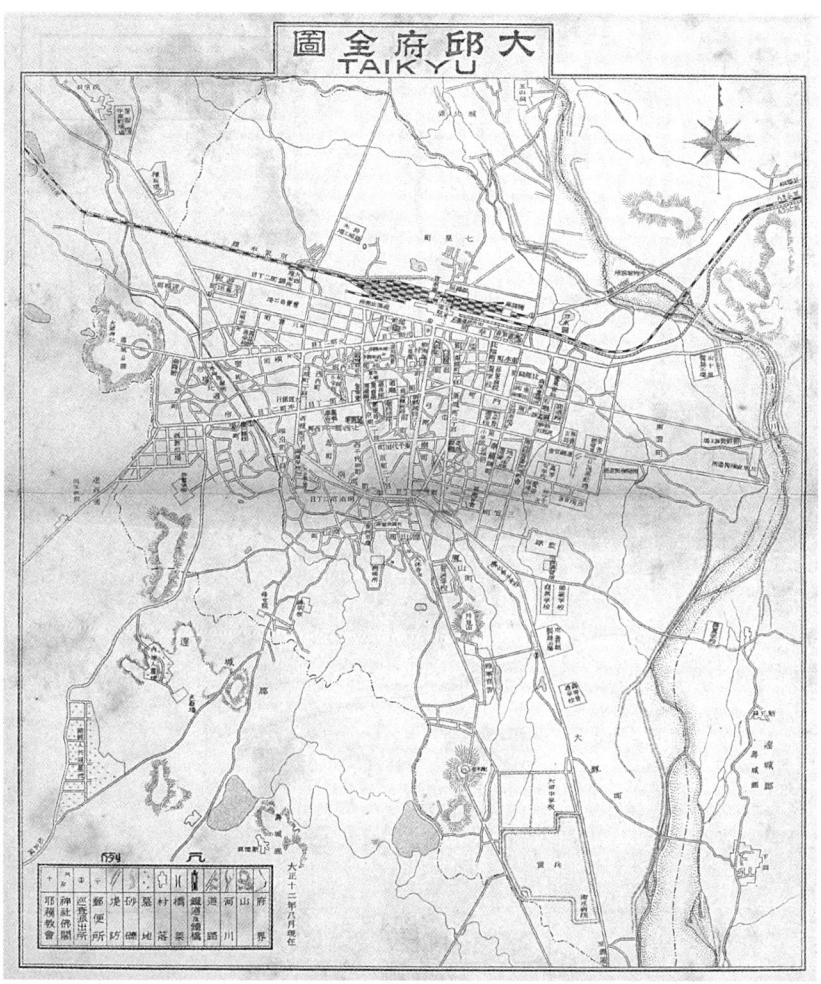

* 출전: 吉田由巳, 1927, 『大邱案內』, 大邱商業會議所

이것은 지역의 전통적 중심도시가 식민지화 이후 전도된 정치적 상황에서 그 지위를 유지해 간 경우로서 많이 보이는 유형이라고 할 수 있다. 또 이 과정에서 철도 부설과 기차역 입지는 하나의 중요한 변수가 되었다.

2) 식민지화 전후 지역 내 중소도시 지위 유지

(1) 충주

충주는 조선이 개국하면서 충청감영이 설치된 전형적인 전통 도시이다. 17세기 초 공주로 감영이 이전함에 따라 관찰도의 위상은 잃었지만, 여전히 충청도 북부 지역의 중심도시의 위상을 가지고 있었다. 이에 1896년 13도제 실시에 따라 충북과 충남이 분도되자 충청북도 관찰부 소재지가 되었다. 충주의 도시 위상이 결정적으로 변화하는 것은 1908년 충북 관찰부가 청주로 이전하면서부터이다.[97]

충북 관찰부 이전을 주도한 것은 1907년 한일신협약 체결 이후 도 관찰부에 새롭게 부임한 일본인 관료들이었다. 일본인 관료들은 충주는 충청북도 동북쪽에 위치하여 각 군의 화물 집산지로 기능하기에 부적합하며, 산악이 험준하여 길을 내기도 어렵고 따라서 경부선의 지선을 충주로 연장하는 것도 곤란하다는 이유를 내세워 관찰부 이전을 주장했다. 이들의 논리에 따르면 경부선이 부설됨에 따라 충주의 경제적·지리적 취약성이 더욱 부각되었음을 알 수 있다. 철도 노선에서 소외가 도시의 위상 변화에 영향을 준 사례라고 할 수 있다.[98]

충주는 강제병합 직전까지 도청 소재지로서 일본인 이주가 증가하고 초기 식민지 도시화가 진행되는 와중에 전격적으로 도청이 이전한 특이한 사례이다. 그러나 조선인의 경우 이미 수 세기 전 충청감영이 공주로

97　전홍식, 2008, 「일제강점기 충주의 식민통치 연구」, 충주대학교 석사학위논문, 20~26쪽.
98　大熊春峰, 1923, 『淸州沿革誌』, 26~37쪽.

이전한 탓에 지역 유지 세력이 강력하게 형성되어 있지 못했으며, 일본인의 경우도 도청 소재지의 입지에 목소리를 낼만큼 형성되어 있지 못하여 결과적으로 별다른 논란 없이 도 관찰부가 이전했다. 이에 일제강점기 충주는 도청 소재지인 청주에 대비하여 도내 조선인 중심도시의 이미지를 계속 유지했다.[99]

(2) 홍성

홍성(홍주)은 서해안 일대에서 서울로 통하는 교통의 요지로서 조선 초기 읍성이 들어섰다. 처음 축성한 연대는 분명하지 않으나 이미 1451년(문종 1)에 개축한 기록이 보인다. 홍주읍성은 19세기 말 동학농민전쟁 2차 봉기가 주로 천안, 홍성 일대에서 일어남에 따라 그 진압 과정에서 상당히 훼손되었다. 이어서 을사늑약에 반대하여 1906년 5월 봉기한 민종식 의병이 홍주읍성을 중심으로 일본군과 교전함에 따라 또 한 번 크게 훼손되었다.[100]

강제병합 이후 읍성 내 시설의 훼손과 변형이 본격적으로 시작되었다. 1913년 서문인 경의문이, 1915년에는 북문인 망화문이 철거되었다. 일제는 동문인 조양문도 철거하려고 했으나 주민의 반발에 부딪쳐 주변의 성곽만 일부 철거했다. 1920년대 들어서는 성곽의 철거가 다 본격적으로 진행되었다. 이렇게 읍성이 사라진 자리에는 자연스럽게 도로가 개설되고 시가지가 형성되었다. 다만 조양문의 경우는 1917년 홍성군수 임연상

---

99 인구 총수에서 충주는 1935년까지도 청주에 앞섰으며, 1940년에 와서야 두 도시의 인구 순위가 역전되었다. 민족별 인구 비율은 확연하게 차이를 보인다.

100 최상식, 2002, 「일제시대 홍주읍성의 토지이용 변화에 관한 연구」, 울산대학교 석사학위논문, 7~18쪽.

의 주도로 수리가 이루어지는 등 읍내의 상징물로 남게 되었던 것으로 보인다. 그 밖에 읍치의 시설물은 대부분 군청, 면사무소, 학교 등 식민지 근대 시설물로 '전용'되었다가, 1920년대 이래 하나, 둘 철거되면서 새로운 청사로 대체되었다.[101]

(3) 상주

조선 초기 상주는 1408년(태종 8) 경상감영이 설치된 대읍이었다. 1457년(세조 3)에는 진이 설치되어 군사적 요충지가 되었다. 1601년 감영은 대구로 이전했으나, 조선 말기까지 경상도의 주요 읍치의 지위를 유지했다. 그러나 1905년 경부선 부설 과정에서 철도 노선이 상주 대신 김천을 통과하는 것으로 결정되면서 일제강점기 급속한 도시 발달은 이루어지지 않았다.[102]

따라서 강제병합 이후 읍성이 철거되거나 읍내 도로 정비, 읍성 외곽 해자의 하수구 설치 등의 변화가 있었으나 그 폭은 미미했다. 이런 가운데 1924년 경주와 상주를 연결하는 경북선 철도가 개통한 것은 상주의 도시 변화에 새로운 요인이 되었다. 비록 결정적인 도시 변화를 이끌어낼 만한 동력이 되지는 못했지만, 기존 읍성의 동남 외곽을 통과하는 지선 철도 부설은 상주역 부근의 시가지화, 읍성 남문에서부터 개설된 왕산로 개설 등에 영향을 주었다.[103]

---

101 이현학, 2020, 「홍성지역 읍성의 변천에 관한 연구」, 대전대학교 석사학위논문, 45~58쪽.
102 상주박물관 편, 2016, 『경상도 상주』, 상주박물관, 78~101쪽.
103 김대중·조재모, 2017, 「일제강점기 철도부설에 따른 읍성도시의 변화에 관한 연구」, 『대한건축학회논문집-계획계』 33-10, 73~74쪽.

이상과 같이 일제강점기 상주의 도시 변화는 물리적 시설로서 성곽은 사라졌지만 전통적 읍치의 도시구조를 대체로 유지하면서 서서히 확장되는 방향으로 나아갔다고 할 수 있다. 인구 총수에서 상주는 1940년까지도 대구를 제외하고 경북 도내 읍 중에서 수위를 지켰다. 더불어 민족별 인구 비율에서는 김천, 포항 등과 대비하여 조선인 인구 비율이 확연하게 높았다. 이런 점에서 상주는 조선시대 읍치에서 비롯한 도시로서 일제강점기 내내 조선인 중심 중소도시의 위상을 유지한 도시였다고 할 수 있다.

(4) 남원

남원은 이미 삼국시대부터 전라도 각 지방과 경상도를 연결할 수 있는 교통의 요충지로서 역사적으로 지역의 군사, 경제, 행정에서 중요한 기능을 담당해 왔다. 일제강점기 들어 지방 치도사업과 시구개정 등에 의해 도로 정비가 지속되기는 했지만 근본적인 가로 체계는 조선시대의 형태를 유지하고 있었다.

남원의 도시 변화에 결정적인 영향을 미친 것은 1930년대 초 전라선(경전북부선, 익산-여수)의 개통이었다. 1933년 신설된 남원역은 남원읍성을 절단하는 형태로 형성되어 읍성 내부 도시구조에 직접적인 영향을 미쳤다. 철도는 읍성의 북문-서문 방향 사선 형태로 부설되었다. 이로 인해 철도의 아래쪽 성곽이 전면적으로 철거되고 그 자리에는 도로가 신설되었다. 또 철도를 따라 대각선으로 도로가 신설됨에 따라 철도 위쪽은 거의 변화가 없는 반면 아래쪽을 중심으로 각종 식민통치 시설과 상공업 시설이 들어서게 되었다. 이렇게 신시가지가 활성화됨에 따라 철도를 중심

으로 도시 공간은 물리적, 심리적으로 단절되었다.[104]

한편 철도가 사선으로 부설된 것은 새로운 도시구조의 형성을 유도했다. 기존 읍성 내부의 가로 체계는 철도의 입지에 대응하여 사선 방향으로 새롭게 발달했다. 북문에서 전주 방향으로 수직으로 형성되어 있던 전주-순천 도로는 남원역 설치로 단절되어 동쪽으로 우회했으며, 남원역에서 용성소학교(옛 남원 객사 용성관)로 이어지는 사선 도로가 신설되기도 했다.[105]

(5) 나주

나주는 전통적으로 전라도 곡창지대의 중심으로서 영산강을 기반으로 한 수운의 요충지로서 중요한 위상을 가지고 있었다. 금성산과 영산강 사이에 위치한 나주읍성은 광활한 평야와 영산강의 영향으로 역사적으로 중요한 역할을 해왔다. 조선 말기 내륙의 광주가 성장하면서 상대적으로 지위가 변하기는 했지만 여전히 전남의 주요 읍치의 위상을 가지고 있었다.

강제병합 이후 호남선이 개통한 것은 나주의 도시 변화에 큰 영향을 주었다. 그런데 철도 부설과 나주의 도시 변화의 관계는 다소 특이한 면이 있다. 철도가 영산강을 따라 부설되고 나주역이 읍성 부근 외곽에 설치됨에 따라 철도는 읍성 해체 이후 도시의 확장을 제한하는 작용을 했다. 이와 더불어 철도의 반대편으로는 금성산이 도시의 확장을 제한

---

[104] 조성욱, 2019, 「전라선 철도역과 지역 중심지의 관계」, 『한국지리학회지』 8-2, 205~219쪽.
[105] 김대중, 2020, 『20세기 초 철도 부설과 성곽 훼철에 따른 성곽도시의 공간구조 변화』, 경북대학교 박사학위논문, 60~63쪽.

했다. 이런 가운데 나주로 이주한 일본인들은 주로 외곽 영산포에 자리를 잡고 신시가지를 형성했다.[106]

그리하여 읍성 해체와 철도 부설, 기차역 신설 과정에서 나주 원도심은 약간의 도로 정비 등이 이루어지기는 했으나 큰 변화가 일어나지 않았다. 이는 일제강점기 내내 나주의 도시 발달이 정체하는 요인이 되었다.[107]

(6) 순천

전통적으로 전남 동남부의 중심 읍치였던 순천의 도시적 변화는 1920년대 들어 시작된 것으로 보인다. 그 순서는 대략 순천으로 연결되는 외곽 도로 개설과 성곽 및 성문(동문)의 훼철, 훼철된 성곽의 방치, 읍내 시구개정과 도로 개설, 읍성의 전통적 상징물이었던 누각 연자루(燕子樓)의 철거로 이어졌다.

순천의 시구개정은 1923년 8월부터 시작되었다. 최초의 착수 구간은 연자루에서 읍성 서문 구간으로서 길이 약 180간, 폭 3간의 3등 도로였다. 이 공사는 11월에 준공했다. 기록에 따르면 이때 읍성의 곡부를 철거했다고 한다. 곡부란 순천읍성 성곽이 옥천을 따라서 서문으로 직각 방향으로 나아가는 부분에 있던 치성을 가리키는 것으로 추정된다.[108]

이같이 시구개정은 읍성의 본격적인 철거를 촉발했다. 이어서 일어난 상징적인 일이 연자루의 철거이다. 근 900여 년 전 세워졌다고 하는 연자

---

106 김경수, 2000, 「1910년대 영산포 시가지 형성 과정」, 『문화역사지리』 12, 45~54쪽.
107 김대중, 2020, 앞의 글, 57~59쪽.
108 우승완·이석배, 2009, 「순천읍성의 토지이용 변화에 관한 연구」, 『주거환경』 7-1, 62~70쪽; 강성호, 2024, 『일제강점기 전라남도 순천지역의 언론운동』, 전남대학교 박사학위논문, 20~34쪽.

루는 순천 읍치의 상징물로서 일제강점기 들어서도 청년회 임시회관, 교육기관인 승평학원(昇平學院) 등으로 사용되었으며 기타 강연회장으로 쓰이던 것인데, 시구개정을 당하여 이른바 "시가 미관의 관계상" 철거되었던 것이다.[109] 1920년대 말에는 공설시장인 순천보통시장이 들어서면서 기존의 읍내장도 폐지되었다. 이런 일련의 과정에서 순천은 전통적 읍치에서 식민지의 지방 소도시로 변모해 갔던 것이다.

3) 식민지화 전후 지역 중심도시 지위 상실

(1) 개성

식민지화 이후 기존 지역 내 도시 위계가 변화하여 지역 중심도시의 지위를 상실한 뚜렷한 사례 중 하나로 경기도 개성(송도면)의 경우를 들 수 있다. 고려의 옛 수도였던 개성은 조선시대 과거의 수도 지위를 대신하여 상업도시로 크게 발달했다. 주지하듯이 '송상(松商; 개성상인)'은 '만상(灣商; 의주상인)'과 더불어 조선시대 대표적인 상인집단이었다. 여기에 더하여 조선 후기 광주, 강화, 수원, 개성에 수도 한양을 방어하는 4유수부가 설치되면서 개성은 수도의 배후 군사도시의 이미지를 더하게 되었다.[110]

일제가 1914년 지방행정구획을 확정하면서 개성 '읍내'는 개성군 송도면으로 개편되었다. 이때 개성의 일본인 인구는 전체의 4% 정도에 불

---

109 강성호, 2023, 「식민지시기 순천 연자루의 로컬리티와 근대적 변용 양상의 추이」, 『역사문제연구』 27-2 참고.

110 왕현종, 2021, 「일제초 개성 시가지의 변화와 개성상인의 경제 기반」, 『동방학지』 194, 연세대학교 국학연구원, 212~213쪽.

<그림 2-9> 1920년대 개성약도

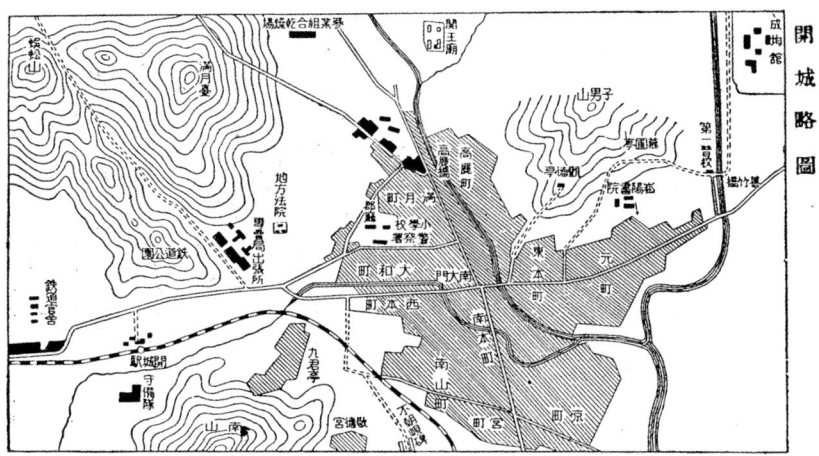

* 출전: 朝鮮總督府 鐵道局, 1929, 『京城(水原仁川開成)』

과했다. 식민통치기구들은 주로 서쪽에 건설되었다. 개성역, 재무서, 지방법원, 면사무소, 금융조합, 군청, 헌병분견소, 경찰서 등이 차례로 신설되었다. 개성역은 1903년 러일전쟁을 앞두고 군용철도로 개통되었다가 1905년 11월부터 일반 하객을 취급하기 시작했다. 개성에는 러일전쟁 발발 시 일본군 병참사령부가 설치되기도 했다. 병참사령부는 1906년 수비대로 개편되었는데, 1910년 현재 대대급으로 유지되고 있었다.[111]

비록 소수이지만 일본인이 이주하기 시작하면서 1899년 6월 개성 일본인 거류민회가 창립되었다.[112] 그러나 이후에도 개성의 일본인 세력은 크게 확대되지 못했다. 개성은 전국에서 일본인 상권이 조선인 상권을 압

---

111 開城圖書館 편, 1926, 『開城郡面誌 제1집 松都面』 참고.
112 岡本嘉一, 1911, 『開城案內記』, 開城新報社, 25~39쪽.

도하지 못한 거의 유일한 도시였다. 1920년대 이후 지방의원 당선자도 항상 조선인이 압도적이었으며, 1930년대 개성부로 승격한 이후 일본인이 부윤으로 임명되던 다른 부와 달리 조선인 부윤이 임명된 도시이기도 했다.[113] 개성은 조선시대에 비해 명백히 지역 내 도시적 위상이 하락한 경우이다. 그런데 이 점은 일제강점기 내내 조선인 유력자 세력이 일본인을 압도하는 개성의 특이성의 배경이 되었다. 그리고 이로부터 개성의 도시문제 또한 다른 도시와 다른 예외에 가까운 모습을 보이게 되었다.

(2) 전주

전주는 조선시대 줄곧 전라도 관찰부가 소재한 명실상부 호남의 중심 도시였다. 그리하여 남북도로 분도된 이후 전북도청 소재지가 되었다. 강제병합 이후에도 도청 소재지 지위를 유지했지만 행정적으로는 면으로 남아 부로 지정된 개항도시 군산에 비해 도시의 위상이 낮아졌다.[114]

조선시대 전주는 호남의 대표적인 읍치로서 읍성 중심부에는 전라감영, 전주부영, 객사, 경기전 등의 시설이 위치했다. 관료나 양반층은 주로 전주성 밖 동촌이라고 불리는 곳에 거주했으며, 농민과 천민 등은 전주천 너머 완산동과 서학동에 각각 거주했다.

전주읍성은 1907년경 전군도로(전주-군산)를 부설하면서 철거되기 시작했다. 성곽이 철거되면서 읍성 내로 제한되었던 도시 공간은 외부로 확장되어 갔다. 그리고 강제병합 직후 시구개정을 통해 전통적인 읍성 내

---

113 김윤정, 2019, 「1920~1930년대 개성 '지방의회'의 특징과 인삼당 논의」, 『역사연구』 37, 44~60쪽.
114 김경남, 2015, 「1894-1930년 '전통도시' 전주의 식민지적 도시개발과 사회경제구조 변용」, 『한일관계사연구』 51, 236~238쪽.

부 T자형 가로망은 격자형 가로망으로 개편되었다. 이 과정에서 전라감영, 전주부영 등 기존 관아 건물의 철거가 결정되었다.

구체적으로 1910년대 정비된 도로를 들어보면 전주우편국에서 서문파출소에 이르는 대정통(大正通; 현재 중앙동), 서문파출소에서 풍남문에 이르는 본정통(本町通; 현재 다가동), 풍남문에서 전주우편국에 이르는 남문통(南門通; 전동, 중앙동), 대정정과 전주역을 연결하는 고사통 등이었다. 서문 일대 도로를 개수하는데 많은 노력을 기울였음을 알 수 있다. 당시 서문과 남문 외곽에는 일본인 거주지와 상가가 주로 분포해 있었다. 이 시기 시구개정 과정에서 전주우편국 – 서문 – 풍남문을 연결하는 대정통과 본정통이 전주의 변화가로 부상하게 되었다.

1920년대 들어서는 정비된 도로망을 중심으로 전기시설, 상하수도, 수방시설 등이 구축되었다. 그리고 새로운 관서의 청사, 주재소, 헌병대, 우체국, 병원 등의 공공시설이 노변에 신축되기 시작했다. 또 전주는 비록 면이었으나 도청 소재지였으므로 대정통과 본정통을 중심으로 금융조합, 은행 등의 금융기관이 입지했다. 상점가도 형성되었다. 그리하여 1920년대 말에 이르면 전주읍성의 옛 도심부는 식민지 근대 도시의 면모가 완연해졌다.[115]

전주는 전형적인 전통 도시였으나 도청 소재지로서 일본인이 지속적으로 유입되었다. 1920년 현재 일본인 인구 비율이 17.6%에 달할 정도였다. 그리고 민족별 주거지 분포도 개항도시와 같이 신시가지가 인위적으로 건설된 것이 아니었으므로 잡거 형태를 취했다. 물론 조선인은 팔달

---

115 조정규, 2020, 「일제강점기 전주 읍치의 토지이용과 도시 공간 변화」, 『기전문화연구』 41-1, 경인교육대학교 기전문화연구소, 9~20쪽.

정, 대화정, 본정, 풍남정 등에, 일본인은 대정정 1~7정목에 다수 거주하기는 했지만, 일본인 중심지에 잡거하는 조선인도 많았다.[116]

전주의 경우 다양한 종교 관련 시설의 배치에서도 도시 공간의 특징을 읽을 수 있다. 향교 등 유교 관련 시설은 전통적으로 옛 성문 외곽에 설치되어 있었다. 반면에 일본인이 유입되면서 새롭게 생겨난 신사와 일본 불교 사찰은 성내 일본인 중심지 인근에 설치되었다.[117] 또 원래 마을과 격리되어 고지대에 입지했던 천주교 성당과 기독교 교회가 서문 안팎에 자리잡았다. 이렇게 서로 다른 종교 관련 시설이 제한된 공간에 입지한 것도 전통 도시에서 식민지 근대 도시로의 변형을 겪은 전주 도시 경관의 한 특징을 이룬다고 할 수 있다.[118]

(3) 광주

광주는 조선시대 이래 호남의 주요 읍치의 하나로서 전통 도시의 범주에 속한다. 하지만 지역 내 도시 위계에서 다소 독특한 측면이 있다. 조선시대 광주는 전라도 감영 소재지인 전주는 물론 전남 일대의 중심도시인 나주보다도 지위가 낮았다.

고려 말기 목(牧)이 된 광주에는 조선 초기 읍성이 축성되었다. 축성 시기는 정확히 알 수 없지만 15세기 초 세종대 편찬한 관찬지지인 『신찬팔도지리지(新撰八道地理志)』에 광주읍성이 등장하는 것으로 보아 읍치의 연혁이 얕지 않음을 알 수 있다. 조선시대 광주는 여러 차례 현(縣)으로 강

---

116 全州府, 1943, 『全州府史』, 529~547쪽.
117 全州府, 1943, 위의 책, 431~452쪽.
118 최진성, 2020, 「근대이행기 전주 읍치의 종교적 장소성 변화」, 『기전문화연구』 41-1, 경인교육대학교 기전문화연구소, 35~37쪽.

등되기도 했다. 1895년 지방제도를 23부제로 개편할 때에는 나주부(羅州府) 관할에 속했다.[119]

그런데 1896년 지방제도를 다시 13도제로 환원하면서 광주의 지역 내 도시 위계가 크게 바뀌었다. 나주를 대신하여 전라남도의 관찰도가 되었기 때문이다. 그러나 일제강점 이후 광주는 도청 소재지이지만, 면에 머물러 개항 도시인 목포에 비해 위상이 낮아졌다.[120] 전남에서 광주와 목포의 관계는 전북에서 전주와 군산의 관계와 비슷하다.

광주에 일본인이 본격적으로 유입된 것은 강제병합 직전이었다. 해 13도제를 시행하면서 나주 대신 관찰도가 되어 전남의 수부 도시가 되었다.

일제는 호남 지역의 의병 항쟁을 진압하기 위해 1909년 이른바 남한 대토벌작전을 전개했다. 이때 광주에는 일본군 대대 본부가 설치되었다. 이를 계기로 광주에는 일본인이 유입되기 시작했다. 또 이때를 기점으로 광주읍성 철거도 서서히 시작되었다. 읍성을 철거한 자리에는 다른 전통 도시와 비슷하게 도로를 개설했다.[121] 그리고 이를 중심으로 일제강점기 광주의 일본인 중심 시가지이자 상업 중심지인 본정통(本町通; 현재 광주 충장로)이 형성되었다. 그런데 1930년 전남도청(현재 국립아시아문화전당)을 신축하면서 이를 기점으로 명치정(明治町; 현재 광주 금남로)이 새로운

---

119 조정규, 2013, 「일제강점기 光州邑城 內의 경관변화」, 『남도문화연구』 24, 순천대학교 남도문화연구소, 241~242쪽; 23부제에서 전라도는 전주부, 남원부, 나주부로 나뉘어졌다.
120 광주는 인구 측면에서도 행정구역을 확장하기 전인 1930년대 중반까지는 목포에 뒤졌다. 광복 직전에야 뚜렷하게 전라남도의 수위도시의 모습을 보인다.
121 박해광, 2009, 「일제강점기 광주의 근대적 공간 변형」, 『호남문화연구』 44, 전남대학교 호남학연구원, 40~47쪽.

상업 중심지로 발달했다. 오늘날 광주 원도심의 금남로(간선도로) - 충장로(이면도로)의 도로 위계의 원형은 이때에 형성되었다.[122]

(4) 동래

동래는 식민지화를 전후하여 지역 중심도시의 지위를 잃은 가장 전형적인 경우이다. 동래는 조선 건국기 국방의 요청으로 이미 태조 때 진(鎭)을 설치했다. 그리고 1547년(명종 2)에는 도호부로 승격하여 그 관하에 부산진(釜山鎭)을 두었다. 1895년 23부제 실시에서도 진주부와 함께 경남지역의 양대 부가 되었다. 그런데 이듬해 13도로 환원하면서 경남 관찰도가 진주에 입지하고, 개항 도시 부산이 크게 발달하면서 동래의 지역 내 도시 위계는 현저하게 낮아졌다.[123]

그리하여 동래의 도시 개발도 역설적으로 늦게 시작되었다. 동래 시구 개정은 1920년대 들어서야 시작되었다. 동래는 조선시대 대읍치였기 때문에 동헌, 객사, 이청(吏廳), 무청(武廳) 등 많은 시설이 분포했다. 그중에서도 국방의 거점이었기 때문에 무청이 많이 설치되어 있었다. 이런 읍치의 시설은 대부분 철거되었다. 1924년부터는 본격적으로 성곽도 철거되면서 동래의 도시경관도 크게 바뀌었다. 옛 읍성 내부는 여전히 조선인 중심지였으나 외곽에 개발된 온천장이 일본인 중심 위락시설로 새롭게 부각되었다. 그리고 무엇보다 읍성 안팎을 연결하는 도로망이 개설되었다.[124]

---

122 光州府, 1939, 『光州府』, 63~64쪽; 조정규, 2002, 『광주 충장로와 금남로의 경관변화 연구』, 전남대학교 박사학위논문, 13~81쪽.

123 변광석, 2011, 「한말~일제강점기 동래지역에서의 공간 포섭과 지역세력의 대응」, 『지역과 역사』 29, 298~299쪽; 손숙경, 2021, 「구체제의 읍치 동래와 식민도시 부산진으로의 분화와 통합」, 『대구사학』 143, 6~11쪽.

124 김대중, 2020, 앞의 글, 83~85, 114~115쪽.

한편 동래의 도시 변화에 영향을 미친 또 하나의 중요한 요인은 개항 도시 부산과의 연결 문제이다. 부산의 일본인 자본가들은 이른 시기인 1909년 부산궤도주식회사를 설립하고 부산과 동래 온천장을 연결하는 경편철도를 부설했다. 동래선은 지속적으로 개량되어 전철화하면서 부산 전차의 '교외선'이 되었다. 이렇게 연결된 전차 교통은 동래가 개항 도시 부산의 지속적인 영향을 받는 매개로 기능했다.[125] 그리고 이것은 궁극적으로는 동래가 독자적인 도시 발달을 지속하지 못하고 부산에 흡수되는 기원이 되었던 것이다.[126]

(5) 진주

진주는 고려시대 983년(성종 2) 목(牧)을 설치할 때 진주목이 되어 조선시대 서부 경남 일대의 중심 읍치로 기능했다. 1895년 23부제를 실시하면서 진주부(晉州府)가 되었다. 이듬해 13도제로 환원하면서 경상남도 관찰부 소재지가 되어 강제병합 이후에는 자연히 도청 소재지가 되었다.[127]

진주는 전형적인 내륙의 전통 도시였으나 관찰부 소재지였기 때문에

---

125 전성현, 2009, 「일제시기 동래선 건설과 근대 식민도시 부산의 형성」, 『지방사와 지방문화』 12-2 참고.

126 전성현, 2016, 「일제강점기 행정구역 확장의 식민성과 지역민의 동향」, 『지방사와 지방문화』 19-1 참고; 동래는 1923년 4월 1일 많은 전통 읍치와 더불어 지정면으로 승격했다(『朝鮮總督府官報』, 1923.2.15). 그러나 끝내 부산의 구심력을 이겨낼 만한 도시 발달의 모티브를 가질 수 없어 1942년 10월 1일부로 부산에 합병되었다(『朝鮮總督府官報』, 1942.9.30).

127 강호광, 2021, 「일본인의 진주 이주와 일본인 사회의 형성」, 『한국민족운동사연구』 106, 105쪽.

러일전쟁기인 1905년경부터 일본인 이주가 증가했다.[128] 그러나 1910년대 중반에 이르면 일본인의 증가는 정체된다. 그 결정적인 요인은 진주가 경부선 노선에서 벗어나 교통상 오지가 되었기 때문이다. 초기 이주한 일본인들은 주로 북문 밖에 정착하여 상업에 종사했다. 일본인이 증가하면서 대안동(大安洞) 동쪽 매립 공사가 시작되었다. 1907년부터 조선권업회사 진주지점이 추진되어 1912년 일차 완공했다.[129] 기록에 따르면 매립 공사에는 진주읍성의 토석을 사용했다. 매립 공사와 맞물려 읍성 북쪽을 훼철했음을 짐작할 수 있다.

1909년에는 진주와 삼천포항을 연결하는 신작로를 개설했다. 그러나 남강에 교량이 없는 관계로 도로는 읍내 중심부까지 도달하지 못했다. 이에 1914년 일본인들이 주도하여 선교(船橋)를 부설했다. 이때부터 불완전하나마 진주 중심부에서 삼천포항까지 자동차 통행이 가능해졌다. 그리고 진주 시가지도 남강을 가로질러 남쪽으로 확장되어 나갔다.[130]

(6) 원주

원주는 조선시대 내내 강원도 감영 소재지였으며, 영동지역의 강릉과 더불어 영서지역의 중심도시였다. 그러나 1880년대부터 군사력 배치를 기반으로 춘천이 성장하면서 점차 도내 수부도시 지위가 흔들리기 시작했다. 1895년 23부제 실시에서는 부로 지정되지도 못하고 충주부에 속하게 되었으며,[131] 급기야 이듬해 13도제로 환원할 때 관찰부가 춘천으로 이

---

128 이동훈, 2019, 『在朝日本人社會の形成』, 明石書店, 51쪽.
129 伊作友八, 1914, 『晋州案内』, 晋州開文社, 2~12쪽.
130 강호광, 2021, 앞의 글, 63~69쪽.
131 이때 원 강원도 지역은 춘천부와 강릉부, 그리고 충주부 원주군으로 나뉘었다.

전함에 따라 급격한 변화를 맞이했다. 원주에서는 유림 등을 중심으로 '감영 복설 운동'이 전개되기도 했다. 수부도시 지위를 잃음에 따라 인구가 유출되고 각종 시설 정비에도 불이익이 예상되었기 때문이다.[132]

강제병합 이후 원주에서는 일본군 헌병대가 옛 강원감영 자리에 입지하면서 그를 중심으로 도시화가 진행되었다. 헌병대 인근에 일본인 주거지가 형성되었으며, 읍성의 철거와 도로 부설, 관아 철거와 그 부지에 새로운 시설 입지 등이 진행되면서 옛 감영 부근에는 일본풍 경관이 형성되었다. 그 결과 원주 시가지는 도시의 남북축인 중앙로를 중심으로 서쪽의 옛 감영 자리의 헌병대, 일본인 주거지와 동쪽의 조선인 주거지가 마주보게 되었다. 이후 중앙로와 평행한 원일로를 개설하고 두 도로를 연결하는 동서 도로가 증가함에 따라 중심부의 격자형 시가지가 형성되었다.[133]

원주는 감영 소재지라는 지위를 잃으면서 전통적으로 유지해 오던 수운의 중심지 기능도 쇠퇴했다. 물류 유통이나 상업 기능을 잃으면서 일제강점기 원주는 도시 발달이 정체되어 오랫동안 인근 농촌의 중심 소노시에 머물렀다. 조선시대 수부도시였음에도 불구하고 1937년 7월에야 읍으로 승격했으며,[134] 1944년 현재 강원도 내 14개 읍 중 인구순위 12위에 불과했다.

---

132 심철기, 2017, 「감원감영의 이전과 원주의 근대도시 형성 과정」, 『강원사학』 29, 4~13쪽.
133 한재수, 2007, 「일제강점기 조선시대 강원도 읍치의 중심 원주와 감원감영 일대 도시구조와 역사경관변화 연구」, 『대한건축학회논문집-계획계』 23-12, 183~186쪽.
134 『朝鮮總督府官報』, 1937.6.28.

제3장
일제강점기 도시 인프라의 형성

강제병합 이후 1920년대까지 일제 식민정책의 초점은 도시 개발에 맞추어져 있지 않았다. 따라서 도시 인프라 형성도 몇몇 대도시를 제외하면 두드러지지 않는다. 그러나 경성, 평양, 부산, 인천 등 주요 도시에서는 상당한 인프라 구축이 진행되었다. 또 다른 도시의 경우도 지방권력의 성향 혹은 지역민의 아래로부터 개발 요구에 의해 어느 정도 인프라를 구축한 사례가 적지 않다. 이 장에서는 대체로 병합 초기부터 1920년대까지 도시 인프라의 형성 과정, 그 식민지적 특징과 한계를 살펴보겠다. 크게 시구개정(市區改正; 도로 부설), 상하수도, 전차교통, 공원과 묘지, 축항으로 나누어 눈에 띄는 실적이 있는 사례를 중심으로 살펴보겠다.

1. 시구개정-시가지 도로망의 형성

1) 조선 시구개정 일반

시가지 도로의 근대적 정비 사업은 대한제국기 한성부의 치도사업에서 비롯되었다. 그러나 주지하듯이 대한제국 정부는 일본의 러일전쟁 승전과 을사늑약 체결, 통감부 설치와 일제의 내정 장악이 심화되면서 치도사업의 주체로서 힘을 잃을 수밖에 없었다.[1]

강제병합 직후 총독부는 경성과 주요 지방도시의 도로 정비를 개시

---

[1] 김광우, 1991, 「대한제국시대의 도시계획」, 『향토서울』 50, 서울시사편찬위원회; 이태진, 1997, 「1896~1904년 서울 도시개조사업의 주체와 지향성」, 『한국사론』 37, 서울대학교 국사학과 참고.

했다. 이것은 「시가지 시구개정 또는 확장의 경우 품하(稟何)방법의 건」(훈령 제9호, 1912.10.7)을 공포하면서 시작되었다. 이 훈령은 간단한 내용에 불과하지만 1934년 「조선시가지 계획령(朝鮮市街地計劃令)」을 제정할 때까지 조선에서 유일한 도시계획법령으로서 시가지 도로 정비의 기준이 되었다.[2]

'시구개정'은 일본에서 1888년 「동경시구개정조례(東京市區改正條例)」를 공포하면서 시작한 도시 개량의 방법이다. 전답의 구획 정비를 뜻하는 전통적인 용어인 '전구개정(田區改正)'을 차용한 'city street improvement'의 번역이다. 말 그대로 도로를 직선화하고 폭을 넓혀 도시의 구획을 정비하는 방법이다. 도로 중심의 초보적인 도시계획 기법이라고 할 수 있다. 도쿄에서 시작한 시구개정은 다른 대도시로 확산되어 1919년 「도시계획법」을 제정할 때까지 도시 정비의 보편적인 방법으로 기능했다.

총독부의 시구개정 방침도 이 같은 일본 본토의 사업을 모방한 것이었다. 그러나 그 실시 방식과 과정을 보면 일본 본토는 물론 같은 식민지인 대만과도 상당한 차이를 보인다. 도쿄시구개정의 경우만 보면 1880년대 초 도시 개량 문제가 본격적으로 제기되자 조사, 심의에만 8년 여의 기간을 소요했고, 이를 바탕으로 시구개정안을 작성하는 데에도 5, 6년의 기간을 소요했다.[3] 대만의 경우 1896년 고토 신페이(後藤新平)가 대만총독부 위생고문으로 부임하면서 도시계획 기본 조사를 시작했다. 1898년 대북시구개정위원회(臺北市區改正委員會)를 설치하여 입안을 시작한 이래 근

---

2 손정목, 1990, 『日帝强占期都市計劃研究』, 一志社, 93~100쪽; 이송순, 2006, 「조선총독부 도시계획 관련 정책 심의기구 연구」, 『한국사연구』 134, 226~227쪽.

3 石田賴房, 2004, 『日本近現代都市計劃の展開』, 自治體研究社, 제1장 참고.

7년이 지난 1905년 10월에야 '타이페이 시구계획(市區計劃)'을 발표했다. 타이페이 시구개정안 작성에 이렇게 많은 시간이 걸린 것은 도로망 계획뿐 아니라 위생 개선을 위한 상하수도 계획을 같이 입안했기 때문이었다.[4]

이런 일본 본토나 대만의 경우와 달리 조선에서 시구개정은 단순하면서도 신속하게 개시되었다. 경성의 경우 훈령 공포와 동시에 '경성시구개정예정노선(京城市區改正豫定路線)'을 발표했다. 여기에는 간선도로 계획만이 포함되어 있었다. 그 밖에 일부 지방도시의 시구개정을 실시했다. 시구개정을 실시한 지방도시는 대부분 도청 소재지였다. 각 도시별로 구체적인 내용은 차이가 있지만 대개 도청 앞 대로를 정비했다. 그리고 이때 정비한 대로를 중심으로 일본인 중심의 주거지나 상권이 형성되었다. 지방도시의 시구개정은 각 도시에서 일본인 '신시가지'가 형성되는데 중요한 역할을 했다.[5] 이하에서는 시구개정의 뚜렷한 실적을 남긴 몇몇 도시의 사례를 살펴보겠다.

2) 경성시구개정(京城市區改正)

(1) 경성시구개정안의 입안과 수정

경성시구개정은 다른 지방도시의 시구개정과 근본적으로 구분된다. 지방도시의 시구개정은 극히 제한적인 지방비 예산으로 실시한 반면 경성시구개정은 총독부의 치도사업비(治道事業費) 일부를 할애하여 실시했

---

4 越澤明, 1987, 「台北の都市計画: 1895~1945年-日本統治期台湾の都市計画」, 『第7回 日本土木史研究発表会論文集』 참고.

5 각 도시 시구개정의 개요는 朝鮮總督府, 1937, 『朝鮮土木事業誌』, 1019~1106쪽 참고.

기 때문이다. 따라서 경성시구개정의 결과는 다른 지방도시와는 비교하기 어려울 정도이며 현재까지도 많은 흔적이 남아있다.[6]

그런데 전통적인 성곽도시 경성의 '근대적' 개조 사업은 이미 대한제국기에 시작되었다. 1896년 아관파천(俄館播遷)으로 정국의 주도권을 잡은 고종과 측근 세력은 한양도성의 서남부인 경운궁(慶運宮)으로 환궁하여 새롭게 대한제국 수립을 선포했다. 경운궁이 일약 수도의 정치적 중심이 됨에 따라 그를 기점으로 도로망을 정비하고 다양한 기념물과 시설을 건립했다.

그러나 대한제국기의 한성부 도시 정비 사업은 지속되지 못했다. 일본의 러일전쟁 승전과 을사늑약(乙巳勒約) 체결로 통감부가 설치되면서 내정의 실권도 서서히 통감부로 옮겨갔다. 통감부 시기인 1907년 가을 일본 황태자(후일의 다이쇼[大正] 천황)의 방한을 계기로 남대문 부근의 성곽이 철거되었다. 그리고 통감부의 주도로 이른바 "경성부 시가정리"가 시작되었다. 그 내용은 대체로 일본 세력의 확대와 더불어 경성의 관문이 된 남대문정거장(후일의 경성역)에서 도심부를 연결하는 도로망의 형성이었다.

강제병합 직후 총독부는 전국적인 치도 공사와 더불어 경성의 시가정리를 당면한 토목사업의 과제로 상정했다. 1911년 6월 개최된 총독부 토목회의에서는 1911~1916년 제1기 국비 치도공사 사업비 일부를 경성시구개정 예산으로 전용하기로 결정했다. 전국 간선도로망 부설에 소용될 예산의 일부를 전용한 것은 총독부가 경성 도심부 정비를 상당히 중시했음을 알려준다.

---

6   이하 1910년대 경성시구개정의 구상과 전개 과정의 서술에서 특별한 출처가 없는 것은 염복규, 2016, 『서울의 기원 경성의 탄생』, 이데아, 17~42쪽.

<그림 3-1> 1912년 경성시구개정안

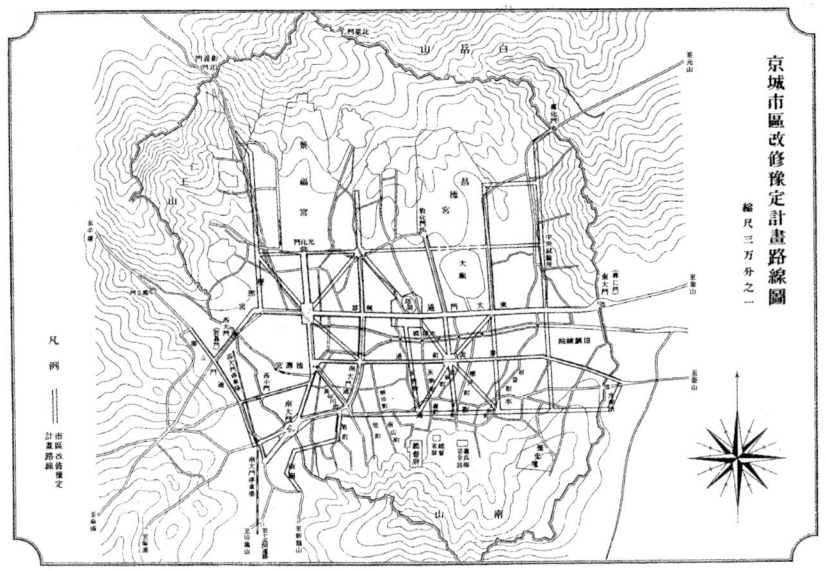

* 출전: 朝鮮總督府 鐵道局, 1929, 『京城(水原仁川開成)』

　그로부터 1년여가 지난 1912년 11월 총독부는 「경성시구개정예정계획노선」 29개 노선을 발표했다.[7] 노선도에서 알 수 있듯이 1912년 시구개정안의 핵심은 옛 도성 내부의 도심부를 격자형 도로망으로 정비하는 것과 더불어 일본인 중심 상업가로인 황금정 3정목을 '광장화'하고 그를 중심으로 방사상 도로망을 부설하는 것이었다.

　그러나 실제 시구개정 사업의 전개 과정을 보면 방사상 도로망 계획은 진전되지 않았다. 그에 반해 격자형 도로망 계획은 거의 실현되었다. 세부적으로 1912년 시구개정안의 격자형 도로망은 네 개의 동서노선과

7　『朝鮮總督府官報』, 1912.11.6.

다섯 개의 남북노선으로 구성되어 있었다. 동서노선은 조선시대 한양도성의 간선도로인 종로, 일본인이 진출하면서 도로가 발달한 황금정통(을지로), 본정통(충무로) 외에 경복궁 광화문 앞에서 출발하여 중앙시험소 부근에 이르는 도로가 보인다. (시구개정노선 제6호선, 현재의 율곡로) 남북노선은 태평통, 남대문통, 돈화문통, 의원통, 혜화문통 등이다. 이상의 도로들을 예정대로 부설하면 경성 도심부는 거의 완벽하게 격자형으로 정비될 것이었다. 『매일신보』 사설은 그 의미를 아래와 같이 설명하고 있다.

> 대저 도로는 문명교통의 직접 관계가 잇는지라 아무리 지방 소구(小區)라 할지라도 통행이 편리한 연후에야 수출입이 번화하며 래거인이 많아야 자연 이익이 잇을지오, 만약 통행이 편리하지 못하여 소위 도로가 굴곡우회하거나 교량이 (중략) 어떤 나라를 막론하고 우선 도로를 시찰하여 정정유조(井井有條)하면 그 나라의 풍화와 정치는 가히 문명으로 판단할지며 도로가 불편하면 가히 야매. (중략) 경성은 조선의 번화한 수부이나 도로를 보면 동서남북에 1개의 직선이 없으며 뱀이나 지렁이같이 굽엇고 횡협이 불일하며 평사가 고르지 못해 개인이 왕래하는데 서로 피하지 못하는 곳이 많으며 소위 시구의 중요한 곳인 동대문에서 종로, 종로에서 남대문에 이르기에 초(稍)히 광활하다 할지나 이전에는 시민의 허범(許犯)이 있어 도로 좌우에 불규칙한 가가를 건설햇다가 혹 어로가 통과하면 철거햇스니 도로제도의 불완전은 물론이오, 인민에게도 얼마간의 손해가 잇는지라. (중략) 가령 동에서 서로 5분이면 닿을 곳을 10분을 소비하며 남에서 북으로 1시간이면 닿을 곳을 2시간을 소비하면 (중략) 하루에도 손해를 헤아리기 힘들거늘 하물며 수백년간 그 손해를 엇지 말할 수 잇겟는가. 이번에 당

국에서 이를 각파하여 각지 시구를 개량하기로 계획한 중에 우선 경성의 도로를 직선으로 사통오달(四通五達)하여 정정유조(井井有條)케 하여 일대 모범을 보인다 하니 이는 총독이 조선을 계발하는 노심노력에서 나옴이라. 그러한 즉 우리 인민은 이 편의를 기다리는 동시에 한층 분발하여 상업상에 대안목을 틔우기를 희망하노라.[8](밑줄은 필자)

"경서의 도로를 직선으로 사통오달하여 정정유조케" 한다는 언급은 노선도에서도 확인할 수 있는 경성 도심부의 격자형 정비라는 1912년 시구개정안의 목표를 간명하게 알려준다. 그런데 1915년 가을 조선물산공진회(朝鮮物産共進會) 개최 전까지 서둘러 진전되던 시구개정 공사는 1916년 들어 소강기를 보인다. 그리고 총독부는 1917년 초 공사를 재개하면서 시구개정의 초점으로 도심부와 외곽 지역의 연결을 새롭게 제기했다. 이는 1919년 6월 시구개정안의 수정으로 공식화했다. 1919년 시구개정안은 1912년안의 노선 중 3개를 삭제하고 6개를 수정, 15개를 추가한 것으로 이미 공사를 진행한 부분을 제외하면 거의 새로운 안을 수립한 것이나 다름 없었다. 중요한 삭제, 수정, 추가 노선을 정리하면 다음과 같다.

〈표 3-1〉 1919년 경성시구개정 수정안

노선 번호	기점, 종점	수정 내용	비고
제26호선	탑공원 앞-황금정 광장-본정 8정목	삭제	황금정 3정목 광장 중심 사선 도로
제28호선	본정 5정목-황금정 광장-동대문통	삭제	황금정 3정목 광장 중심 사선 도로
제16호선	광화문 앞-은부동-내자동	연장	종점을 은부동에서 내자동으로 연장

---

8 「社說: 市區改正」, 『每日申報』, 1912.11.7.

노선 번호	기점, 종점	수정 내용	비고
제20호선	남대문-철도 건널목-봉래정 2정목	연장	종점을 철도 건널목에서 봉래정 2정목으로 연장
제22호선	조선은행 앞 광장-욱정 2정목-남미창정-삼판통	연장	종점을 길야정(도동)에서 삼판통(후암동)으로 연장
제32호선	내자동-사직동-의주통 교북동	추가	
제33호선	남대문정거장-강기정	추가	
제34호선	봉래정-청엽정	추가	
제35호선	철도 건널목-아현	추가	
제36호선	경복궁 앞-경희궁 앞	추가	
제38호선	죽첨정 2정목-마포동	추가	
제41호선	철도 건널목-신공덕리	추가	
제42호선	강기정-한강통	추가	
제43호선	강기정-원정-마포동	추가	
제44호선	원정-마포가도	추가	
제45호선	원정-이촌동-한강통	추가	
제46호선	고시정-청엽정	추가	

* 출전: 『朝鮮總督府官報』, 1919. 6 · 25.

　　노선도에서도 확인할 수 있듯이 1919년 시구개정안에서 중요한 수정 내용은 황금정 3정목 광장 중심의 방사상 도로망 계획을 폐기한 점과 용산, 마포 방면의 도로를 대거 추가한 점이다. 이에 따라 시구개정의 공간적 범위는 비로소 옛 도성 내부에서 용산, 마포까지 포함한 경성부 전역으로 확대되었다. 그리고 이것이 완성되면 총독부 신청사 예정지(경복궁)에서 경성부 신청사 예정지, 남대문정거장을 거쳐 용산 일본군 기지에 이르는 중심 도로축이 형성될 것이었다.[9]

9　현재 세종대로-태평로-한강대로 연결 구간.

〈그림 3-2〉 1919년 경성시구개정 수정안

* 출전: 『朝鮮總督府官報』, 1919.6.25.

(2) 1910~1920년대 경성시구개정의 전개 과정

* 1910년대 도심부의 격자형 정비와 도심부-외곽 지역 연결

경성시구개정의 실제 공사가 가장 큰 진척을 보인 기간은 1910년대 전반이다. 총독부가 1915년으로 예정된 '시정오년기념조선물산공진회(施政五年紀念朝鮮物産共進會)' 개최 때까지 최대한 시구개정의 가시적인 실적을 내고자 했기 때문이다. 이 기간 중 정비한 주요 도로를 순서대로 살펴보면 다음과 같다.

가장 먼저 남대문-남대문정거장 구간 공사가 시구개정안을 공식적으로 확정, 발표하기도 전인 1910년 9월 시작되었다. 경성의 현관격인 남대문정거장에서 도심부로 진입하는 도로였기 때문에 총독부는 이 공사를 위해 치도공사비 예산을 16만 원이나 전용했다. 당시로서는 드물게 보도와 차도를 구분하고 노면에는 견고한 전석(磚石)을 깔았다. 이 공사는 1912년 4월 준공했으며, 6월에는 가로등까지 설치했다.

1911년 초부터는 황금정통 공사를 시작했다. 이 공사의 핵심은 도로를 직선화하여 북쪽의 종로, 남쪽의 본정통과 일정한 간격을 맞추는 것이었다. 따라서 황금정 3정목에서 광희문에 이르는 동쪽 구간은 매수해야 할 도로 부지가 상당히 많았다. 이에 도로 예정지 수용은 1912년 6월에야 끝이 났다. 공사는 신속하게 진행되어 1913년 2월 완료했다.

황금정통에 이어 1911년 말부터는 황금정통-본정통 구간(제27호선 일부) 공사를 시작했다. 1912년 5월에는 태평통(황토현 광장-남대문) 공사를 시작했다. 태평통은 1913년 8월 준공했다. 태평통에 이어 1913년 초부터 남대문통 공사를 시작했다. 그런데 남대문통은 조선시대부터 전통의 상업가로인 데다가 1880년대부터 청국 상인, 일본 상인이 진출하여 상업활동을 한 도로였기 때문에 토지 소유관계가 매우 복잡했다. 따라서 도로 부지 매수에 어려움이 많았다. 총독부는 「토지수용령」을 적용하여 부지 취득을 마치고 1914년 공사에 착수했다. 이 공사는 조선은행 앞 광장 조성으로 마무리되었다.

공진회를 1년 앞둔 1914년에는 여러 건의 도로 공사가 시작되었다. 중요한 것으로는 장곡천정통(長谷川町通; 현재 소공로), 돈화문통(돈화문 앞 - 대화정), 의원통(창경원 식물원 앞 - 대화정), 서대문통(경희궁 앞 - 독립문통) 등을 들 수 있다. 서대문통 공사 과정에서 특기할 점은 1915년 6월 공사비를 절약한다는 명분으로 서대문을 철거한 것이다.[10]

1910년대 전반 시구개정 과정을 보면 총독부가 공진회 개최 전까지 도심부 정비에 총력을 기울였음을 알 수 있다. 이는 공진회가 일제의 표현을 빌면 "(총독부)시정의 성과", "문명의 실체"를 보여주는 중요한 행사였기 때문이다. 경성 도심부는 이를 보여주는 중요한 '무대'였던 것이다. 그와 더불어 시구개정을 통해 새롭게 부설한 도로는 대개 남북노선임을 알 수 있다. 이는 남촌의 일본인 중심지를 북촌의 전통적인 시가지와 연결한 것이라고 할 수 있으며, '도심부의 격자형 정비'의 또 다른 측면이었다.

공진회를 마친 후 시구개정 공사는 1917년 초부터 본격적으로 재개되었다. 이때 도로 부설의 초점은 용산 방면으로 전환했다. 1917년 5월부터 고시정 일대 건물을 철거하고 도로 부지를 매수했다. 1918년 7월 남대문정거장 - 고시정 도로 공사를 착공했다. 이 공사는 1920년 초 준공 단계

---

10   서대문경찰서장의 보고에 따르면 "西大門의 存置를 바라는 鮮人의 輿論도 없지 않았지만" 서대문을 그대로 두고 도로를 내는 것은 비용이 너무 많이 든다는 이유로 철거를 결정했다(「1914.12.22. 市區改正圖面送付ノ件, 土木局長→京畿道長官, 警務總長, 遞信局長, 京城府尹, 西大門署長」, 『京城市區改正關係(CJA0012926)』).

에 이른 것으로 보인다.

1919년 5월에는 남대문 - 철도건널목 - 봉래정 도로 공사를 위해 철도용지 사용 승인을 받고 건물 철거를 시작했다. 이어서 민유지도 수용했다. 6월에는 봉래정 - 청엽정 도로 중 중림동 - 서계동 구간의 관유지를 도로부지로 편입했다. 두 노선 공사는 1919년 하반기 착공하여 1920년 준공했다.

이상과 같이 초기 경성시구개정 공사는 대략 1910년대 전반에는 도심부 북쪽 도로를 남쪽으로 연장하는 데 초점이 맞추어져 있었으며, 후반에는 도심부와 용산을 연결하는 데 초점이 맞추어져 있었다. 이어서 1920년대 들어 시구개정의 초점은 다시 도심부의 정비로 옮겨갔다. 일명 '종묘관통선'이라고 불린 제6호선을 부설하고 종로를 정비한 것이다.

* 1920년대 '종묘관통선' 부설과 종로 개수

1920년대 들어 시구개정의 진척 속도는 현저하게 느려졌다. 그러나 몇 년 앞으로 다가온 총독부 신청사의 경복궁 이전 등과 관련하여 시구개정의 초점이 원도심부로 옮겨간 것을 확인할 수 있다. 1920년대 정비한 중요한 도로로는 언론에서 흔히 '종묘관통선'이라고 부른 시구개정 제6호선(광화문 앞-돈화문 앞-총독부의원-중앙시험소[11])과 종로를 들 수 있다. 이중 상당한 부분 신설에 가까운 종묘관통선의 부설 과정을 먼저 살펴보자.[12]

종묘관통선은 1912년 시구개정안에서 종로, 황금정통, 본정통과 함께 도심부 격자형 공간구조를 형성하는 네 개의 동서 노선 중 하나이다. 그

---

11 현재 한국방송통신대학교 역사관 건물.
12 종묘관통선의 부설 과정에 대해서는 염복규, 2016, 앞의 책, 53~88쪽.

런데 종묘관통선은 기존 도로의 폭을 넓히거나 직선화하는 다른 노선과 달리 조선왕조의 전통적 상징공간인 창덕궁과 종묘 사이를 '관통'해야 하는 난공사를 포함한 노선이었다. 따라서 1910년대 총독부는 이 노선의 부설을 시도하지 않았다.

총독부가 종묘관통선 부설을 위한 준비를 시작하는 것은 1922년이었다. 종묘관통선은 경복궁으로 이전할 총독부 신청사 앞 대로이기도 했으므로 더 이상 정비를 미룰 수 없었을 것으로 여겨진다. 그러나 총독부 기사들이 종묘 경내 도로 예정선을 측량한데 대해 순종과 구황실 종친들이 반발하자 총독부는 더 이상 공사를 진행하지 않았다. 1926년 순종이 사망할 때까지 종묘 관통선 공사를 위한 움직임은 찾아볼 수 없다.

총독부는 순종이 사망한 직후인 1926년 5월 돈화문-총독부의원 구간 공사를 시작하겠다고 발표했다. 그런데 이에 대해 전주이씨종약소(全州李氏宗約所)는 전국의 유림에 격문을 배포하고 일본 궁내성에 반대 청원서를 제출하겠다고 결의하는 등 반발을 지속했다.

논란이 확산되는 것을 꺼려한 총독부는 이듬해 1월 문제가 되는 '종묘 관통 구간' 공사를 뒤로 돌리고 그 양쪽의 도로 공사를 먼저 시작했다. 이는 1928년 8월까지 대략 완료되었다. 총독부는 이어서 1929년 가을로 예정한 조선박람회 개최 전까지 양쪽을 연결하는 공사를 진행하려고 했으나 실제 공사는 1930년 7월에야 재개되었다. 공사는 1932년 6월 도로 부설로 분리된 창덕궁과 종묘 사이의 육교를 완성함으로써 준공을 고했다.

종묘관통선 공사는 처음 도로 예정선을 측량한 이래 10여 년이나 걸린 셈이었다. 이 기간은 단지 하나의 도로 공사에 소요된 시간이 아니었다. 이 10여 년의 시간은 식민지 수도에서 옛 왕조의 전통적 상징공간의 파괴를 둘러싼 갈등과 타협이 이루어지는 시간이었다.

한편 1920년대 시구개정 과정에서 총독부는 종로를 정비했다. 종로는 조선시대 도심부를 동서로 관통하는 유일한 대로였다. 강제병합 이후에는 본정통이나 황금정통 등 일본인 중심 가로에 대비하여 조선인의 사회·경제 활동의 중심지였다. 종로의 정비도 1912년 시구개정안에서부터 포함되어 있었다. 그러나 1910년대 시구개정에서 종로는 우선순위가 아니었다. 그러나 1920년대 들어 상황이 바뀌었다. 언론 등을 통해 종로 정비를 희망하는 목소리가 많이 들리기 시작한 것이다.

> 京城의 南半部는 一觀如砥하여 整齊되고 淸潔함이 文明한 都市의 光景을 粧成하였다 하겠지만 鍾路부터 京城의 北半部 道路는 이로부터 歇后에 속하여 泛然看過할 政見이라 할 것이 아닌가. (중략) 倂合이 된 후 十三, 四年을 두고 朝暮로 休息을 함이 없이 着着 改善함이 모두 京城 南半部의 道路 뿐이라 할 것이라. (중략) 京城의 第一 幹線되는 鍾路 大街도 黃金町, 南大門通에 비하면 幾級의 落下를 알지 못할 것인데 (후략)[13]

> 京城廳에서는 진고개편으로는 道路를 잘 닦고 다지고 하면서도 北部 一帶는 그냥 내버려두니 똑같은 稅金에도 差別을 두는 것이요? 京城府尹이여 對答 좀 하시오. 將次 엇더케 하실 意向이십니까?[14]

이 같은 언론의 목소리는 남북촌 간의 공간적 격차에 대한 문제 제기

---

13 「社說: 京城府의 道路改修計劃」, 『朝鮮日報』, 1923.3.14.
14 「泥沼의 京城市街」, 『每日申報』, 1924.11.30.

라고 할 수 있다. 그리고 이런 문제가 총독부 기관지『매일신보』에까지 보이는 것은 그만큼 이 문제가 가시적인 현상으로 대두했음을 보여준다. 더불어 예정한 총독부 신청사의 경복궁 이전·신축 시점이 다가옴에 따라 총독부도 더 이상 종로 정비를 미룰 수는 없었다.

총독부는 신청사 준공이 예정된 1925년 들어 종로의 시구개정을 시작했다. 공사는 탑골공원을 기준으로 양쪽의 두 구간으로 나누어 진행하여 이듬해 8월 준공할 예정이었다. 종로 시구개정에서는 도로폭의 확장 뿐 아니라 황토현광장에서 종로 4정목까지 아스팔트 포장도 실시했다. 그런데 종로의 대대적인 정비는 이곳을 중심으로 활동하는 조선인 상권에 적지 않은 영향을 미친 것으로 보인다. 아래 기사는 이런 상황을 잘 보여준다.

> 鍾路通 道路 改修에 따라 그 兩側에 늘어선 朝鮮人의 商店과 家屋들이 間或 道路의 넓힘으로 인하여 헐려버리는 悲境에 빠진 곳이 十數個 所나 되는 中 이들 헐 집터에는 역시 都市의 美觀을 위하여 單層집을 짓지 못하게 하고 (중략) 原來 經濟力이 不實한 朝鮮사람이 그 집들을 헐고 과연 二層 이상의 高頭를 세울만한 資力이 있을는지가 疑問인 中 (중략) 그 前부터 鍾路 큰거리를 자기들의 手中에 넣고자 갖은 奸惡한 手段을 두루 써오든 日人들이 이 期會를 놓치지 않고 집을 헌 朝鮮人들을 甘言利說로 衝動시키어 그 땅을 全部 자기의 手中에 넣고자 暗中 飛躍을 한다 하여 아직까지 朝鮮人의 危殆한 발을 붙이고 있는 鍾路의 거리나마 속절 없이 저들 日人의 所有가 되고 말려 한다.[15]

---

15 「鍾路道路改修와 日本人의 北進」,『朝鮮日報』, 1925.6.18.

위 기사는 건축물 미관 정비까지 포함한 종로 정비가 조선인 상점을 종로에서 몰아내는 작용을 하고 있음을 보여준다. 한편 공사의 예산 충당 방식도 조선인 상점에 불리하게 작용했다. 종로 시구개정은 총독부 신청사 준공 일정에 맞추느라 예산이 부족한 상태에서 시작했다. 그래서 도로 예정선보다 넓은 면적을 수용하고 준공 후 노변의 남은 토지를 매각하여 공사비 결제에 충당하고자 했다. 그런데 실제 이런 과정이 진행되자 도로에 가깝게 접하여 지가가 높은 토지일수록 경제력이 있는 일본인이 매수하는 경향이 나타났다. 그리고 이에 따라 종로의 조선인 소유 점포는 자연스럽게 이면으로 밀려났다. 이른바 "일본인의 북진"이란 이런 현상을 가리키는 것이기도 했다. 조선인 중심지인 종로의 정비가 결과적으로 조선인 상권을 위축시키는 역설적인 현상으로 이어졌던 것이다.

3) 평양시구개정(平壤市區改正)

조선시대 평양은 전통적으로 수도 한성에 이은 제2의 도시였으며, 강제병합 이후에도 부산과 더불어 제2의 도시 자리를 다투었다. 또 평안도 일대를 넘어 조선 북부의 중심도시였으며, 일제강점기 대도시 중 조선인의 사회·경제 활동이 가장 활발한 도시이기도 했다.[16]

평양의 시구개정은 1911년 '평양시가 도시개수 공사'로 시작되었다.[17] 병합 초기 평양은 도시 인프라가 부족한 상태였으며, 대동강과 보통강으

---

16 김태윤, 2022, 『근현대 평양의 도시계획과 공간 변화 연구』, 서울시립대학교 박사학위논문, 21쪽.
17 五島寧, 1994, 「日本統治下の平壤における街路整備に関する研究」, 『土木史研究』14, 6쪽.

로 둘러싸인 지형적 특징상 수해가 빈발하는 문제가 있었다. 따라서 도로망 정비와 더불어 방수와 배수 그리고 하수 시설 정비가 시급한 실정이었다.

평양부는 그중에서도 하수 시설 부재로 인한 위생문제를 가장 심각한 것으로 인식했다. 따라서 평양시는 도로개수 공사에서 하수 시설 정비를 우선적으로 고려했다. 물론 이를 정비하기 위해서는 도로 공사와 배수 공사를 같이 해야 했기 때문에 실제로는 도로, 배수, 하수 시설 공사를 동시에 진행했다. 하수 시설 1차 정비 사업은 4개년 계속사업으로 진행했으며, 이후에도 시구개정의 진전에 따라 그에 연동하여 지속했다.[18]

1920년대 들어서는 도로망 확충을 위한 시구개정을 본격적으로 개시했다. 평양 시구개정은 1922~1927년 6개년 계속사업, 1927~1931년 5개년 계속사업으로 진행되었다. 시구개정에 의한 시가지 정비와 인구 증가는 행정구역 확장으로 이어졌다. 1910년대 획정한 평양부 행정구역은 대동강 서쪽에 치우쳐 있었다. 따라서 행정구역 확장은 대동강 동쪽의 선교리, 기림리 일대를 편입하는 것이었다. 평양부는 1925년 행정구역 확장을 신청하여 1927년 공식적으로 대동강 동쪽 일대를 행정구역에 편입했다.

행정구역 확장 시점에서 대동강 동쪽 일대는 인도교 준공과 전차노선 연장을 완료하여 생활권 측면에서 본평양과 사실상 통합되어 있었다. 1929년 4월에는 전차 기림리역도 신설했다. 그러나 문제는 상하수도 등 도시 인프라가 부재한 것이었다. 이는 동쪽으로 평양 행정구역의 추가 확장을 가로막는 원인이 되었다. 이와 더불어 보통강의 상습적인 범람은 일제강점기 평양부의 고질적인 도시문제였다.[19]

18　朝鮮總督府, 1937, 앞의 책, 1285~1286쪽.

19　김태윤, 2022, 앞의 글, 25~30쪽.

4) 대전시구개정(大田市區改正)

일제 초기 대전은 행정적 도시인 부(府)도 아닐뿐더러 도청 소재지도 아니었다. 그러나 대전역 설치와 더불어 증가한 일본인에 의해 건설되다시피 한 완벽한 '일본인 중심 신도시'였기 때문에 식민당국의 계획과 무관하게 재대전 일본인이 주도하여 시구개정을 추진했다.

시구개정은 병합 이전부터 시작되었다. 1905년 대전역이 영업을 시작하자 대전거류민회의 일본인들은 대전역과 시장을 연결하는 도로 신설에 착수했다. 이듬해 2월 길이 600간(間), 폭 3간 규모로 완공한 이 도로는 대전역 및 인근의 공공시설(경찰서, 우편국 등)과 물자가 집산하는 시장을 하나로 통합하는 효과를 가져왔다. 더불어 '역전파'와 '시장파'로 나뉘어져 있던 일본인 사회의 긴장관계를 완화하는 효과도 가져왔다.[20] 이 도로의 신설은 이와 같이 인프라 구축의 의미뿐 아니라 사회적 의미도 담고 있었기 때문에 후일 일본인 중심의 지역사 편찬에서 "대전 도로 건설의 효시"로 일컬어졌다.[21]

대전역과 시장을 연결하는 도로를 시작으로 일제 초기 대전 시가지의 격자형 도로망은 신속하게 구축되었다. 대전은 백지 위에 새로운 시가지를 건설하는 셈이었기 때문에 전통 도시와 달리 격자형 도로망 구축을 둘러싼 물리적, 사회적 걸림돌이 거의 없었기 때문이다. 그리하여 1910년대 중반에 이르면 이미 간선도로(4간)와 지선도로(2, 3간)가 종횡으로 부설되었음을 확인할 수 있다.

20　고윤수, 2021a, 「식민도시 대전의 기원과 도시 공간의 형성」, 『도시연구』 27, 26~30쪽.
21　田中麗水, 1917, 『大田發展誌』, 157~158쪽.

그런데 이 시기 대전의 도시 인프라 구축에서 도로망보다 큰 문제는 하천 정비였다. 애당초 대전역이 대전천을 끼고 있는 평평한 저지대에 입지했기 때문이다. 따라서 철도를 부설하기에는 용이했지만 범람의 위험이 상존했다. 강제병합 이후 대전의 일본인 인구는 더욱 증가하고 그에 따라 거주지도 확장되었다. 그리하여 1913년 대전의 일본인들은 대전천변을 매립하고 제방을 쌓아 새로운 택지를 조성했다. 이에 따라 일본인들은 대전천과 그 지류의 범람에 의한 상습 침수에 시달려야 했다.[22]

대전천 정비 사업은 1915년경부터 시작되었다. 먼저 대전천의 가장 큰 지류인 대동천(大同川)을 준설하고 하천 폭을 넓힌 다음 호안(護岸)을 설치하는 작업이 진행되었다. 이것은 총공사비 1만 9,000원, 공사 기간 5개월, 연인원 2만 5,000명을 동원한 대사업이었다. 그런데 도비 보조 8,000원을 제외한 공사비 1만 1,000원은 모두 주민의 성금으로 충당했다. 이는 철저한 일본인 중심 신도시로서 대전의 특징을 잘 보여준다. 대전의 도시 정비 사업은 식민당국보다 재대전 일본인 사회 중심으로 진행될 수밖에 없는 구조였다.[23]

대전의 일본인 사회는 이같이 자체적으로 도시 정비사업을 추진함은 물론이거니와 일찍부터 총독부의 정책 사업이나 기업 유치 등을 통해 도

---

[22] 이하 대전 일본인 사회의 대전천 정비사업의 추이는 고윤수, 2021b, 「1910~1930년대 대전의 도시개발과 재조일본인사회」, 『도시연구』 28, 118~127쪽 참고.

[23] 처음 대전천 정비 사업을 주도한 것은 거류민회를 계승한 학교조합이었다. 그런데 일본인 교육 재정을 담당하는 학교조합이 도시 정비사업을 하는 것이 이른바 '목적 외 사업'으로 문제가 되자 일본인들은 별도로 협의회라는 기구를 조직했다. 그러나 다양한 '공공사업'을 전개할 목적으로 조직한 협의회의 구성원은 대부분 이전의 거류민회 그리고 학교조합의 구성원과 중복되었다. 예컨대 1915년 대전천 정비사업 실행위원 15명 중 12명이 거류민회나 학교조합 평의원이었으며, 그중 절반은 두 곳 모두의 평의원 이력을 가지고 있었다.

시 인프라를 확충하려는 활동도 활발하게 전개했다. 예컨대 1908~1910년 호남선철도유치운동, 1911~1915년 일본군 연대 유치운동, 1916년 대전중학교 설치 청원, 1919년 금강수력전기 설립 운동 등이 그것이다. 이 같은 지역 개발 이슈가 불거질 때마다 대전의 일본인 사회는 기성회나 그를 지원할 외곽단체를 신속하게 조직하여 대응했다.[24]

5) 목포시구개정(木浦市區改正)

개항도시 목포는 1897년 각국조계를 설치하면서 신시가지가 조성되어 특별한 계획 없이 시가지가 확장되었다. 신시가지에는 주로 일본인이 거주하고 그 외곽에 조선인이 거주하여 주거지가 민족별로 분리되는 형태가 강화되었다.

목포부는 1929년 처음으로 3개년 계속사업의 시구개정안을 입안했다. 총공사비는 21만 원으로 국고보조 7만 원, 지방비보조 3만 5,000원, 부채(府債) 6만 8,400원, 특별세 3만 6,000원으로 계획했다. 다른 지방도시도 비슷하지만 목포도 별도 예산 없이 지극히 영세한 재정 상태에서 시구개정을 시도했음을 알 수 있다.[25]

1929년 시구개정안의 내용을 보면 이전 각국조계의 외곽인 조선인 중심지에 속하는 죽동, 북교동, 남교동 일대가 주된 대상이었다. 폭 1, 2m에 불과한 이 지역의 도로폭을 10~15m로 넓혀 차량 통행, 소방기구 출동

---

24 송규진, 2002, 「일제강점기 초기 '식민도시' 대전의 형성 과정에 관한 연구」, 『아세아연구』 108, 고려대학교 아세아문제연구소 참고.
25 윤희철, 2013, 「일제강점기 목포 도시계획의 내용과 특징」, 『한국지역개발학회지』 25-2, 11~13쪽.

이 가능하게 만드는 것이 시구개정의 목표였다.

문제는 재정이었다. 목포부는 시구개정 특별세를 충당하기 위해 수익자부담금 제도를 구상했다. 그 내용은 신설할 도로변의 토지를 15m 이내 구역, 30~65m 구역으로 이분하여 지가 상승분에 따른 특별세를 차등적으로 징수한다는 것이었다. 그런데 이렇게 할 경우 경제력이 취약한 기존 토지 소유자는 부담금을 부담하지 못하여 경제적 부담이 가능한 매수 희망자에게 토지를 방매할 수밖에 없었다. 그리고 이런 경제력 차이에 따른 토지 소유자의 교체는 식민지 도시에서 상당한 부분 민족 간 교체와 겹치게 된다. 역시 다른 도시도 마찬가지지만 목포 시구개정도 그간 열악한 상태였던 조선인 중심지를 정비함으로써 궁극적으로 일본인 중심 시가지가 확장되는 결과를 낳을 것이 예상되었다.

시구개정과 더불어 목포부 전역을 대상으로 하수도 설비를 구축하는 계획도 입안되었다. 목포는 개항 당시부터 하수도 설비 부족이 지속적으로 문제가 되어 왔다. 전염병 발병이나 만조와 폭우가 겹치면 발생하는 하수 역류 현상 등의 원인으로 늘 하수도 부족이 지목되었다. 이에 시구개정 실시에 즈음하여 하수도망을 같이 구축하고자 계획한 것이다.

목포부는 하수도망 구축 계획도 1929년부터 3개년 계속사업으로 입안했다. 그 내용을 보면 총연장 3,730m, 측구 3,755m를 축조하는 계획으로서 총공사비는 30만 원으로 책정되었다. 공사구간은 모두 11개로 나누어 간선과 지선을 구분했다. 그러나 이 계획은 인가되지 못했다. 이후 1931년 12월 목포부는 국고보조를 15만 원에서 4만 2,300원으로 대폭 축소한 계획안을 상신하여 인가를 받을 수 있었다. 그런데 국고보조의 대폭 축소는 결국 공사비의 큰 삭감을 뜻하는 것이었으며, 공사 대상도 목포부 전역에서 중심 시가지로 축소될 수밖에 없었다. 그리고 이때 중심

시가지란 결국 각국거류지에서 기원한 일본인 중심 시가지일 수밖에 없었다. 제한된 사회적 자원의 배분을 둘러싼 모순은 목포에서도 예외 없이 발생하고 있었다.

2. 상하수도 – 도시위생시설의 정비와 좌절

상하수도는 근대에 들어와 새롭게 구축된 대표적인 도시위생시설이라고 할 수 있다. 상수도는 안전한 생활용수를 생산·공급하여 도시의 노동력 재생산에 기여하는 기간 시설이며, 하수도는 우수(雨水)와 오수(汚水)를 외부로 정화·배출하여 도시의 위생과 미관을 유지하는 시설이다. 따라서 상하수도의 완비는 도시 권력의 '통치능력'을 보증하는 핵심 지표가 된다. 일제도 식민통치의 '정당성'을 도시 위생의 근대적 개선, 즉 상하수도 시설의 구축에서 찾았다. 그러나 일제는 스스로 수립한 목표만큼 도시 상하수도를 원활하게 구축하지 못했다. 또 제한된 재원을 투입한 상하수도 구축의 '배분'은 항상 식민지 도시에서 민족적·계층적 갈등의 소재가 되었으며, 도시 정치의 주요 논점이 되었다. 이 절에서는 일제강점기 도시 상하수도 구축의 양상과 그에서 발생한 문제를 경성, 인천, 부산 세 도시를 사례로 정리한다.

1) 경성 상하수도

(1) 경성 상수도

경성에서 상수도 구축의 효시는 강제병합 이전 일본인 거류지의 사설 상수도로 거슬러 올라간다. 진고개를 중심으로 남산동, 필동, 동현(銅峴; 을지로) 등지에 거주하고 있던 일본인들은 본국에서 사용하는 것과 비슷한 상수도를 축조하고자 했다. 그리하여 1903년 2월 일본인 모리타(森田龜雄)와 사카모토(板本長隆)가 일본 영사관으로부터 허가권을 얻어 사설 상수도를 부설했다. 이는 대한제국 정부를 무시한 행위였으나 그대로 진행되었다. 러일전쟁에서 일본이 승전하고 일본인 인구가 증가하면서 상수도의 확장이 불가피해졌다. 이에 일본인 거류민단은 모리타와 사카모토로부터 상수도 시설과 권리를 매수하여 확장을 추진했다. 이 사설 상수도는 1911년 4월 경성 상수도의 경영권이 총독부로 넘어가면서 폐지되었다.

한편 1899년 전기와 전차 사업을 시작한 미국인 콜브란(Collbran)과 보스트윅(Bostwick)도 1903년 12월 대한제국 정부로부터 상수도의 부설, 경영에 대한 특허를 얻었다. 그리고 1905년 8월 이 특허를 영국인이 설립한 대한수도회사(Korean Water Works Co.)에 양도했다. 대한수도회사는 1908년 9월 뚝섬정수장을 준공하고 상수도 사업을 시작했다. 1일 급수 인구 12만 5,000명, 급수량 1만 2,500m^3 규모였다. 이때 상수도의 공급 방식은 뚝섬정수장에서 정수를 마친 물을 대현산 배수지로 송수하고, 다시 대현산 배수지에서 시내 급수 구역으로 배수하는 방식이었다.

대한수도회사의 상수도 경영도 강제병합으로 변화를 겪었다. 1911년 1월 통감부 시기부터 상수도 경영권을 노려왔던 일본의 대기업가 시부자와(澁澤榮一) 신디케이트로 경영권이 넘어갔던 것이다. 그러나 그 두 달 뒤인 1911년 3월 조선총독부는 위생 행정의 통제를 위해 다시 이를 매수하여 상수도 경영을 관영화했다. 그리고 이를 경기도에서 위탁 경영하게 했다. 이후 상수도 경영권은 1922년 3월 경성부의 부영으로 이관되어 8·15 때까지 유지되었다. 경성부에는 행정구역 확장으로 급수 구역이 대폭 증가하는 1936년 상수도 업무를 전담하는 수도과가 설치되었다.[26]

상수도가 도입될 무렵 서울의 중류 이상의 가정에서는 이른바 물장수

---

26 서울특별시 상수도사업본부, 2008, 『서울상수도백년사』, 96~117쪽.

에 의한 급수가 관행이었다. 물장수들은 몇십 호를 하나로 하는 고유의 구역을 가지고 영업을 했는데, 이런 관행이 오래 지속됨에 따라 급수 구역은 일종의 재산권처럼 취급되었으며 이를 관리하고 매매를 주선하는 수상(水商)조합까지 출현했다. 그런데 물장수 제도도 회사가 경영하는 상수도가 출현함에 따라 변화를 겪었다. 대한수도회사는 영업을 시작하면서 특설공용전(特設共用栓)에 한해 경성수상조합과 계약을 체결하여 물장수들을 지정상수도판매인으로 활용하는 제도와 물장수를 거치지 않고 일반 사용자가 물표를 사면 수전(水栓)을 관장하는 회사 직속 인부가 직접 물을 공급하는 제도를 번갈아 채용했다. 이렇게 제도가 자주 바뀌었던 것은 새롭게 출현한 상수도 회사와 전통적인 물장수 영업 사이에 긴장 관계가 있었음을 보여준다.[27]

물장수에 의한 공급은 상수도 관영화 이후에도 한동안 지속되었다. 1911년 7월 총독부는 「관영수도규칙」에 의해 특별공용전의 수돗물 판매는 경성수상조합을 지정판매인으로 정했으며, 1912년 7월에는 「경성수상조합규약」을 인가하여 조합의 존재를 공인해 주기도 했다. 그러나 이는 일시적인 조치였다. 조선총독부는 다시 1914년 수상조합의 물 사용료 납부 부진과 위생상 문제를 들어 수상조합을 폐지하고 공용전의 물 공급도 직할로 바꾸었다. 그러나 여전히 상수도 시설은 부족한 상태였기 때문에 일제강점기 내내 물장수는 사라지지 않았다. 6·25전쟁 전까지 명맥을 이어간 경우도 있었다.

초기 급수 종류별 분포는 1921년까지는 제1종 영업용, 제2종 가사용, 제3종 사설공용, 제4종 공설공용 등 4종으로 구분되었다. 그러다가 1922년

---

27 김재호, 1997, 「물장수와 서울의 수도」, 『경제사학』 23, 127~140쪽.

2호 전용전이 등장하여 5종이 되었으며, 다시 1924년 공설공용에 조합용과 특정용이 더해져 7종이 되었다. 이 중 영업용은 다시 관공서용, 욕탕용, 공사 기타용, 정원 분수 오락용, 기타로 세분되었다. 또 사설공용과 공설공용의 차이는 가옥의 넓이 및 임차료에 따라 구분되어 사설공용의 경우 비교적 생활 정도가 낮은 자가 사비를 들여 공용전을 설치한 것을 의미했다.[28]

급수 종류별 분포의 추이를 보면 1913~1937년 공용공설은 초기 68%에서 50% 이하까지 감소했으며, 사설공용도 23%에서 10% 내외까지 감소했다. 그에 반해 제2종 가사용은 11%에서 34%까지 크게 증가하여 일제강점기를 경과하는 동안 대체로 공용 상수도의 비중이 줄어들고, 전용의 비중이 늘어나는 생활상의 변화가 있었음을 짐작할 수 있다.

한편 상수도 요금제의 추이를 보면 초기 상수도의 급수 사용료 기준은 계량에 의하지 않는 전용 급수, 계량에 의한 전용 급수, 공용전에 대한 사용료로 구분되었다. 초기부터 물 사용량에 따른 요금 징수인 계량 급수가 이루어진 것은 「관영수도규칙」 제2조에 열거되어 있는 제1~4호에 근거했으며, 나머지 급수 종류는 모두 일정한 요금을 징수하는 방임 급수제였다. 이렇게 방임 급수의 비중이 높았던 것은 아직 상수도 시설 자체가 미비하며, 계량 기기인 양수기의 보급이 충분하지 않았기 때문이다.

그런데 물 사용량에 관계 없이 요금을 징수하는 방임 급수의 비중이 높은 것은 당연히 수도를 경영하는 측으로서는 불리한 제도였다. 이에 경성부는 1922년 수도를 부로 이관받은 후 수도 종류 전체에 대한 계량 급

---

28 일제강점기 경성 상수도의 급수 종류별 분류와 요금체계 변화에 대해서는 주동빈, 2016, 「1920년대 경성부 상수도 생활용수 계량제 시행 과정과 식민지 '공공성'」, 『한국사연구』 173; 2017, 「수돗물 분배의 정치경제학」, 『역사문제연구』 38 참고.

수를 준비하여 1925년부터 전계량제를 실시했다. 이를 위한 양수기 보급 정도를 보면 1937년 현재 경성 상수도 4만 3,152전에 설치된 양수기는 모두 3만 2,062대로서 보급률은 74.3%에 달했다. 따라서 일제 말기까지 달성된 계량 급수의 비중도 이 정도였던 것으로 볼 수 있다.

일제강점기 경성부민들, 특히 조선인들의 생활 정도에 비추어 계량 급수제에 의한 수도 요금은 가계에 상당한 부담이 되었다. 따라서 요금제의 변화와 더불어 수도 사용량이 감소하는 것은 당연한 결과였다. 경성부의 조사에 따르면 방임 급수제 시기에는 평균 1일 1인당 190L에 달했던 물 사용량이 1925년 이후 128L로 감소했다.

이와 같이 양수기에 의한 각 사용자의 물 사용량 측정과 그에 따른 계량 요금의 징수는 상수도 사업의 재원을 유지하는데 기여했으며, 또 수돗물의 낭비를 막는 데에도 기여했다고 할 수 있다. 그러나 이는 한편 이제 물이 자연의 일부가 아니라 인공적으로 생산된 하나의 '상품'으로 유통되는 시대가 되었으며, 물의 사용도 개인의 생활 수준에 따라 결정되는 시대가 되었음을 의미하는 징표이기도 했다.

경성부는 상수도 경영권을 이관받은 후 일제 말기까지 3차에 걸쳐 수도 시설을 확장했다.[29] 먼저 1919~1922년 제1기 확장이 이루어졌다. 1910년대 말~20년대 초 서서히 경성부 인구가 증가하기 시작하면서 급수 수요가 증가하자 경성부 경기도 관할의 노량진정수장의 설비를 2배로 확장하고 한강에 송수관을 가설하여 경성부에 공급하게 함으로써 물 부족 문제를 해결하려고 했다. 이에 105만여 원을 투입하여 정수지 1곳, 침전지 2곳, 여

---

29 경성의 상수도 시설 확장 과정은 朝鮮總督府, 1937, 앞의 책, 1123~1136쪽; 서울특별시 상수도사업본부, 2008, 앞의 책, 112~118쪽.

〈그림 3-3〉 1920년대 후반 경성 상수도 부설 현황

* 출전: 朝鮮總督府, 1937, 『朝鮮土木事業誌』.
* 비고: 『朝鮮土木事業誌』가 1928년까지의 사업 결과를 담은 사료이므로 1920년대 후반으로 추정.
  〈그림 3-3〉 1920년대 후반 경성 상수도 부설 현황

과지 3곳, 배수지 1곳, 송수펌프 1대, 기타 시설에 대한 공사를 했다. 이때 예정 총급수량은 2만 1,338m³, 급수 인구는 19만 2,259명이었다. 또 수도 초창기 뚝섬정수장의 정수 방식은 완속 여과 방식이었는데, 1922년 뚝섬 정수장을 보수하면서 급속 여과법을 도입했다. 이는 당시 새로운 정수 기

술로서 여과지를 늘리지 않고도 물을 증산하는데 어느 정도 기여했다.

이어서 1929~1933년 제2기 확장이 이루어졌다. 제2기 확장 계획에서는 앞으로 부세의 팽창에 대비하여 1961년 급수 구역 내 인구가 50만에 달할 것으로 추정하고 급수 목표 인구 31만 2,500명, 보급률 62.5%를 목표로 123만여 원을 투입하여 주로 뚝섬정수장의 확장 공사를 실시하고 정수장 개량 및 보수, 취수구 신설, 배수관 증설 공사 등을 실시했다. 그러나 재원 조달이 원활하지 않아 목표만큼 계획이 진척되지는 못했다. 제2기 확장의 결과 경성 상수도의 규모는 1933년 현재 1일 총급수량 3만 6,300m^3, 급수 인구는 32만 7,000명으로 증가했다.

일제강점기 마지막으로 1936~1945년 제3기 확장이 이루어졌다. 제3기 확장 계획은 행정구역의 대폭 확장(약 3.5배)과 인구의 증가(약 1.7배)를 계기로 1945년의 추정 인구를 76만 2,000명, 급수 보급률 61%, 급수 능력은 기설을 합쳐 1일 7만 2,000m^3를 생산하여 1일 1명당 155L씩 46만 5,000명에게 급수할 것으로 목표로 했다. 그리하여 급수 능력의 근본적인 신장을 위해 새로운 정수장 신설을 계획했다. 이에 급속 여과 방식의 구의 정수장 신설을 계획하여 1939년 준공할 예정이었으나 중일전쟁의 발발로 8·15 때까지도 일부만 준공할 수 있었다.

이상과 같이 상수도 시설이 증가하고 기술도 개량됨에 따라 수도 보급률은 점점 높아졌다. 그러나 여기에는 민족별 격차가 뚜렷하게 존재했다. 1925년 현재 급수 사용자의 민족별 분포를 보면 급수 구역 내 총호수 6만 7,530호 중에서 조선인이 4만 7,116호, 일본인이 1만 9,442호, 외국인이 972호인데 이 중 급수 호수는 조선인 29%, 일본인 89.9%, 외국인 99.9%였다. 그리고 이런 상황은 일제 말기까지 크게 개선되지 않았으며, 조선인의 대다수는 여전히 우물물 등으로 상수도를 대신하는 실정이었다.

(2) 경성 하수도

조선시대 한양에서는 도성 중앙을 동서로 가르는 청계천과 그 지천들이 하수도의 역할을 했다. 하수도로서 청계천의 기능은 대략 17세기까지는 정상적으로 작동했으나 양대 전란 이후 한양의 인구가 급증하는 가운데 이상을 보이기 시작했다. 도성 내 하천의 처리 능력을 넘어설 만큼 오물이 증가했기 때문이다. 이에 조선 정부는 청계천 준천 사업을 실시했다. 영조대 대규모 준천은 대표적인 사례이다. 준천 사업은 19세기 말까지도 지속되었다.[30]

그러나 준천 사업으로 전통적인 열린 하수도를 유지하는 것만으로는 시대의 변화에 대처할 수 없었다. 인구의 지속적 증가는 물론이거니와 개항 이후 새로운 문물과 지식의 도입, 외국인의 서울 거주 등의 상황을 맞아 하수도는 위생 시설의 하나로서 종국에는 도로의 정비와 짝을 이루어 그 지하에 설비되어야 할 것으로 인식되기 시작했다.[31]

이런 인식의 시발점으로는 1880~1890년대 등장하는 개화파의 위생 중심 하수도 정비론을 들 수 있다. 일반적으로 그 단초는 김옥균의 논설 「치도약론(治道略論)」(1882)에서 찾는다. 이 논설은 기본적으로 도로 정비론이지만 그중 상당한 부분은 하수도 정비론에 할애했다. 그러나 이 시기까지도 정부의 정책은 국가 사업으로 새로운 하수도 시스템을 만드는 것보다 기존의 배수로를 유지, 보수하는 데 맞추어져 있었다.[32]

---

30 도성내 하천의 변화와 준천 사업의 대강은 이상배, 2009, 「조선시대 도성의 치수 정책과 준설 사업」, 『중앙사론』 30 참고.
31 이하 경성 하수도 사업의 전개 과정의 대강은 염복규, 2019, 「차별인가 한계인가?-식민지 시기 경성 하수도 정비의 '좌절'」, 『역사비평』 126, 역사비평사, 85~91쪽.
32 경남문화재연구원, 2013, 『서울 중구 관내 근대배수로 정밀조사』, 105쪽.

그런데 병합 이전까지 일본 측에 의해서 간간히 암거가 축조되었다. 벽돌(煉瓦), 모르타르(膠泥) 원형, 계란형 등의 일본식 하수도는 서울역에서 용산 일대(서울역, 의주로, 봉래동, 동자동, 후암동), 남대문로, 한국은행 앞, 회현동, 소공로, 태평로, 명동, 을지로 등지에 축조되었다. 대략 철도 부지와 일본인 거류지인 남촌 일원이라고 할 수 있다. 철도 부지에서 배수의 중요함은 말할 것도 없거니와 일본인 거류민도 일찍부터 거류지의 하수도 정비를 시작했다. 이들이 처음 정착한 곳은 '진고개'라는 별칭에서 알 수 있듯이 배수가 원활하지 않은 곳이었다. 일본인 거류민의 하수도 정비 기록을 보면 1887년, 1895년에는 도로 개수와 더불어 단지 노변 양측의 구거(溝渠)를 정비했다는 것으로 미루어 개거(開渠)를 축조한 것으로 보이지만 10여 년이 지난 1907~1909년에는 거류지 일대에 상당수의 암거 하수도를 축조했다.[33]

이상과 같이 1910년 무렵 경성의 하수도는 도심부 전역의 전통적 개거와 서울역·남촌 일부 지역의 암거가 병존하는 상황이었다. 일제강점기 경성 하수도의 확장 과정에서 조선총독부가 경성 하수도 검사를 최초로 시행한 것이 1913년이었다. 검사 결과 하수도 1cm³ 당 세균수는 종로·남대문통 등 도심부가 11만 9,000여 개, 동대문 성곽 안팎이 5만 3,000여 개, 청량리역 부근이 2만여 개로 드러났다. 시외로 나갈수록 세균수는 급격히 감소함을 알 수 있다. 이 검사를 토대로 총독부는 경성 하수도 정비의 요체는 하수를 최대한 신속하게 시외로 방출할 수 있게 하는 것이며 또 지상에 하수가 노출되는 것이 전염병의 원인이므로 하수도는 "가로 하

---

[33] 京城府, 1927, 『京城都市計劃資料調査書』, 193~195쪽; 이연경·김성우, 2012, 「1885년~1910년 한성부 내 일본인 거류지의 근대적 위생사업의 시행과 도시 변화」, 『대한건축학회논문집-계획계』 28-10 참고.

에 매설한 지하의 암거로 인도"해야 한다고 결론지었다.[34]

총독부는 이듬해 총공비 100만 원으로 7개년 하수도 개수 사업안을 내놓았다. 대규모 계획 수립에는 조선물산공진회 개최를 계기로 공진회 장소인 경성의 위생 문제가 크게 공론화된 것도 영향을 미쳤다. 그런데 이는 경성부협의회의 반대에 부딪쳤다. 부민에게 너무 큰 경제적 부담을 지울 수 없다는 이유였다. 사업안에 예산 계획은 아직 포함되어 있지 않았지만 경성부 부담이 상당할 것으로 예상되었기 때문이다. 그리하여 이때의 사업안은 일단 무산되었다. 이는 공진회를 계기로 도심부 도로 정비인 경성 시구개정이 크게 진전한 것과는 대조된다. 시구개정이 조선총독부 치도비 일부를 전용한 '국비 개수'였기 때문이었다. 따라서 총독부의 의도가 어떠했든 경성의 하수도 정비가 '눈에 보이는' 도로 정비보다 우선 순위에서 밀리는 모양새였다. 그리고 이런 전개는 이후에도 반복되었다.

총독부 토목국은 1916년에도 총공비 160만 원으로 1917년부터 3개년 계속사업을 하겠다는 안을 내놓았다. 이번에는 예산 계획이 포함되어 있었는데 반액 국고보조, 나머지 반액은 도 지방비 보조 및 경성부 기채(起債)로 충당하고자 했다. 그런데 이 안은 강우량, 우량 유출량 계산이 잘못되었음이 밝혀져 설계를 수정하는 등의 우여곡절 끝에 1918~1924년 제1기 7개년 계획으로 변경되었다. 이 안은 예산의 한계 때문에 원래 경성부의 구상보다 크게 축소된 안이었다. 그러나 제1기 하수도 개수 사업안은 병합 이후 실행에 이른 최초의 경성 하수도 정비 계획이라는 점에서 의미가 작지 않다.

---

34 「社說: 下水道의 注意」, 『每日申報』 1913.4.17; 「都市의 衛生設備, 總督府技師 山岡元一」, 『每日申報』 1914.10.25.

경성 하수도의 완전한 계획은 지형상 경성을 성내 하수구(경성 방면)와 외 하수구(용산 방면)의 2구로 분하고 하수 배제의 방법은 배수의 현재 및 하수 처분의 관계로부터 성내 하수구에서는 분류 방식을 채용하고 현재의 배수로를 개량 보수하며 동시에 협익굴곡한 가로의 불완전한 가구를 정리하여 혹은 갱(更)히 차를 신설하여 우수의 배제에 충하고 인류의 배설물, 기타 제오수는 하수 암거를 축조하여 배제하고 오수처 분공장을 축설하여 하수를 청정 처분하여 그 청정수를 한강으로 방류하는 계획이오. 성외 하수구에 재하여는 합류방식을 채용하고 현재의 배수로를 개량, 보수하여 동시에 암거를 축조하여 제오수 및 우수를 공인(共引) 동일 하수거에 의하여 한강 중류로 방류하여 그 자정 작용으로 청정케 하는 계획이라. 연한대 좌의 여히 완전한 계획은 그 공비 거액을 요하고 직히 그 실행을 행하지 아니한 고로 본시 하수도의 현계획은 암거 축조는 차를 후일에 양(讓)하고 전(專)히 우수 및 지상 오수의 배제를 목적으로 암거 계획에 저촉치 않고 개거식 하수 계획을 입할 것이오 성내 하수구(경성방면)에서는 전히 분뇨, 기타 오수 배제에 비할 암거의 축조는 차를 후일에 양하고 암거식 계획 중 우수 및 지상 오수의 배제에 충하는 개거를 축조하고 개거식 하수도로 하고 (중략) 성외 하수구에 재하여는 암거의 축조 및 개거 간선의 일부 개축을 후일에 양보하고 현재의 하수거 및 가구를 개수, 신설하여 우수 및 지상 오수를 공히 차로 인도하여 배제하는 계획이니 차로써 성내 하수구 하수공사에 주요되는 것은 가구의 정리, 현재 하수 간선의 개수, 중앙 대하수의 준설, 호안 동대문 외 대하수의 개수 및 남북 용산의 사방 공사 등이오. 성외 하수구에 재하여는 대하수 즉 욱천의 개수 및 가구의 정리 등이니 (중략) 차계획을 실시하는 시는 현금 시내 각처에 □류부폐한 오수는 개(皆) 배제하고 우 저습지를 견치 못하게 되고 시민의 위생상태를 개선하여 악역(惡疫) 유행의 근원을 일소하고 오수가 범람 횡일(橫溢)하는 해를 제(除)하여 (후략)[35]

위 기사는 일제강점기 경성 하수도 정비 과정 전반을 관통하는 이상과 현실의 괴리를 잘 보여준다. 이상안에 의하면 경성 하수도 정비의 바람직한 방향은 성내와 성외를 나누고 성내는 우수를 배출하는 개거와 오수를 배출하는 암거를 분류식으로 설비하고 오수 정화시설을 설치하며 성외는 개거와 암거를 혼합하여 합류식으로 설비하여 최종적으로는 정화된 하수를 한강에 방류한다는 것이었다. 그러나 제1기 사업안은 이런 이상적인 계획은 대부분 후일로 미루고 성내외를 막론하고 우수와 오수를 한꺼번에 배출하는 합류식으로 기설 개거식 하수도를 정비하는 현실안에 주안점을 두었다. 조선시대 이래의 전통적 하수도와 단절하지 못했던 것이다. 이렇게 할 수밖에 없는 근본 원인은 예산의 제한 때문이었다.

제1기 사업의 결산을 보면 총공비 161만 8,000원으로 주로 청계천, 욱천과 직접 연결되는 물길 16개를 정비했다. 청계천을 기준으로 북쪽 7개, 남쪽 9개이다. 개거와 암거를 비교하면 역시 개거의 비중이 훨씬 높으며 암거는 일부 소규모 구간에서만 이루어졌다. 공사 지점을 구체적으로 보면 당시 남산 남록에 위치한 총독부 청사, 황금정통 부근 등이 두드러진다. 청계천 북쪽의 공사는 사업 마지막 연도인 1923년 대거 시행되었는데, 종묘 오른편의 전매국 공장과 동대문경찰서 부근, 경복궁과 창덕궁 사이의 경성제일고등보통학교, 경성여자고등보통학교 등 관립학교 밀

---

[35] 「都市計劃과 下水溝-京城下水道의 設計에 就하여」, 『每日申報』, 1916.10.3.

집 지역을 주로 정비했다. 결과적으로 남촌 일대, 그리고 북촌에서 관변 시설이 입지한 지역 위주로 암거화가 이루어졌던 셈이다.

제2기 사업은 1925~1931년 총공비 121만 원으로 시행되었다. 제2기 사업 기간은 총독부 청사 등 주요 식민통치 시설이 청계천 북쪽 지역에 새롭게 입지하는 시기이다. 따라서 제2기 사업은 신축하거나 이전한 주요 시설 중심으로 이루어졌다. 주된 공사 지역은 총독부 청사 서쪽 일대, 경성제국대학이 입지하게 된 도성 동북부 지역, 경성운동장과 장충단공원에서 발원하는 도성 동남부 지역 등이었다. 정리하자면 제2기 사업은 1920년대 중반 주요 식민통치 시설의 건립 시기에 맞추어 그 일대 시가지 개발 차원에서 진행되었다. 그중에서도 총독부 청사 서쪽 백운동천 일대는 대부분 암거 공사를 시행했다. 청사 신축과 더불어 그 일대에 총독부, 경성부, 동양척식회사 등의 관사촌이 대규모로 형성된 것과 관련이 있었다. 그에 반해 도성 동부 지역은 일부를 제외하면 거의 개거로 정비되었다.

제2기 사업에 이어 1930~1940년대 제3기(1933~1936년), 제4기(1937~1943년) 사업도 잇달아 시행했음을 확인할 수 있다. 제3기 사업은 총연장 19.5km, 총공비 30만여 원이 소요되었으며, 제4기 사업은 8.4km, 17만 3,000여 원으로 계획되었다. 제3기, 제4기 사업은 제2기까지와는 달리 상당 부분 암거 공사를 시행한 것이 특징이다. 그간의 공사 기술력 향상 등도 이유가 되었을 것이며 1937년 이후에는 경성 시가지 계획을 개시함에 따라 시가지 계획 도로 부설의 일부로 하수도 암거 공사가 포함되었기 때문으로 짐작된다.

제3기 사업의 결과를 1936년판 지도에서 확인해 보면 청계천에서 남산 남록 사이 지역, 즉 남촌 일대는 거의 완전히 암거화 되었음이 확인된다. 그에 비해 청계천 북쪽은 이전보다는 암거화가 많이 진전되었지만 여전히 개거로 남아있는 구간도 적지 않았다. 제4기 사업에서는 이 시기 다른 도시계획 사업과 비슷하게 예산 부족 문제가 발생했다. 1937년 8월 중일전쟁 발발과 더불어 총독부는 이듬해부터 각종 도시계획 사업의 국고보조를 거의 중지했다. 그리하여 하수도 개수 사업도 대체로 경성부비만으로 간선 하수도(청계천) 정비에 집중하게 되면서 원래 계획했던 새롭게 편입한 지역의 공사는 진척하지 못했다.

이런 상황은 부회에서도 문제가 되었다. 이에 대해 경성부 측은 "하수도 개정은 간선하수도 정비를 먼저 한 다음에 적은 것을 점차 개수하여야 되는데 이것은 하수도만 따로 떼여 하기는 곤란하고 도로 개수와 병행할 수 박게는 업다"라고 답했다. 이런 '해명'은 원래 계획한 공사 구상이라기보다 계획한 사업을 그대로 진척하기 어려워진 현실을 설명한 것이라고 볼 수 있다. 그러나 주지하듯이 전시기(戰時期)의 고질적인 자재난은 계속되었고 상황의 별다른 개선은 없었다. 이에 제4기 사업의 결과도 지도에서 확인해 보면 이전과 달라진 것은 크게 보이지 않으며 다만 경성운동장 일대의 완전한 암거화 정도가 눈에 띈다.

그런데 이런 상황에서도 경성부는 제5기 사업안도 입안했다. 1941년부터 5개년 계속사업, 총공비 500만 원, 79개소, 60.730km를 개수한다는 내용이었다. 공사 지점은 주로 새롭게 편입한 외곽 지역이었다. 이에 대해 경성부는 "전염병 만히 발생하기로 유명한 경성, 이는 하수도가 유일한 배양소로 지목되어 사변하의 후생을 목표로 약간의 자재난을 물리쳐서라도 이 사업은 예정대로 수행할 방침"이라고 밝혔다.[36] 그러나 이는 '문서상의 사업'에 그친 것으로 짐작된다.

---

36 「新府域에도 下水改修」, 『東亞日報』, 1940.6.23.

이상에서 살펴본 일제강점기 경성의 하수도 정비는 개시 단계부터 예산 부족의 현실 논리에 밀려 식민지 권력이 주장한 근대 '암거' 하수도의 축조보다 전통적인 '개거' 하수도의 정비가 주류였다. 따라서 전염병의 원인으로 지목된 오수가 노출되는 것을 피할 수 없었으며, 이는 늘 여론의 비판 대상이 되었다.[37]

따라서 하수도의 암거화 여부는 단순한 재정 문제, 공사 방식의 선택 문제가 아니라 '민족 차별의 상징'으로 이해되었다. 1921년 7월 『동아일보』는 근대 도시로서 경성의 새로운 문물, 풍경을 소개하는 연재 기사에서 돈화문통의 관수교 남쪽 암거 공사를 다루었다. 하수도를 땅에 묻는 일이 진귀하고 선진적인 풍경으로 이해되었던 것이다. 이 기사는 이 공사를 가리켜 "경성의 시가도 남편만 위주하야 살기 조케 만들랴는 것"이라고 했다.[38] 조선어 언론에서 암거 하수도는 일본인 중심지에만 베풀어 주는 근대적 도시 시설의 하나로 표상되고 있음을 알 수 있다.

또 1920년대 들어 경성부는 거액의 예산이 소요되는 도시기반시설 구축을 위해 당시 일본에서 시행하는 수익세를 도입하고자 했다. 하수도 정비에서도 경성부는 제2기 사업을 시작하면서 간선 하수도뿐만 아니라 소하수구도 개수하기 위하여 350만여 원의 예산을 책정했는데, 그중 117만 원을 수익세로 충당할 예정이었다. 그러나 수익세 제정은 경성부 협의회에서 조선인 의원 다수의 반발, 조선어 언론의 거듭된 비판, 문제를

---

37 예컨대 도성 밖 왕십리 일대에서 재배한 야채를 들여와서 파는 행상의 경우 이전부터 개천에서 야채를 씻는 것이 관례였는데 일제강점기 개천은 사실상 개거 하수도였다. 결과적으로 "모든 병균이 석기어 잇는 하수도 물에 야채를 씻는 습관이 계속"되었던 것이다(「夏期의 危險物, 菜蔬에 對한 注意」, 『東亞日報』, 1921.5.25).

38 「京城小景 말하는 사진(七)」, 『東亞日報』, 1921.7.29.

키우고 싶어 하지 않는 총독부의 부정적 기조 등에 부딪쳐 무산되었다. 이때 여론의 저류에는 분명 그간 예산 범위 안에서 남촌의 암거화는 크거나 작거나 진행된 반면 이제 북촌의 암거화는 주민에게 돈을 받아서 하느냐는 피해의식이 깔려 있었다.

    1930년대 제3기 사업의 개시 시점에서도 이런 정서는 여전했다. 이에 청계천 북쪽 지역의 암거화를 위한 예산 증액 등이 논의되기도 했다. 개거 하수도가 오히려 전염병균의 온상으로 지목되면서 암거화가 필요한 하수도 연장은 약 30km, 공사비는 200만여 원으로 추산되었다. 문제는 예산을 어떻게 염출할 것인가였다. 이에 대해 기채를 하고 부근 주민들에게 수익세를 징수하여 상환하기로 결정했으나, 제도적 뒷받침이 없는 가운데 기채는 이루어지지 못했고 따라서 암거화도 진행되지 못했다.[39]

    일제강점기 경성의 하수도는 정비되지 않은 것은 아니었다. 그러나 근본적인 정비인 하수도의 암거화는 주요 식민통치 시설의 입지에 따라 진행되었다. 암거화의 명분은 위생이었지만 재정의 한계 속에서 암거화의 '순서'는 토지 이용의 위계에 따라 결정되었다. 따라서 같은 북촌이라도 총독부 신청사가 건립되고 그 서쪽 일대에 관변 기구의 관사촌이 형성되면서 암거화는 신속하게 진전되었다. 경성운동장이 들어서면서 도성 동부가 암거화되었다. 그러나 전통적 간선 하수도인 청계천의 암거화는 항상 제기되는 이슈였지만 일제강점기 거의 진척되지 못했던 것이다.

---

39 「惡菌 培養 源泉된 三十萬米 市內下水道」,『朝鮮日報』, 1935.1.24.

2) 인천 상수도

인천은 지형적으로 하천의 길이가 짧고 유량이 적어 생활용수를 공급하기에 부족할 뿐 아니라 수질도 양호한 편이 아니었다. 그러나 인천은 대표적인 개항도시였기 때문에 19세기 말부터 외국인 인구 비율이 높았다. 따라서 근대적 상수도에 대한 요구도 많았다. 1905년 인천 일본인 거류민단은 급수 부족 문제를 해결하기 위한 간담회를 개최했다. 그 결과 수도 부설 조사위원회를 조직하고 조사를 개시했다. 이때의 조사를 토대로 설계한 인천 상수도의 골자는 인천에서 약 6km 떨어진 문학산 계곡의 빗물을 저장하여 1만 4,000여 명 분의 수원지를 조성하는 것이었다. 그러나 수원지까지 너무 원거리인 탓에 비용에 부담을 느낀 거류민단은 계획을 중단하고 그 대신 일본조계와 각국조계에 8곳의 공동 우물을 설치하여 응급 식수원으로 삼았다.[40]

한 차례 좌절된 인천 상수도 부설은 통감부의 이른바 '시정개선사업'의 하나로 다시 논의되었다. 제2회 시정개선협의회에서 재정고문 메가타(目賀田種太郎)는 일본흥업은행의 차관 1,000만 원 중 217만 원의 거액을 인천 상수도 공사에 지출하자는 의견을 냈다. 경영 방식에서 통감 이토(伊藤博文)는 '회사' 경영을 주장한 반면 한국 대신들은 정부 직영의 '관업(官業)'을 제시했다. 이때는 정부의 주장이 관철되기는 했지만 메가타는 탁지부대신에게 상수도는 장래 정부 직영이 아니라 지방 경영으로 돌려야 함을 주장했다.

---

40 加瀨和三郎, 1908, 『仁川開港二十五年史』; 견수찬·김현석 역주, 2004, 『역주 인천개항25년사』, 인천광역시 역사자료관, 89쪽.

인천 상수도는 일본흥업은행의 차관을 재정적 기반으로 1906년 11월 기공하여 1910년 9월 준공했다. 12월부터는 인천 시가지 및 근교에 급수를 시작했다. 수원지는 한강변 노량진에 조성했다. 노량진에서 취수한 물을 침전, 여과의 정수 과정을 거쳐 인천 동북부의 송림산 배수지로 송수했다. 배수지에 저장한 물은 배수관과 이로부터 분기하는 급수관을 통해 각 급수전으로 송수했다.[41]

인천 상수도는 정부 '관영'으로 준공했기 때문에 강제병합과 함께 총독부 내무부 지방국 토목과 소관이 되었다. 총독부는 이를 경기도에 위탁하여 운영했다. 경기도는 관설공영전의 운영을 인천수상조합(仁川水商組合)에 청부했다. 공용전의 개수가 적어서 많은 사용자가 직접 물을 길러 다니는 것이 어려웠기 때문이다. 그리고 급수전 설치를 수익자 부담 원칙으로 했기 때문에 급수전의 증설도 어려웠다.

인천수상조합은 관설공용전에서 급수한 물을 수요자에게 배달하고 요금을 징수하여 납부하는 역할을 맡았다. 결국 식민지 권력은 전통적인 물장수를 상수도 급수 체계에 편입하여 수도물 공급과 급수전 관리를 맡겼던 셈이다. 경기도는 이런 방식으로 상수도를 운영하여 수상조합의 정액 납부 요금으로 수익성을 보장받고 공용전 관리 부담도 전가할 수 있었다.

인천 상수도는 요금제에서는 다량의 물을 사용하는 영업용 급수는 계량제를 적용한 반면 가사용 급수는 건평을 기준으로 정액제를 적용하여 사용자의 급수료 부담을 경감했다. 나름대로 합리적인 공익성을 추구한

---

41 仁川府, 1933, 『仁川府史』, 181~183쪽; 박정민, 2021, 「1910~20년대 인천부 상수도 급수의 운영과 지역사회의 '부영화' 운동」, 『역사교육』 157, 260~262쪽.

〈그림 3-4〉 1920년대 후반 노량진 수원지의 취수탑과 정수장

* 출전: 朝鮮總督府, 1937, 『朝鮮土木事業誌』

셈이다. 그러나 이때의 공익성 추구는 일정한 경제력이 있는 유산층에 국한된 문제였다. 영세한 계층이 사용하는 관설공용전의 급수 운영은 공익성보다 업무 효율성을 우선한 청부제로 운영했기 때문에 영세한 계층에서 급수 확대는 부진할 수밖에 없었다.

이 같은 급수 체계는 인천의 도시화와 인구 증가에 따라 상수도 증설 요구가 점차 증대되면서 계속 유지하기 어려웠다. 그러나 상수도 증설을 위한 재정 마련이 불가능했던 총독부는 상수도를 각 부로 이관하여 재정 부담을 덜고자 했다. 이런 가운데 상수도의 절대 부족에 시달리던 경성부는 인천부의 수원지인 노량진을 경성부로 이관하고자 시도했다. 이에 대해 인천부와 지역사회는 노량진 수원지를 '사수'하고자 상수도 부영화 운동을 전개했다.[42]

결국 상수도 경영에서 식민지 중앙권력이 초기의 재정적, 행정적 '무능'을 개선하지 못함에 따라 경성과 인천 사이의 상수도를 둘러싼 공간적, 지역적 이해관계의 대립과 갈등도 지속되었던 것이다.

3) 부산 하수도

일본인이 집주했던 대표적인 개항도시 부산에서도 근대적 하수도는 일찍부터 정비되었다. 개항 초기 일본인 거류지에서 하수도를 건설했으며, 1909~1913년 영선산(營繕山) 착평공사(鑿平工事)[43] 과정에서도 암거

---

42 박정민, 2021, 앞의 글, 268~282쪽.
43 부산역과 초량역 사이의 영선산을 착평하여 용두산 일대 일본인 거류지를 부산진, 초량 방면으로 확장하기 위해 실시한 공사.

하수도를 건설했다.[44]

병합 이후에도 하수도 정비를 지속적으로 실시했다. 그러나 이는 체계적으로 이루어진 것은 아니었다. 또 개항 초기 건설한 하수도는 시설의 노후화와 급격한 인구 증가에 따라 개량의 필요성이 제기되었다. 이에 부산부는 1920년대 후반 제1기 하수도 건설 사업을 실시하기 위한 논의를 시작했다. 이때 부산부협의회는 대청정, 본정, 서정, 부평정, 서부평정, 좌등정, 영정 등을 제1기 사업 구역으로 결정했다. 이 지역은 상업이 발달한 대표적인 부산의 일본인 중심지였다. 압도적으로 일본인이 우위인 부산부협의회의 구도상 예상할 수 있는 결정이었다.[45]

제1기 사업은 처음에는 5개년으로 구상했으나 예산 문제로 3개년 사업으로 축소되었다. 가장 먼저 1929년 본정과 서정의 하수도를 개수했다. 이어서 1930년 본정, 부평정, 서부평정, 영정, 좌등정의 하수도와 서정의 측구(側溝)를 개수했다. 마지막으로 1931년 대청정, 부평정의 하수도와 본정의 측구를 개수했다. 제1기 사업을 종료한 후 부산부는 독자적인 하수도 관리 예산을 편성하기 시작했다.[46]

부산의 제1기 하수도 건설 사업의 특징은 암거가 주종을 이루었다는 점이다. 이는 암거보다 개거가 주종이었던 경성과 차이를 보인다. 병합 이후 하수도 건설 사업은 경성보다 늦게 시작했지만 기술적으로는 부산이 더 높은 수준을 구현했음을 알 수 있다. 그보다 더 중요한 점은 일본인 중심지 외곽의 조선인 중심지가 철저하게 사업 구역에서 제외되었다는 사

44　박민주, 2016, 「일제강점기 부산부 하수도 건설사업의 진행 과정과 한계」, 『역사와 경계』 98, 39쪽.

45　홍순권, 2010, 『근대도시와 지방권력』, 선인, 354~356쪽.

46　제1기 부산 하수도 건설 사업의 개요는 朝鮮總督府, 1930, 『釜山都市計劃書』, 149~153쪽.

실이다. 부산부협의회, 부산부회의 구성은 도시 인프라 구축에서 이렇게 노골적인 차별을 제어할 수 없는 것이 현실이었다. 이는 1934년 이른바 부산부회 조선인 의원 총사직 사건의 한 배경이 되기도 했다. 당시 조선인 의원들의 요구사항 중 하나는 조선인이 많이 거주하는 고지대의 위생 시설을 일본인 중심지 수준으로 정비해 달라는 것이었다.[47]

부산부는 조선인 주민의 불만이 커지고 시가지 외곽의 고지대 거주자가 점차 증가함에 따라 제2기 하수도 건설 사업을 실시했다. 그동안 하수도 구축에서 소외되었던 외곽 고지대 중심의 사업이 가능했던 것은 1930년대 전반 실시한 궁민구제토목사업 덕분이었다. 제2기 사업에서는 대신정, 중도정, 초장정, 보수천 호안, 보수정, 영주정, 초량천 개수, 부산천 개수, 고관공원 아래쪽 개수, 제1범일정, 제1영선정, 제4영선정, 제8영선정 등 현재 부산의 서구, 중구, 동구 일원을 사업 구역으로 선정했다. 이 중 대신정, 초장정, 영주정, 제1범일정 등은 부산의 대표적인 조선인 중심지였다. 이 같은 사업 구역의 선정에는 1930년대 지방제도 개정으로 민족적 편중이 다소 완화된 부산부회의 구성, 즉 부산 도시 정치의 구도가 기반이 되었다고 할 수 있다.[48]

---

47 김동명, 2018, 『지배와 협력』, 역사공간, 325~344쪽.
48 박민주, 2016, 앞의 글, 68~69쪽.

3. 전차 운행과 도시 교통

교통사의 흐름에서 도시 교통의 발달은 세 단계로 설명할 수 있다. 제1단계는 전통적인 수운(水運)의 시대이다. 이때 도시 내부의 주요 교통수단은 도보와 마차였다. 제2단계는 산업혁명과 근대로의 이행에 따라 도시 공간이 선형으로 확대되는 시기로서 이때 새로운 교통수단으로서 전차가 발달했다. 제3단계는 도시 공간이 동심원적으로 확대되면서 자동차 교통이 대중화되는 시기이다. 근대 도시 교통의 진화는 도시 공간 확대의 결과이면서 그를 추동하는 힘이 되기도 한다.[49] 조선에서 근대적 도시 교통수단인 전차는 대한제국기(1899, 한성) 처음 도입되어 일제강점기 식민지 도시화와 더불어 크게 발달했다. 이 과정에서 전차 운영 주체, 전차 노선 신설의 방향 등을 둘러싸고 다양한 갈등이 발생했다. 이는 식민지 도시화의 특징의 잘 보여준다. 이 절에서는 경성과 부산을 사례로 식민지 전차 교통의 실태와 모순을 정리한다.[50]

1) 경성 전차

경성에서 전차 운행은 일제에 의해 시작된 것은 아니다. 그 효시는 대한제국기로 거슬러 올라간다. 대한제국 정부가 출자한 한성전기회사(漢城

---

49 권용우 외, 1998, 『도시의 이해』, 박영사, 344~345쪽.
50 경성과 부산 전차는 광복 후 1950년대까지 도시 교통에서 중요한 역할을 했으나, 1960년대 도시화의 새로운 단계로 접어들면서 쇠퇴하기 시작하여 1968년 공히 최종 폐지되었다.

電氣會社)는 1899년 최초의 전차를 개통했다. 일본 교토(1895), 나고야(1898)에 이어 아시아에서 세 번째였다. 원래 계획한 구간은 종로를 통과하여 동대문에 이르는 것이었지만, 당시 경인선의 출발역인 서대문정거장과 연결하기 위해 기점이 서대문정거장으로 바뀌었다. 그리고 고종의 명성황후 능행의 편의를 위해 종점도 곧 청량리까지 연장했다.[51]

처음에 전차선로는 성문을 통과하는 형태로 부설했다. 이것으로 조선시대 한양도성 안팎의 통행을 제한하던 관행에서 자연스럽게 벗어났다. 그런데 통감부 시기부터 도성의 성곽이 훼철되기 시작했다. 그 시발점은 1907년 일본 황태자(후일의 다이쇼[大正]천황) 방한을 맞아 성벽처리위원회를 설치하고 숭례문 북쪽 성곽을 철거한 데에서 비롯했다. 통감부는 성곽을 철거하고 황태자가 도착할 남대문정거장에서 경복궁에 이르는 도로를 정비했다. 이어서 숭례문 동쪽, 흥인지문 북쪽과 남쪽 오간수문(五間水門)에 이르기까지 성곽은 빠르게 훼철되었다. 성곽이 사라진 자리는 자연스럽게 도로화 했다. 이에 전차선로도 도로를 따라 이전했다. 그리하여 처음에 성문을 통과하던 전차는 그 좌우를 우회하는 방식으로 운행하기 시작했다.[52]

한편 전차 운영의 주체는 한성전기회사에서 한미전기회사(韓美電氣會社), 일한와사(日韓瓦斯)(주), 경성전기(京城電氣)(주)로 바뀌어 갔다. 이는 궁극적으로 일본 자본이 경성의 전차 교통을 장악해 가는 과정이었다. 병합 전후 전차 운영의 주체가 바뀌는 동안 종로선에 이어서 두 번째 노선

---

51 한국전력공사, 1989, 『韓國電氣百年史』, 105쪽.
52 최인영, 2014, 『서울지역 전차교통의 변화 양상과 의미』, 서울시립대학교 박사학위논문, 28~36쪽.

인 신·구용산선, 세 번째 노선인 의주로선이 신설되었다. 이상의 과정은 공간적으로 전차 교통이 조선인 중심지인 종로, 마포, 청량리에서 일본인 중심지인 본정, 황금정, 신·구용산으로 확장해 가는 과정이었다. 1910년대 전차 노선의 신설과 복선화 공사는 1915년 조선물산공진회를 개최하는 시점에서 거의 일단락되었다.[53] 이는 같은 기간 시구개정의 경과와도 궤를 같이 한다.[54]

공진회가 끝난 후 1916년부터 총독부 신청사 공사를 시작하면서 종로에서 광화문 앞에 이르는 임시 전차궤도를 신설했다. 처음에는 공사 자재 등을 운반하기 위한 화물차만 운행했으나 1918년부터는 여객용 객차도 운행했다. 이는 경복궁을 둘러싼 통의동, 효자동, 안국동 일대에 전차 노선을 편성하는 계기가 되었다. 광화문선 개통은 조선시대 이른바 육조거리인 광화문 공간에 경기도청, 체신국, 조선보병대, 헌병분대, 경찰관강습소 등 여러 식민통치기구가 입지한 것과도 관련되어 있다.

광화문선은 서북쪽으로 통의동과 효자동, 동쪽으로 안국동 방향으로 연장되었다. 그리고 연장된 전차 노선의 연선에는 총독부 관사와 숙사, 동양척식회사(주)와 조선식산은행의 사택촌이 형성되었다.[55] 1920년대 중반 총독부 신청사의 준공, 북촌 일대 전차 노선의 연장, 총독부와 핵심 국책회사 종사자를 위한 주택지대 형성은 하나로 연결되는 과정이었다. 더욱이 1928년 광화문선을 연장한 태평통선이 개통하면서 광화문에서 경

---

53 최인영, 2014, 앞의 글, 37~50쪽.
54 염복규, 2016, 앞의 책, 25~39쪽.
55 총독부 청사의 신축·이전을 전후한 경복궁 일대 관사촌 형성에 대해서는 김명숙, 2004, 「일제시대 경성부 소재 조선총독부관사에 관한 연구」, 서울대학교 석사학위논문, 12~13쪽.

⟨그림 3-5⟩ 1929년 현재 경성 전차 노선도

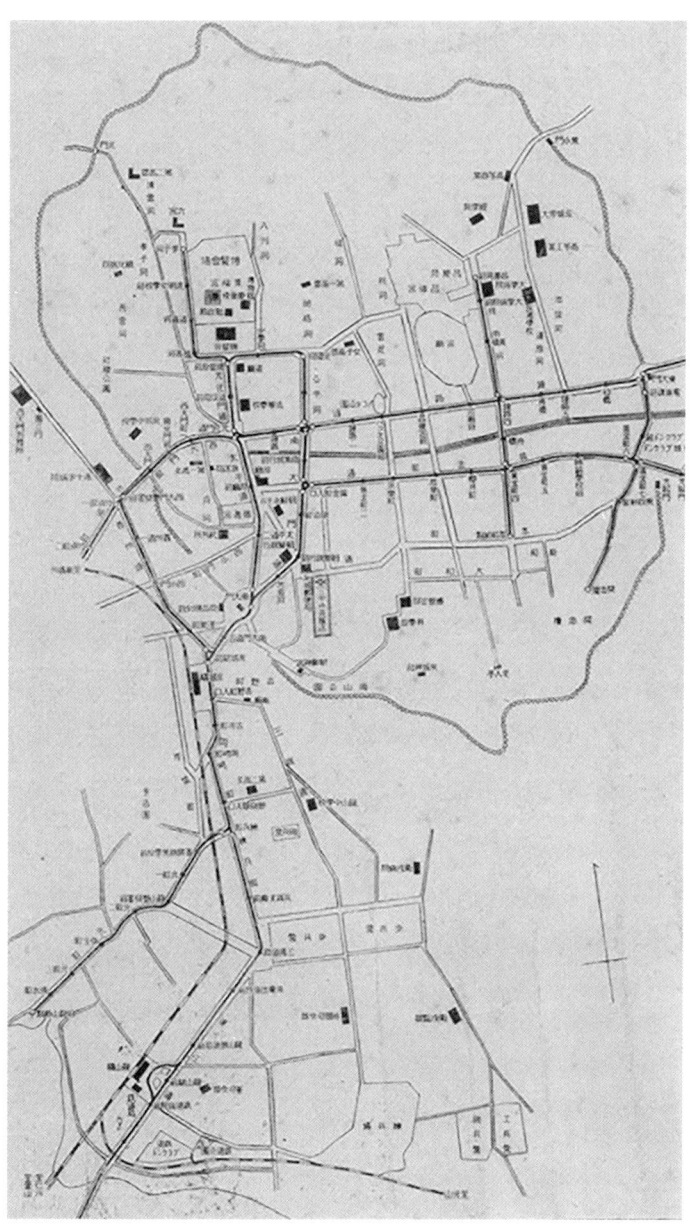

* 출전: 京城電氣株式會社, 1929, 『京城電車案內』

성역을 거쳐 용산의 일본군 기지까지 연결되는 전차 노선이 완성되었다. 궁극적으로 1910~1920년대 도심부 전차 노선의 확대는 총독부 청사가 남산록에서 경복궁으로 이전한 효과였다고 할 수 있다.[56]

한편 1920년대 들어 이촌향도 현상이 본격화하면서 경성도 교외 지역의 인구가 증가하고 비농업 인구 비율이 높아지는 등 외곽 지역의 도시화가 진전되었다. 이에 도시 교통에서 전차 외에 버스의 도입이 논의되었다. 전차에 비해 기동성과 상황 변화에 따른 운용 탄력성이 높은 버스의 도입은 외곽 지역의 도시화에 대한 적절한 대응책이었으며, 버스 교통의 활성화는 생활권을 확장하는 계기가 될 수도 있었다. 그럼에도 아직 교통 수요도 적고 수익성이 불확실한 버스의 도입을 회의적으로 보는 시각도 존재했다.[57]

경성부가 버스 사업 운영을 모색하는 가운데 경성의 전차 교통을 독점하고 있던 경성전기는 교통기관의 합리적 운영이라는 명분을 내세워 전차와 버스의 겸영을 주장했다. 이 무렵 일본에서는 이미 버스 등 자동차 교통이 전차 등 궤도 교통을 위협할 정도로 급성장하고 있었다. 경성전기는 아직은 수익성이 확실한 전차 사업을 유지, 확장하면서 후일 도시 교통의 주류가 될 가능성이 있는 버스 사업까지 운영하는 '공격적' 경영책을 모색했던 것이다. 이에 대해 경성부는 유력한 재원 조달책이 될 수 있으면서 경성전기를 견제할 수단이 될 수도 있는 버스 사업을 쉽게 포기

---

56 1920년대 이른바 '북촌노선'의 증설에 대해서는 최인영, 2010, 「일제시기 京城의 도시 공간을 통해 본 전차노선의 변화」, 『서울학연구』 41, 서울시립대학교 서울학연구소, 40~45쪽.

57 이하 경성부영버스의 도입과 버스·전차 경영 일원화 과정에 대해서는 최인영, 2007, 「1928~1933년 京城府의 府營버스 도입과 그 영향」, 『서울학연구』 29, 서울시립대학교 서울학연구소, 222~241쪽.

하려고 하지 않았다.

1920년대 후반 현실화된 경성의 버스 사업의 경영 주체를 둘러싼 경성부와 경성전기의 '경쟁'에 영향을 미친 것은 당시 전국적으로 거세게 일어난 전기 사업 공영화 분위기였다.[58] 이 무렵 조선의 여러 도시에서는 일본의 영향을 받아 공공사업 독점 체제의 폐해를 비판하고 이를 공영화하자는 논의가 일어났다. '공영화'라는 명분은 총독부가 버스 사업의 운영권을 경성부에 허가하는 데에도 영향을 미쳤다. 1928년 경성부가 버스 사업을 시작함에 따라 경성에서는 운영 주체가 다른 전차와 버스, 두 교통기관 사이의 경쟁 체제가 수립되었다.

이 무렵 런던이나 파리 같은 서양 대도시에서는 자동차 교통이 발달하면서 궤도 교통이 쇠퇴하여 도시 교통의 중심이 전차에서 버스로 대체되는 양상이 진행되었다. 그러나 일본은 여전히 궤도 교통을 보호하는 정책을 취했다.[59] 1931년 제정한 「자동차교통사업법」은 자동차 교통의 발달을 제어하고 전차 교통을 보호하는 취지의 법이었다. 조선도 이른 본따 1933년 「조선자동차교통사업령」을 제정했다. 이에 따라 경성에서도 다양한 교통노선의 신설은 억제되었으며, 전차를 중심으로 부영버스, 경인버스가 이를 보조하는 교통 시스템이 유지되었다. 이런 가운데 부영버스의 경영수지는 개선되지 않았다. 결국 경성부는 1933년 부영버스 영업권을 경성전기에 양도하기에 이르렀다.

이로부터 경성의 교통 사업은 8·15 광복 때까지 경성전기의 독점 체

---

58 1930년 전후 전기사업 '공영화' 논의의 전개와 의미에 대해서는 김제정, 2000, 「1930년대 초반 경성지역 전기사업 부영화 운동」, 『한국사론』 43, 서울대학교 국사학과 참고.

59 角本良平, 1963, 『都市交通』, 有斐閣, 21~24쪽.

제로 전차를 중심으로 버스가 보조하는 방식이 지속되었다. 이는 전차 중심이라는 점에서는 일본과 비슷했다. 그러나 경영 주체 측면에서는 완전히 달랐다. 일본은 일찍부터 많은 도시에서 전차의 시영화가 진행되었다.[60] 그런데 경성은 반대로 부영으로 출발한 버스마저 경성전기가 운영하게 되었던 셈이다. 하나의 주체가 전차와 버스를 같이 운영하는 것은 교통망을 상호 보완적으로 구성한다는 점에서는 효율적이었다. 그러나 경성과 같이 도시의 대중교통을 손익을 우선시하는 자본이 운영하는 것은 공공성 측면에서는 구조적 한계가 있을 수밖에 없었던 것이다. 이런 한계는 생활권의 확대와 인구 증가로 교통 수요가 크게 증가하는 1930년대 후반 이래 크게 가시적으로 드러난다.[61]

한편 1930년대 들어 경성의 도시화는 더욱 가속화되었다. 인구의 자연 증가는 물론이거니와 1936년 시가지 계획 실시와 더불어 행정구역이 대거 확장되었다. 1930년 40만 전후이던 경성의 인구는 1936년 행정구역 확장과 더불어 새로운 편입 지역의 인구까지 포함하여 67만 명 정도로 증가했다. 1940년에는 90만 명을 돌파하여 8·15 광복 때에는 100만 명을 조금 밑도는 수준까지 증가했다. 이와 더불어 교통기관을 상시적으로 이용하는 이른바 '교통 인구'도 크게 증가했다. 교통 인구는 1934~1937년 연인원 1천만 명씩 증가했으며, 중일전쟁 발발 이후 1938~1940년에는 연인원 2, 3천만 명씩 증가하는 추세를 보였다.

이런 가운데 경성의 교통난은 심각한 도시문제로 대두했다. 이는 기본

---

60 1903년 오사카가 시영 전차를 개업한 이래 1911년 도쿄, 1917년 고베, 1918년 교토, 1921년 요코하마, 1922년 나고야 전차가 시영화했다.

61 이하 1930~1940년대 경성의 도시 공간 확대와 교통문제에 대해서는 최인영, 2014, 앞의 글, 111~154쪽.

<그림 3-6> 1940년대 초 경성의 급행전차

* 비고: 김영준(도쿄대학 도시공학과 박사) 소장

적으로 교통 인구의 증가를 교통 기관의 확대가 따라가지 못하는 데에서 기인했다. 물론 여기에는 본질적으로 어쩔 수 없는 물리적 한계도 있었으나, 경성전기의 이윤 중심 교통 사업 운영에서 비롯한 구조적 한계가 크게 작용했음을 부인할 수 없다. 예컨대 경성 시가지 계획으로 새로운 주택지를 개발하여 인구가 크게 증가한 돈암지구 방면으로 전차 노선을 연장해 달라는 주민들의 요구가 일찍부터 제기되었지만 경성전기는 수지를 장담할 수 없다는 이유로 이를 여러 차례 거부하다가 1943년에야 돈암정 선을 신설했던 것이다.[62]

---

62 염복규, 2016, 앞의 책, 271~272쪽.

또 경성전기는 출퇴근 시간대 교통난이 날로 심각해지는 데에도 고정자본을 많이 투입해야 하는 전차 증설이 아니라 주요 정거장에만 정차하는 급행 전차, 나아가 급급행 전차 편성으로 대응했다.[63] 이는 미봉책에 불과했으나 경성전기가 더 이상의 대책을 세우지 않았기 때문이다. 그리하여 광복 후 서울의 도시 교통은 최악의 교통난을 '식민지 유산'으로 물려받을 수밖에 없었다.

2) 부산 전차

일제강점기 부산의 전차 교통망 형성은 이례적으로 시가지 노선이 아니라 부산항과 동래 온천장을 연결하는 선로 부설에서 시작했다. 부산 일본인 사회는 처음에는 장수통선(長手通線; 현재 부산 중구 광복동)과 대청정선(大廳町線; 현재 부산 중구 대청동)을 두 축으로 시가지 일주선과 서부 신시가지를 순환하는 시가지 횡단선 부설을 구상했다. 그러나 전차 사업의 주체인 조선와전(朝鮮瓦電)의 이윤 추구와 식민지 권력의 정책적 결정에 따라 동래(온천장)선을 먼저 운영하게 되었다.[64]

경편철도로서 동래선은 병합 직전인 1909년 준공했다. 당시 부산의 대표적인 일본인 자본가들은 부산궤도(주)를 설립하고 상수도 공사를 위해 임시 가설한 경편철도와 기관차를 인수받아 부산진 성내에서 동래 온천장에 이르는 약 9.6km의 동래선을 부설했다. 동래선은 부산진과 동래

---

63 京城電氣株式會社, 1940, 『京城電氣槪要』, 10쪽.
64 이하 부산 전차 교통망의 형성 과정과 의미에 대해서는 전성현, 2012, 「일제시기 지역 철도 연구-근대 식민도시 부산의 전철 건설을 둘러싼 지역사회의 역학관계」, 『역사와 경계』 84 참고.

읍내의 전통적인 조선인 시가지를 포함하지 않고 일본인 중심지로 새롭게 건설한 부산항 일대와 동래 온천장을 직결하는 도시 간선철도였다.[65]

한편 이 무렵 부산의 가스, 전기 사업을 경영하기 위한 대규모 회사로서 조선와사전기(朝鮮瓦斯電氣)(주)가 설립되었다. 조선와전은 가스, 전기, 전차 등 도시 인프라의 신설뿐 아니라 이미 개통한 동래선의 인수와 개량도 시도했다. 이를 통해 도시 생활권의 실질적 확장과 이윤 추구를 추구했다. 조선와전은 동래선의 협궤를 광궤로 개량하는 한편 처음에 포함되지 않았던 조선인 시가지를 적극적으로 포함하여 동래선을 명실상부한 도시철도로 전환하고자 했다. 결과적으로 1916년 1월 1일부터 동래선이 전차로 전용됨으로써 부산진 일대 시가지는 포함되지 못했지만 동래 일대 조선인 시가지는 동래선 역세권에 포함되었다.

이어서 조선와전은 계획했던 전차노선 신설을 개시했다. 처음에는 일본인 중심지 위주의 '시내 일주선'으로 계획했으나, 결과적으로 부산항과 동래 온천장 연결 노선 부설을 먼저 추진하게 되었다. 이 과정에서 부산진의 조선인 시가지는 물론 도심부의 변두리였던 초량과 영주동까지 철도 역세권에 포함되었다. 그리하여 동래선은 부산항에서 동래 온천장에 이르는 지역을 온전하게 포괄하는 도시철도로 완성되었다.

부산항과 동래 온천장을 연결하는 도시철도가 완성된 것은 이후 부산의 도시구조 형성에도 많은 영향을 미쳤다. 일본인 중심지인 부산항의 '도심', 매축이 진행되어 공업지역화 할 예정인 부산진의 '부도심', 온천을 중심으로 별장과 각종 위락시설이 들어선 동래 온천장의 '교외'라는 공간

---

[65] 전성현, 2009, 「일제시기 동래선 건설과 근대 식민도시 부산의 형성」, 『지방사와 지방문화』 12-2, 249~256쪽.

〈그림 3-7〉 부산역 앞에서 거행된 부산 시가지 전차 개통식

* 출전: 『釜山日報』, 1915.11.3.

적 배분이 이루어졌다. 그리고 도심, 부도심, 교외로 구분된 도시 공간은 각각 민족적 분리, 위계화와도 결합했다. 즉 부산항과 그 주변 대신동, 초량, 영주동 등지의 조선인 중심지, 부산진의 매축지와 그 주변 조선인 중심지, 교외인 동래 온천장과 그 주변 동래의 전통적 조선인 사회가 병립하는 구조가 형성된 것이다.

　동래선이 개통한 이후 부산의 일본인 사회는 처음에 목표했던 시가지 일주선과 횡단선 부설을 위한 노력을 계속했다. 이런 노력은 교통망의 물리적 완성을 기도하는 것이기도 했지만, 부산항 일대 일본인 중심지의 공간적 구심력을 부산이라는 도시 전체로 확장하려는 지향이기도 했다. 그리하여 1910~1920년대 대청정선(1916), 장수통선(1917), 중도정선(中島町線, 1925), 대신정선(大新町線, 1928) 등이 차례로 준공하면서 부산 전차

노선은 점차 서부 신시가지로 확대되었다. 그리고 1930년대 토성정선(土城町線)이 준공함으로써 시가지 일주선은 거의 완성되었다.

이어서 초기에 부설한 노선의 복선화를 추진함과 더불어 대교통선(大橋通線, 1934), 소화통선(昭和通線, 1941) 부설이 마무리되어 시가지 일주선이 포괄하는 영역은 더욱 확장되었다. 시가지 일주선의 완성은 일본인 중심지의 교통을 원활하게 하는 것이면서 이를 중심으로 도시 공간을 확장할 수 있는 구심력을 갖추는 것이었다. 즉 시가지 일주선을 중심으로 서부 대신정, 북부 범일정과 동래 온천장, 남부 목도 등으로 뻗어나가는 길을 열게 되었던 것이다. 이는 부산항과 부산역을 기점으로 하는 도시 교통기관의 완성이었다고 할 수 있다. 그런데 이때의 완성이란 물론 부산을 제국 일본과 식민지 조선의 연결지점, 대륙 진출의 출발점으로 위치 짓는 재부산 일본인의 입장에서의 '완성'이었다.

한편 부산진선과 동래선의 연결 및 전철화 이후 하나로 연결된 부산의 도시철도는 부산진을 경계로 시내선과 시외선으로 구분하여 운영되었다. 공간적 구분은 물론 민족적 구분과도 맞물린 것이었다. 도시 교통망 편제는 지역적 차별과 민족적 차별이 중첩되어 있었다. 그러나 실제 운영 과정에서 이런 편제의 의도성은 일방적으로 관철되지는 않았다. 당시 전차노선을 운영하는 도시에서 전차는 대표적인 공공시설로 인식되었다. 따라서 그 운영을 둘러싼 다양한 요구와 갈등이 분출했다. 그리고 이런 요구와 갈등이 교차하거나 봉합되는 지역정치의 작동은 전차 교통의 실제 운영 과정에 많은 영향을 미쳤다.

4. 공원과 묘지 – 도시 공지의 '통제'

공원과 묘지는 각각의 고유한 기능이 있으며, 범용하게 생각해도 그 의미가 크게 다른 시설이지만 공간적 차원에서 볼 때 도시의 공지(空地)를 권력이 통제한다는 측면에서 공통점이 있다고 여겨진다. 일제강점기 도시공원과 묘지는 여러 도시에서 형성되었지만, 이 절에서는 그 존재감이 뚜렷했던 경성과 부산의 경우를 살펴보겠다.

1) 도시공원

(1) 경성

공원은 도시의 개방 공간이자 일종의 광장으로서 근대화 과정에서 도시의 필수 인프라로 인식되기 시작했다.[66] 서양 도시의 근대화 과정에서 많은 도시공원이 조성되었다. 일본도 비슷하게 메이지유신 이후 새로운 도시공원을 조성했다. 대표적으로 수도 도쿄의 우에노(上野)공원(1882), 히비야(日比谷)공원(1903) 등은 '근대 도시로서 도쿄'를 상징하는 시설이었다.

대한제국 정부도 수도 한성의 근대화를 추진하는 과정에서 도시공원을 조성했다. 조선 전기 폐사된 사찰 원각사(圓覺寺) 터에 조성한 탑골공원이 그것이다. 탑골공원은 당시 정부 재정고문 겸 해관 총세무사였던 영국인 맥레비 브라운(J. Mcleavy Brown)의 건의로 조성되기 시작했다. 그런

---

66 강신용·장윤환, 2004, 『한국근대도시공원사』, 대왕사, 13~20쪽.

데 탑골공원은 서양인 고문이 처음 발의하여 서양식 공원으로 조성했지만, 폐쇄적으로 운영되었다. 평소에는 정부 고관과 서양인에게만 개방했으며, 일반인의 출입은 제한적으로만 허용했다. 대중의 휴식과 집회 장소라는 근대 도시공원의 본질적 의의에는 미치지 못하는 공간이었던 셈이다. 탑골공원의 조성과 운영은 대한제국기 근대화 사업의 의미와 한계를 상징한다고도 할 수 있다.[67]

1909년에는 통감부가 창경궁을 창경원으로 개편하여 '공원'으로 개방했다. 1907년 고종이 폐위당하면서 갑작스럽게 황제가 된 순종의 근심과 우울을 달랜다는 명분이었다. 통감부는 창경궁의 일부 전각을 철거하고 서양식 건물을 짓는 한편 동물원과 식물원을 조성했다. 창경원은 입장료와 이용 규칙을 제정한 최초의 도시공원이었다. 전통 시대의 왕궁을 도시공원으로 개편함으로써 일제는 자신들의 진보한 근대 문명을 드러내고자 했다.[68]

일제는 1913년부터 탑골공원도 전면적으로 개방했다. 이와 더불어 일본식 정자와 편의시설, 화장실 등을 설비하여 '온전한' 도시공원의 형태를 갖추었다. 이와 같이 강제병합을 전후하여 경성에 등장한 도시공원은 근대 도시의 인프라 구축이라는 측면과 일제 침략에 따른 새로운 상징성 창출이라는 측면이 혼종되어 있었다고 할 수 있다.[69]

---

67 최인영·박희용, 2023, 「대한제국기~식민지기 탑골공원의 운용과 활용」, 『서울학연구』 91, 서울시립대학교 서울학연구소, 3~12쪽.
68 우연주·배정한, 2016, 「근대적 도시공원으로서 창경원」, 『한국조경학회지』 44-4, 15~19쪽.
69 김해경·김영수·윤혜진, 2013, 「설계도서를 중심으로 본 1910년대 탑골공원의 성립 과정」, 『한국전통조경학회지』 31-2, 103~115쪽.

1920년을 전후하여 장충단, 훈련원, 사직단, 효창원 등이 대거 '공원화'했다. 이 장소들은 공통적으로 조선시대~대한제국기 각각의 상징성과 용도가 별개로 존재했던 곳이었는데, 강제병합 과정에서 고유의 장소성을 잃고 유휴공간화한 곳이었다. 그리하여 공식적인 공원은 아니었으나 이미 실질적으로 공원 기능을 하고 있었다. 경성부는 1910년대 말부터 이곳들을 순차적으로 공식적인 공원으로 지정했다. 그러나 특별히 새로운 설비를 한 것은 아니었으며, 다만 법정 공원으로 지정했을 뿐이었다.[70]

이같이 공원을 지정하는 과정에서 식민지 권력은 도시민이 누릴 수 있는 실질적 혜택을 강조했다. 그리고 이런 공원 담론은 조선인들 사이에 큰 거부감 없이 수용되었다. 이 무렵 도시공원이 도시민의 일상 공간, 도시 생활에 필요한 필수적인 인프라로 인식되기 시작했음을 알 수 있다. 1920년대 들어 언론을 통해 북촌에 추가로 공원을 시설해 달라는 조선인 사회의 여론이 지속적으로 제기된 데에서도 이런 사실을 짐작할 수 있다. 아래 기사는 이런 여론을 전형적으로 보여준다.

> 公園 그것으로 하야 우리가 더 잘 살 것도 업고 더 못 살 것도 업지만 그래도 가튼 갑시면 朝鮮人村에도 公園을 한아둠이 엇덜가. 此에 同感한 북부의 人士들은 公園設置의 議를 發하야 京城府 當局에 陳情하는 동시에 널니 輿論을 喚起하는 중에 잇다. 가튼 갑시면 북부에도 公園 하나 두는 것도 조켓단 말이다.[71]

---

70 우연주, 2017, 『일제 식민지기 경성 도시공원의 이용과 인식』, 서울대학교 박사학위 논문, 74~86쪽.

71 尖口生, 1926, 「京城雜話」, 『開闢』, 69호, 78~79쪽.

이상과 같이 병합 전후에서 1920년대 초까지 조성한 경성의 공원은 대부분 새로운 공원을 만든 것이라기보다 조선시대부터 존재했던 대규모 시설 부지가 일제강점기 유휴화한 것을 '공원화'한 것이라고 할 수 있다. 그런데 이와 대조적으로 일제강점기 새롭게 '창출한' 대표적인 공원이 철도공원이다. 철도공원은 처음에 만철공원이라는 이름으로 용산 철도관사의 부대 시설로 조성했다. 만철 경성관리국이 조선 철도의 운영 주체였기 때문이다. 1925년 철도 운영권을 총독부 철도국으로 이관하면서 공식적인 도시공원이 되었다.[72]

철도공원은 조성 당시 정식 규격의 야구장과 육상경기장 등을 갖추어 다양한 대형 스포츠 행사를 개최할 수 있는 경성의 유일한 공간이었다. 또 다른 공원과 달리 조선시대 이래의 대형 시설 부지나 산림 등을 전유하지 않고 처음부터 일본인 중심 생활 커뮤니티인 용산 철도관사와 연계하여 계획적으로 조성한 '근린공원'이었다. 그러나 이 점은 철도공원의 태생적 한계를 의미하기도 한다. 철도공원은 경성의 원도심부와 분리된 용산 철도관사의 부속시설로 인식되었다. 따라서 상류층 일본인에 가까운 관사 거주자의 공원이었을 뿐 일반 경성부민의 생활과는 동떨어져 있었다. 이런 점에서 철도공원은 전형적인 '식민지 도시공원'이었다고 할 수 있다.

식민통치의 전개 과정에서 공원의 장소성을 둘러싼 민족적 경합이 벌어지기도 했다. 탑골공원이 대표적인 사례이다. 대한제국기 개원한 탑골공원은 '자주적 근대화'의 장소성을 가지고 있었으나 병합 이후 '식민지 수도의 공원'으로 의미가 전환되었다. 그런데 1919년 3·1운동의 진원지

---

72 김영민·조세호, 2020, 「운동공원으로서 철도공원의 변화와 의의」, 『한국조경학회지』 48-3, 56~62쪽.

〈그림 3-8〉 철도공원을 포함한 용산 철도관사단지 전경

* 출전: 京城府, 1928, 『京城都市計劃調査書』

가 되면서 다시 강렬한 민족적 상징성을 획득했다. 1920년대 들어 식민지 권력은 탑골공원에서 연상되는 민족적 저항의 구심점이라는 이미지를 지우기 위해 노력했다. 그러나 이는 인위적으로 삭제할 수 없는 것이었다. 시간이 흘러가도 탑골공원은 '조선인 공원'이라는 이미지에서 벗어나지 않았다. 1920년대 후반에 이르러 탑골공원은 경성의 소외계층이 모이는 공간으로 인식되었다. 보통 중류층 이상 도시민의 휴식공간으로 인식된 다른 공원과는 구분되는 장소성을 획득했던 것이다.[73]

한편 탑골공원과 같은 예외적 사례를 제외하면 1920년대 이래 발흥한 도시적 소비문화는 공원 인식 일반에도 영향을 미쳤다. 이 시기 여러

---

73 하시모토 세리, 2016, 『한국 근대공원의 형성』, 성균관대학교 박사학위논문, 61~77쪽.

매체에 보이는 공원 인식은 세 가지 정도로 정리할 수 있다. 첫째 도시공원은 도심에서 자연을 체험하는, 그리하여 근대적 교양과 생활 규범을 익히는 공간으로 인식되었다. 둘째, 도시공원은 근대적 문화를 소비하는 공간으로 인식되었다. 이때 공원에서 소비는 '연애'라는 행위를 매개로 했다. 셋째, 도시공원은 광장이나 대로처럼 군중이 서로를 구경하거나, 구경 '당하는' 공간으로 인식되었다. 남산공원이나 장충단공원은 도심에서 자연을 찾는 산보객 혹은 연애를 즐기는 모던보이, 모던걸의 공간으로 자리잡았다. 사직단, 효창원, 삼청동공원 등은 주변에 거주하는 주민이 일상적으로 찾는 전형적인 근린공원의 성격을 보였다.[74]

1930년대 들어서는 경성의 도시화의 진전과 더불어 근대적 도시문제를 제기하는 여론이 높아졌다. 이에 따라 도시공원을 부정적으로 묘사하는 담론이 형성되기도 했다. 여러 매체에서 공원을 퇴폐와 향락의 장소로 묘사하거나 공원에 모여드는 사람을 소외된 군상으로 부정적으로 그리는 경우가 많이 보인다. 그런데 다른 각도에서 보면 이런 부정적 담론의 형성은 그만큼 도시에서 행락의 즐기는 장소로서 공원의 지위가 확고해졌음을 의미하기도 한다. 대표적으로 창경원은 1930년대 들어 아동 시설을 확충하면서 더욱 '공원화'되었다. 계절마다 다양한 프로그램을 진행하기도 했다. 그중에서도 밤벚꽃놀이(夜櫻) 같은 것은 일각의 비판적 시선에도 불구하고 '경성의 명물'로 굳건하게 자리 잡았다.[75]

1930년대 후반 「조선시가지 계획령」에 의해 시가지 계획이 개시되고 공원은 도시계획 시설의 하나로서 제도적으로 자리를 잡고 그 조성 계획

---

[74] 우연주, 2017, 앞의 글, 107~127쪽.
[75] 우연주·배정한, 2016, 앞의 글, 18~19쪽.

도 체계화되었다. 이때 공원은 명승지, 행락지로서의 의미뿐 아니라 도시의 위생시설로 개념화되었다. 한편 이 시기 조선은 중일전쟁 발발과 더불어 전시기(戰時期)로 진입했다. 따라서 공원에는 군사적 차원의 '방공(防空) 공지'의 의미가 부여되었다. 이와 더불어 전쟁 선전의 무대 혹은 군사 동원의 장소 등의 역할도 부여되었다. 이렇게 공원의 의미가 또 하나의 변곡점을 지나가는 상황은 아래와 같은 글에서 여실히 짐작할 수 있다.

> 今後 都市計劃에서 防空上의 考慮가 매우 중요해졌다. 특히 木造家屋이 많은 우리 都市에서 燒夷彈은 恐怖의 對象이 아닐 수 없다. 防空에는 積極的인 것과 消極的인 것의 두 가지가 있는데, (중략) 消極的인 것이 都市防空으로 여기에는 人的 防空과 物的 防空이 있으며 後者가 바로 防空都市計劃이다. 防空都市計劃의 理想은 都市施設 全體를 耐爆, 耐火, 耐毒構造로 하는 것이나 여기에는 巨額이 필요하다. (중략) 從來 都市施設은 便利, 能率 本位였으나 現今에는 防空 本位의 分散이 필요하다. 현재 京城府 舊市街地는 全然 空地가 없는 最惡의 狀態로 公園 등의 空地 確保가 絶對的으로 필요하다.[76]

구체적으로 경성 시가지 계획에서는 1939년 7월 제4회 시가지 계획 위원회에서 경성부가 입안한 초안을 기초로 풍치지구 20개소(3,586ha), 대공원(2만 평) 6개, 근린공원(1만 평) 24개, 아동공원(1,500평) 76개, 운동장 4개, 자연공원 5개, 공원도로 25개 등 합계 140개, 450만 평의 공원 계획을 결정했다. 이 중에는 기존 시설을 이용하는 것도 있었으나, 상당한

76　梶山淺次郎, 「非常時と都市計劃」, 『朝鮮行政』, 1938년 7월호.

부분은 공원의 신설 계획이었다.[77] 이에 대해 정무총감 오노(大野綠一郞)는 "경성의 풍치지구 및 공원계획은 무엇보다도 조선에서 처음 시도하는 것으로 시민의 보건, 위생은 물론 방공적 견지에서 중요한 것"이라고 언급했다.[78] 이 시기 공원 계획의 초점이 무엇이었는지 잘 알 수 있다.

그러나 전시기 공원 계획은 일제 침략전쟁이 격화되는 가운데 부지만 설정한 채 거의 진전하지 못했다. 이때 설정한 공원 부지 대부분은 광복 후 별다른 시설 확충 없이 방치되었다. 그리고 1960년대 이래 도시 개발 과정에서 대부분 민간에 불하되어 주택지 등이 조성되었다. 서울 원 도심부의 고질적인 공원 부족 문제의 기원은 여기에서 비롯되었다고 해도 과언이 아닐 것이다.[79]

(2) 부산

주지하듯이 부산은 일본인 중심 개항도시의 대표격인 도시이다. 따라서 이른 시기부터 뚜렷한 존재감을 갖는 일본인 사회가 형성되었다. 그리하여 초창기 도시공원이 민간 일본인의 '아래로부터' 발의와 모금으로 건설되었다. 그 대표적인 사례로 고관공원(古館公園)과 대정공원(大正公園)을 들 수 있다.

고관공원이라는 명칭은 조선시대 두모포 왜관이 설치된 장소라는 의미이다. 개항 후 부산으로 이주한 일본인 거류민들은 그들의 고토의식을

---

[77] 염복규, 2016, 앞의 책, 217~226쪽.

[78] 「市街地計劃委員會ニ於ケル政務總監ノ挨拶ニ關スル件」, 『第四回市街地計劃委員會關係綴(二冊ノ中二)(CJA0015674)』, 국가기록원 소장.

[79] 안상민·石田潤一郞, 2014, 「일제 식민지기 서울의 도시계획을 통한 아동공원계획과 변천에 관한 고찰」, 『서울학연구』 54, 서울시립대학교 서울학연구소 참고.

고양한다는 명분으로, 그 자리에 왜관의 이전을 위해 힘쓰다가 급사한 대마도 사신 쓰노에 효고(津江兵庫)의 묘역과 초혼비를 조성했다. 일본인들은 병합 후 1916년 모금으로 모은 자금을 들여 이 일대를 정비했다. 그리고 이를 고관공원이라고 명명하여 부산부에 기부했다.[80]

1926년에는 부산 개항 50주년을 기념하여 이른바 "부산항 개발의 공로자, 실업계의 은인"인 부산의 대표적인 일본인 거부 오이케 주스케(大池忠助) 동상을 고관공원 부근에 건립했다.[81] 그리고 동상 건립 장소도 부산부에 기부하여 공원을 확장했다. 이때 공원의 확장 설계를 의뢰받은 오사카부 기사 오야 레죠(大屋領城)는 신사, 동상, 수목원, 온실, 아동유희장 등을 포함하여 공원을 새롭게 설계했다. 그는 고관공원 설계에서 성과 속의 병치, 산수의 공존, 그리고 무엇보다 다양한 시설물을 통해 일본 국민국가의 상징성을 구현하고자 했다.[82]

새로운 정비를 마친 고관공원은 오이케의 이름을 딴 대지공원(大池公園) 혹은 소화공원(昭和公園)으로 불렸다. 고관공원은 일제 말기까지 부산의 대표적 공원으로서 주로 일본인을 대상으로 관광 명소화되었다. 그러나 노골적인 일본식 공원이었기 때문에 광복 후 공원의 상징물들은 자연스럽게 사라졌다. 이에 따라 어떠한 공원의 흔적도 남기지 못했다.

대정공원은 1918년 부산 대신정 일대에 건립되었다. 고관공원과 마찬

---

80 강영조, 2013b, 「근대 부산에서 고관공원의 성립과 설계 사상」, 『한국전통조경학회지』 31-4, 23~26쪽.

81 부산의 대표적 '식민자'로서 오이케의 위상은 전성현, 2013, 「식민자와 조선-일제시기 大池忠助의 지역성과 '식민자'로서의 위상」, 『한국민족문화』 49, 부산대학교 한국민족문화연구소 참고.

82 강영조, 2013b, 앞의 글, 31쪽.

가지로 부산의 민간 일본인이 중심이 되어 조성했다. 명칭에서 알 수 있듯이 대정공원은 1912년 다이쇼(大正)천황 즉위를 기념하여 건립 논의가 시작되었다. 천황 즉위 기념을 명분으로 부족한 도시 시설인 공원 건립 운동을 일으킨 것이다. 그러나 경비 마련이 어려워서 공사가 지체된 끝에 1918년에야 준공했다.[83]

대정공원의 특징은 운동장 기능을 중시한 공원이라는 점이다. 공원은 크게 운동장, 휴양, 위락 공간으로 구성했는데, 공원 중앙부에 야구장,[84] 2면의 테니스코트, 스모장을 설치했다.[85] 대정공원은 건립 당시부터 각종 경기장으로 이용되었다. 또 언론사 주최 대운동회, 학교 연합운동회장 등으로도 이용되었다. 그런가 하면 남항 해안과 연접해 있어 수영장으로 활용되기도 했으며, 1923년 조선수산공진회 때에는 공진회장 일부로 사용되기도 했다. 여름에는 납량회(納凉會)를 개최하는 등 문화시설로도 이용되었다. 1924년에는 경기 관람을 위한 스탠드도 신설했다.

그러나 1927년 부산부가 공설운동장을 새롭게 건립하면서 대정공원의 운동공원 기능은 축소되었다. 그리하여 부지 일부를 매각하고 일본의 조경가 혼다 세로쿠(本多靜六)를 초빙, 조경 설계를 새롭게 하여 일본 정원풍 공원으로 개조했다. 이때 아동 유원(遊園) 시설도 확대했다.

대정공원도 일제 말기 다른 공원과 비슷하게 각종 시국 관련 대회장으로 활발하게 사용되었다. 이런 기능은 광복 후에도 '연속'되어 6·25전

---

83 강영조, 2013a, 「근대 부산에서 대정공원 성립 과정과 공간 구성에 관한 연구」, 『한국전통조경학회지』 31-2, 94~99쪽.
84 대정공원 야구장은 한국에서 최초로 건립된 정규 규격 야구장이다.
85 로마의 고성에서 모티프를 본딴 원형의 화장실, 찻집, 벤치 등도 설치했다. 「遊步公園としての設備」, 『釜山日報』, 1918.5.12.

쟁기 부산에서 개최된 각종 반공 궐기대회, 시국 강연회장으로도 사용된 모습을 볼 수 있다. 대정공원의 건립과 변화도 개항도시에서 일본인 중심 공원의 전형적인 행로를 보여준다고 하겠다.

2) 묘지

(1) 경성

병합 후 전통 도시 한양이 식민지 수도 경성으로 재편되는 과정에서 큰 변화를 보인 '토지 자원' 중 하나가 묘지이다. 일제 묘지 정책의 기본은 1912년 공포한 「묘지 화장장 매장급화장 취체규칙(墓地火葬場埋葬及火葬取締規則)」(조선총독부령 제123호; 이하 「묘지규칙」)에서 비롯한다. 「묘지규칙」의 핵심은 관이 허가하지 않는 가족묘를 불허하고 관영 공동묘지 매장만을 인정하는 것이었다.[86]

「묘지규칙」이 공포된 후 1913년 경성부는 관영 공동묘지 19개소를 지정, 공포했다. 그러나 이때 지정한 관영 묘지는 새롭게 조성한 것이 아니라 거의 전래의 북망산을 선별하여 지정한 것이었다. 당시 경성에는 이 19개소 외에도 많은 묘지가 있었지만 이는 「묘지규칙」에 의해 모두 폐지되었다.

1913년 최초로 지정한 관영묘지는 행정구획 정비로 경성이 대폭 축소됨에 따라 수철리묘지(현재 성동구 금호동), 신사리묘지, 이태원묘지, 미아리묘지, 신당리묘지, 아현리묘지 등 6개소로 축소되었다. 경성부는 6개

---

86 『朝鮮總督府官報』, 1912.6.20; 「묘지규칙」의 제정 과정과 핵심에 대해서는 이향아, 2020, 「만세전: 1919년 '만세'운동 이전 묘지규칙의 제도화 과정」, 『사회와 역사』 125, 88~91쪽.

공동묘지를 조사하여 묘적대장을 작성하고 일부 묘지를 정리했다. 이때 아현리묘지는 4,700원의 상당한 예산을 투입하여 분묘 정리 공사를 새롭게 했다. 일본인 묘지 부지를 정리하고 화장장을 설비하기 위해서였다. 이와 더불어 이태원 임야 약 12만 평을 양도받아 이른바 '모범묘지'로서 이태원묘지를 정비했다.[87]

1920년대 들어 경성의 인구 증가가 가속화되고 관변과 민간에서 도시 확장을 논의하기 시작했다. 반관반민 단체로 조직한 경성도시계획연구회가 조사 활동을 전개하고 경성부도 임시도시계획계를 설치하여 도시계획 조사를 진행했다. 경성 도시계획을 둘러싼 논의에서는 주요 도시 시설의 하나로 공동묘지를 다루었다. 행정구역을 확장하고 시가지 범위가 넓어지면 묘지의 이전(기존 묘지의 폐지와 외곽의 새로운 묘지 신설)이 필연적으로 요구되기 때문이다.[88]

이런 분위기에서 아직 공식적으로 행정구역을 확장하지 않았지만, 신당리묘지와 아현리묘지가 폐지되고 1929년 은평면 홍제내리에 6만 8,000평 규모의 홍제리묘지가 신설되었다. 홍제리묘지에는 신당리묘지의 일본인 분묘를 이전했으며, 신당리묘지의 조선인 분묘와 무연고 묘는 수철리묘지로 이장했다. 폐지된 신당리묘지 공간은 1930년대 들어 조선도시경영회사가 전원주택지로 개발했다. 1932년에는 경성 외곽으로 연결되는 도로 공사 과정에서 아현리묘지도 폐지되었다. 그런데 아현리묘지는 폐지 이후 구체적인 공간 이용 계획이 수립되지 않음에 따라 자연스

87　京城府, 1941, 『京城府史』 제3권, 332쪽.
88　京城府, 1928, 『京城都市計劃調査書』, 62~63쪽.

럽게 빈민주거지화했다.[89]

한편 1930년대 들어 대표적인 조선인 묘지였던 이태원묘지와 수철리묘지도 이전 필요성이 제기되었다. 이에 경성부는 1930년 14만 평 규모의 미아리묘지를, 1933년 52만 평 규모의 망우리묘지를 신설했다. 이상과 같은 공동묘지의 '외곽화' 과정에서 주목할 점은 일본인 묘지로 신설한 홍제리묘지의 경우 '공원묘지'로 조성한 반면 조선인 묘지인 미아리묘지는 보통 공동묘지로 조성한 사실이다. 도시 시설의 하나로서 묘지를 계획하는데 민족적 구분/차별이 작동했음을 알 수 있다.

1930년대 후반부터는 경성 시가지 계획을 개시하면서 구획정리에 의해 신편입 외곽 지역 개발이 본격화했다. 이에 따라 새로운 공동묘지 구상이 필요해진 경성부는 1939년 방사상 묘지 계획을 수립했다. 그에 따르면 기설 신사리묘지, 미아리묘지, 망우리묘지 등 3개소를 확장하고 구로리묘지, 언주면묘지를 신설하여 이상 5개소의 묘지를 도시 외곽에 방사상으로 배치한다는 것이었다. 이 계획에 따라 경성부는 광주군 언주면의 약 10만 평, 시흥군 동면의 약 11만 평의 부지를 매입하여 묘지를 설정했다. 이와 더불어 시가지 계획 구획정리지구에 포함된 이태원묘지, 염리묘지를 폐지하고 분묘를 미아리묘지, 망우리묘지, 신사리묘지 등으로 이장했다.[90]

일제강점기 경성의 공동묘지에서 발생한 큰 사회문제는 도시 빈민 문제였다. '토막민'이라고 불린 경성의 도시 빈민은 1920년대부터 눈에 띄

---

[89] 이의성, 2021, 「근대도시계획 과정에서 나타난 공동묘지의 탄생과 소멸」, 서울대학교 석사학위논문, 55~56쪽.

[90] 이의성, 2021, 앞의 글, 60~61쪽.

게 증가했다. 이들은 주로 국유의 야산이나 공동묘지 주위에 집단 부락을 형성했다. 이는 식민지 권력의 입장에서는 물론 큰 사회문제였다. 그러나 다른 각 도에서 생각하면 공동묘지가 사자(死者)를 수용하는 고유의 역할 외에 부가적인 역할을 한 것이라고도 볼 수 있다. 즉 당시 공동묘지는 도시에서 생계를 영위할 수밖에 없음에도 불구하고 도시에 '합법적'으로 거주할 경제력이 없고, 도시 개발에서 끊임없이 소외되는 도시 빈민을 수용하는 공간이기도 했던 것이다.[91]

1930년대 후반 5개 공동묘지를 외곽 지역에 방사상으로 배치한 경성부는 더 이상의 공동묘지의 증설을 억제하고 기설 공동묘지를 유지, 통제하는데 힘을 기울였다. 그 배경 중 하나는 1940년대 초 중일전쟁에서 태평양전쟁으로 일제 침략전쟁이 확전되면서 경성을 비롯한 대도시 인구가 '폭증'함에 따라 주택지 부족이 현저해진 점도 한 원인이었다고 여겨진다.

한편 일제 말기 공동묘지 운영에서 특기할 현상은 그동안 암묵적으로 유지되어 오던 조선인 묘지와 일본인 묘지의 구분이 점차 희미해진다는 점이다. 이는 일차적으로는 이 시기 공식적인 통치 슬로건인 '내선일체(內鮮一體)'의 영향으로 해석할 수 있다. 그러나 한편으로는 묘지 같은 시설에서 민족 구분을 할 만큼 공간의 여유가 없어진 대도시 경성의 실정이 반영된 것으로도 볼 수 있다.[92]

(2) 부산

개항도시 부산에서 공동묘지는 거류지의 외국인 묘지에서 비롯했다.

---

91 염복규, 2016, 앞의 책, 303~310쪽.
92 정일영, 2016, 「일제 식민지기 사자 공간의 배치와 이미지 형성」, 『사림』 57, 222~224쪽.

묘지는 거류지의 주요 시설 중 하나였다. 묘지 공간의 확보는 일본의 개항 과정에서 서양 열강이 조계를 설정할 때 일본 측에 강요한 사항 중 하나였다. 일본은 조선에 대해 이를 답습했던 것이다. 처음 부산에서 일본인 묘지는 복병산에 설정되었다. 복병산 공동묘지는 1906년 외곽 지역의 아미동으로 이전했다. 통감부 설치 이후 부산으로 이입되는 일본인이 폭발적으로 증가하여 복병산 자락을 새로운 시가지로 개발하기 시작했기 때문이다.[93]

부산에는 일찍부터 일본인 화장장도 존재했다. 처음 화장장은 1877년 조선에 진출한 일본 정토진종(淨土眞宗) 진종오타니파(眞宗大谷派)의 동본원사(東本願寺) 별원이 운영했다. 동본원사 별원은 시가지인 서정(西町)[94]에 위치했지만, 아미동 공동묘지 부근에 화장장을 설치하여 운영했다. 또 일찍부터 아미동을 선점했던 일본 조동종(曹洞宗)의 총천사(總泉寺)도 이곳에서 납골당을 운영했다. 화장장이나 납골당 운영은 신도수, 즉 교세와 연결되었다. 따라서 조선에 진출한 일본 불교의 교파는 이런 시설 운영을 둘러싸고 경쟁을 벌였던 것이다. 그러나 이는 어디까지나 일본인을 위한 시설이었다. 조선인의 생활과는 거의 무관했다.

병합 이후에도 종교 시설의 화장장 운영은 지속되었다. 그런데 이는 1920년대 중반경에 이르면 사회문제화된다. 인구 증가와 함께 시구개정 사업에 의해 도로를 부설하면서 시가지가 점차 팽창했기 때문이다. 기존 시가지 외곽에 위치한 화장장 등은 도시 개발의 걸림돌로 인식되었고, 이

---

93 송혜영, 2018, 「일제강점기 부산 아미동 화장장의 설립과 변천」, 『대한건축학회논문집-계획계』 34-5, 90~95쪽.

94 조선시대 초량왜관 서관 자리, 현재 부산 중구 광복동.

전 논의가 제기되었다. 이는 그동안 민간에서 운영하던 화장장의 '부영화' 논의로 전개되었다.[95]

부산부는 1926년 9월 처음으로 부영 화장장 건립을 계획했다. 부산부의 구상도 시가지와 인접해 있으면서 공동묘지 인근인 아미동에 새로운 화장장을 건립하는 것이었다. 그런데 부산부의 계획이 알려지자 지역 주민들은 크게 반발했다. 일찍이 공동묘지를 조성한 아미동은 1920년대 중반에 이르면 전형적인 일본인 시가지 외곽의 조선인 중심지가 되었기 때문이다. 여기에 새로운 화장장을 건립하는 것은 가난한 조선인 중심지에 일본인을 위한 '기피 시설'을 조성하는 셈이었다. 그러나 당시 일본인 의원이 압도적 우위를 점했던 부산부협의회가 주도하여 화장장은 1928년 말 준공했다. 부영 화장장을 건립하면서 동본원사 별원의 화장장 시설도 부산부가 인수한 것으로 추정된다.[96]

이상과 같이 부산의 화장장은 처음에 일본인 사회의 민간 시설로 출발했다. 병합 이후 「묘지규칙」을 제정하면서 공공 시설의 성격을 갖게 되었다. 1920년대 이래 시가지가 확장하면서 일종의 기피 시설로 인식되어서 공영화하는 과정을 거쳤다. 그러나 화장장은 공공 시설이자 기피 시설이면서도 주로 일본인에게만 관련이 있는 시설이었다. 따라서 그 위치 선정이나 운영 등에서 필연적으로 민족적 갈등이 발생할 수밖에 없었다. 그리고 일본인 측의 우위가 뚜렷한 부산 도시 정치의 구도상 갈등의 전개는 '기울어진 운동장'의 모습을 적나라하게 드러냈던 것이다.

---

95 심민섭, 2021, 「一九二〇年代の釜山における火葬場設置と地域社會」, 『朝鮮史研究會論文集』 59 참고.

96 釜山府, 1933, 『釜山府勢要覽(昭和八年)』, 102~109쪽.

5. 축항 – 개항도시의 핵심 시설 구축

개항도시는 필연적으로 '항구'일 수밖에 없다. 따라서 개항도시에서 항만의 정비, 즉 축항은 통상적인 도시 정비의 수준을 넘은 가장 핵심적인 도시 인프라의 구축이라고 할 수 있다. 더욱이 일제강점 전후의 축항 과정은 단지 물리적 인프라 구축 과정이 아니라 개항도시에서 일본인 세력이 도시 운영의 헤게모니를 장악해 가는 '정치적' 과정이기도 했다. 이 절에서는 대표적 개항도시 인천과 부산의 축항 과정을 살펴본다.

1) 인천

총독부는 병합 직후인 1911년 6월 약 348엔의 거액을 들여 6개년 계속사업으로 인천 축항 공사를 시작했다. 공사는 도중에 계속 확대되어 10개년 계속사업, 12개년 계속사업으로 연장되었다. 따라서 예산도 주요 시설인 독(dock) 축조 비용 255만 엔을 포함하여 566만 엔까지 증액되었다. 인천 축항 공사는 제방 시설과 매립지 정비까지 포함하여 1923년 전체 공사를 준공했다.[97]

인천항 축항 공사에서 핵심은 조수 간만의 차를 없애기 위해 채용한 이중갑문식(二重閘門式) 독의 설비였다. 이중갑문식이란 외갑문과 내갑문 사이 중간 독에서 수위를 조절하여 간조(干潮) 시 해수면 높이에 구애받

---

97 이하 인천 축항 공사의 개요에 대해서는 朝鮮總督府, 발행일 불명, 『仁川築港工事槪要』, 1~17쪽; 仁川府, 1933, 앞의 책, 699~761쪽.

지 않고 선박이 자유롭게 출입할 수 있도록 하는 방식이다. 만조(滿潮) 시에는 외갑문을 개방하여 선박이 출입할 수 있도록 하며, 간조 시에는 선박을 중간 독에 진입시킨 후 외갑문을 닫고 내갑문을 열어 일정한 수위에 이르렀을 때 메인 독으로 진입하도록 하는 방식이다. 이중갑문식 독은 당시 일본 본토에도 선례가 없는 것으로 인천항에서 최초로 채택한 방식이었다. 따라서 단지 물리적 시설을 넘어서 인천항의 '선진성'을 상징하는 시설이었다고 할 수 있다.[98]

이중갑문식 독 공사와 함께 외항에서 외갑문까지 항로를 준설하는 공사도 진행하여 간조시에도 수면이 4.2m 이상으로 유지되도록 했다. 여기에 더하여 내항으로 토사의 유입을 막는 도류와 인천역과 월미도를 연결하는 제방(925m) 축조도 완료했다. 이런 설비 공사 과정에서 해안 8만 6,000여 평을 매립했다. 철도를 부두까지 연장했으며, 새로운 창고가 들어서는 등 육상의 항만 시설도 확충했다. 월미도까지 연결한 제방은 교량의 역할을 하여 일찍부터 월미도를 유원지로 개발하는 기반이 되었다.[99]

인천항 축항 공사는 개항 이후 인천 일본인의 염원이었다. 축항 공사 준공식에서 불린 축하 노래 후반부의 "천만년 길이 길이"와 "단단한 뿌리를 내려" 같은 부분은 인천 일본인 사회의 영구 거주에 대한 기대감과 의지를 잘 보여준다. 이 같은 '영주 의식'은 일본인 사회가 오랫동안 공유한 것으로 인천항 축항 공사를 '성공'으로 이끈 가장 기저의 동력이었다고

---

98 이동훈, 2018, 「1910년대 인천항 축항 사업과 식민자 사회」, 『인천학연구』 28, 인천대학교 인천학연구원, 28쪽; 「京城の咽喉を扼す天與の良港仁川」, 『京城日報』, 1931.9.11.

99 1910년대 월미도의 유원지 개발에 대해서는 염복규, 2011, 「일제하 인천의 '행락지'로서 위상의 형성과 변화」, 『인천학연구』 14, 인천대학교 인천학연구원, 48~56쪽.

<그림 3-9> 인천항 갑문을 통과하는 선박

* 출전: 朝鮮博覽會 仁川協贊會, 1929, 『仁川』

할 수 있다.[100]

　1910~1920년대 초 축항 공사의 완공으로 인천항은 '진정한' 일본인 중심 식민지 항구로 변모했다. 그러나 인천의 도시 공간은 이 상태에 머물러 있지 않았다. 1920년 30.9%에 달하여 경성(26.2%)을 능가한 인천의 일본인 인구 비율은 1930년 17.3%까지 떨어졌다. 이는 경성(26.8%)은 물론 남부 지역의 대표적인 전통 도시 대구(20.8%)에도 미치지 못하는 정도였다. 1940년에는 10.4%까지 떨어져 조선 5대 도시 중 처음부터 일본인 인구 비율이 가장 낮았던 평양(10.0%)과 비슷한 수준이 되었다. 일본인 인구 비율이 낮아진 것은 당연하지만 일자리를 찾아 유입하는 조선인 인구

100　이동훈, 2018, 앞의 글, 31쪽.

가 지속적으로 증가했기 때문이다. 이와 같이 1920년대부터 인천은 조선인 노동자의 지속적인 유입과 이에 따른 조선인 거주지의 확대를 통해 다음 단계의 변화를 시작했다.

2) 부산

부산은 최초의 개항 도시일 뿐 아니라 일본 본토와 직결하는 도시로서 식민통치에서 특별한 의미를 가졌다. 따라서 부산 축항은 일본 정부 차원의 관심사였던 것으로 보인다. 1909년 최초의 부산 축항 계획안인 『부산해륙 연락 설비 계획서(釜山海陸連絡設備計劃書)』를 일본 대장성(大藏省)이 간행한 것은 이 점을 잘 보여준다.

계획서 총론은 아시아와 유럽을 연결하는 대륙 철도, 즉 시베리아철도, 남만주철도의 완성, 안봉선(安奉線) 철도, 압록강 가교 공사 등을 언급하며 부산항의 무역항으로서 역할을 강조했다. 또 부산 중심의 농업과 수산업 상황도 언급했다. 이를 배경으로 계획서는 "50년 후 부산항의 발달"을 전제로 항만 설비 계획을 제시했다. 제국 일본의 입장에서 부산항은 단지 일개 식민지 항구가 아니라 본토와 대륙을 연결하는 요충지였다.[101]

부산항 항만 설비 제1기 공사는 1911년부터 4개년 계속사업, 예산 382만여 원으로 시작했다. 공사 기간은 1918년까지 연장되었다. 제1기 공사의 주요 내용은 제2부두 건설, 제1부두와 제2부두 사이 매립, 외항과 내항 연결 항로 준설 등이었다. 제1부두에는 창고들을 건립하고 부산진

---

101 大藏省 臨時建築部, 1912, 『釜山海陸聯絡設備計劃書』; 차철욱, 2010, 「일제시대 부산항 설비사업과 사회적 의미」, 『한국학논총』 33, 국민대학교 한국학연구소, 399~400쪽.

<그림 3-10> 1911~1919년 부산항 제1기 해륙연락설비공사 평면도

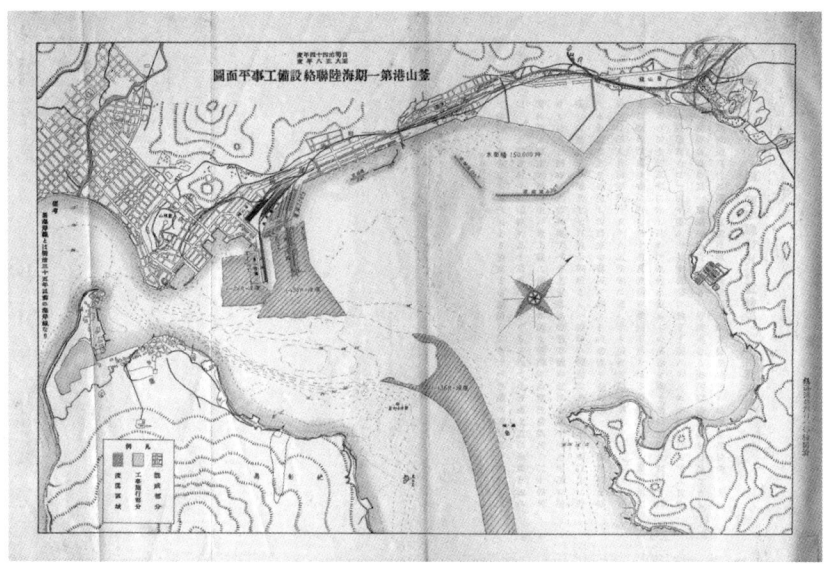

* 출전: 朝鮮總督府, 1928, 『釜山築港略誌』

매축지 전면에 방파제도 축조했다. 제2부두는 7,000톤급 기선 2척, 2만 톤급 기선 2척의 계류가 가능한 규모로 신설했다. 제1기 공사는 공식적으로 1919년 3월 준공했다. 그러나 이미 1918년 8월 일본군은 시베리아 출병 과정에서 부산항을 병력, 군마, 식량 수송에 이용했다. 1910년대부터 부산항이 일제 대륙 침략의 핵심 중간 기항지로 기능했음을 알 수 있다.[102]

제1기 공사가 완료하면서 부산항의 화물 처리 능력은 약 70만 톤 정도로 증가했다. 그런데 문제는 부산항의 수출입 물량이 이를 초과한 점이다.

---

102 제1기, 제2기 부산항 축항 공사의 개요에 대해서는 朝鮮總督府, 1937, 『釜山築港略誌』, 23~72쪽.

1917년 현재 부산항의 수출입 물량은 이미 143만 톤에 이르렀다. 예상보다 훨씬 빠른 속도로 물동량이 증가한 것이다. 식민지 권력은 부산항의 항만 설비를 시급하게 확충하지 않으면 안 되었다. 그리하여 1919년부터 6개년 계속사업, 예산 917만여 원으로 제2기 항만 설비 공사를 시작했다. 제2기 공사는 간토대진재(關東大震災)의 여파로 예산이 786만여 원으로 감액되고 공사 시간은 연장되어 1929년 3월 준공했다.

제2기 공사의 주요 내용은 부산항 준설, 방파제 신설, 제1부두, 제2부두 확장 등이었다. 주로 초량과 부산진 앞바다에서 공사를 진행했다. 제2기 공사 과정에서 제2부두에서 부산진 매축지 앞 방파제까지를 준설했다. 이곳에는 1936년 제3부두, 제4부두를 신설하게 된다. 즉 제2기 공사를 실시할 때 이미 훗날 부산항 확장까지 염두에 두었음을 알 수 있다.

제2기 공사를 완료하자 이전까지 3천, 4천 톤급 기선 2척의 계류가 가능했던 제1부두는 3천, 5천, 7천 톤급 기선이 각 1척씩 동시에 계류할 수 있을 정도로 확장되었다. 제2부두도 3천 톤급 1척, 7천 톤급 2척이 동시에 계류할 수 있는 정도가 되었다. 그밖에 도로, 철도, 창고, 기중기 등 부두의 부대 시설도 크게 정비했다. 제2기 공사를 통해 부산항은 100만 톤 이상의 화물을 처리할 수 있는 능력을 갖추게 되었다. 그런데 문제는 제2기 공사가 준공하기도 전인 1926년 부산항의 물동량이 이미 150만 톤을 넘어선 점이다. 부산항의 물동량은 계속해서 축항 공사의 속도를 능가했다.

제1기, 제2기 공사를 지속한 1910~1920년대 부산항 항만 설비 정비는 제2기 공사 기공식에 정무총감이 직접 참석한 점이 상징하듯이 식민지 권력 전체의 차원에서 중요한 의미를 가졌다. 이와 더불어 부산 '지역' 경제계로서도 사활을 건 중요한 사업이었던 것은 틀림없다. 1923년 간토대진재 여파로 공사가 부진하자 부산상업회의소 등을 중심으로 대대적인 공사 촉진 운동을 전개한 것은 이런 점을 잘 보여준다.

부산항의 확장과 물동량의 증가를 둘러싸고 일본 정부와 총독부, 그리고 재부산 일본인 중심의 지역 경제계의 이해관계는 때로는 일치하기도 하고 때로는 엇갈리기도 했다. 예컨대 1918년 시베리아 출병을 위해 부산에 상륙한 일본군의 숙박, 소비와 군수품 공급 과정에서 부산 상공업계는 단 며칠 만에 20만 엔 이상의 이익을 얻은 것으로 추산된다. 그러나 일본군의 숙박을 강제로 할당받은 일본인 일부는 이에 반발하여 숙박을 거절하기도 했다. 또 갑작스러운 소비량 증가와 물가의 급상승은 상대적으로 서민층 일본인에게는 경제적 부담으로 작용했다.[103]

부산항은 일본 본토와 식민지 조선, 그리고 대륙을 연결하는 핵심적인 항구였다. 따라서 부산항의 인프라 구축은 일차적으로 일본 제국의 이해관계에 따라 진행되었다. 그러나 그를 둘러싼 식민지 권력, 지역 경제계, 생활자로서 일본인의 중층적인 이해관계가 반드시 일치한 것은 아니었다.

---

103 차철욱, 2010, 앞의 글, 403~404쪽.

제4장
일제강점기 '시가지 계획'과 '신공업도시' 건설

1. '시가지 계획'의 전개와 도시 변화의 여러 양상

병합 초기부터 1920년대까지 일제 식민정책의 기본적인 방향은 도시의 적극적인 '개발'에 긍정적이지 않았다. 이런 방향은 1930년대 들어 조금씩 선회했다. 방향의 선회에는 도시의 자연발생적 발달과 성장하는 도시 유력자층의 개발 요구가 영향을 미쳤다. 그러나 그보다 더 중요한 배경은 새로운 조선 공업화 정책과 대륙 침략에 따른 거점 개발의 필요 등이었다고 할 수 있다. 식민지 조선에 '국책적' 도시 개발의 시대가 도래한 것이다. 1934년 최초의 도시계획 법령으로「조선시가지 계획령(朝鮮市街地計劃令)」을 제정한 것은 그 제도적 확인이었다고 할 수 있다. 그리고 1945년 광복 때까지 순차적으로 이를 적용한 여러 도시의 시가지 계획이 진행되었다. 이 절에서는 1930년대 이래 조선에서 시가지 계획(=도시계획)의 기본적인 제도와 바탕이 되는 이론을 정리하고, 실제 실시한 시가지 계획의 몇몇 주요 사례를 살펴보겠다.

1) 조선 시가지 계획의 제도와 이론

(1)「조선시가지 계획령」의 제정 과정과 특징

1930~1940년대 조선 도시계획의 법적 근거는 1934년 제정한 「조선시가지 계획령」이다. 「조선시가지 계획령」은 일제강점기 법정 도시계획의 근거 법령이기도 하거니와, 광복 후 1962년 「도시계획법」을 제정할 때까지 모든 도시계획의 기초가 된 법령이기도 하다.[1]

1930년대 들어 조선 도시계획 문제가 현안으로 대두하자 총독부는

1931, 1932년경 「조선시가지 계획령」 초안을 완성했다. 그러나 조선에서 도시계획 법령 제정 논의가 이때 갑자기 시작한 것은 아니다. 1919년 제정한 일본 도시계획법의 영향을 받아 총독부 일부 관료들은 1920년대 초부터 도시계획 법령 제정을 시도하기도 했다. 예컨대 1921년 8월 본토 6대 도시(도쿄, 요코하마, 나고야, 오사카, 교토, 고베)를 시찰하고 돌아온 총독부 토목부장 하라 시즈오(原靜雄)는 『매일신보』 인터뷰에서 도시계획은 자연발생적 시가지화가 진행되기 전에 시작해야 비용을 절감할 수 있기 때문에 도시 발달이 초기 단계인 조선은 오히려 일본보다 도시계획을 실시하기에 좋은 조건이라고 하면서, 자신은 개인적으로 도시계획 법령의 초안을 완성했다고 언급하기도 했다.[2]

이듬해 가을 총독부 내무국은 「조선도시계획령」 초안을 공개했다. 전반적으로 일본 「도시계획법」과 「시가지건축물법」을 하나로 통합하여 실행 과정을 간소화하고 토지증가세(土地增價稅)[3]와 같은 재원 관련 조항을 포함하여 「도시계획법」의 약점을 보완했다. 또 본토와 달리 도시계획 결정 기구로 민관이 함께 참여하는 도시계획위원회 대신 총독부에 조사위원회를 두어 민간의 도시계획 결정 과정 참여를 제한했다. 일본 「도시계획법」에 비해 행정청의 권한을 크게 한 점이 특징인 셈이다. 그러나 1920년대 초 총독부 고위층이 도시계획에 부정적이었기 때문에 이 초안은 실제 제령의 제정으로 나아가지는 못했다.[4]

---

1 「조선시가지 계획령」의 제정 과정과 특징에 대해서는 염복규, 2016, 『서울의 기원 경성의 탄생』, 이데아, 161~177쪽.
2 「都市計劃令, 原 土木部長談」, 『每日申報』, 1921.8.27.
3 도시 개발에 의한 지가 상승분에 부과하는 세금
4 「都市計劃令 草案 全文 八十條 來三月頃 公布乎」, 『東亞日報』, 1922.12.23.

수년 동안 중단되었던 도시계획 법령 제정 논의는 1927년 말 총독 야마나시 한조(山梨半造)와 함께 정무총감 이케가미 시로(池上四郎)가 부임하면서 재개되었다. 이케가미는 1913년부터 10여 년간 오사카 시장을 지내며 다양한 도시계획 사업을 추진했던 인물이었기 때문이다. 민간의 경성도시계획연구회(이하 도계연)는 총독부 수뇌부 교체를 계기로 민간 중심의 도시계획 법령 제정 논의를 다시 일으켰다. 예컨대 1929년 1월 도계연은 전 도쿄부흥국 장관 나오키 린타로(直木倫太郎)를 초빙하여 강연회를 개최했다. 나오키는 경성 도시계획의 방향은 외곽으로 확장을 기조로 해야 하며, 조선에서도 하루 빨리 도시계획 법령을 제정해야 한다는 요지의 강연을 했다.[5]

총독부도 법령 제정 작업을 다시 시작했다. 도시계획 실무의 권위자인 오사카시 토목부장 보좌역 오카자키 쇼타로(岡崎早太郎)를 초빙하여 1929~1930년 도시계획 법령 초안을 다시 만들었다.[6] 그런데 총독부는 이 초안을 본국 정부에 송부하지 않고 1932년까지 대대적인 수정 작업을 진행했다. 그 과정을 상세하게 알 수는 없으나 1932년 중반 공개한 새로운 법령안의 취지를 보면 수정의 방향이 무엇이었는지 짐작할 수 있다.

> 교통, 보안, 위생, 경제 등의 각반(各般)에 걸친 정비를 위한 조선 시가계획령(朝鮮市街計劃令)은 목하 본부 토목과 당국에서 입안 완성되어 관계 국, 과에 회부 중이다. 이것은 종래 건축물취체규칙, 기타 개개의 규칙으로 도시의 취체를 행하던 것을 제령으로 통일적 취체를 기하고

---

5 「直木博士講演要項」,『京城彙報』, 1929년 1월호.
6 「都計令と建築法實施期」,『朝鮮と建築』, 1929년 3월호.

자 한 것으로 약 70조의 방대한 분량이다. 내용은 대체로 그 골자는 내지 도시계획령에서 취하고 더불어 조선의 특수사정을 가미했는데 그 특색의 하나는 내지의 동령은 주로 현재의 시가를 개량하는데 주목적이 있는데 대해 조선에서는 흥남(興南)과 같이 어제의 한촌(閑村; 한적한 시골)이 일약 오늘의 대도시가 되기도 하는 관계상 기성 시가의 개량과 더불어 창설 시가에 대해 동령을 적용하는 데 중점을 두었다.[7]

새로운 도시계획 법령안은 "내지 도시계획령"을 기초로 "조선의 특수사정"을 고려했다는 것이다. 그러나 이전부터 모든 조선의 도시계획 법령안은 일본「도시계획법」을 모델로 한 것으로 이 말은 전혀 새로운 언급이 아니다. 그러므로 주목할 점은 "조선의 특수사정"이라고 할 수 있다. 그것은 바로 "어제의 한촌이 일약 오늘의 대도시가 되기도 하는 관계상 기성 시가의 개량과 더불어 창설 시가에" 중점을 두어야 한다는 언급이다. 특정한 목적에 따른 신도시 건설에 주안점을 둔 법령안이 만들어졌음을 알 수 있다. 그리고 이는 1920년대 초 시작되어 10여 년간 단속적으로 이어진 도시계획 법령 제정의 방향과는 다른 것이었다.

도시계획 법령 제정의 방향이 전환된 배경으로 먼저 1931년 6월 새로운 총독 우가키 가즈시게(宇垣一成)가 부임하면서 '조선공업화' 정책을 천명한 점을 염두에 둘 필요가 있다. 공업화를 위해서는 일본 독점자본의 투자 환경을 조성할 필요가 있다. 한편 1931년 만주사변으로 촉발된 대륙 침략의 흐름에 따라 그 '거점' 도시를 개발할 필요도 생겼다. 따라서 이런 경제적, 군사적 요인에 따라 신도시를 창설하거나 기존 도시에서는 그

---

7 「市街計劃令, 朝鮮の特殊事情を加味して今年中には是非發布」,『京城日報』, 1932.6.4.

동안 자연발생적 도시화가 지속되던 인접 지역을 통제하여 정책적 의도에 맞게 개발을 유도할 필요가 생겼던 것이다.[8] 위의 기사에서 당시 떠오르는 대표적인 공업 신도시 흥남의 예를 든 것이 상징적이다.

한편 조선 내부의 요인과 더불어 일본 본토의 상황 변화를 살펴볼 필요가 있다. 1930년대 들어 일본에서는 도시계획이 단지 한 도시의 개발 문제가 아니라 국가의 입장에서 토지나 인구 같은 '자원'을 효율적으로 '동원'할 수 있는 수단이라는 인식이 정착했다. 일본 정부는 1931년 구획정리에 대한 국가의 통제를 강화하는 방향으로 「도시계획법」을 일차 개정했다. 다시 1933년에는 광역도시계획론인 지방계획론(地方計劃論; regional planning)에 근거하여 「도시계획법」의 적용 대상을 시(市) 외에 내무대신이 지정하는 정(町), 촌(村)까지 확대하는 재차 개정이 이루어졌다. 이에 따라 여러 개의 시, 정, 촌을 하나로 묶어서 도시계획구역을 설정하는 것도 가능해졌다. 이는 도시계획의 대상이 '고유하게 발달한 도시'에서 '광역 지방계획의 한 거점으로서 도시'로 전환했음을 의미한다.[9]

이 같은 일본 도시계획의 흐름은 '도시의 확장'과 '확장한 도시에 대한 국가의 통제'라는 개념의 결합으로서 이 시기 일본 사회의 전반적인 국가주의적 기조에 상응하는 것이었다. 식민지 조선에서 이런 흐름은 이전까지 도시 유산층(주로 재조선 일본인)의 자생적 요구에서 비롯한 도시계획과는 다른 국책 수행을 위한 수단으로서 도시계획, 즉 식민정책의 기조에 연동하여 그에 복무하는 도시계획의 가능성을 열어주었다. 1934년 제정한 「조선시가지 계획령」은 이런 도시계획론의 흐름을 반영한 것이었다.

---

8 橫山正德, 1942, 「朝鮮に於ける市街地計劃の經過」, 『朝鮮土木會報』 14-3, 105쪽.

9 石田賴房, 2004, 『日本近現代都市計劃の展開』, 自治體研究社, 145~146쪽.

이 법은 내지의 특별도시계획, 도시계획, 건축 각법을 아우르고 여기에 조선의 토지개량령, 토지수용령까지 포함하여 이 하나의 법으로 도시계획사업을 완전하게 수행할 수 있도록 한 것으로 내,외지(일본 본국과 식민지)를 통해 획기적인 법령으로 금명 중 공포를 볼 모양이다. 내지의 도시계획사업은 사업계획을 중앙과 지방의 양위원회에서 법으로 정하도록 하여 진척력이 매우 약한데 조선의 새 법령에서는 이러한 근본적 결함을 없애 앞에 적은 각법령의 필요 조항을 포함하여 운용이 극히 자유롭다. 법제국(총독부의 법령안을 최종 심의하는 일본 정부 법제국)에서도 이를 심의하면서 운용의 원활함에 매우 감탄하여 근래 보기 드문 좋은 법령(良令)이라고 보증했다.[10]

위 기사는 식민지 권력의 입장에서 「조선시가지 계획령」의 '장점'을 간명하게 보여준다. 그 핵심은 '운용의 자유로움'이다. 즉 여러 이해 당사자의 목소리를 고려할 수밖에 없는 본토의 관련 법들에 비해 식민지 권력이 독단적으로 도시계획을 실시할 수 있도록 한 것이다. 전문 3장 50조인 「조선시가지 계획령」은 시가지 계획의 대상 및 시행 주체 등을 규정한 제1장, 건축 통제와 용도지역제를 규정한 제2장, 구획정리를 규정한 제3장으로 나누어진다.[11]

제1장 총칙에서는 시가지 계획의 대상은 기성 도시의 개량뿐 아니라 신도시의 창설 및 기성 도시의 확장이 오히려 더 중요하다는 점을 강조

---

10 「市街地の計劃に關し劃期的の制令成る」, 『京城日報』, 1934.6.19.
11 「조선시가지 계획령」의 구성과 특징에 대해서는 坂本嘉一, 1939, 『朝鮮土木行政法』, 93~142쪽.

했다.「조선시가지 계획령」의 대상은 일반적인 개념으로서의 '도시'가 아니라 넓은 의미에서 정책적 필요에 따라 설정한 거점으로서의 '시가지'라는 뜻으로 짐작된다.[12] 즉 법령의 명칭은 단지 명칭이 문제가 아니라 법령에 투영된 식민지 도시계획의 '식민지성'을 보여주는 중요한 상징이었던 셈이다.

제2장 용도지역제에서는 공업, 상업, 주거, 미지정의 4지역제를 채택했다. 각 지역을 구분하는 기본적인 기준은 건축을 허가하는 공장의 마력수이다. 주거지역은 상시 사용하는 원동기 마력수 3마력 이상, 상업지역은 15마력 이상의 공장 건축을 금지했다. 반대로 50마력 이상의 공장은 공업지역에만 건축을 허가했다. 미지정 지역은 명문화한 건축 제한은 없으나, 대체로 주거, 상업지역에는 건축할 수 없으나 반드시 공업지역에 건축할 필요가 없는 공장, 즉 15~50마력의 공장 건축을 유도할 지역이었다. 일종의 중소공업지역인 셈이다. 이와 같이 용도지역제에서는 공업지역과 비공업지역, 대공업지역과 중소공업지역의 공간적 분리를 중시했다. 그 일차적인 목적은 물론 원활한 자본 유치를 위한 효율적인 공업 환경 조성이었다.

제3장 구획정리에서는 일본「도시계획법」과 달리 지주조합에 의한 자율적인 구획정리를 불허했다. 일본에서도 1931년「도시계획법」을 개정하여 구획정리에 대한 국가 통제를 강화했지만, 구획정리 시행의 일차적 주체가 지주조합이라는 원칙은 남아있었다. 그러나「조선시가지 계획령」은 해당 지구 내 지주 전원의 합의가 없으면 구획정리는 무조건 국가가 시행하도록 규정했다. 실제로 지주 전원의 합의는 거의 불가능하므로「조

---

12 이 점은 1936년 타이완에서「臺灣都市計劃令」을 제정한 것과 대비된다.

「선시가지 계획령」에 따르면 구획정리는 자연스럽게 '국가 사업'이 될 것이었다.[13]

(2) 지방·국토계획론의 도입과 영향

「조선시가지 계획령」은 대체로 1930년대 일본 도시계획의 국가주의적 경향을 본토보다 한걸음 더 나아가 반영한 법령이라고 할 수 있다. 그런데 그 실제 운용은 전시체제기 일본의 지방계획론과 국토계획론이 도입되면서 또 하나의 변곡점을 지나게 된다. 먼저 지방계획론과 국토계획론이 어떤 과정을 거쳐 어떤 형태로 조선에 수용되는지 살펴보자.

원래 지방계획론은 1924년 암스테르담에서 개최된 국제 주택 및 도시계획 회의에서 채택한 "도시의 팽창에 대응하기 위한 개별 도시의 범위를 넘어서는 지방계획"이라는 의제로 처음 등장했다. 서양 도시계획사에서 암스테르담 회의는 20세기 들어 뚜렷해진 (서양) 산업도시의 도시문제의 심각성을 환기하고 이를 해결하기 위한 도시계획의 새로운 패러다임을 제시한 획시기적 사건으로 평가된다.

1930년대 초 일본「도시계획법」의 두 차례 개정도 이론적으로는 지방계획론을 수용한 결과이다. 그런데 일본에서 지방계획론은 중일전쟁(1937)에서 태평양전쟁(1941)으로 일제 침략전쟁이 확대되는 가운데 전국토를 대상으로 한 국토계획론으로 전개되었다. 국토계획론도 서양에서는 자유주의와 국가주의, 두 가지 방식으로 진화했는데 일본의 국토계획

---

13 일본에서도 1925년 간토대진재 복구를 위해 제정한 「특별도시계획법」에서 구획정리의 국가 시행을 규정한 선례가 있었다. 그러나 이는 「특별법」이자 「임시법」이었다. 「조선시가지 계획령」은 이를 '일반법'화 하여 법령의 국가주의적 성격을 강화한 셈이다.

론은 국가주의적 국토계획론을 '발전'시킨 것이었다. 그중에서도 일본의 강력한 영향력하에서 추진한 만주국 국토계획의 경험을 거꾸로 본토에 적용한 것이 일본 국토계획의 출발점이었다.[14]

일본 국토계획은 1940년 9월 기획원(企劃院)이 기초한 "시국하의 금일 특히 긴급한 과제"의 하나로 "일만지(日滿支)를 통해 종합 국력의 발전을 목표로 국토개발계획을 확립"하기 위한「국토계획설정요강(國土計劃設定要綱)」을 각의에서 결정하면서 공식적으로 개시했다.「국토계획설정요강」의 목표는 일본 본토와 식민지는 물론 만주와 중국까지 포함하여 국가적 장래를 담보할 산업, 교통, 문화 등 제반 시설과 인구 분산 계획을 종합적으로 구성하여 국토의 보전, 이용, 개발 계획을 수립하는 것이었다. 국토계획의 기본 방침으로는 ① 일만지 경제배분계획 ② 공업 광업 배분계획 ③ 농림 축산업 배분계획 ④ 총합적 교통계획 ⑤ 총합적 동력계획 ⑥ 총합적 치산 치수 및 수리계획 ⑦ 총합적 인구배분계획 ⑧ 문화후생시설의 배분계획 ⑨ 단위 지역별 계획 등이었다.[15]

요컨대 중일전쟁에서 태평양전쟁으로 나아가는 가운데 기획원이 수립한 국토계획은 전쟁의 장기화에 따른 국민 생활의 궁핍, 세계대전의 전

---

14 사전적으로 국토계획이란 "국가가 자연적, 사회적인 한 지역을 지역 전체로 파악하여 그 지역을 종합적이고 유기적이며 합리적으로 개발하여 국가의 미래를 제정하는 기획"이다. 처음에 영국에서 도시계획운동의 하나로 고안한 국토계획의 시초적 논의는 도시화의 문제점을 해결하기 위한 방편으로 전원 지역의 개발에 초점을 맞추었다. 그런데 이 같은 자유주의적 국토계획론은 소련, 독일, 이탈리아 등에서 국가 생산력 확충을 주안으로 하는 국가주의적 국토계획론으로 진화했다. 1928년 소련의 5개년 계획, 1933년 독일의 4개년 계획, 1937년 만주국의 5개년 계획 등이 국가주의적 국토계획론의 초기 실현 형태로 이야기된다(전상숙, 2017,「전시 일본 국토계획과 대동아공영권, 그리고 조선 국토계획」,『사회이론』51, 286~289쪽).

15 日本 企劃院, 1940,「國土計劃について」,『國土計劃に關する論文集』, 1~8쪽.

개 등 불안정한 정세 변화에 대응하여 국민 불안을 타개하고 종합적인 비전을 새롭게 제시하기 위한 방책이었다. 그 궁극적인 목표는 일본 본토와 식민지, 그리고 그 밖의 세력권까지 아우르는 넓은 의미의 일본 제국주의 권력 전체의 자급 경제권(아우타르키: Autarchy≒경제블록)을 형성하는 것이었다. 달리 표현하면 산업, 자원, 인구를 (일본 제국의 입장에서) 합리적으로 재배치하여 중화학공업화를 축으로 전시 생산력 극대화를 도모하는 것이었다고 할 수 있다.[16]

「국토계획설정요강」에서 일본 국토계획은 권역 전체를 대상으로 한 '일만지계획', 그 아래에 일본의 '내, 외지'(본토와 식민지 조선, 대만 등)를 포괄하는 '중앙계획', 다시 그 아래에 각 단위별 '지방계획'으로 구성되었다. 여기에서 조선은 일본의 외지이기 때문에 독자적인 계획 단위가 아니었다. 그런데 당시 일본 도시계획의 권위자인 이시카와 에이요(石川榮耀)는 조선의 경우 원론적으로 일본 본토의 여러 지방과 마찬가지로 하나의 지방계획 단위이지만 대륙전진병참기지(大陸前進兵站基地)라는 특수한 지위에 있기 때문에 현실적으로 조선은 "중앙계획과 내지 지방계획의 사이" 혹은 "아(亞)중앙계획"의 단위라고 설명했다. 이시카와의 설명은 일본 본토에 대한 조선 지방계획의 '독자성'을 강조한 셈이다. 이런 논리는 조선 국토계획을 독자적으로 입안, 추진하고자 하는 총독부의 입장과 상통했다. 전문가로서 이시카와의 '권위'가 총독부의 입장을 뒷받침해 준 셈이다. 결론적으로 조선 국토계획은 총독부의 입장에서 조선의 물자와 인력을 최대한 침략전쟁에 동원하는 방향으로 입안되었다.[17]

---

16 전상숙, 2017, 앞의 글, 290~293쪽.
17 石川榮耀, 1942, 『國土計劃の實際化』, 誠文堂新光社, 99~100쪽; 이시카와 에이요(石

그렇다면 조선에서 지방계획, 국토계획은 구체적으로 어떻게 수립, 실현되었을까?「조선시가지 계획령」의 제정 당시부터 일본「도시계획법」의 개정 방향을 반영하여 지방계획의 요소를 포함했다. 그러나「조선시가지 계획령」의 초기 적용 과정은 대부분 기성의 행정적 도시를 대상으로 했다. 따라서 이전 도시계획의 관행과 지방계획의 '이상'을 절충하는 방향으로 진행되었던 셈이다. 조선 도시계획이 명실공히 지방계획으로 전환하는 계기는 1938년 9월「조선시가지 계획령 시행규칙」제1조 제1항의 시가지 계획으로 시행할 수 있는 사업 중 "일단지(一團地)의 주택 경영"을 "일단(一團)의 주택지 경영 및 공업용지 조성"으로 개정한 데에서 비롯했다. 이것은 사소한 개정처럼 보이지만 도시계획적으로 큰 차이가 있는 것이었다. 이에 대해 조선 도시계획 행정의 총책임자였던 총독부 토목과장 신바 고헤이(榛葉孝平)는 이렇게 설명했다.

> 작년에 시가지 계획령 시행규칙 제1조의 '일단지의 주택 경영'을 '일단의 주택지 경영'으로 개정하여 주택지만의 경영을 시가지 계획사업으로서 할 수 있도록 했다. 그와 동시에 공업의 진흥에 용이하도록 '일단지의 공업용지 조성'을 추가하여 사업에 필요한 토지와 물건은 시가지 계획령 제6조 제1항에 의해 수용할 수 있도록 했다. 이 사업지구로 지정되면 토지의 투기적 매매를 할 수 없도록 하여 부당한 지가의

川榮耀; 1893~1955)는 전전에서 전후 초기에 걸쳐 일본 도시계획계의 가장 중요한 이데올로그중 한 사람으로 평가된다. 1918년 도쿄제대 토목공학과를 졸업하고, 일본 여러 도시의 도시계획을 수립했으며, 1933년부터 도시계획도쿄위원회 위원으로 재임했다. 만주국, 경성, 상하이 도시계획에도 관여했으며, 1940년대 초 전시 도시계획과 국토계획에 대한 여러권의 저서를 간행했다. 전후 도쿄 부흥 계획에서도 중요한 역할을 했으며, 1948년 건설국장, 1951년 도쿄도 참사관이 되었다.

앙등을 억제할 것이다. 또 광대한 토지를 일시에 매수하는 것은 재정상 곤란하므로 한편 시가지 계획의 시설로 결정해 두고 필요에 따라 상당한 면적을 수차 매수하여 실비로 기업자들에게 분양할 예정이다. (중략) <u>현재 조선에는 지방계획 또는 국토계획의 제도가 확립되어 있지는 않으나 그 정신을 취하여 계획을 수립하고 분산적 도시 실현을 도모하고자 한다.</u>[18] (밑줄은 필자)

신바의 언급에서 핵심은 시행규칙 개정으로 당장 주택지나 공업지역 개발 계획이 없더라도 광대한 규모에서 그 부지를 설정하고 지가 규제, 건축 통제를 하는 것이 가능해졌다는 점이다. 그리고 이는 "지방계획 또는 국토계획"의 "정신을 취하여 계획을 수립하고 분산적 도시 실현을 도모"하는 것이었다. 그런데 이 같은 개정의 실질적 목적은 일제 침략전쟁의 확대에 따라 시급해진 군수공업지역의 신속한 용지 확보와 조성이었다. 그리고 이는 지방계획, 국토계획의 '이상' 실현이라는 수사로 포장되었던 것이다. 그런가 하면 도시계획 실무 종사자는 아니지만 당시 총독부의 경제 브레인이었던 경성제대 교수 스즈키 다케오(鈴木武雄)는 조선 국토계획의 밑그림을 아래와 같이 제시하기도 했다.

조선 국토계획은 예컨대 중선(中鮮), 남선(南鮮), 호남(湖南), 서선(西鮮), 북선(北鮮)의 다섯 개 지방계획으로 구성되어야 한다. (중략) 조선의 국토계획은 황국(皇國) 지방계획에서 유일하게 대륙적 성격을 띤 것으로 한편 만주국 및 지나(支那)의 그것과 같이 내지에 대해 병립적

---

18 榛葉孝平, 1939, 「朝鮮に於ける都市計劃の新傾向」, 『朝鮮行政』, 3권 9호, 360쪽.

입장에 서게 된다. (중략) '대륙전진병참기지론'이 조선 국토계획의 내용을 규정하게 된다. 따라서 조선은 단순한 외지가 아니라 '제2의 내지', '내지의 대륙적 분신'인 것이다. 반도의 동해, 즉 일본해는 만주국 성립 이후 호수화 되어 최단루트의 시대를 열게 되었다. 여기에 다시 반도의 서해, 즉 황해가 지나사변(支那事變; 중일전쟁) 후 호수화 되어 다사도(多獅島; 신의주의 외곽 항구), 진남포, 해주, 인천, 군산, 목포 등의 서선, 중선 혹은 호남의 항구들이 만주 및 북지(北支)의 항구와 연락하는 황해루트가 열렸다. <u>조선의 도시계획은 이를 범위로 한 공업입지계획과 떨어져서는 전연 무의미하다.</u> (중략) <u>제2의 내지로서 처음부터 국토계획의 운명을 띄고 있었던 조선의 도시계획은 쇼와13년(1938년) 시행규칙의 개정으로 젊은 조선의 도시를 대상으로 한 젊은 도시계획으로서 내지보다 훨씬 무리 없이 자연스럽게 국토계획의 일환이 되었던 것이다.</u>[19] (밑줄은 필자)

스즈키의 설명에 따르면 조선 국토계획의 발단과 전개는 '동해 호수화'(만주사변 이후)에서 '서해 호수화'(중일전쟁 이후)로의 진전이라는 일제 대륙침략의 단계에 각각 비정할 수 있다. 즉 「조선시가지 계획령」 제정 시점이 '동해 호수화' 단계라면 1938년 시행규칙 개정은 '서해 호수화' 단계인 것이다. 스스로 "문외한적 입장에서 전체로서 조선 도시계획이 나아가야 할 방향을 산업경제정책적 견지에서 설명"하겠다고 한 스즈키의 언급은 역설적으로 조선 국토계획이 도시계획의 내적 논리가 아니라 침략전쟁 수행에 복무하는 국토 개발, 동원의 논리에 긴박되어 있음을 잘 드러내 준다.

---

19 鈴木武雄, 1942, 『朝鮮經濟の新構想』, 東亞經濟新報社 京城支局, 284~301쪽.

2) 조선 시가지 계획의 주요 사례

(1) 나진(羅津)

나진은 원래 함경북도 경흥군 신안면의 작은 어촌이었던 곳이다. 그런 나진이 일제의 정책적 필요에 의해 '신도시'로 개발되고, 단시일에 읍으로, 다시 부로 승격한 점은 1930년대 조선 시가지 계획의 특징을 잘 보여준다. 반대로 나진을 신속하게 개발해야 할 필요성은 「조선시가지 계획령」을 제정하는 직접적인 계기가 되었다. 이런 점에서 나진은 시가지 계획을 실시한 여러 도시 중 하나 이상의 의미를 가지는 곳이다.

나진은 작은 어촌이었지만 이미 근대 초기부터 군사 요충지의 단초를 보인 곳이다. 러일전쟁 당시 일본 함대가 이틀간 정박한 바 있으며, 1918년 일본군의 시베리아 출병 때는 군함 47척이 약 3개월간 정박하기도 했다. 비상시에는 언제라도 '군항'으로 사용할 입지 조건과 가능성을 내포한 곳이었던 셈이다.[20]

나진을 영구 군항도시로 개발해야 할 필요성이 거론되는 것은 1930년대 들어서이다. 1931년 만주사변을 도발한 일본군은 만주와 일본을 연결하는 수송로의 중간 기항기로 조선 측의 나진, 웅기, 청진 등과 일본 측의 후쿠이현 쓰루가(敦賀), 도야마현 니가타(新潟), 후시키(伏木) 등을 검토했다.

1932년 4월 이 문제에 대한 총독부, 일본 육·해군, 만철 등 관계자 회의가 처음 개최되었다. 총독부는 조선 북부의 대표적 도시인 청진항의 확

---

20 군항으로서 나진의 가능성과 초기 개발 과정은 김윤미, 2019, 「1930년대 나진 개항과 항만도시 건설의 군사적 전개」, 『인문사회과학연구』 20-4, 부경대학교 인문사회과학연구소 참고.

장을 주장했다. 만철은 길회선 경유 화물을 청진항에서 처리하고 그 수용량이 넘치는 경우 웅기항을 이용하며, 수용량이 격증하면 나진을 새롭게 개발하자고 주장했다. 그에 반해 일본군은 나진의 개발을 강력하게 주장했다. 총독부와 만철은 거액의 예산이 소용되는 신항의 개발보다 기존 항구도시의 정비를 선호한 반면 군부는 새로운 군항의 개발에 초점을 맞추었던 셈이다.[21]

나진, 웅기, 청진은 일본에서 동해를 건너 대륙으로 진출하는 경로의 중간 기항지로 일찍부터 예상되었던 곳들이다. 일본 육군은 이 가운데에서 일본과 만주를 최단거리로 연결하는 나진의 개발을 주장했다. 연해주, 훈춘(琿春)과 접경한 웅기는 유사시 적의 공격에 쉽게 노출될 수 있다는 이유로 반대했다. 해군도 나진을 선호했다. 지형상 방비가 용이하며 사계절 풍파가 적은 나진이 '양항'이라는 것이다. 해군 측 문서에 따르면 나진은 섬이 만(灣)의 입구를 가려주어 바람을 막을 수 있고 큰 파도도 없어 별개의 방파제 공사가 필요 없으며, 만이 깊고 넓어 축항 공사가 용이하다고 했다. 또 동쪽으로 반도가 돌출하고 남쪽으로는 섬이 있어 전략적 군사기지가 입지하기에 적합하다고 했다.[22] 나진항에 군사기지를 건설하면 그에서 출발하는 철도는 웅기 – 훈춘 – 남양(南陽)을 거쳐 두만강 국경지대에 닿을 것이었다. 육해군의 공통된 의지가 확고했으므로 총독부도 이에 호응할 수밖에 없었다.

---

21 1930년대 일본과 조선 북부, 만주를 연결하는 새로운 루트(北鮮루트)의 개척과 그 중간 기항지 결정 문제의 개요는 송규진, 2013a, 「일제의 대륙침략기 북선루트, 북선 3항」, 『한국사연구』 163 참고.

22 井村哲郎, 2012, 「村上義一文書に見る北鮮鐵道・港灣建設−滿鐵の北鮮經濟經營・再論」, 『環東アジア研究センター年報』 7, 58~59쪽.

한편 만철은 만주사변 이전까지는 남만주 일대의 화물을 다롄항(大連港)에 집중하는 '다롄항 중심주의'를 고수했다. 따라서 조선 북부 항구를 거치는 북선루트에는 소극적이었다. 그러나 관동군이 만주의 교통과 수송을 모두 만철에 위탁하는 방침을 정하자 이를 처리하기 위해 북선 2대 항만주의로 선회했다. 나진이 북선루트의 종단 기착항으로 결정되자 만철은 다롄 기선을 이용하여 나진과 니가타를 연결하는 항로 개설을 시도했다.

이상과 같이 나진의 도시 개발은 일본군의 군사적 고려를 우선축으로 총독부의 호응, 만철의 경제적 이익 도모 등이 어우러져 진전되었다. 1932년 7월경 일본군이 입안한 계획에 따르면 나진은 10여 개의 부두를 가진 대규모 항구도시로 1948년까지 15년간 약 900만 톤 규모의 항만으로 건설할 예정이었다. 1938년 준공을 예정한 1차 공사가 끝나면 300만 톤, 2차 공사까지 끝나면 600만 톤의 화물 처리가 가능했다. 적어도 계획상으로 나진항과 기존의 웅기항, 청진항의 화물 처리 능력을 합하면 다롄항과 뤼순항을 합한 정도에 견줄 수 있었다.[23]

나진의 도시 개발은 「조선시가지 계획령」을 제정한 4개월 후 그 첫 적용 사례로 1934년 11월 개시되었다. 총독부는 11월 20일 나진 시가지 계획구역, 가로망, 구획정리지구를 고시했다(조선총독부고시 제574호). 시가지 계획구역은 철주동(鐵柱洞)을 제외한 나진읍 전역, 약 300만m²(91만여 평)으로 설정했다. 가로망은 제1종(35)[24] 연장 2,380m, 제2종(30) 연장

---

23 朝鮮軍參謀長,「雄羅鉄道敷設並羅津港築港のため公有水面埋立及浚渫の件」,『密大日記』第5冊, 昭和8年(JACAR, Ref. C01004003500); 김윤미, 2019, 앞의 글, 8쪽.
24 괄호 안의 숫자는 도로폭, 단위 m

1만 760m, 제3종(25) 연장 1만 2,340m, 제4종(20) 연장 5,520m, 제5종(15) 연장 2만 6,670m, 제6종(11) 연장 4만 1,820m를 계획했다. 계획가로망의 총연장은 약 100km에 달했다. 구획정리지구는 나진읍 신안동(新安洞)과 간의동(間依洞) 각 일부 면적 약 300만m²였다.[25] 시가지 계획구역 총면적과 거의 동일하다. 여기에서 나진시가지 계획은 거의 완전한 '신도시' 계획에 가까웠음을 알 수 있다. 준공기한은 1937년으로 예산은 3개년 계속사업비 50만 6,000원의 국고보조를 책정했다. 사업비 전액을 국고보조로 책정한 데에서 알 수 있듯이 나진의 도시 개발은 국책에 따른 특별한 사업이었다.

나진시가지 계획 고시 1년이 지난 1935년 11월 나진항이 개항했다. 이듬해부터는 화물 영업을 개시했다. 관동군은 「만주산업개발 5개년 계획요강」에서 나진항의 역할을 만주국을 배후지로 하는 항구 중 하나로 화물 이출입의 역할뿐 아니라 이민의 상륙지로 규정했다. 나아가 제2기 600만 톤 계획을 완료하면 장래 소련과 전쟁시 중립국 선박이 나진항을 이용하도록 하고 블라디보스톡을 이용하는 외국 선박도 나진항으로 흡수할 계획이었다. 1938년 5월 관동군이 주관한 선만(鮮滿)합동협의회에서 결정한 「동북만주대리 일본 교통 쇄신 병북선 삼항개발요강(東北滿洲對裏日本交通刷新並北鮮三港開發要綱)」은 웅기항은 석탄과 목재 수송항, 청진항은 부근 일반 자원을 이용한 공업도시인데 반해 나진항은 일본과 만주를 아우르는 중심 항구이며 만주의 자원을 반출하는 항구일 뿐 아니라 그를 이용한 공업도시로 규정했다. 전반적으로 일제의 대륙 침략 구상에서 나진의 핵심적 위상을 짐작할 수 있다.

---

25 「朝鮮總督府告示 제574호」, 『朝鮮總督府官報』, 1934.11.20.

나진은 산업, 수송항일 뿐 아니라 군사도시이기도 했다. 일본군은 1932년 이미 나진을 요새지대에 포함했다. 실제 포대 건설은 수년 후에나 시작할 예정이었지만, 나진의 개발 분위기가 고조되면서 지가가 급속하게 상승하자 군은 요새 건설에 필요한 군용지를 신속하게 확보하고자 했다. 대소(大蘇) 작전의 일환인 나진 요새 건설은 1936년부터 시작했다.[26] 육군은 나진만 일대 요소 요소에 군용지를 확보했다. 해군도 대초도에 기지를 건설했다. 1936년 8월 말 정식 사무를 개시한 나진요새사령부는 포대 예정지를 매수하여 건설에 착수했다. 1941년 말 현재 부대 현황을 보면 나진 포대에는 중포병연대 4개 중대를 배치했으며, 그밖에 웅기 포대에 2개 중대, 두만강 포대에 2개 중대 일부를 배치했음을 알 수 있다.

이상과 같이 공업도시이자 군사도시로 '발전'하는 과정에서 경흥군 신안면의 일부였던 나진은 1934년 4월 1일부로 나진읍으로 승격했다. 그로부터 2년 반 만인 1936년 10월 1일부로 다시 나진부로 승격했다. 인구 측면에서는 1930년 신안면 전체 인구가 5,966명이던 것이 1935년 나진읍 인구만 3만 918명, 1940년에는 나진부 인구가 3만 8,319명까지 증가했다. 10년간 6배 이상 증가한 것이다.

나진의 '신도시' 건설 과정은 일본군의 전략적 결정을 축으로 총독부, 만철 등이 긴밀하게 협력하여 항만 개발, 군사기지화, 신도시 건설을 연관된 과정으로 진행한 것이었다고 할 수 있다. 이는 개별 도시를 넘어 일제 말기 조선 시가지 계획의 성격을 상징적으로 보여주는 사례라고 할 수 있다.

---

26 일본군은 나진을 비롯한 북부 조선 일대에 소련의 해상 기습공격과 상륙작전에 대비하여 화포 배치가 필요하다고 보았다. 이에 1936년 5월 「육군평시편제 전면개정」에 근거하여 나진과 웅기의 요새사령부 신설을 결정했다.

(2) 경성

* 경성 행정구역 확장과 시가지 계획의 개발 구상

총독부는 나진시가지 계획을 개시한 이후 1년 이상 지난 1936년 3월에 와서야 두 번째로 경성과 청진 시가지 계획을 고시했다. 이 중 경성 시가지 계획은 식민지 수도의 도시계획이라는 점에서도 그렇거니와 실제 계획사업의 내용이나 양적 측면에서 다른 지역을 압도했다. 그런데 경성은 시가지 계획 고시 직후인 1936년 4월 1일부로 행정구역을 크게 확장했다. 이는 경성에서 행정구역 확장과 시가지 계획의 전개가 긴밀하게 연관된 사안이었음을 의미한다.[27]

경성의 행정구역 확장은 1930년대 들어 갑자기 대두한 것은 아니다. 그것은 이미 1920년대 초부터 단속적으로 이어지던 현안이었다. 처음 경성 행정구역 확장 논의는 경성도시계획연구회 등 재경성 일본인 중심의 남산록, 한강 이남으로 확장 주장과 조선어 언론에서 제기한 마포, 청량리, 왕십리 등으로 확장 주장으로 나뉘었다. 남쪽으로 확장과 동서 방향 확장 주장으로 나뉜 셈이다. 그러던 중 1925년 '을축년 대홍수'라는 미증유의 재해를 겪고 난 후 행정구역 확장 논의는 동서 확장을 기본으로 남쪽으로 확장을 가미하는 방향으로 정리되었다. 1920년대 중, 후반 경성부가 두 차례 간행한 도시계획안이나 1930년 총독부가 간행한 도시계획안은 모두 이런 기조를 담고 있다.[28] 그러나 1920년대 경성 도시계획 논의

---

27 이하 경성시가지 계획의 개발 구상과 전개 과정의 개요는 염복규, 2016, 앞의 책, 119~180쪽.

28 京城府, 1926, 『京城都市計劃區域設定書』; 1928, 『京城都市計劃調査書』; 朝鮮總督府, 1930, 『京城都市計劃書』; 예컨대 『경성도시계획조사서』의 "(경성은) 중앙에 남산을

는 제도적 뒷받침이 없는 가운데 실현에 이르지 못했다.

1930년대 들어 조선 도시계획을 둘러싼 분위기가 전환되는 가운데 경성부는 다시 행정구역 확장 조사를 실시하고 구체안을 입안했다. 행정구역 확장을 위한 인접 지역 조사를 하는 과정에서 경성부는 정밀 측량을 실시하고 외곽 지역의 도로망 계획을 수립했다. 행정구역 확장 조사와 도시계획 준비가 별개의 과정이 아니었음을 알 수 있다. 1935년 말 경성부가 상신한 안은 이듬해 1월 제1회 시가지 계획위원회에서 최종 결정되어 1936년 4월 1일부로 경성 행정구역이 공식 확장되었다. 그 내역은 대략 지난 십수 년간 '확장 후보지'로 언급하던 곳에 한강 이남의 공업지역 영등포를 추가한 것이었다. 그 내역은 경성 인근 1개읍(영등포읍), 7개면(고양군 용강면, 한지면, 숭인면, 연희면, 은평면, 시흥군 북면, 동면)의 전부 혹은 일부 76개리이다.

행정구역 확장을 일단락하자 경성부는 그간의 조사를 토대로 구체적인 시가지 계획 입안에 착수했다. 그 대원칙은 도심부는 "현상 유지"에 그치고 새롭게 편입한 지역을 집중적으로 개발한다는 것이었다. 이는 신시가지 개발에 초점을 맞춘「조선시가지 계획령」의 입법 취지를 따른 것이기도 하지만, 제한된 예산으로 가능한 현실적인 선택지이기도 했다. 경성 시가지 계획의 구상을 공식 계획안[29]에 근거하여 정리하면 새로 편입한

끼고 있고 뒤로는 북한산을 등지고 있어 여타 평원도시와는 다른 입체도시로서의 입지 조건을 지니고 있고, 한강의 홍수 피해를 입을 수 있는 한계 구역이 있으므로, 30년 후의 경성도시계획구역은 일단 이들 구역 안으로 한정하는 것이 적당하다"는 대목이나,『경성도시계획서』의 "(경성도시계획에서) 주거가능면적은 표고 70미터 이상의 토지와 한강 당시 범람 구역을 제외한다"는 대목은 1925년 대홍수 이후 이 문제가 도시계획의 필수 고려사항이 되었음을 잘 보여준다.

29 朝鮮總督府, 1937,『京城市街地計劃決定理由書』참고.

지역을 동부, 한강 이남, 서부 지역의 셋으로 나누고 다시 그것을 여덟 개 소지역으로 나누어 개발 계획의 대강을 제시했다. 이는 다음과 같다.

〈표 4-1〉 경성 시가지 계획의 개발 구상

대지역	소지역	특징	개발 구상
동부 지역	청량리 부근	청량리역을 중심으로 남쪽은 청계천, 동쪽은 중랑천을 경계로 한 평탄한 지형	주거지역, 일부 공업지역
	왕십리 부근	약간의 기복이 있으나 대체로 평탄	주거지역, 일부 중소공업지역
	한강리 부근	왕십리와 용산 군용지 사이, 배후에 남산을 등지고 전면은 한강에 임함	(고급)주거지역
한강 이남 지역	영등포 방면	교통 편리, 공업용수 풍부, 오염된 공기의 도심부 유입 가능성 낮음	공업지역
	노량진 방면	영등포 공업지역의 배후	주거지역
서부 지역	마포, 용강면 방면	한강 북안 일대	공업지역 혹은 중소공업지역
	연희면, 신촌리 방면	신촌역 부근에서 홍제천 연안	주거지역, 일부 공업지역
	은평면 방면	홍제리, 세검정 등	주거지역, 풍치지구

* 출전: 朝鮮總督府, 1937, 『京城市街地計劃決定理由書』

위에서 알 수 있듯이 경성 시가지 계획의 개발 구상의 핵심을 요약하면 철도와 연계되는 영등포, 마포 일부, 청량리, 왕십리를 공업지역 및 중소공업지역으로 개발하고 나머지 대부분 지역은 주거지역화 하는 것이었다. 이런 구상을 실현하기 위한 구체적인 수단은 가로망 부설, 구획정리, 용도지역제 등이었다.

<그림 4-1> 경성 시가지 계획평면도

* 출전: 서울역사박물관 서울역사아카이브

* 시가지 계획 가로망, 구획정리, 용도지역제의 개요

경성 시가지 계획 가로망 최종안은 1936년 12월 발표되었다. 전체 220선, 총연장 307.72km에 이르는 방대한 시가지 계획 가로망의 기본 구성을 보면 먼저 경성 전역을 옛 경성의 도심부와 용산, 신편입구 역의 청량리, 왕십리, 한강리, 마포, 영등포 등 7개의 교통구역으로 나누었다. 7개의 교통구역에는 각각 중심을 두었다. 이 중 도심부의 중심인 경성부청 앞은 시가지 계획 가로망 전체의 중심이었으며, 나머지 6개 구역의 중심은 부심으로 설정했다. 이를 기준으로 도심과 부심을 연결하는 주간선도로를 먼저 배치하고 그에 맞추어 부심 상호간 연결, 각 교통구역 내부 도로인 준간선도로를 배치하여 각 소지역별 개발 구상과 짝을 이루도록 했다.

이상과 같은 경성 시가지 계획 가로망의 전반적인 구성 원리는 시가지 계획 구역 전체를 몇 개 구역으로 나누어 이를 도심부를 중심으로 '방사상'으로 연결하고 각 구역의 내부는 '격자형'으로 정비하는 것으로 요약할 수 있다. 이를 통해 원도심부 도시 공간의 동심원적 확장을 도모한 것이었다고 할 수 있다.[30]

경성 시가지 계획 가로망 부설은 1937년부터 25개년 계획으로 예정했다. (1962년 사업 완료 예정, 시가지 계획 목표 연도 1965년) 그런데 총독부는 제1기 5개년 사업(1937~1941) 중인 1939년 시가지 계획 가로망 노선 중 11선 폐지, 36선 변경, 10선 신설의 큰 수정을 단행했다. 전체 220선 중 57선이 달라진 것이므로 작지 않은 수정이었다. 그중에서도 특기할 만한 2개의 '터널' 굴착 계획이다. 총독부의 「계획가로의 변경 이유」 중 터널 굴착 부분만 보면 다음과 같다.

> 社稷壇 方面: 總督府 方面과 獨立門 附近의 連絡 路線을 一部 隧道(터널)를 包含한 路線으로 變更
> 旭町, 三坂通 方面: 京城, 龍山 間의 交通 緩和를 爲해 隧道를 包含한 路線을 新設하고 一部 路線의 位置 變更[31]

---

30 가로망 전체 220선은 도로폭에 따라 일곱 종류로 나뉘었다. 각각 광로(50; 숫자는 도로폭, 단위 m) 1선(광화문통, 현재의 세종대로), 대로 1류(34) 4선, 대로 2류(28) 18선, 대로 3류(25) 33선, 중로 1류(20) 35선, 중로 2류(15) 59선, 중로 3류(12) 70선 등이었다.

31 「1939년 7월 3일, 第四回市街地計劃委員會議事速記錄」, 『第四回市街地計劃委員會關係綴(二冊ノ中二)』(CJA0015674)

노선도가 없어서 분명히 알 수는 없지만 현재 서울 도심부 교통에서 중요한 의미를 가지는 터널과 비슷한 구상을 이 무렵 했던 것은 분명히 알 수 있다.[32] 그런데 이 시기 터널 구상은 교통 여건의 개선뿐만 아니라 비상시 대피를 위한 방공시설의 의미도 가졌다.[33] 시가지 계획에 드리워져 있는 전시체제의 그림자를 엿볼 수 있다.

다음으로 실제 시가지 개발에서 큰 몫을 차지한 구획정리사업을 살펴보자.[34] 총독부는 구획정리사업에서 '비밀주의'를 원칙으로 하여 전체 사업계획을 세웠더라도 이를 일시에 공개하지 않고 해당 사업지구만 차례로 공개했다. 어느 지역에 구획정리를 시행한다는 사실이 공개되면 그 지역의 지가가 상승하여 사업 추진에 어려움이 생겼기 때문이다.

경성 시가지 계획 구획정리안을 거의 완성한 1936년 11월 제2회 시가지 계획위원회 기록을 보면 사업의 총책임자인 총독부 토목과장 신바고헤이는 "구획정리지구는 대부분 교외지"라는 정도의 원론적인 발언만할 뿐 구체적인 내용은 말을 아꼈다.[35] 같은 해 연말의 공식 발표에서도 공개한 내용은 경성 시가지 계획 구획정리 면적은 새롭게 편입한 지역의 약 75%, 총 5,228만 6,900m²(1,581만 6,800평)이고, 1937~1946년의

---

32 1939년 총독부의 터널 구상은 오늘날 사직터널, 남산터널과 비슷한 측면이 분명히 존재한다.

33 「路線計劃 一部 變更」, 『朝鮮日報』, 1939.9.19.

34 구획정리는 시가지 계획 단계에서 처음 도입한 제도는 아니다. 1920년대 경성도시계획안에도 도심부 및 교외 신당리, 한강리 구획정리 계획이 포함되어 있었다(京城府, 1928, 앞의 책, 251~296쪽). 그러나 이때의 경성도시계획안이 실행으로 이어지지 않음에 따라 자연히 구획정리 계획도 무산되었다.

35 「1936.11.5, 第二回市街地計劃委員會會議錄」, 『第二回市街地計劃委員會關係書綴(CJA0015032)』

10년간 순차적으로 공사를 착공한다는 점뿐이었다.[36] 경성 시가지 계획 구획정리사업의 전체 내용은 사업을 시작한 지 2년여가 지난 1938년 10월 경성에서 개최된 제6회 전국도시문제회의 석상에서 처음 공개되었다. 그 내역은 다음과 같다.

〈표 4-2〉 1937~1946년 경성 시가지 계획 구획정리 예정 계획

착공 연도	지구수	시행 면적(평)	세부 내용
1937	3	2,790,300	영등포 1577900, 돈암 713900, 대현 498500
1938	3	1,909,500	신당정 426300, 용두 308400, 청량리 345300, 한남정 829500
1939	3	1,566,200	마장 588800, 공덕 198800, 영등포역 뒤 778600
1940	5	2,060,000	제기 722900, 답십리정 775000, 왕십리역 231700, 신설정 166300, 대흥정 163600
1941	3	1,950,000	휘경정 515100, 동교정 507600, 번대방정 927300
1942	3	977,300	신촌역 뒤 237800, 상수일정(현재 : 마포구 상수동) 248200, 번대 491200
1943	3	1,238,700	홍제정 409200, 흑석정 342500, 상도정 487000
1944	4	2,076,300	이문정 537200, 금호정 455800, 연희정 687200, 상도 396100
1945	2	1,068,700	망원정 798500, 동작정 270200
1946	1	180,000	동작 180000
합계	30	15,817,000	경성 신편입 구역의 주거가능면적 20,381,498평의 77.60%

* 출전: 高木春太郎, 1939, 「京城府に於ける土地區劃整理の狀況」, 全國都市問題會議 편, 『都市計劃の基本問題』 上, 356쪽.

---

36 그러나 경성 행정구역 확장이 가시화할 즈음 언론 기사 등을 보면 경성 시가지 계획 구획정리 구상을 추정한 내용이 많이 보인다. 그리고 이는 몇년 후 실제 진행된 내용과 크게 다르지 않았다. 어떤 식으로든 정부가 흘러 나가고 있었던 셈이다. 이런 상황 때문인지 1937년 초에는 총독부 경무국장 직접 토지 투기에 대한 경고 담화를 발표하기도 했다.

1938년 경성부가 공개한 내용은 정확하게 경성의 신편입구역 주거가능면적의 77.6%에 순차적으로 구획정리공사를 실시한다는 것으로 그 때까지 알려진 내용과 거의 동일하다. 1938년 10월 시점에서 이 중 일부는 공사를 진행하고 있었고, 또 상당한 부분은 공사 예정이 반공개된 상태이기도 했다. 이때에 이르러 비로소 시가지 계획 구획정리의 전체 구상의 개요를 공식적으로 공개한 셈이다.

마지막으로 (용도)지역제를 살펴보자. 도시계획구역을 용도에 따라 구분하여 건축과 토지 이용을 제한하는 지역제는 「조선시가지 계획령」에 근거한 법정도시계획을 이전까지 도로망 정비(시구개정)와 구분지어 주는 핵심적인 지점이다.

경성 시가지 계획 지역제에 대해서는 이미 「조선시가지 계획령」을 공식 제정하기 이전인 1934년 4월부터 영등포가 경성 도시계획의 핵심 공업지역이라는 예상 기사가 나오기도 했다. 또 1936년 초 경성부는 지역제를 실시했을 때 이전해야 할 도심부 상업, 주거지역 예정지의 공장을 조사하기도 했다.[37] 몇 차례 수정, 보완을 거쳐 총독부는 1939년 초 경성 시가지 계획 지역제안을 확정했다. 7월 제4회 시가지 계획위원회 심의를 거쳐 9월 18일 공식 제정된 지역제의 내용은 다음과 같다.

남대문통, 황금정통을 중심으로 동쪽으로 황금정 5정목, 서쪽으로 태평통 및 경성역, 북쪽으로 종로통, 남쪽으로 남산록에 이르는 사이는

---

37 이때의 조사 결과에 따르면 경성부는 도심부에 입지한 공장 840개 중 용산 일대의 211개를 제외한 629개 공장을 이전 대상으로 판정했다. 이전 대상이 많은 지역은 당시 소공장 밀집 지역인 병목정(竝木町: 중구 쌍림동), 신당정(新堂町: 중구 신당동) 등 시가지의 동부 외곽 지역이었다.

현재 은행, 회사, 상점 등이 잇달아 즐비하여 상업이 성할 뿐 아니라 장래에도 역시 부의 중추로 은진(殷賑)이 극할 것이므로 상업지역으로 하는 외에 용산 미생정(彌生町; 용산구 도원동) 및 대도정(大島町; 용산구 용문동) 부근, 영등포 역전 부근, 신설정 동부출장소 부근 및 청량리 역전 부근의 각 일대는 현재는 상업이 성하지 않아도 장래 발전의 가능성이 있으므로 상업지역으로 적당하며, 용산역 뒤편 욱천(旭川; 만초천)에 이르는 부분 및 영등포 제방 내의 평탄지에는 이미 대소 공장이 현재하는 외에 전농정, 사근정의 청계천 북쪽 지구 및 이문정, 휘경정의 경춘도로 북쪽의 지대는 토지가 평탄하고 운수, 교통이 편리하며 용수, 풍향의 관계를 고려하더라도 공업의 적지로 인정되므로 이상의 각 일대를 공업지역으로 지정한다. 또 이상의 공업지역에 접하는 부분 및 마포 서쪽의 한강 연안 일대는 비교적 경미한 공업의 용지로 적당하다고 인정되므로 미지정 지역으로 한다. 이상의 잔여 부분은 (후략, 주거지역으로 지정한다는 내용 – 필자)[38]

경성 시가지 계획 지역제의 내용을 요약하면 원도심부(확장 이전의 경성 행정구역) 및 영등포, 청량리 역전, 성북의 동부출장소 부근 등 부심 일대를 상업지역으로 지정했으며(도시계획구역의 4.4%), 영등포, 용산, 동부의 일부를 공업지역으로 지정했다(4.9%). 여기에 공업지역을 에워싸는 부분 및 한강 북안의 마포 일대를 중소공업지역에 해당하는 미지정 지역으로 지정했다(22.7%). 이상을 제외한 약 70% 정도를 주거지역으로 지정

---

38 「1939.6.15, 第四回市街地計劃委員會開催ノ件」, 『第四回市街地計劃委員會關係綴(二冊ノ中二)(CJA0015674)』의 첨부문서 「京城市街地計劃地域決定理由書」

했다. 경성 시가지 계획 지역제는 크게 이전까지 시가지의 발전 추세를 계승한 부분(원도심부, 영등포, 용산 등)과 새로운 개발을 법적으로 확인하는 부분(동, 서 외곽 지역)으로 나누어 볼 수 있다.

* 시가지 계획의 전개 과정과 유산

이상에서 경성 시가지 계획의 전반적인 구상과 개발 계획의 개요를 살펴보았다. 이미 언급했듯이 총독부는 경성 시가지 계획의 전체 기간을 25개년으로 계획했다. 그러나 당연하게도 실제 시가지 계획은 1945년까지 8년 남짓 진행되었다. 그나마 이 기간은 일제의 침략전쟁 수행과 대부분 겹쳐 있어 시가지 계획사업의 전개는 지연을 거듭했다.

경성부는 1937~1941년 제1기 5개년 사업으로 도로 30개 노선의 부설을 계획했다. 이 노선들은 도심부 도로의 유지, 보수를 제외하면 대략 영등포와 동(북)부, 그리고 이른바 '남산주회도로'의 지선 도로임을 알 수 있다.[39]

그런데 1기 사업은 거의 계획대로 진행되지 못했다. 사업 개시와 거의 동시에 중일전쟁이 발발하여(1937.8.) 총독부의 강력한 자금 통제, 자재 가격의 큰 상승, 노동력, 자재 부족 등의 현상이 겹쳤기 때문이다. 1기 사업의 진척 상황을 정확하게 알 수는 없지만 1941년 5월 현재 "예정선 30선 중 겨우 3할에 미급(未及)하여 지금 같이 가면 5년을 더 연장치 않고

---

39 남산주회도로는 신용산 삼각지에서 남산 남록을 '주회'하여 신당정에 이르는 도로이다. 이 도로는 재경성 일본인 측의 남산 남록 고급주택지 개발 주장과 경성부의 재원 확보책이 맞물려 1920년대부터 수 차례 부설을 시도했다. 그러나 실현을 보지 못하다가 경성 행정구역 확장과 더불어 1936~1939년 부설되었다. 현재 지하철 6호선 삼각지역에서 신당역까지 구간과 거의 일치한다.

서는 도저히 완성을 볼 수 없는 상태"였다.[40] 이런 가운데 1기 사업 30개 노선 중 공사의 진척이 뚜렷한 노선은 주로 구획정리사업의 일부로 부설한 도로였다. 도로 용지비를 절감할 수 있었기 때문이다.[41] 따라서 1945년까지 경성 시가지 계획의 '성과'는 구획정리사업에서 더 분명하게 찾아볼 수 있다.

1937~1945년 경성 시가지 계획 구획정리사업은 총 10개 지구에서 개시되었다. 그러나 그중 1945년까지 사업을 완료한 것은 중일전쟁 발발 이전 사업을 개시한 영등포와 돈암 두 지구에 불과하다. 따라서 두 지구는 여러 구획정리지구 중 하나일 뿐 아니라 식민지 도시계획의 처음과 끝을 확인할 수 있는 지구라는 점에서 각별한 의미를 갖는다고 할 수 있다. 공식 구획정리사업안은 두 지구를 이렇게 설명한다.

<u>영등포지구</u>는 경성의 도심부로부터 서남 8km인 영등포역의 서쪽 평야 일대로 경부, 경인 양 철도 및 1, 2등 도로의 분기점에 위치한다. 동쪽은 노량진에 연하며 북쪽은 여의도, 한강을 사이에 두고 용산, 마포와 마주 보고 서쪽 및 남쪽은 한강의 지천인 안양천 및 구로천으로 경계된 지역으로 다액의 국비를 들여 완성한 견고한 방수제로 둘러싸여 있다. 이 지역은 경성의 공장지대를 창도하여 이미 종연방적, 동양방적, 대일본방적 등 우리 나라 3대 방적공장을 필두로 경성방직, 조선

---

40 「府內의 街路網計劃은 豫定의 三割을 完成」, 『每日新報』, 1941.5.4.
41 구획정리사업과 관계 없이 부설한 시가지 계획 노선이 없는 것은 아니다. 대표적으로 1937~1939년 부설한 욱정(旭町) 2정목(중구 회현동)-대화정(大和町) 2정목(중구 필동) 구간 도로를 들 수 있다. 당시 '남부간선도로'라고 불리기도 한 이 도로는 본정통(本町通)과 평행하게 부설하여 여러 이유로 확장이 불가능한 본정통을 대체, 보완하는 도로로 기능했다. 준공 후 소화통(昭和通)으로 명명된 이 도로는 현재 퇴계로의 일부이다.

피혁, 경기염색, 조선제분 등 다수의 대공장이 들어서 있으며 이제 구획정리에 의해 장래 이상적 공장시가지로 발전할 것이다. (중략) 돈암지구는 경성부의 도심부로부터 동북 4km인 동소문 밖을 흐르는 성북천 양안의 지대로 지구의 북쪽은 경성-원산 1등도로가 통과하며 남쪽은 신설정의 춘천가도에 연하고 동서쪽은 산악으로 경계한 약 220정보의 산간지대이다. 이 지구는 사위가 산지로 공기가 맑아 주택지대로 가장 양호한 지위에 있어 장래 이상적 주택지로 발전이 기대되며 지구의 중앙을 관통하는 동서, 남북 양 간선도로의 양측 지대는 상점가로 발전할 것이 예상된다.[42] (밑줄은 필자)

영등포지구와 돈암지구가 경성 시가지 계획의 대표적인 공업지역과 주거지역의 위상을 가짐을 잘 알 수 있다. 두 지구 공사 설계의 내용을 보면 영등포지구는 총면적 159만 1,000평에 주요 공공시설로 학교 2개소, 공설시장 4개소, 공원 10개소 등을 계획했다. 특기할 사항으로 간선도로에서 공장지대로 분기하는 보조도로를 부설하고 지구 중앙을 관통하는 철도인입선(鐵道引入線)과 각 공장을 연결하는 보조선을 부설하는 등 구획정리사업 완료 후 공장 유치에 편의를 줄 예정이었다. 돈암지구는 총면적 68만 3,000평에 주요 공공시설로 학교 2개소, 공원 10여 개소 등을 계획했다. 간선도로변의 상점가 외에는 대부분 택지 개발을 할 예정이었다.

총독부는 영등포지구와 돈암지구에 이어 1937년 11월 대현지구, 1939년 3월 번대, 사근, 용두, 한남지구, 1940년 3월 공덕, 신당, 청량지구

---

[42] 「1937.3.31, 京城府第一土地整理事業費充當起債認可ノ件申請, 京城府尹→朝鮮總督」, 『京城府一般經濟關係書綴』(CJA0003255)의 첨부문서「土地區劃整理事業說明」

구획정리사업 공사 시행명령을 잇달아 내렸다. 대부분 택지 개발을 예정했으나 사근지구와 용두지구는 청량리역과 연계한 중소공업지역의 의미가 컸다. 그러나 가로망 부설과 마찬가지로 구획정리사업도 전시기의 고질적인 자금난, 자재난, 인력난으로부터 자유롭지 못했다. 따라서 영등포와 돈암지구를 제외한 구획정리사업은 예정대로 준공하지 못했으며 대부분의 사업 완료는 1945년 이후로 미루어졌다.[43]

(3) 인천

* 제1차 행정구역 확장과 시가지 계획 가로망, 구획정리

1930년대 들어 인천에서도 도시계획을 지향하는 움직임을 찾아볼 수 있다. 1934년 3월 인천부회에서 부윤 나가이 데루오(永井照雄)는 30년 후 인천 인구 17만 명을 예상하고 "공장가, 상업가, 거주가를 구분한 현대 상공도시를 조성하기 위한" 도시계획 기본 조사를 추진하겠다고 발언했다.[44] 당시 도시계획의 기본인 30년 후 인구 증가 추정 등을 밝힌 점에서 이 발언은 즉흥적인 것은 아니라고 여겨진다. 도시계획법령 제정을 전망하는 가운데 이 무렵 인천부도 내부적으로 도시계획안의 대강을 구상하고 있었던 것으로 짐작된다.[45]

---

43 영등포와 돈암지구를 제외한 나머지 지구의 구획정리 사업은 8·15 이후 오랫동안 실질적인 중단 상태에 있다가 재개되어 대략 1960년대 순차적으로 마무리되었다(손정목, 1990, 『日帝强占期都市計劃研究』, 一志社, 287~298쪽).
44 참고로 1935년 국세조사 결과 인천 인구는 8만 2,997명이었다. 따라서 나가이는 30년간 인천 인구가 약 2배 정도 증가할 것이라고 추정한 셈이다.
45 이하 인천 시가지 계획의 개발 구상과 전개 과정의 개요는 朝鮮總督府, 1937, 『仁川市街地計劃決定理由書』; 염복규, 2007, 「1930~1940년대 인천지역의 행정구역 확장과

곧이어 「조선시가지 계획령」이 제정되자 인천부도 행정구역 확장을 위한 준비를 진행하여 1935년 말 부천군 다주면, 문학면 일부(2면 6리)의 인천 편입을 총독부에 청원했다. 실제 행정구역 확장은 1936년 10월 공식 결정되었다. 이에 인천 행정구역도 이전보다 약 3.6배 확장되었다. 주목할 점은 행정구역 확장 범위를 시가지 계획의 중심점으로 설정한 인천우편국[46] 반경 6km(도보 1시간 거리)의 원 안에 들어오는 지역으로 설정한 사실이다. 인천의 행정구역 확장도 처음부터 시가지 계획 실시와 긴밀하게 연관되어 있었다.

행정구역 확장과 더불어 인천시가지 계획안의 구체안 입안도 진행되어 1937년 1월 총독부 시가지 계획위원회는 크게 가로망 부설과 구획정리로 구성된 인천시가지 계획안을 확정했다. 가로망 계획을 보면 인천우편국을 중심으로 경성과 비슷하게 행정구역 전체를 몇 개 교통구역으로 나누어 대로 제2류(30)에서 중로 제3류(12)에 이르는 도로 합계 84선을 계획했다.

이와 더불어 구획정리사업도 추진했다. 인천시가지 계획 구획정리사업으로 추진한 지구는 대화지구, 송림지구 등이다. 현재 인천 동구 송림동, 미추홀구 숭의동, 용현동 등지이다. 두 지구는 대체로 행정구역 확장 이전 인천 외곽의 조선인 중심지로서 새롭게 인천에 편입한 지역과의 경계에 해당한다.

먼저 사업을 추진한 대화지구는 총면적 36만여 평을 4개년 계속사업

시가지 계획의 전개」, 『인천학연구』 6, 인천대학교 인천학연구원, 88~101쪽.
46 광복 후 인천우체국, 인천중동우체국으로 사용했으며, 인천시 유형문화재 제8호이다. 현재 우체국 업무를 중단하고 문화재로 개방, 활용할 예정이다.

〈그림 4-2〉 인천시가지 계획평면도

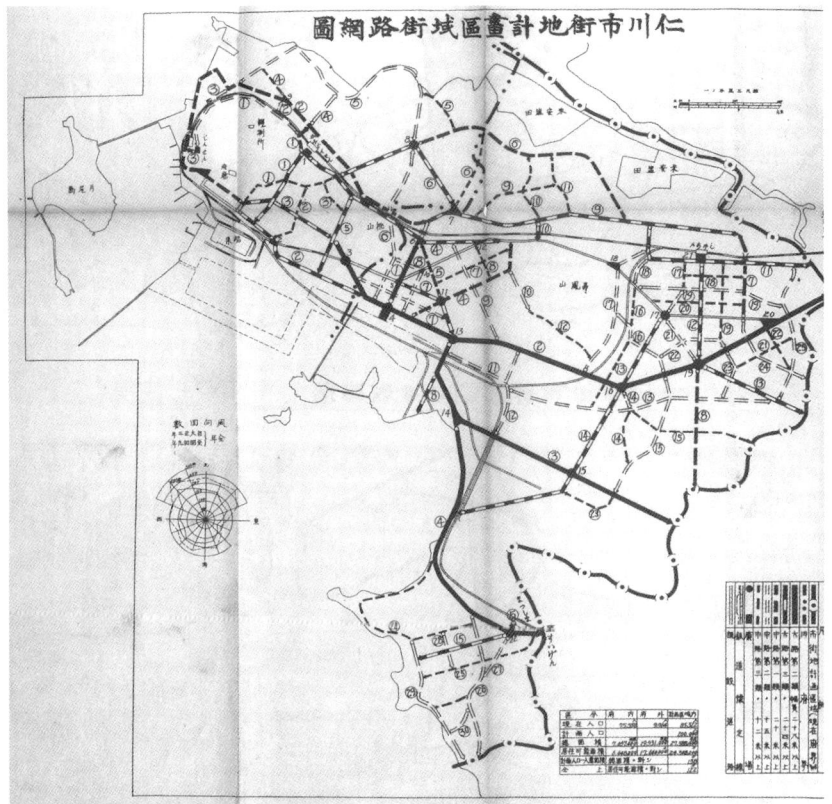

* 출전: 朝鮮總督府 內務局, 1938, 『都市計劃槪要』

으로 구획정리하여 "인천의 긴자(銀座)"로 표현한 중심상업지역으로 개발할 계획으로 1938년 7월 공사 시행명령을 내렸다. 그러나 1941년 3월로 예정한 준공기한을 1948년 3월까지 연장하는 것을 보면 공사 진척은 원활하지 않았던 것으로 보인다. 이 점은 송림지구도 물론 마찬가지이다. 1940년 8월 공사 인가가 내려진 송림지구의 공사 진척은 대화지구보다 더 지연되었다.

그러나 인천시가지 계획 구획정리사업이 아무런 '성과'도 남기지 않은 것은 아니다. 사업을 완료하지는 않았지만 1942년 조선주택영단(朝鮮住宅營團)은 정지(整地) 작업을 마무리한 대화지구 일부를 매립하여 노동자 주택 단지를 조성했다. 일제가 전시 노동력 보존 차원에서 그만큼 주택 문제를 심각하게 여겼기 때문이다.[47] 주택영단이 건설한 280여 호의 주택은 처음에 철도 노동자 사택으로 계획되었는데, 이후에는 삼천리자전거, 경성화학, 동양전선 등 여러 기업체 사택으로도 이용되었다.[48]

* 제2차 행정구역 확장과 공업용지, 택지 조성 사업

그런데 인천시가지 계획의 이례적인 점은 행정구역을 확장하고 시가지 계획을 개시한 지 1년여 만에 다시 행정구역 확장 논의가 제기된 사실이다. 인천의 대표적인 지역 개발 단체인 인천부세진흥회(仁川府勢振興會)는 시가지 계획 개시 전후 이미 '대인천' 건설을 모토로 행정구역의 제2차 확장을 주장했다. 1938년 5월에는 인천상공회의소가 "일본제국의 대륙정책상 그 병참기지가 될 중심항으로서 경인일여(京仁一如)의 구현을 위

---

[47] 총독부는 전시기 노동자 생활 불안정의 결정적인 요인이었던 도시지역의 주택난을 타개하고자 1941년 공영주택건설기구인 조선주택영단을 설립했다. 주택영단에서는 전국 각 도시에서 시가지 계획으로 조성은 했으나, 매각·분양이 이루어지지 않은 대지를 매입하여 주택을 건설했다. 주택영단은 공사 기간을 단축하고자 미리 갑(20평)·을(15평)·병(10평)·정(8평)·무(6평)의 5개 주택형을 정해 개별 주택을 그에 맞춰 건설하는 '형(形)건축'을 한국에서 최초로 시도했다. 주택영단의 사업과 재산은 해방 후 대한주택영단(→대한주택공사)으로 승계되었다(대한주택공사, 1979, 『대한주택공사 20년사』, 162~175쪽).

[48] 노상주, 1992, 「조선주택영단의 주택지 형성 및 변화에 관한 연구」, 인하대학교 석사학위논문, 24쪽; 인천광역시립박물관 편, 2014, 『관영주택과 사택』, 인천광역시립박물관, 58~76쪽.

하여" 행정구역 확장이 다시 필요하다는 견해를 제시했다. 인천부회도 "경인일체(京仁一體)"를 위해 부천군 문학면, 서관면, 부내면, 계양면, 소사면 등을 인천부에 편입해 달라는 요망서를 총독부에 제출했다. 이상에서 인천 유력자층을 중심으로 분출한 제2차 행정구역 확장 주장의 기저에 이른바 '경인일체' 주장이 있음을 알 수 있다.[49]

그런데 인천 측의 이런 움직임은 총독부의 정책 방향과는 다소 어긋났다. 인천부가 행정구역 확장을 위해 인근 부천군의 면 지역 조사를 진행하는 가운데 총독부는 1939년 10월 부천군 소사면, 오정면, 계양면, 부내면, 서관면, 시흥군 동면, 서면, 김포군 양동면, 양서면, 고촌면 등 경성과 인천 사이 광대한 지역에 경인시가지 계획(京仁市街地計劃)을 발표했다. 경인시가지 계획은 전형적인 '지방계획'(광역도시계획)이었다. 총독부는 장래 (어느 정도 시가지 계획을 진척하면) 경인시가지 계획구역의 대부분은 경성 행정구역에 편입하겠다고 밝혔다. 경성과 인천의 중간 지대 개발에 대한 총독부의 일차적 구상은 '대경성' 계획이었던 셈이다.[50]

그러나 총독부의 구상은 예정대로 진전되지 않았던 것으로 보인다. 결과적으로 경인시가지 계획을 개시하고 얼마 지나지 않은 1940년 4월 부천군 문학면, 남동면, 부내면, 서관면 일부를 인천에 편입하는 제2차 행정구역 확장이 이루어졌기 때문이다. 정확한 사정은 알 수 없으나 총독부는 경인시가지 계획 중 실현이 시급한 부분을 인천시가지 계획의 일부로 실시하려고 방향을 전환한 셈이었다. 인천 도시 영역의 변화라는 점에서 보

---

49 염복규, 2007, 앞의 글, 96~97쪽.
50 이하 총독부의 경인시가지 계획 추진과 인천시가지 계획과의 관계에 대해서는 염복규, 2016, 앞의 책, 335~367쪽.

면 제2차 행정구역 확장으로 인천은 제1차 행정구역 확장 당시보다 약 6배 정도 면적이 증가하여 역사적으로는 1914년 축소된 옛 인천의 영역을 거의 회복했다.[51]

제2차 행정구역 확장 논의가 제기되는 가운데 인천부는 「조선시가지계획령」 개정으로 새롭게 시가지 계획사업에 포함된 '일단의 공업용지 조성' 및 '일단의 주택지 경영' 사업을 기획했다. 1939년 일출정, 학익정, 송현정, 송림정 일부를 공업용지 조성지구, 주택지 경영지구로 계획하여 총독부에 제출했다. 총독부는 인천부의 계획 중 일부를 승인했다. 특기할 점은 총독부가 공업용지 매수자로 제국제마(製麻)주식회사, 조선중화학연구소, 경성화학공업주식회사 등 '군수기업'을 지정한 사실이다. 1944년에는 주택지 경영지구로 지정한 후 방치되고 있던 백마정(부평구 산곡동)의 3만 3,000여 평을 조선주택영단이 매입하여 인천 조병창 사택, 합숙소 등을 건설하기도 했다.[52]

이상과 같이 제2차 행정구역 확장 이후 인천시가지 계획은 원래의 계획 외에 경인시가지 계획의 일부를 승계하는 방식으로 진척되었다. 이는 당시 다른 도시와 비슷하게 예정대로 진척하지는 못했지만 병참기지화하는 '국책'과 연관된 부분에서는 크건 작건 '성과'를 남겼다. 인천시가지 계획도 시간이 흐를수록 뚜렷하게 드러나는 일제 말기 도시계획의 '군사적' 성격을 여실히 보여주는 사례라고 할 수 있다.

---

51 심재만, 1986, 「인천시가지의 성장과 변천에 관한 연구」, 인하대학교 석사학위논문, 71쪽.
52 1930년대 후반~1940년대 초 인천, 부평 일대에 조성된 공업지역 및 기업사택의 개요는 인천광역시립박물관 편, 2014, 앞의 책, 77~132쪽.

(4) 평양

* 행정구역 확장과 시가지 계획 가로망, 구획정리

도시계획 법령 제정이 목전에 다가오면서 평양부도 도시계획위원회를 구성하고 1933년부터 행정구역 확장 기초 조사를 개시하여 1935년 10월 인접 6개면 11개리를 편입 예정 지역으로 선정했다. 1936년 부회에서 조선인 의원들은 자체 간담회를 개최하고 조선인 시가지의 배수 공사, 행정구역의 서북 방향 확장, 제2, 제3대동교 건설 등을 시가지 계획안에 반영해야 한다고 주장했다. 이전부터 평양 조선인 사회의 현안이었던 사안들이다.[53]

평양시가지 계획구역은 1936년 11월 공식 결정되었다. 평양 행정구역과 인접 5개면 26개리를 포함했다. 일반적으로 행정구역 확장과 시가지 계획구역 결정을 동시에 한 다른 도시와 달리 평양은 한 달 뒤인 12월 행정구역을 정식으로 확장했다. 평양 행정구역은 이전의 700만여 평에서 2,850만여 평으로 약 4배 확장되었다.[54] 이와 동시에 가로망 부설, 구획정리, 지역제 등 시가지 계획안을 결정하여 이듬해 4월부터 시가지 계획을 개시했다.

평양시가지 계획 가로망의 개요를 보면 대동강과 자연 구릉을 경계로 행정구역을 7개 교통구역으로 나누고, 기존 평양의 6개 교외 노선, 즉 북쪽으로 평양-신의주선, 평양-원산선, 서쪽으로 평양-진남포선, 남쪽으

---

53 이하 평양시가지 계획의 개발 구상과 전개 과정의 개요는 김태윤, 2022, 『근현대 평양의 도시계획과 공간 변화 연구』, 서울시립대학교 박사학위논문, 21~50쪽.

54 平壤商工會議所, 1938, 『昭和十三年平壤商業調査』, 2쪽.

〈그림 4-3〉 평양시가지 계획평면도

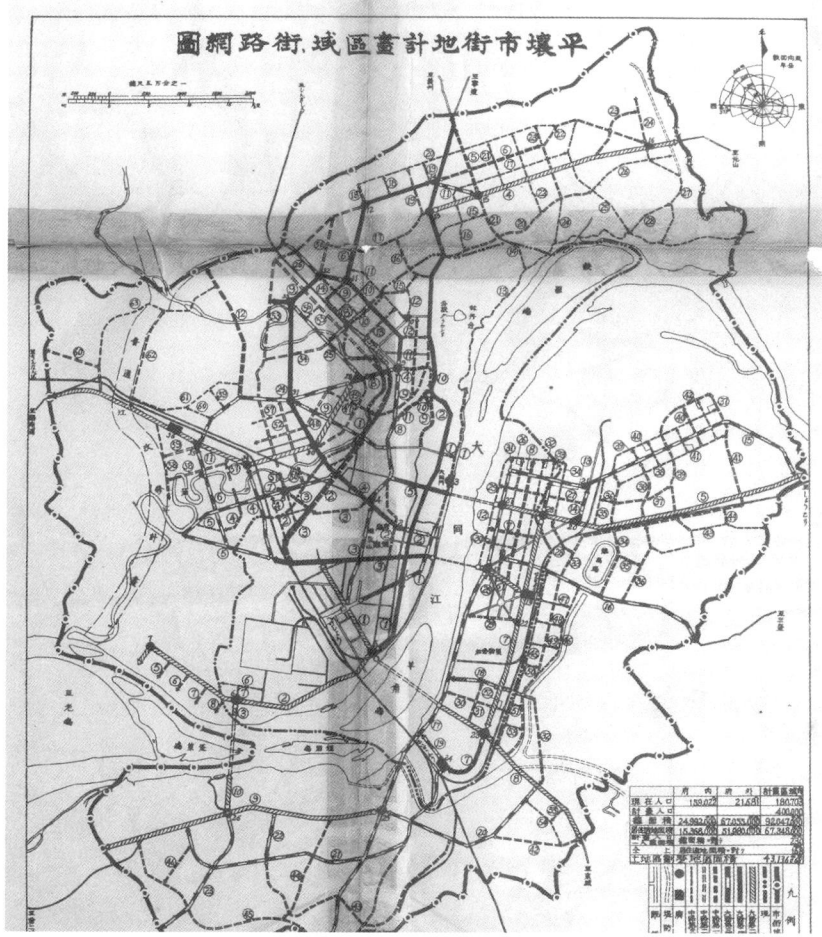

* 출전: 朝鮮總督府 內務局, 1938, 『都市計劃槪要』

로 평양-경성선, 평양-영원선, 평양-의정부선을 기준으로 대, 중, 소 149선의 도로를 배치했다. 이런 교통 계통 구상은 경성과 비슷하다고 할 수 있다. 이와 함께 본평양과 대동강 대안의 선교리, 신리, 동대원리를 연결하는 교량 신설도 계획했다. 앞에서 언급했듯이 대동강 교량 증설은 그간 평양부민의 숙원사업이었다.[55] 이런 도시시설 계획을 구획정리사업에 포함하여 용지비 절감 등을 도모하는 것도 당시 시가지 계획에서 많이 볼 수 있는 관행이다.

평양시가지 계획에서도 두드러진 가시적 개발은 구획정리사업이었다. 평양시가지 계획 구획정리는 1937년 제1구획정리사업을 개시했으며, 이어서 제2, 제3구획정리사업을 순차적으로 개시하여 3개 지구 사업을 동시에 진행했다. 제1구획정리지구는 주로 대동강 동쪽 지역으로 제1구획정리지구는 동평양 지역으로 지구 중앙에 서평양과 사동을 연결하는 전차가 운행하고 있고, 북쪽으로는 비행장, 동쪽으로는 평양탄광선 철도가 있어 상대적으로 시가지화 정도가 높은 선교리에 인접한 지역이었다. 제2구획정리지구는 선교리 이면의 철도 연선 지역으로 평양탄광선 철도와 인접하여 중소공장 노동자의 주거지와 공업지역으로 예정했다. 제3구획정리지구는 서성리 보통학교 앞에서 화장장에 이르는 장방형 지역으로 당상리 공장지대의 배후 주택지로 계획했다.[56]

제1~제3구획정리사업은 대체로 8·15 광복 때까지 마무리되었다. 최종적으로 정지 공사를 완료한 면적은 제1지구 51만여 평, 제2지구 18만여 평, 제3지구 7만여 평, 합계 76만여 평이었다. 제1~제3지구 공사를 완료할 수 있었던 핵심적인 이유는 총독부 차원의 노무 동원이 이루어졌기 때문이다. 평양부는 구획정리사업을 진척하기 위해 근로보국대 등을 적

---

55 「異動座談會: 府民의 當面要求 代言者에 反映如何」, 『東亞日報』, 1936.6.3.
56 평양시가지 계획 구획정리 사업의 개요는 김태윤, 2022, 앞의 글; 김민아·정인하, 2014, 「일제강점기 평양부 토지구획정리사업의 환지방식에 관한 연구」, 『대한건축학회논문집-계획계』 30-12 참고.

극적으로 동원했다.[57] 일례로 제1지구의 경우 1일 평균 1,230명의 노무동원을 했으며, 방학 중 학생노동봉사대를 동원한 기록도 찾아볼 수 있다. 이런 사실은 평양 한 도시의 사례를 넘어 전시 도시계획으로서 조선 시가지 계획의 한 특징을 잘 보여준다.

*** 공업용지 조성, 주택지 경영 사업**

제1~제3구획정리사업을 진행하는 가운데 1939년 평양부는 다시 제4~제6구획정리사업 실시 계획을 발표했다. 그러나 후기 구획정리사업은 계획대로 진척하지 못했다. 이는 「조선시가지 계획령」 개정 이후 공업용지 조성, 주택지 경영사업으로 변경한 것으로 추정된다.

1940년 평양시가지 계획 일부 변경 고시가 있었다. 내용은 추을미면, 율리면의 800만 평을 주택지 경영지구로, 당상리와 서성리 일대 2천만 여 평을 공업용지 조성지구로 지정한 것이다. 대략 대동강을 기준으로 동쪽 외곽을 주택지로, 서쪽 외곽을 공업용지로 설정했다. 두 지역은 제1~제3구획정리지구와 연접한 곳으로 아마도 추가 구획정리를 계획했다가 사업 방식을 바꾼 것으로 보인다.

공업용지 조성지구는 둘로 나누어 계획했다. 제1지구는 대치령리, 당상리 일부였으며, 제2지구는 구정리 일부였다. 먼저 공사를 시작한 제1지구는 보통강 지류변에 입지한 평남선 철도가 지나가는 곳으로 교통과 공업용수 확보 등에 유리한 지역이었다. 그러나 보통강의 잦은 범람이 큰 문제였다. 보통강은 일제강점기 이전부터 범람의 문제가 많았다. 일제강점기

---

57 이명학, 2020b, 「총동원체제기 주택정책의 변화와 주택지 경영사업의 전개-평양을 중심으로」, 『한국문화』 89, 서울대학교 규장각한국학연구원, 364~367쪽.

들어서도 매년 장마철이면 범람하여 피해가 막대했다. 때로는 대동강 범람에 영향을 미치기도 했다.[58] 따라서 1920년대부터 보통강과 대동강의 제방 축조와 개수 사업은 평양의 큰 현안이었다. 그러나 예산 부족으로 큰 진척을 보지 못했다. 그러나 시가지 계획 공업용지 조성사업을 개시한 이상 보통강과 대동강의 방재 문제는 반드시 해결할 필요가 있었다. 그리하여 공업용지 조성사업은 당상리 일대 필지 조성과 함께 폭 50~100m의 운하, 25m의 소운하 공사를 동시에 진행했다. 그러나 일제강점기 공업용지 조성사업은 보통강 제방 축조와 운하 공사 정도를 진행하는데 그쳤다. 이 또한 완료하지 못하고 광복 후 북한 정권에 의해 완공되었다.

주택지 경영지구는 이전부터 평양의 중소 공장이 밀집한 동평양의 추을미면, 율리면 일대를 지정했다. 전시기 공장지대의 확장에 따라 노동자 인구 증가를 예상했기 때문이다. 주택지 경영사업이 어떻게 전개되었는지 상세한 과정은 알기 어려우나 사업 개시 직후 평양부는 주택설계전람회를 개최하기도 했고, 조선주택영단이 정지 공사가 어느 정도 완료한 율리면의 부지를 매입하여 600호의 주택을 건설한 일도 있었다.

(5) 부산

부산의 시가지 계획안은 1937년 1월 공식 발표되었다. 부산시가지 계획의 배경도 다른 도시와 비슷한데, 하나 특기할 사항은 만주사변 이래 일제의 대륙 침략에서 부산항의 군사적 위상을 고려한 점이다.[59]

---

58 1920년대~1930년대 중반 평양 수해의 개요는 朝鮮總督府, 1926, 『朝鮮水害誌』; 朝鮮社會事業協會 편, 1938, 『昭和十一年の風水害誌』 참고.

59 이하 부산시가지 계획의 개발 구상과 전개 과정의 개요는 김경남, 2007, 「일제하 전시체제기의 부산시가지 계획의 전개와 그 특질」, 『지역과 역사』 20; 2009, 「1930·40년

<그림 4-4> 부산시가지 계획평면도

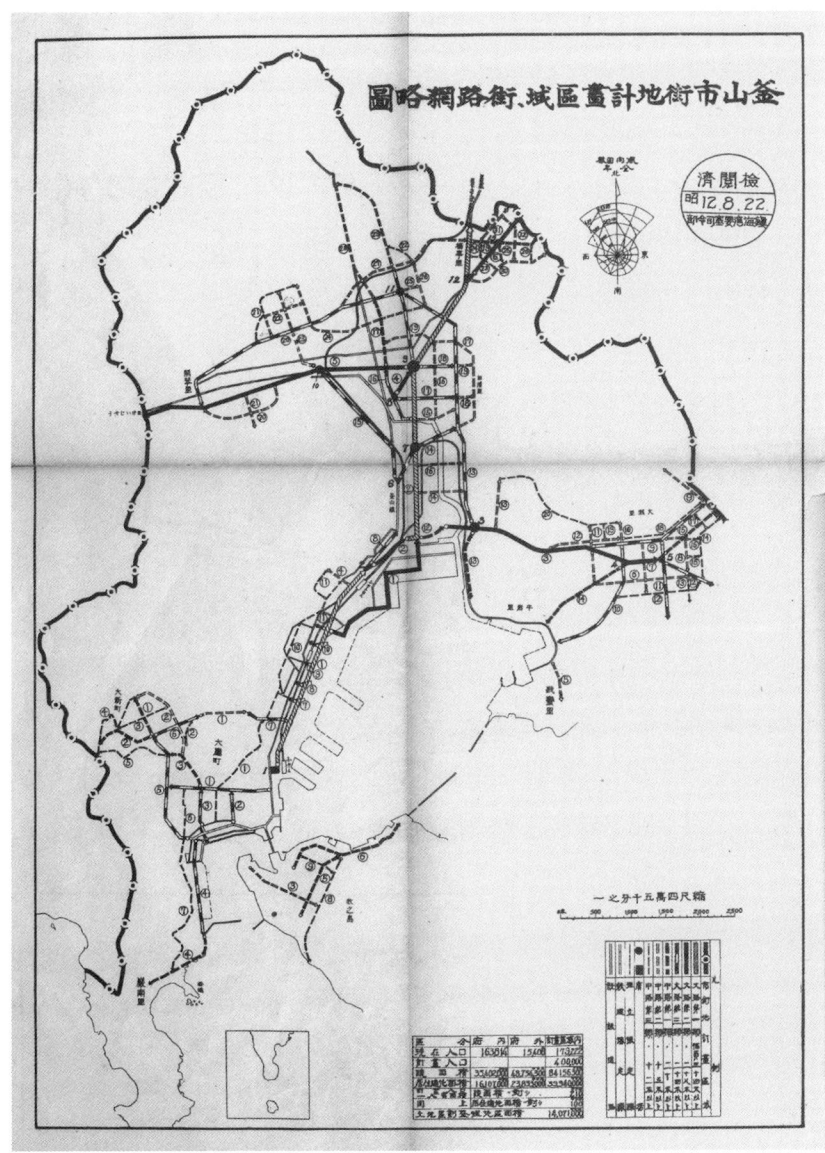

* 출전: 朝鮮總督府 內務局, 1938, 『都市計劃槪要』

부산시가지 계획구역은 기존 부산 행정구역과 외곽의 서면 전부, 사하면 암남리를 지정했다. 이 같은 행정구역 확장으로 그동안 부산과 구분되었던 동래, 김해가 부산 권역에 들어오게 되었다. 이후 1942년 동래가 마침내 부산에 편입되는 단초를 마련했다고 할 수 있다.

이보다 더 주목되는 점은 부산시가지 계획구역이 진해만 요새지대의 부산 권역과 거의 일치한다는 사실이다. 진해만 요새지대는 처음 러일전쟁기 진해만 방위를 목적으로 마산에 설치했으나, 병합 후 점차 부산이 중심이 되었다. 1924년 5월 제1 마산 권역, 제2 부산 권역으로 구역을 조정했다. 시가지 계획구역과 요새지대 구역이 일치한다는 것은 이후 시가지 계획 전개에서 군사적 요소를 중시하리라는 점을 예고하는 것이었다고 하겠다.

부산시가지 계획 가로망은 대, 중, 소로(도로폭 34~12m) 합계 69선, 총 연장 71.5km를 계획했다. 시가지 계획 도로 공사를 집중적으로 실시한 지역은 예전 조계의 중심지인 대청정에서 범일정, 감만리를 연결하는 일대였다. 남쪽으로 송도, 북쪽으로 동래, 동쪽으로 해운대와 연결하는 도로망을 형성했다. 이 중에서도 대청정4정목 – 초량역 – 좌천정 도로는 도로폭 34m의 대로를 부설했다.[60]

주목할 사실은 집중적으로 정비한 도로의 위치가 부산 요새지대의 범위와 일치하는 점이다. 시가지 계획 가로망 계획이 군수물자 수송 등 군사적 차원과 깊이 연관되어 있음을 알 수 있다. 자성대(子城臺; 현재 부산진성공

대 전시체제기 부산시가지 계획의 군사적 성격」,『한일관계사연구』 34 참고. (연구의 근거 사료는 朝鮮總督府, 1934~1942,『釜山都市計劃決定』)

60　朝鮮總督府 內務局, 1938,「釜山市街地計劃區域街路網略圖」,『都市計劃槪要』참고.

원), 조선방직회사(범일정), 송도 부근에서 주요 도로 공사를 실시했는데, 자성대 도로는 자성대와 해운대를 연결하고 부산진의 공장지대와 적기만 군수창고를 연결하는 도로였다. 또 조선방직 부근 도로는 자성대 도로를 동래 방면으로 연장하는 도로였다. 송도 부근 도로는 송도에 위치한 방공시설과 관련한 도로였다. 주요 도로 주변에는 여러 군부대를 배치했다.

시가지 계획 구획정리사업은 1937년 5월부터 개시했다. 1차 구획정리지구는 영선정(瀛仙町; 영도구 영선동), 범일정, 부전리(釜田里; 부산진구 부전동) 일대였다. 1938년 4월에는 서면 북부 및 서부에서 구획정리지구를 추가 지정했다. 이는 이 일대 철도 개량 계획을 결정한 것과 연관이 있는 것으로 보인다. 구획정리지구는 1945년까지 계속 확장되었다. 구획정리지구로 지정한 지역의 특징은 대부분 조선인 인구가 밀집한 불량주택지구라는 점이다.[61] 따라서 구획정리사업의 전개는 이들의 주거지를 박탈하는 결과를 낳았다. 일례로 구획정리 결과 영선정 427호, 범일정 142호, 복천리(福泉里; 동래구 복천동) 546호가 이전했다. 구획정리사업을 마무리한 많은 지역에는 군부대가 배치되었다. 범일정, 부전정에는 요새지대 중포병대, 절영도에는 해군 수비대, 육군 고사포병대가 이전했다. 이런 점은 부산시가지 계획의 군사적 성격을 잘 보여준다.

1944년 1월에는 부산시가지 계획 공원, 녹지지역, 풍치지구가 결정되었다. 그 개요를 보면 공원 32개소, 총면적 198만 6,000m², 녹지지역 3,867만m², 풍치지구 4,530만m² 등이다.[62] 일제 말기 시가지 계획에서 공

---

61 「大釜山建設의 汚點인 不良家屋 一掃方針」, 『東亞日報』, 1938.9.12.
62 부산 시가지 계획 공원, 녹지지역, 풍치지구 결정 「朝鮮總督府告示 제14호」, 『朝鮮總督府官報』, 1944.1.8.

원, 녹지지역, 풍치지구 등은 도시계획시설로 지정했지만, 실제로는 폭격에 대비한 방공 시설의 의미가 컸다.[63] 따라서 1944년 들어 공원, 녹지지역, 풍치지구를 모두 지정한 것은 태평양전쟁 말기 부산의 군사적 중요성이 그만큼 커진 현실을 반영한다고 할 수 있다.[64]

(6) 대구

대구시가지 계획도 부산과 같이 1937년 1월 공식 결정되었다. 시가지 계획구역은 대구 행정구역에 달성군 성북면, 달성면, 수성면 일부를 포함했다. 기존 대구 행정구역의 약 7.3배 규모였다. 가로망과 구획정리사업도 같이 결정되었으며, 1940년 11월에는 공업용지 조성, 주택지 경영사업도 개시했다.[65]

대구시가지 계획에서 주목되는 사실은 대구에 일본군 항공부대를 배치함에 따라 시가지 계획의 전개가 일본군의 군사적 측면의 요구에 큰 영향을 받게 된 점이다. 1940년 일본군은 야마구치현 시모노세키에 소재한

---

63 일제 말기 시가지 계획에서 공원, 녹지지역, 풍치지구 등의 '방공' 시설로서 의미는 염복규, 2016, 앞의 책, 217~226쪽.
64 태평양전쟁의 전황이 격화되면서 일제는 본토 방위가 중요해졌다. 따라서 부산 요새의 군사적 중요성도 더 커졌다. 이에 따라 부산 연안의 방비를 강화하면서 여러 부대를 부산으로 이동, 배치했다. 1941년 7월에는 진해만요새사령부, 마산의 중포병연대가 부산으로 이동했다. 그 밖에 부산에는 부산방공대, 육군 선박사령부 부산지부, 육군 제169, 제170정차장사령부가 설치되었다. 1942년에는 부산 해군 재근 무관부, 1943년에는 진해 해군 경비부 군수부 부산지부도 설치되었다. 전술부대를 배치하면서 이에 따라 많은 병참부대도 부산에 배치되었다. 부산 시가지 계획의 전개는 이상과 같은 군사적 상황과 긴밀하게 연관되어 있었던 것이다.
65 대구시가지 계획의 개발 구상과 전개 과정의 개요는 김경남, 2021b, 「아시아·태평양전쟁기 대구의 시가지 계획과 군사기지화 정책」, 『영남학』 78, 경북대학교 영남문화연구원 참고.

<그림 4-5> 대구시가지 계획평면도

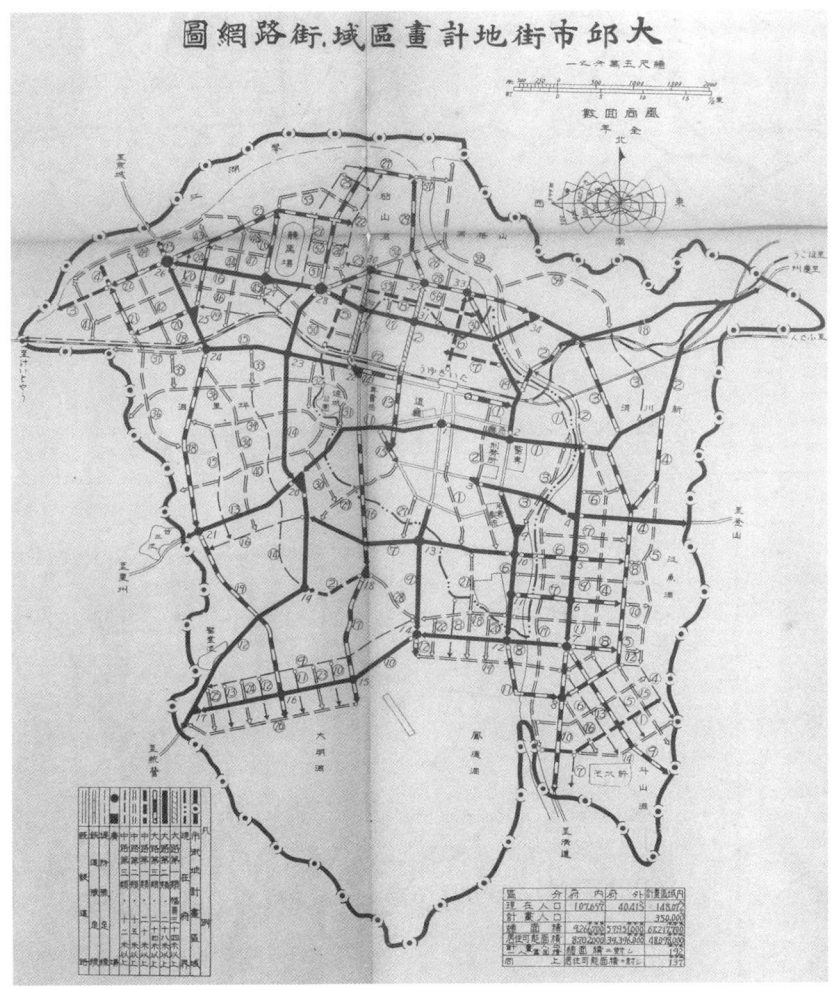

* 출전: 朝鮮總督府 內務局, 1938, 『都市計劃槪要』

오쓰키(小月) 항공기지와 대구를 연결하는 항공수송의 개시를 기획했다. 이에 따르면 오쓰키-대구(300km, 비행시간 1시간 10분) 항공로를 대형 육상기가 매일 왕복하도록 했다. 이같이 대구의 항공수송 수요가 증가함에 따라 총독부는 1941년부터 대구비행장 확장 공사를 개시했다. 아직 부산 수영비행장, 김해비행장 등을 건설하지 않은 상황에서 대구비행장은 일본군의 한반도 남부 핵심 항공기지였다.

1943년경부터 해전에서 잇달아 패퇴하면서 일본군은 본토 방위를 위해 1945년 2월부로 이른바 「결호작전」을 실시하여 한반도 남부와 제주도에 남선(南鮮) 제17방면군과 제58군을 편재했다.[66] 이에 따라 한반도 남부의 후방 병참기지로서 중요성은 더욱 커졌으며, 자연히 대구-오쓰키 항공로의 중요성도 커질 수밖에 없었다.

대구시가지 계획의 실제 전개는 이런 상황의 영향을 크게 받았다. 일례로 대구시가지 계획에서 추진한 주요 사업 중 하나는 대구역을 기준으로 남쪽 보병 80연대, 육군관사 등을 중심으로 가로망을 정비하는 것이었다. 또 북쪽 외곽 지역에 신시가지를 조성하여 대구역과 대구비행장을 연결하고자 했다. 이를 위해 공업용지 조성지구, 주택지 경영지구를 지정하고 가로망 정비와 신설을 추진했다. 공업용지 조성지구는 약 193만 평 규모로 칠성정, 금정2정목, 침산정, 원대동, 비산동, 평리동, 조야동, 노곡동 일부를 포함했으며, 주택지 경영지구는 약 68만 평 규모로 침산정, 원대동 일부를 포함했다. 그러나 대구시가지 계획은 계획대로 원활하게 진척하지는 못한 것으로 보인다. 다만 군사적으로 긴급하다고 판단한 도로 부설, 대구비행장 확장 정도는 추진한 것을 확인할 수 있다.[67]

66　1945년 일제의 '결호작전'의 개요는 신주백, 2003, 「1945년 한반도에서 일본군의 '본토결전' 준비」, 『역사와 현실』 49, 181~210쪽.

67　대구비행장 확장에 대한 총독부의 초기 구상의 일단은 「大邱飛行場は! 全く誂へ向き 擴張の餘地も充分だ, 赤木本府航空官語る」, 『釜山日報』, 1936.9.8.

(7) 목포

목포시가지 계획은 1937년 3월 공식 결정되었다. 목포에서는 그 전해인 1936년 11월 목포부회에 총독부 기사 이와미야(岩宮登)가 출석하여 시가지 계획 초안을 설명했다. 이와미야의 설명과 『목포시가지 계획결정 이유서(木浦市街地計劃決定理由書)』(1937) 등을 종합하여 그 개요를 살펴보면 다음과 같다.[68]

목포시가지 계획구역은 기존 목포 행정구역에 무안군 이로면 산정리, 용당리 일부를 포함했다. 기존 행정구역에서 약 1.7배 확장할 예정이었다. 이는 시가지 계획의 기준점인 목포역에서 직선 거리 3~4km 이내라고 설명했다. 다른 도시에 비해 시가지 계획구역 설정으로 기존 행정구역을 확장하는 정도는 그렇게 크지 않았다. 이는 목포가 이미 1932년 10월 이로면 산정리, 용당리, 죽교리 일부를 편입하여 한 차례 행정구역 확장을 했기 때문인 것으로 보인다.[69] 이 지역들은 공식적으로 목포 행정구역에 속하든 그렇지 않든 이미 목포의 생활권이었다. 목포경찰서와 우편국 관할에 속해 있었고, 용당리에는 목포수도배수장이 위치해 있었다. 이렇게 본다면 목포시가지 계획은 사실상 '확장지향적' 도시계획은 아니었으며, 기존의 도시화 추세를 공식화하는 정도였다고 볼 수 있다. 목포는 전시기 대륙 침략이라는 '국책'의 초점에서 다소 벗어나 있는 시가지 계획의 전형을 보여준다.

목포시가지 계획도 가로망 부설과 구획정리사업을 계획했다. 가로망

---

[68] 이하 목포시가지 계획의 개발 구상과 전개 과정의 개요는 朝鮮總督府, 1937, 『木浦市街地計劃決定理由書』; 윤희철, 2013, 「일제강점기 목포 도시계획의 내용과 특징」, 『한국지역개발학회지』 25-2, 13~20쪽.

[69] 「姿も雄雄しく伸びゆく木浦府」, 『京城日報』, 1932.8.17.

<그림 4-6> 목포시가지 계획평면도

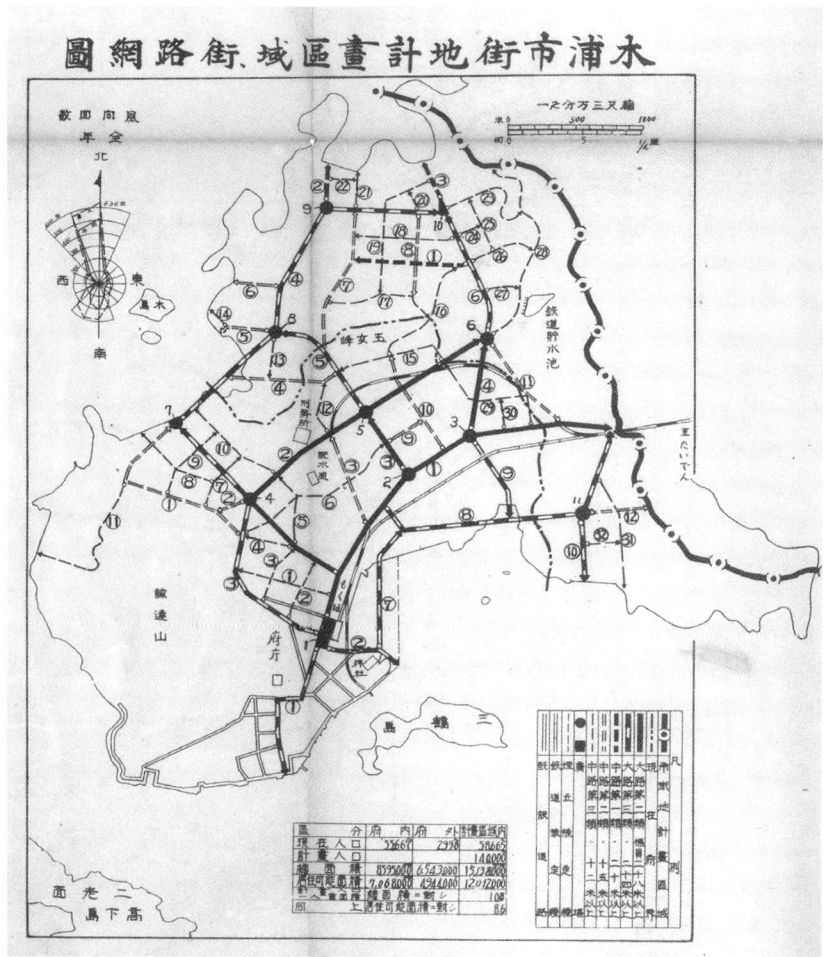

* 출전: 朝鮮總督府 內務局, 1938, 『都市計劃槪要』

은 대로 2류(30) 4선, 중로 3류(12) 32선을 포함하여 총 61선을 계획했다. 구획정리지구는 시가지 계획구역 전체의 57%, 거주가능면적의 72% 정도를 지정했다. 목포시가지 계획도 시가지 조성의 대부분을 구획정리에

의존하고자 했음을 알 수 있다.[70]

한편 목포시가지 계획에서 주목할 것은 시가지 계획의 중심점을 목포역으로 설정한 점이다. 이것을 실현하면 도시의 중심은 기존 개항장 거류지에서 그 북쪽의 조선인 중심지로 이동할 것이었다. 즉 시가지 계획 단계에 와서 비로소 목포는 '개항도시'에서 벗어나기 시작했다는 의미이다. 그리고 이는 바꾸어 말하면 일본인 거류지에서 출발한 시가지 개발이 그 외곽에 형성된 조선인 중심지를 구축(驅逐)하는 현상의 반영이었다고도 할 수 있다.

(8) 성진

성진시가지 계획은 1936년 1월 제1회 시가지 계획위원회에서 경성, 청진과 함께 결정되었다. 「조선시가지 계획령」 제정 직후 시가지 계획을 실시한 나진을 제외하면 사실상 1차로 시가지 계획 실시를 결정한 것이다. 이는 당시 성진이 아직 읍이었던 점을 고려하면 이례적이다. 그 이유는 아마도 1930년대 북선개척사업(北鮮開拓事業)에 의해 성진의 도시적 성장이 가파르게 전개된 것과 관련이 있다고 여겨진다.[71]

성진시가지 계획의 개요를 살펴보면 다른 도시와 달리 계획 목표 연도와 인구를 1945년 4만 명으로 상정했다.[72] 이는 보통 시가지 계획 기간

---

70 이상의 계획을 1945년 광복 때까지 얼마나 실현했는지는 정확하게 알 수 없다. 그러나 현재 목포 도심부는 목포시가지 계획의 가로망 계획안과 유사한 모습을 보인다. 광복 후에도 목포시가지 계획 가로망 계획안을 순차적으로 실현했다고 짐작된다.

71 1930년대 전반(1930~1935) 성진의 인구는 1만 3,823명에서 2만 94명으로 약 45% 증가했다. 이는 행정구역 확장 등의 요인을 제외하면 전국 부, 읍 거의 수위권이었다.

72 이하 성진시가지 계획의 개발 구상과 전개 과정의 개요는 朝鮮總督府, 1937, 『城津市街地計劃說明書』; 서일수, 2019, 「1930년대 '북선개척사업'과 성진의 도시 공간 변

을 25년, 계획 목표연도를 1965년으로 상정한 다른 도시와 다른 이례적인 경우였다.[73] 시가지 계획구역은 원래 주요 시가지인 본정을 중심으로 좌측으로는 한천천 좌안의 욱정 일대까지, 우측으로는 당시 성진과 생활권이 통합되어 있던 학성군(鶴城郡) 학성면(鶴城面) 송암동(松岩洞) 일대까지 포함했다.

시가지 계획 가로망은 중로 1류(20) 8선, 중로 2류(15) 10선, 중로 3류(12) 16선 등 총 34선을 결정했다. 이 중 원산-회령선, 성진-혜산진선, 성진-여해선 등 세 도로와 접속하는 노선이 가로망의 중심축을 구성했다. 특기할 점은 성진-혜산진선을 한천천 우측 제방을 따라 저목장까지 연장한 것이었다. 이 도로는 시가지 계획 가로망 전체의 세로축으로서 북선개척사업에 의한 자원 이동을 고려한 노선이었다. 또 한천천 양안을 따라 새롭게 시가지를 조성할 수 있도록 욱정의 기존 시가지 위쪽 연호동 일대에 새로운 노선을 계획했다.

이상과 같은 가로망 구성에서 시가지 계획을 통해 한천천 양안에 새로운 시가지를 조성하려고 했음을 알 수 있다. 이 일대는 북선개척사업으로 성진에 진출한 제재업체와 그 관련 회사들이 주로 입지한 지역이었다. 또 1류 2호선의 끝 두만강임업제재소 부근에서 분기하는 1류 8호선은 1937년 말 조업을 개시한 쌍포동의 성진고주파제철공장과 시가지를 연결하는 중요한 의미를 갖는 도로였다.

시가지 계획 구획정리사업은 4개 지구를 설정했다. 제1지구는 욱정

동」, 『도시연구』 2, 29~36쪽.
[73] 목표 인구 4만 명은 1935년 성진 인구 2만 94명의 거의 정확하게 2배이다. 그러나 실제 성진의 인구는 1938, 41년 두 차례 행정구역 확장까지 포함하여 1944년 6만 8,000여 명까지 증가했다.

기존 시가지 일대, 제2, 제3지구는 시가지 북쪽 한천천 좌우안, 제4지구는 학성면 송암동 일대였다. 구획정리지구를 이같이 설정할 수 있었던 배경은 저목장 공사의 일환으로 한천교 하류 호안 공사를 이미 완료하고, 1935년부터는 상류의 호안 공사도 진행중이었기 때문이다. 시가지 계획 구획정리사업도 저목장 설치를 중심으로 하는 성진의 북선개척사업과 깊은 연관을 맺고 있었음을 알 수 있다.

제1~제4구획정리지구는 1936년 10월 일시에 지정되었으나, 실제 공사는 한천천에 인접한 제1~제3지구가 중심이었다. 이 3개 지구에만 도로폭 4~6m의 등외도로 신설계획이 세워졌다. 이 중에서도 제2지구 공사가 가장 신속하게 진행되었다. 제2지구는 1937년 4월부터 실제 공사에 들어갔는데, 이는 조선 시가지 계획 전체에서도 가장 이른 시기의 구획정리공사에 속했다. 제2지구 구획정리가 우선한 배경은 한천천 양안의 약 50만 평을 시가지 계획 공업지역으로 예정했기 때문이다. 그중에서도 한천천 좌안 제방 일대에는 길주와 단천에서 채굴하는 마그네사이트를 원료로 한 마그네사이트공장이 이미 들어서 1936년 봄부터 조업을 시작한 상태였다.

성진시가지 계획 구획정리사업은 최종적으로 1939년 12월 31일까지 합계 64만 8,000여 평을 완료할 예정이었다. 그러나 제2지구를 제외한 다른 지구의 사업 진행은 지연되었다. 제1, 제3지구 공사는 각각 1938년 3월, 1939년 6월에 가서야 실시계획이 인가되었다. 후순위였던 제4지구 실시계획 인가는 사업 완료 예정 시한을 몇 년이나 넘긴 1942년 2월에야 실시계획이 인가되었다. 다른 도시와 비슷하게 전시기 구획정리공사 진척은 원활하지 못했음을 알 수 있다. 정확하게는 알 수 없으나 성진시가지 계획 구획정리사업은 1940년대 초까지 어느 정도 진행된 것으로 추정된다.

(9) 경인

* 경인시가지 계획의 배경과 기본 구상

1938년 「조선시가지 계획령」 개정 이후 조선의 시가지 계획은 본격적으로 지방계획 단계에 들어갔다. 이것은 실제로는 2개 이상의 도시를 하나의 시가지 계획으로 지정, 공포하는 것으로 나타났다. 그 대표적인 사례 중 하나가 경성과 인천 사이 지역을 대상으로 한 경인시가지 계획(京仁市街地計劃)이다.[74]

1930년대 들어 일제의 대륙 침략이 본격화함에 따라 중국 대륙으로 향하는 교통로의 경유지로 인천의 중요성이 다시 부각되기 시작했다. 이와 관련하여 경성과 인천을 연계하여 개발하자는 이른바 '경인일체론(京仁一體論)'의 목소리가 높아졌다. 처음에 이런 주장은 주로 인천의 일본인 유력자, 경제인을 중심으로 제기되었다.[75]

1938년 「조선시가지 계획령」 개정으로 광역 도시계획의 행정적 장애물이 제거되자 1939년 들어 경인 지역의 대규모 공업지역을 조성하려는 움직임이 시작되었다. 경기도는 여러 차례 경인 지역을 조사하고 1939년 10월 제5회 시가지 계획위원회에 공업지역 115만 평, 주거지역 85만 평

---

74 이하 경인시가지 계획의 개발 구상과 전개 과정의 개요는 염복규, 2016, 앞의 책, 335~367쪽.

75 여기에는 당시 일본의 케이힌(京濱; 도쿄와 요코하마)계획, 한신(阪神; 오사카와 고베) 계획 등이 참조항이 되었다. 구체적인 움직임은 1936년 경성시가지 계획에 이어 이듬해 1월 인천시가지 계획이 결정되면서 시작했다. 1937년 5월 경기도는 경인일여조사회(京仁一如調査會)라는 상설 조사기구를 설치하기도 했다; 賀田直治, 「京仁一體の具現化に就て」, 『經濟月報』, 1937년 9월호.

을 조성하고 이른바 "장래를 예측한 700만 평을 측량"[76]하겠다는 안을 제출했다. 그런데 시가지 계획위원회에서 총독부는 경기도의 제출안의 10배가 넘는 약 1억 평(1억 605만 3,000평)을 경인시가지 계획구역으로 지정했다.

계획구역에 포함한 지역은 당시 경기도 시흥군 동면과 서면 일부, 부천군 소사면, 부내면, 오정면, 계양면 전부, 서관면, 문학면 일부, 김포군 양동면, 양서면 전부, 고촌면 일부 등이었다. 계획 사업은 부평지구 구획정리사업(부내면 경인선 부평역 부근) 83만여 평 외에 시가지 계획구역 전체를 부평, 소사, 괴안, 오류, 구로, 시흥, 고강, 신정, 서곶, 계양, 양천 등 11개 지구로 나누어 공업용지 조성, 주택지 경영지구 약 3,500만 평을 지정했다.[77]

여기에서 짚고 넘어가야 할 점은 약 1억 평의 시가지 계획구역 중 어떤 개발 계획도 수립하지 않은 면적이 2/3에 가까운 약 6,500만 평이라는 점이다. 이에 대해 총독부 내무국장, 경무국장 공동 명의의 담화문에서는 "하등의 지정이 없는 지역은 농업지역 혹은 녹지지역으로 장래 생산녹지 또는 보통녹지로 존치시켜 시가화를 방지하고 또한 시가지의 불합리한 팽창을 저지하여 위생상, 보안상, 방공상으로 이상적인 시가지를 구성하겠다"라고 했다.[78] 경인시가지 계획이 '개발 계획'인 동시에 '개발 통제 계획'이었음을 잘 보여준다.

---

76 이는 당장의 시가지 계획 실시가 아니라 토지를 장래 실시 예정지로 지정하고 지가 상승을 통제하겠다는 의미이다.
77 「京仁市街地計劃に就て」, 『朝鮮』, 1939년 11월호.
78 「1939.10.4, 京仁市街地計劃諮問ニ關スル談話發表ノ件」, 『第五回市街地計劃委員會關係綴(CJA0015675)』

<그림 4-7> 경인시가지 계획평면도

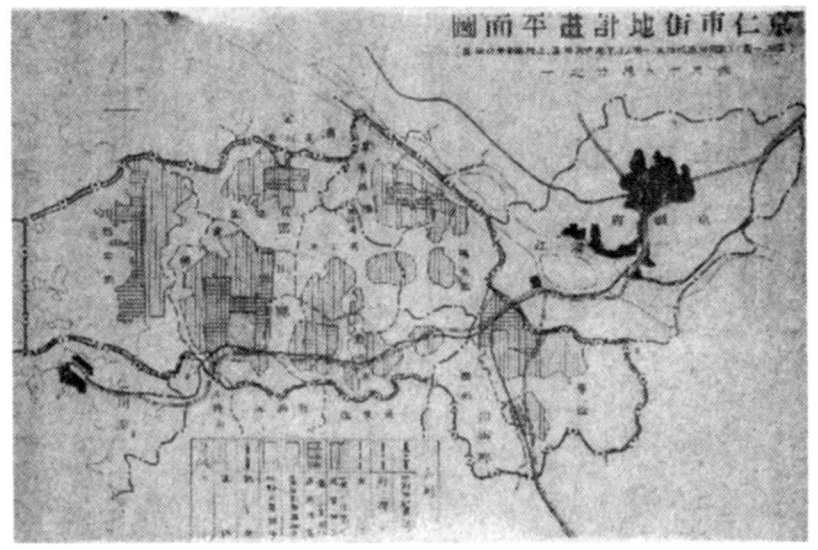

* 출전: 『朝鮮新聞』, 1939.10.3.

* 경인시가지 계획의 전개 과정

경인시가지 계획의 실제 전개는 독자적이라기보다 인천시가지 계획의 계획 변경과 연관되어 있다. 경인시가지 계획을 결정 고시한 후 6개월 정도밖에 지나지 않은 1940년 1월 부천군 남동면, 부내면, 서곶면 일부를 편입하여 인천 행정구역이 확장되었다. 따라서 부내면이 대부분인 부평지구도 인천 행정구역에 포함되었다. 그러나 부평지구 개발은 경기도가 실시했다. 그 과정에서 확인되는 조치들은 다음과 같다.

먼저 1940년 10월 말 작전정(鵲田町), 길야정(吉野町), 삼립정(三笠町), 서정(曙町), 천상정(川上町), 백마정(白馬町), 소화정(昭和町) 등(현재 인천광역시 부평구 갈산동, 삼산동, 청천동, 산곡동, 부평동, 계양구 효성동 일대)의 수용할 토지 세목이 고시되었다. 1942년 초에는 다시 서정과 천상정의 토지 수용 세목이 추가 고시되었다. 수용한 토지를 어떻게 개발했는지 구체적인 내용은 알 수 없으나 어떤 식으로든 공업용지나 주택지로 전환했을 것임을 짐작할 수 있다. 확실한 것은 이 지역에 일본 육군 조병창을 건설한 사실이다.[79] 육군 조병창의 입지는 다른 공장들이 진출하는 촉매제가 되기도 했다. 1944년에는 백마정 주택지 경영지구 중 3만 3,000여 평을 조선주택영단이 매입하여 1945년 6월까지 육군 조병창 사택과 합숙소 1,000여 호를 건설했다.[80]

1941년 3월에는 부평 역전 일대 62만여 평의 소화지구 구획정리사업 실시 명령이 내려졌다. 다시 1945년 4월에도 인천 소화정, 백마정, 천상정, 서정, 작전정, 삼립정, 길야정 일부 196만여 평의 구획정리사업 시행이 인가되었다. 사업 대상 지역, 면적 등으로 미루어 볼 때 소화지구 구획정리사업의 연장선으로 여겨진다. 이상 구획정리공사의 진척 상황은 정확하게 알 수 없다. 그러나 이 사업이 부평 역전 일대 시가지 조성의 시발점이 되었음은 짐작할 수 있다.

한편 이상과 같은 사업을 전개하는 가운데 1943년 개최된 제6회 시가지 계획위원회는 경인시가지 계획의 일부 내용을 수정하여 1944년 1월

---

79 부평 육군 조병창의 월간 생산 능력은 소총 4천 정, 총검 2만 정, 탄환 70만 발, 포탄 3만 발, 군도 2,000정, 차량 200량 정도였으며, 태평양전쟁 말기에는 배와 무전기까지 생산했다.

80 이 지역에는 영단주택 중 규모가 작은 정형(丁型), 무형(戊型) 주택이 건설되었으며, 실측조사에 따르면 영단주택형과 무관한 ㄱ자형 한옥도 건설되었다. 군수공장 노동자 대부분이 조선인이라는 점을 반영한 것으로 짐작된다(노상주, 1992, 앞의 글, 52~58쪽).

정식으로 고시했다. 제6회 시가지 계획위원회는 여러 도시의 시가지 계획안 수정을 결정했는데, 그 의미를 "대규모 고도국방도시계획"에 따라 "이상적 국토계획의 각 도에서 새롭게" 시가지 계획안을 수립한 것이라고 설명했다.[81] 이 말이 무엇을 의미하는지 경인시가지 계획의 수정안에서 살펴보자.

수정안의 핵심은 소사지구(素沙地區)에 새롭게 가로망, 구획정리지구, 녹지지역, 풍치지구, 공원 계획을 발표한 것과 이미 구획정리, 공업용지 조성, 주택지 경영사업 등을 실시하고 있던 부평지구에 가로망, 녹지지역, 풍치지구, 공원 계획을 추가한 것이다.[82] 여러 가지 계획사업을 세웠음을 알 수 있다. 그러나 1944~1945년 시가지 계획은 거의 진척하지 못했다. 실제 공사는 물론 행정 조치도 찾아보기 어렵다. 따라서 여기에서는 계획안에서 수정, 추가의 의미만을 짚어볼 수는 있겠다.[83]

먼저 1939년 당시 없었던 풍치지구, 공원 계획, 녹지지역 등을 추가했다. 1944년 단계에서 시가지 계획 풍치지구, 공원 계획, 녹지지역 등은 단순한 도시계획시설이 아니라 공습에 대비한 '방공 공지대'의 의미를 가졌다. 더구나 조선시가지 계획에서 거의 처음으로 지정한 녹지지역에 대

---

81 「京仁外 全鮮 十四都市에 高度國防都市計劃」,『每日新報』, 1943.6.23.

82 「朝鮮總督府告示 제13호」,『朝鮮總督府官報』, 1944.1.8.

83 한편 시가지 계획 수정 고시와 함께 1940년 인천의 2차 행정구역 확장으로 편입한 부천군 부내면, 문학면, 서곶면 일대를 경인시가지 계획구역에서 인천시가지 계획구역으로 조정했다. 이로써 부평지구를 포함하여 3,900만 평 정도가 인천시가지 계획구역으로 편입되고 경인시가지 계획구역은 원래 1억여평 중 63% 정도만 남게 되었다. 실제 시가지 계획 공사가 원활하지 않은 상황에서 큰 의미를 찾을 수는 없으나 너무 광활하여 행정적으로 감당이 안되는 경인시가지 계획구역을 조정한 조치라고 볼 수 있다.

해 총독부는 "녹지지역의 설정은 단지 종래 농경지, 임야의 상태를 그대로 지속시키는 것이 아니라 도시 발전을 합리적으로 계획화하여 녹지대로서 남겨 두는 것이며, 풍치지구도 지정하여 보호하는 것으로 소극성에서 벗어나는 것"으로 "녹지지역, 풍치지구, 공원의 종합녹지계획"이라고 설명했다. 당장은 전시 방공 공지대이면서 장래의 개발을 위한 '계획적 개발 통제'라는 취지를 두드러지게 드러냈음을 알 수 있다.

다음으로 부천군 소사면, 오정면 일대인 소사지구에 새롭게 상당한 넓이의 구획정리사업을 계획했다. 1939년 계획안에서 소사지구에는 94만여 평의 공업용지 조성, 400만여 평의 주택지 경영지구를 지정했다. 이것으로 보아 소사지구의 구획정리사업은 주로 원래 주택지 경영지구로 지정한 지역에 계획한 것으로 보인다. 이것은 1944년 당시의 조건에서 현실성이 있는 계획은 아니었지만, 경성과 인천을 하나의 생활권으로 연결하는 대규모 주택지 조성, 즉 경성 부근 위성도시 구상이 현실에 등장한 것이라는 의미를 부여할 수 있다. 소사지구는 "이곳에 주택을 두고도 양쪽(경성과 인천)으로 출퇴근이 가능한 경인 중간의 문화주택지가 될 곳"이라는 평가를 받은 바 있었다.

구획정리와 더불어 가로망 계획을 구체적으로 고시한 것이 주목된다. 그중에서도 이른바 "고속도차 전용" 도로 계획이 눈에 띤다. 이는 일찍부터 '경인일체' 차원에서 늘 이야기되던 경인 간 신도로 구상이 처음 공식화된 것이다. 이 도로의 정확한 노선은 알 수 없으나 여러 정보를 종합하면 대체로 영등포 – 부천군 오정면 – 인천 부평을 연결하는 노선으로 짐작된다. 이 도로는 실현 여부와 관계 없이 일제강점기 조선시가지 계획에서

유일하게 등장한 자동차 전용도로 계획이라는 의미가 있다.[84]

이상과 같이 1944년 1월 고시된 소사지구와 부평지구 계획사업은 전시 중 시급한 현안인 방공을 모토로 한 고도국방도시계획을 표면에 앞세워 여러 도시를 하나의 도시권으로 묶어 개발하는 광역 도시계획=지방계획의 취지를 내포한 것이었다고 평가할 수 있다.

(10) 신의주-다사도

1930년대 후반 실시한 조선시가지 계획의 '지방계획' 중 중요한 사례의 하나는 신의주-다사도(多獅島)시가지 계획이다.[85] 1939년 11월 총독부는 1937년 3월부터 실시하고 있던 신의주시가지 계획을 변경, 추가하고 새롭게 다사도시가지 계획, 양시(楊市)시가지 계획을 고시했다. 3개 시가지 계획은 형식상 별개의 시가지 계획이었지만 시가지 계획구역이 모두 연접해 있었다는 점에서, 그리고 양시와 다사도는 당시 도시화되어 있지 않은 신의주의 '외곽'이었다는 점에서 3개 시가지 계획은 사실상 신의주에서 다사도에 이르는 지역을 하나로 아우르는 '광역 도시계획'이었다.[86]

---

84 1939년 7월의 한 기사를 보면 "산업, 군사상 기차보다도 자동차가 오히려 빠르고 편리함에 비추어 총독부에서는 독일의 '히틀러' 자동차 전용도로를 본받아서 조선에도 금후 각 공업지대와 대륙으로 통하는 간선에 자동차 전용도로를 만들 대계획을 세우고 있는데 이에 따라 도로 인접지대에 건축 제한을 할 수 있도록 현행 도로령의 대수정을 하고자 예의 연구하고 있다"는 언급이 보인다(「自動車專用道路 計劃, 道路令의 大修正 考究」, 『朝鮮日報』, 1939.7.29). 결과적으로 이 기사는 공언이 되었으나, 1944년 경인시가지 계획 수정안에 흔적을 남겼다고 하겠다.

85 다사도는 압록강 하구의 하중도로서 원래 대다사도와 소다사도로 이루어진들 섬들이다.

86 이하 신의주-다사도 계획의 개발 구상과 전개 과정의 개요는 김승, 2018a, 「일제시기 다

그런데 신의주-다사도시가지 계획은 「조선시가지 계획령」이 제정되고, 지방계획론이 등장하면서 비로소 공식화되었지만 1930년대 후반 갑자기 등장한 논의가 아니다. 이미 1920년대 초부터 일본인 자본가를 중심으로 신의주와 다사도를 아우르는 개발 움직임은 지속적으로 분출되었다. 따라서 신의주-다사도시가지 계획의 배경과 논리를 이해하기 위해서는 그 '전사'를 추적할 필요가 있다.

신의주와 중국 안동(安東; 단둥)에 기반을 둔 일본인 자본가들은 일찍부터 용천군 다사도의 항만 개발과 신의주-다사도 간 철도 부설을 주장하여 1921년 다사도축항기성동맹회를 조직했다. 동맹회의 활동은 총독부와 일본 제국의회에까지 영향을 미쳤다.[87] 총독부는 1923년 축항 계획을 수립하고 이듬해 총독 사이토가 다사도를 직접 방문하기도 했다.[88] 그러나 실제 공사는 예산 문제 등으로 수년간 지연된 끝에 1928년 9월 착공하여 1930년 6월 제1기 다사도 축항 공사를 준공했다. 그 결과 용천군 부라면 원성동(元城洞) 해안에서 소다사도가 연결되었으며, 소다사도에는 착평 공사를 하여 2,500여 평의 하역장과 120m의 돌제를 축조했다. 최소한의 화물 취급 설비를 갖추게 된 셈이다.[89]

사도항 개발과 신의주,다사도 간의 철도 연결」,『해항도시문화교섭학』18, 한국해양대학교 국제해양문제연구소. 참고.

87 「多獅島築港案, 議會에 提出」,『每日申報』, 1922.2.15.

88 「齋藤總督 多獅島를 視察後 二十二日 出發 歸京」,『每日申報』, 1924.5.23.

89 제1기 축항 공사를 완료할 즈음 다사도가 소화제철소(昭和製鐵所) 후보지의 하나로 부상한 사실이 주목된다. 소화제철소 설립은 예산 약 1억 엔을 예상하는 대국책사업으로 그 후보지를 두고 일본 정부와 재벌, 만철, 관동군, 총독부, 신의주 지역사회가 치열한 유치 운동을 전개했다. 최종적으로 제철소 입지는 만주 안산(鞍山; 요녕성 선양시 남서쪽)으로 결정되었다(「昭和製鋼設置 朝鮮側에 不利設 滿洲國建設關係」,『東亞日報』, 1932.3.9). 그러나 다사도가 후보지로 부상한 데에서 축항 공사의 '배경과 효과'를 짐

1930년대 들어 일제의 대륙 침략이 본격화하면서 이른바 '황해 루트'가 부상했다. 이에 1936년 제2기 다사도 축항 공사가 시작되었다. 규모는 제1기 공사보다 더 컸다. 총독부는 1938년 7월까지 120만 원의 예산을 투입하여 제1기 공사로 축조한 시설을 확충했다. 제2기 공사를 준공하자 바로 1943년을 기한으로 제3기 축항 공사를 개시했다. 이미 중일전쟁이 발발했기 때문에 제3기 공사는 직접적으로 병참기지화 정책의 일환으로 추진되었다. 다사도항은 제3기 공사 중인 1939년부터 신의주의 핵심 외항으로 기능했다.[90]

다사도항의 축항과 짝을 이룬 것이 신의주-다사도 간 철도 부설 사업이다. 1935년 7월 이 사업 추진을 위해 다사도철도주식회사가 창립했다. 철도회사는 신의주의 최대 기업인 왕자제지(王子製紙)가 최대 주주로 사실상 왕자제지의 계열사격이었다. 신의주와 다사도항을 연결하는 37.6km의 철도 부설 공사는 1935년 12월 착공하여 1937년 말을 완료 기한으로 했다. 이 기간은 대략 제2기 축항 공사 기간과 겹쳐, 두 공사는 긴밀하게 맞물려 전개되었다. 신의주-다사도 간 철도는 예정보다 2년여 지연되어 1939년 11월 개통했다.[91]

다사도항 제2기 축항 공사가 준공하고 신의주-다사도 간 철도 부설 공사가 한창인 가운데 1939년 7월 개최한 제4회 총독부 시가지 계획위원

작할 수 있다.
90 「對岸大東港과 鼎立 三期 工事 끝나면 東邊道 開發의 要港」, 『東亞日報』, 1939.7.1.
91 「待望의 多獅島鐵道 八日부터 營業 開始」, 『東亞日報』, 1939.11.6; 개통 직전 만철이 철도 운영에 관심을 보이는 바람에 개통 일정은 5개월 정도 더 늦어졌다. 만철은 남만주 동변도(東邊道) 개발의 파트너 항구로 다사도항을 염두에 두었다. 일제의 대륙 침략이 심화될수록 다사도항의 중요도가 높아지는 정황을 읽을 수 있다.

회는 신의주, 다사도, 양시시가지 계획을 공식 결정했다.[92] 1937년 3월 이미 개시한 신의주시가지 계획은 시가지 계획구역을 확장하고 공업용지 조성지구, 주택지 경영지구를 새롭게 지정했다. 다사도시가지 계획은 용천군 부라면, 용천면, 북중면 일대를 대상으로 가로망, 구획정리사업, 공업용지 조성지구, 주택지 경영지구를 지정했다. 양시시가지 계획은 용천군 양하면, 양광면, 양서면 일대를 대상으로 공업용지 조성지구, 주택지 경영지구를 지정했다. 앞에서 언급했듯이 세 시가지 계획은 사실상 하나의 광역 도시계획을 행정적으로만 구분한 것으로 짐작된다.[93]

신의주, 다사도, 양시시가지 계획은 신의주-다사도 간 철도가 개통한 1939년 11월 공식적으로 고시되었다. 이후 세 시가지 계획이 어떻게 전개되었는지 상세한 것은 알기 어렵다. 몇 가지 정황에서 짐작할 수 있을 따름이다. 이와 관련하여 1941년 4월 신의주 행정구역을 대규모로 확장한 사실이 주목된다. 1939년 11월 신의주시가지 계획 변경 고시 당시 시가지 계획구역의 면적은 인근 지역을 합하여 신의주 행정구역의 8.8배 정도(1,571만여 평)였다. 이것도 광활한 규모인데, 1941년 4월 신의주 행정구역은 그 2배에 달하는 3,144만여 평으로 확장되었다. 원래 행정구역의 17.7배 정도였다. 이렇게 볼 때 1941년 신의주로 편입한 지역은 다사도, 양시시가지 계획구역의 일부가 아니었을까 여겨진다.[94] 그렇다면 이 행정

---

92 제4회 시가지 계획위원회는 1938년 「조선시가지 계획령」 개정 이후 개최한 첫 위원회로서 9개 도시의 시가지 계획을 결정했다. 이 중 흥남과 신의주, 다사도, 양시시가지 계획은 지방계획의 취지를 담은 것이었다고 할 수 있다.

93 손정목, 1990, 앞의 책, 225~227쪽.

94 신의주의 인구 증가 추세를 보면 1940년 6만 1,143명에서 1944년 11만 8,398명으로 약 2배 증가했다. 1941년 행정구역 면적이 17배 증가했음에도 불구하고 몇 년이 지나고도 인구가 2배 증가했다는 것은 새롭게 신의주에 편입한 지역이 도시화되어 있지

구역 확장은 사실상 다사도, 양시시가지 계획 실현이 어려워진 상황을 반영한 것으로 보인다. 물론 1942년 10월 총독부가 다사도, 양시시가지 계획 실시계획을 인가한 것을 확인할 수 있다. 그러나 이 무렵 총독부는 신의주-다사도 간 철도 중 신의주 남쪽에서 양시에 이르는 18.5km의 영업을 중단하고 1개역을 폐쇄하는 조치를 내렸다. 그렇다면 행정적인 조치와는 별개로 다사도, 양시시가지 계획이 어떤 진척을 보였으리라고는 생각하기 어렵지 않을까 한다.

신의주, 다사도, 양시시가지 계획은 전쟁이 이끌어 낸 지방계획(광역도시계획)의 '이상'이 전시 상황에서 좌초하는 역설을 보여주는 전형적인 사례라고 할 수 있다.

않은 지역이었으며, 편입 이후에도 실제 개발의 큰 진전이 없었음을 알려준다.

2. 일제강점 후기 '신공업도시'의 형성과 의미

식민지 조선의 도시 발달 과정에서 결정적인 변화의 지점 중 하나는 1930년대 이래 조선 공업화 정책과 전시기 병참기지화 정책에 따른 군수공업도시 건설이다. 이는 식민지화를 전후한 시기 개항, 철도 부설 등에 의해 여러 신도시가 동시다발적으로 출현한 이후 식민지 도시화의 한 단계 '도약'이었다고 해도 과언이 아니다. 그러나 이것은 물론 순수하게 '도약'이라고 표현할 수 있는 사태가 아니었다. 이 시기 새로운 공업도시화는 일본 본국, 일제의 새로운 판도인 만주 지역과의 일본 제국권 내 경제적 분업관계에 의해 규정된 것이었고, 더불어 일제 침략전쟁의 거듭된 확전 과정의 산물이었다. 따라서 광복 후 도시화 과정에 식민지 유산의 그림자를 짙게 드리운 것이기도 했다. 이 절에서는 1930~1940년대 뚜렷하게 형성된 '신공업도시'의 몇몇 사례를 살펴보겠다.[95] 사례를 지역적으로 구분하면 중남부의 여수, 장항, 북부의 흥남, 청진, 삼척(묵호) 등이다. 이 지역들이 공업도시화 하는 과정을 통해 '식민지 도시화의 유산'에 대해 생각해 보고자 한다.

1) 여수

전라남도 동남부에 위치한 여수는 동쪽으로는 경상남도 남해, 서쪽으

---

[95] 1930~1940년대 '신공업도시' 형성은 당연하지만 시가지 계획의 전개와 상당한 겹치는 부분이다. 그러나 이 시기 도시화의 특유의 현상으로서 별도로 살펴볼 필요가 있다고 판단하여 절을 달리하여 구성했다.

로는 고흥과 마주하고 있다. 육지부와 더불어 약 300개의 유, 무인도로 구성된 도서부를 포괄한다. 1897년 처음 군을 설치했으며, 1914년 행정구획 개편 때 인근의 돌산군과 합군했다. 군의 중심인 여수면은 1923년 지정면으로 승격하여, 1931년 읍이 되었다. 여수읍은 1930년대 급격하게 공업화, 도시화가 진전되었다.[96]

여수의 도시화는 크게 '공업화의 계기가 된 변화'와 '공업화가 촉발한 변화'로 나누어 볼 수 있다. 전자는 일차적으로 여수 중심의 교통망 형성이었다. 1930년 광주와 여수를 연결하는 광려선(光麗線) 철도가 개통하고, 여수-시모노세키(下關) 연락선이 취항했다. 여수는 일약 남해안 중부 교통의 중심지로 부상했다.

광려선 부설은 1926년 광산업자인 조선광산(주) 사장 스가와라(管原通敬) 등이 총독부 철도국에 제출한 사철 부설 계획에서 출발한다. 이들은 섬진강 상류와 보성강의 수력발전을 일으켜 이를 동력으로 광려선(광주-화순-동복-순천-여수), 영산선(영암-강진-장흥-보성-벌교-순천) 등의 사철을 부설, 운영하려는 계획을 세웠다. 당시 여수의 육로 교통시설은 1915년 개통한 여수-순천 간 도로(순천-전주 간 도로와 연결)와 1923년 11월부터 운행을 시작한 광주-여수 간 직통 자동차 등이 있었다. 그러나 자동차의 운송량은 철도에 비길 수 없을 수준이었을 것으로 짐작된다.

광려선은 1929년 2월 착공하여 1930년 12월 정식 개통했다. 철도 운행 성적을 보면 1933년 말 현재 매일 10회 왕복, 연간 여수역 승하차 인

---

[96] 1930년대 여수 공업도시화의 과정과 의미의 개요는 허영란, 2009, 「일제시기 여수의 도시화 과정과 지역사회의 대응」, 『대동문화연구』 67, 성균관대학교 대동문화연구원; 최재성, 2009, 「1930년대 여수지역의 공업화와 그 전후의 변화」, 『대동문화연구』 67, 성균관대학교 대동문화연구원 참고.

원은 각각 4만 8,000여 명, 5만 3,000여 명에 달했다. 1936년 3월에는 광주에서 송정리까지 철도를 연장하여 이때부터 송려선이라고 부르기도 했다. 같은 해 12월에는 여수에서 순천, 곡성, 남원, 전주를 거쳐 이리에 이르는 철도도 개통했다. 1930년대 전반 여수의 철도 교통은 급속하게 개선되었던 것이다. 그런데 광려선 개통은 비단 여수 '지역'의 문제만이 아니었다.

> 광려선 개통의 의의를 생각한다면 첫째로는 산업적으로 조선미(朝鮮米)의 운임 및 그 운수기관을 단축함으로써 일층 일본에서의 밀접한 영향을 받게 하는 것이며 둘째는 군사적으로 일단 유사지추(有事之秋)에는 경부, 호남 양선에 의한 군대 수송의 편의와 장차 전남, 경남을 연결할 순천, 진주의 선이 실현된다고 하면 남해, 다도해 방면의 해전에 있어서 더욱이 그 능률을 발휘할 수 있을 것이다.[97]

위 기사는 광려선 개통의 의미가 산업적으로 농산물의 일본으로 이출의 편의, 군사적으로 유사시 남해 해전의 효율성 제고, 즉 식민통치 정책의 큰 틀 안에 있음을 잘 보여준다. 한편 광려선 개통과 거의 동시에 일본 가와사키(川崎)기선주식회사의 여수–시모노세키(關麗) 연락선이 취항했다. 1930년 12월부터 여수항에서는 2,480톤급 경복환(慶福丸)이 매일 오후 4시 반에, 시모노세키항에서는 2,600톤급 창복환(昌福丸)이 매일 오후 5시 반에 출항했다. 관려연락선이 취항하면서 여수항을 통해 일본을 왕래하는 인원은 해마다 크게 증가했다. 1932년 여수항에서 일본으로 나

---

97 「麗水線 開通, 그 意義如何?」, 『東亞日報』, 1930.12.28.

간 인원이 1만 1,728명, 일본에서 여수항으로 들어온 인원이 8,087명이었는데, 1933년에는 그 수가 각각 2만 6,289명, 1만 9,217명으로 증가했다. 여수항의 무역액도 상당했다. 예컨대 1931년 1년간 여수항의 무역액은 총액 1,249만 6,789원(수출 597만 8,930원, 수입 651만 7,859원)에 달했다. 관려연락선은 때로는 관부(關釜)연락선(부산-시모노세키)의 역할을 대체했다. 1934년 대홍수로 경부선이 불통되자 총독부 철도국은 관부연락선을 여수항에 기항하게 하고 경부선 대신 호남선을 이용하여 교통망을 유지했다.[98]

광려선이 개통하고 관려연락선이 취항한 것은 여수 지역사회에 큰 영향을 미쳤다. 여수-시모노세키 항로는 부산-시모노세키 항로와 비교하여 거리, 운임, 운항횟수에서 거의 차이가 없었다. 같은 호남 지역의 목포-일본 항로에 비해서는 거리 단축과 운임 절감 효과가 있었다. 1930년대 교통망을 새롭게 구축한 것은 여수를 "빈약한 '일한어촌(一寒漁村)'에서 일약 조선 굴지의 양항(良港)"으로 변모시켰다.[99] 이에 그친 것이 아니었다. 여수항이 교통의 요지로 부상한 것은 여수 지역의 공업화를 추동했다.

여수는 1920년대부터 조선 굴지의 면화 생산지로서 연간 약 400만 근 정도의 육지면(陸地棉)을 생산했다. 여기에 철도가 개통함에 따라 전남 각지에서 생산한 면화가 여수로 들어올 수 있게 되었다. 철도가 개통한 이후 여수에는 면방직공장이 잇달아 설립되었다. 대표적인 공장이 혼다(本田)조면공장이다. 한편 관려연락선이 취항하면서 일본에서 들어온 원

---

98 「關釜連絡船 麗水에 最初寄港, 京金線 不通으로」, 『東亞日報』, 1934.7.27.
99 「麗水의 發展相과 裏面相(麗水一記者)」, 『東亞日報』, 1933·1.22.

료를 이용하여 고무공업도 발달했다. 생산한 제품은 철도망을 통해 판로를 확장할 수 있었다. 여수의 대표적인 고무공장인 천일고무공장은 직공수만 5,600명에 달할 정도였다. 혼다조면과 천일고무는 1930년대 여수 공업화를 상징하는 양대 공장으로 불렸다. 또 근해에서 수확한 수산물을 일본으로 수출하기 위한 제빙공장도 설립되었다. 1927년 설립한 전남제빙, 1930년 설립한 거문도제빙 등이 대표적인 공장이다.

공업화의 진전은 여수의 도시화로 이어졌다. 1920년대 중반부터 여수군의 인구 증가율은 전남이나 조선 전체의 2배 이상이었다. 여수군의 인구 증가를 이끈 것은 물론 여수읍의 인구 증가이다. 단지 인구수 증가뿐 아니라 연령별, 성별 인구 구성에서도 여수읍은 25~29세 노동력 인구 비중이 높았으며, 성비도 두드러진 남초 현상을 보인다. 여수읍이 인근 농촌의 이촌향도 인구를 흡수했음을 짐작할 수 있다. 1944년 인구통계에서 여수가 전남에서 광주, 목포부를 제외한 13개 읍 중 인구 순위 1위였음은 이런 변화를 상징한다.[100]

2) 장항

일제강점 중기까지 장항은 군산의 대안에 위치한 작은 포구에 불과했다.[101] 장항에 개발의 바람이 불기 시작한 것은 1930년대 초이다. 조선

---

100 인구 측면에서 주목할 것은 1944년에 오면 여수가 제주의 인구를 추월한 점이다. 여수와 제주는 1923년 같이 지정면으로 승격했다. 1925년 현재 여수와 제주의 인구는 각각 1만 6,445명, 3만 9,090명이었다. 그런데 1944년에 두 지역의 인구는 각각 4만 8,028명, 4만 6,377명이다.
101 역사적으로 장항은 나당전쟁의 마지막 격전지 기벌포(伎伐浦)라는 배경을 가지고 있으며, 오랫동안 왜구 방비의 역할 정도를 해온 곳이다.

경남철도주식회사가 부설한 사철 충남선(천안-장항)의 종착역으로 결정되었기 때문이다. 충남선은 경기도와 충청도 일대에서 생산한 미곡을 이출할 목적으로 부설이 추진되었다. 따라서 충남선의 운영이 안정되기 위해서는 장항이 항만 능력을 갖추는 것이 관건이었다. 충남선을 부설한 조선경남철도는 그 연장선에서 장항항 개발에 착수했다. 장항항의 개발은 독자적인 사업이라기보다 충남선 철도의 '완성'이었다고 할 수 있다.[102]

처음 조선경남철도 측의 구상은 장항항을 금강 대안의 군산항의 보조항으로 개발하는 것이었다. 애초에 충남선도 지역의 전통적인 중심 항구인 군산항과의 연결을 염두에 두고 추진했다. 그런데 군산과 연결하는 잔교 공사로 마무리할 예정이었던 장항항 개발은 충남선의 완전 개통을 앞둔 시점에서 장항항 자체의 대규모 개발로 방향을 선회했다. 이것은 장항으로 유입되는 물류를 군산으로 이송하지 말고 자체적으로 이출하자는 지역 개발 여론이 크게 작용한 결과였다. 이 같은 여론을 배경으로 충청남도 측이 조선경남철도를 설득하는 데 성공한 것이다.[103]

그런데 장항항이 군산항의 보조항이 아니라 경쟁 항구로 개발되자 이번에는 군산 지역의 여론이 민감하게 반응했다. 충남미가 군산으로 들어오지 않고 장항에서 집산, 이출되는 것은 군산으로서는 보통 문제가 아니었기 때문이다. 군산부윤이 이 문제는 "부민의 사활이 걸린 문제로서 부민이 일치 협력하여 대응책을 모색해야"하며 "부당국도 여러 가지 대책을 강구하고 있다"라고 언명하기도 했다. 이런 지역 간 대립은 장항의 개

---

102 장항 공업도시화의 과정과 의미의 개요는 배석만, 2020, 「일제시기 장항항 개발과 그 귀결」, 『역사와 현실』 117 참고.
103 民衆時論社 편, 1937, 『伸び行く長項』, 54~61쪽.

발이 확대되는 것에 비례하여 한층 더 치열해졌다.[104]

조선경남철도가 주도한 1차 개발에 이어 1934년부터는 충청남도가 주체가 되어 장항항의 2차 개발을 시작했다. 원래 장항항 2차 개발을 둘러싸고는 장항곡물상조합, 조선경남철도, 충남곡물상조합연합회 등 여러 민간 주체가 경쟁했다. 이에 대해 충청남도는 장항항 개발은 일개 지역의 문제가 아니라 충남의 산업 전체에 영향을 미치는 공공사업이므로 시급하게 추진해야 한다고 주장하며 열악한 재정 상태에도 불구하고 도 기채까지 하여 직접 항만 개발에 나섰다.[105]

장항항의 2차 개발은 1935년경 완료되었다. 이로써 장항은 일약 철도와 항만을 결합한 한반도 중서부의 교통 요충지이자 주요 항구도시로 급부상했다. 미곡을 중심으로 물산이 집적되면서 미곡검사소, 곡물상조합 등 관련 기구가 설립됨은 물론 조선식산은행, 동일은행 등 금융기관의 지점도 잇달아 들어섰다. 또 오사카기선, 조선운송 등 운송기업의 지점도 들어왔다. 전기, 전화, 상수도 등 다양한 도시 기반시설이 구축되고 각종 숙박시설과 상점도 증가했다.[106]

이상과 같은 변화에 따라 장항의 인구도 급속하게 증가했다. 개발 초기 읍 승격 이전 1931년 서천군 서남면 장항리의 인구는 1,256명에 불과했다. 그런데 2차 항만 개발이 마무리된 1936년에는 8,000여 명에 육박

---

104 「長項의 發展과 群山에 미치는 影響」, 『朝鮮日報』, 1931.8.29.
105 도 기채를 승인하는 충남도회 회의에서 장항항의 시설이 아직 미비하여 "군산항이 모처럼 모여드는 곡물의 집산을 1/3 이상 빼앗아가는 것이 기가 막힐 노릇"이라는 발언까지 나온 데에서 장장항의 시급한 개발을 지향하는 정서를 엿볼 수 있다(「長項港의 黃金時代, 忠南의 呑吐港으로 建設工作에 着手」, 『每日申報』, 1934.5.23.
106 장항에 시내 전화가 개통한 것이 1933년 3월이다. 수년 전까지 작은 포구에 불과했던 곳의 급격한 변화상을 엿볼 수 있다(「長項에 市內電話 開通」, 『每日申報』, 1933.3.12).

했다.[107] 장항의 인구는 계속 증가하여 1940년 1만 1,704명, 1944년 1만 5,192명에 이르렀다. 1944년 현재 대전, 공주, 천안, 강경 정도를 제외하면 충남에서 장항보다 인구가 많은 도시는 거의 없음을 확인할 수 있다.[108]

그런데 1930년대 중반 미곡 이출 항구로 성장하는 장항의 '발전'에는 질적으로 다른 전기가 마련되었다. 1935년 조선제련 장항제련소를 건설한 것이다. 국책 산업시설인 제련소 입지를 장항으로 결정한 것은 바위산인 전망산(前望山)을 배연시설로 이용할 수 있고 넓은 간석지를 이용할 수 있는 자연지리적 조건에 충남선 부설, 장항항 개발로 교통 인프라가 구축된 결과였다. 이와 같이 1930년대 초 장항은 제련소 같은 주요 산업시설 입지에 적합한 "육해로 교통이 편리한 임해지점"으로 부상했던 것이다.[109]

장항제련소 건설은 국책 사업이었으므로 신속하게 진행되었다. 부지 조성과 공장 건설은 1년여 만에 대략 완료했다. 2만여 평의 매립, 방조제 공사, 광석 하역 전용 잔교 공사, 광석 운반을 위한 경편궤조(輕便軌條) 공사, 전망산에 이르는 연도(煙道), 연돌(煙突) 건설, 공장 건물, 관련 기계 설비 공사 등을 진행했다. 총공사비는 약 83만 엔에 이르렀다. 장항제련소의 설비는 100톤급 용광로와 30톤급 환로(丸爐), 5톤급 지상로와 소결로(燒結爐) 각 5기였다. 생산 규모는 건식 제련으로 1개월에 금 150kg, 은 1,000kg, 기타 전기 제련 설비로 전기동 100톤 정도를 생산했다.

제련소 건설은 장항의 도시화를 더욱 촉진했다. 장항제련소는 1936년

---

107 民衆時論社 편, 1937, 앞의 책, 17쪽.
108 『朝鮮國勢調査報告(1940, 1944년도판)』
109 이 시기 장항, 여수 등의 도시적 부상은 그 중간의 위치한 개항도시에서 출발한 '구'신도시 군산의 쇠락에 영향을 미쳤다. "문앞의 호랑이(장항)과 뒷문의 여우(여수) 사이에 끼인 군산"이라는 한 언론 기사의 표현은 군산의 위기감을 잘 보여준다.

1월부터 시험 가동을 시작하여 6월 3일 준공식을 거행했다. 준공식에는 총독 우가키(宇垣一成)가 직접 참석하여 축사를 했다.[110] 1936년부터는 3차 항만 개발 계획이 추진되었다. 1930년대 장항에는 20개 이상의 새로운 기업이 설립되었다. 이 무렵 장항의 지가가 폭등한다는 기사가 보이는 것도 지역 경기의 동향을 잘 보여준다. 장항에 설립된 기업의 업종은 운수, 창고, 인력 청부 등 철도, 항만, 건설 관련 기업에서 1930년대 후반에는 제련소, 면업공장, 기계공장 등 대자본 진출에 의한 제조업으로 전환되었다. 미곡 이출과 관련된 정미소, 곡물유통회사, 미강(米糠; 쌀겨) 등 부산물 가공 회사도 지속적으로 설립되었다. 1940년대에는 조선 최대 정미기업인 조선정미주식회사가 장항에 진출했다. 제련에 필요한 기자재 제작 및 물자 공급을 하는 충남기계, 호남해운 같은 회사도 설립되었다. 조선인 기업도 설립되었다. 정미업, 간장 제조, 소운송업 등 소규모 업종이 주종이었다. 이같이 조선인 기업은 장항의 공업도시화의 주변부에 있었다고 할 수 있다.

1945년 8·15는 1930년대 급속하게 부상한 신공업도시 장항의 진로에 새로운 변수가 되었다. 미곡 이출항 기능은 순식간에 사라졌다. 군수용 광물을 생산하는 장항제련소도 6·25전쟁기 원조자금으로 재건하기 전까지 정상적으로 기능하지 못했다. 일제강점기 장항의 도시화를 주도하던 일본인 유력자들도 사라졌다. 그 빈자리는 새로운 한국인 유력자들이 차지했다. 이들은 미완으로 끝난 항만 개발을 지속하고자 했다.[111] 식민지 근대 도시화는 한편 단절되었으나, 다른 한편 지속될 수밖에 없었다.

---

110 「"慶祝에 不堪" 長項製鍊所 竣工式에서 宇垣總督 祝辭內容」,『每日新報』, 1936.6.5.
111 지역 유력자를 중심으로 장항항 항만 개발을 위한 장항항만협회를 조직한 것이 1948년 1월이다.

3) 흥남

흥남은 1930~1940년대 조선 북부 지역의 급속한 '개발'과 군수공업화 과정에서 탄생한 대표적인 신공업도시이다.[112] 또 거대 사기업인 일본질소비료주식회사(日本窒素肥料株式會社)가 도시를 거의 전적으로 건설하고 운영한 식민지 조선의 유일한 '기업도시'이다.[113]

1926년 조선에 진출한 일본질소는 함흥군 함흥면에 입지를 정하고 공장을 건설하기 시작했다. 1930년 함흥면이 부로 승격하면서 면 지역 중 부 행정구역에 포함되지 않은 지역에 흥남면을 신설했다. 흥남면은 이듬해 읍으로 승격했다. 이후 흥남은 길지 않은 시간 동안 세 차례 행정구역을 확장, '도시적 성장'을 거듭하여 1944년 마침내 부로 승격했다. 흥남의 급속한 도시적 성장은 인구 증가 추세로도 확인할 수 있다. 1910년대부터 함경남도의 수위 도시였던 원산과 도청 소재지 함흥은 일제강점기 내내 비슷한 인구 증가 추세를 보인다. 그에 반해 1930년대 들어 비로소 독자적인 행정구역을 설정한 흥남의 인구는 불과 몇 년 사이에 원산과 함흥을 추월하여 단숨에 함경남도의 수위 도시가 되었다.[114] 흥남의 사례는

---

[112] 흥남 공업도시화의 과정과 의미의 개요는 양지혜, 2020, 『일제하 일본질소비료의 흥남 건설과 지역사회』, 한양대학교 박사학위논문, 참고.

[113] 흥남은 공업화를 기반으로 도시가 탄생한 점에서 '공업도시'이지만, 특정 기업인 일본질소비료가 도시 산업구조에서 핵심적 지위를 차지하고 이를 기반으로 산업은 물론 도시 행정, 사회, 문화 전반을 '지배'한 도시인 점에서 식민지 조선 유일의 '기업도시'라고 할 수 있다

[114] 1935~1944년 원산, 함흥, 흥남의 인구수를 보면 각각 1935년 6만 169명, 5만 6,571명, 3만 9,477명, 1940년 7만 9,320명, 7만 5,320명, 12만 8,654명, 1944년 11만 2,901명, 11만 2,157명, 14만 3,604명이다.

다른 어떤 도시와도 비교하기 어려운 일제강점기 식민지 도시화의 예외적인 사례라고 할 수 있다.

흥남의 급속한 성장의 제일의 배경은 1930년대 중·후반 조선 북부 지역의 군수공업화이다.[115] 흥남은 중일전쟁 발발 이후에는 총독부의 노동력 동원 수급에서도 여러 가지 인위적인 정책적 지원을 받았다. 이런 가운데 원래 하나의 권역이었던 흥남과 함흥이 별개의 도시로 서서히 '분리'되며 서로 다른 인구 증가 추세를 보이는 점에 주의를 기울일 필요가 있다. 그 내용은 인접 지역 편입을 통한 도시 확장과 인구 흡수 효과의 차이이다. 두 도시는 공통적으로 행정구역 확장으로 인구가 크게 증가했다. 군수공업화의 영향으로 두 도시 인근에 모여든 인구를 행정적 조치를 통해 공인했음을 알 수 있다. 그런데 같은 기간 함흥은 2회의 확장으로 19개리를 편입한 데 반해, 흥남은 3회의 확장으로 57개리를 편입했다. 그리하여 8·15 당시에는 흥남이 면적 측면에서도 함흥을 압도했다. 흥남의 도시적 성장에는 식민지 중앙권력의 행정적 지원이 큰 몫을 차지했던 것이다.[116]

흥남과 함흥의 변화 과정에서 흥미로운 사실은 두 도시의 통합 논의가 지속적으로 제기된 점이다. 통합에 적극적인 것은 함흥 측이었다. 1934년 「조선시가지 계획령」이 제정되고 시가지 계획 실시가 목전에 다가오자 함남중부공직자대회연합회, 함흥공직자간담회, 함남중부발전좌담회 등 여러 단체와 모임이 함흥이 흥남을 편입하여 하나의 시가지 계획

115　1930년대 중·후반 군수공업화와 조선 북부 지역으로 인구 이동 추세 등은 손정목, 1996, 『日帝强占期都市化過程研究』, 一志社, 153~226쪽.

116　양지혜, 2021, 「빚장을 건 도시: 일제시기 흥남의 탄생과 기업의 도시화 전략」, 『도시연구』 28, 155~156쪽.

〈그림 4-8〉 1930년대 후반 흥남항 전경

* 출전: 日本窒素肥料株式會社, 1937, 『日本窒素肥料事業大觀』(대구교대 양지혜 교수 제공)

구역을 설정해야 한다고 주장했다. 이 단체들은 다양한 형태였지만, 궁극적으로 함흥의 유력자 세력이었다. 이들의 주장은 첫째, 두 도시를 통합하면 함흥은 경성에 이어서 조선 제2의 도시가 될 수 있다, 둘째, 두 도시를 통합하면 불필요한 도시 간 경쟁관계를 해소할 수 있다, 셋째, 대도시가 되면 국책시설 유치 등이 더 유리해진다 등 세 가지로 요약된다. 이들의 주장은 '대함흥 건설'이라는 슬로건으로 집약된다.[117]

그런데 두 도시의 통합 논의가 지속되는 가운데 1939년 총독부는 흥남에 독자적인 시가지 계획 실시를 결정했다. 10월 31일부로 고시된 흥남시가지 계획의 개요는 시가지 계획구역 69,590,000m², 계획목표인구 20만 명, 계획사업은 가로망(대로 1류 1선, 대로 2류 8선, 대로 3류 17선 등 합계 82선), 광장 37개, 구획정리(24,100,000m²) 등이었다.[118] 총독부가 함흥

117　1930년대 중반 '대함흥' 슬로건의 내용과 함의는 「大咸興の展望」, 『朝鮮新聞』, 1933.7.3; 「映畵で大咸興宣傳」, 『京城日報』, 1935.7.28; 「大咸興建設座談會」, 『每日申報』, 1936.2.15.

118　「朝鮮總督府告示 903호」, 『朝鮮總督府官報』, 1939.10.31.

시가지 계획(1937)의 연장, 수정이 아니라 별개의 흥남시가지 계획을 결정한 것은 전통의 지역 중심도시인 함흥을 중심으로 개발을 추진하는 것이 아니라 신(군수)공업도시 흥남에 개발 자원을 집중하는 방향으로 확연하게 기울었음을 의미한다.

총독부의 방침이 비교적 분명히 드러났음에도 불구하고 함흥과 흥남의 '경쟁'이 당장 끝나지는 않았다. 함흥의 유력자들은 흥남시가지 계획은 장래 함흥을 중심으로 흥남, 함주군 일대를 포괄한 "공장, 주택, 농원의 계획적 배정"의 예비적 단계라고 주장했다. 마침 1940년 초 함경북도에서 군사도시 나남을 청진이 흡수, 통합하자 함흥은 이를 "합병의 산표본"으로 삼아야 한다고 주장하기도 했다.[119]

반면 흥남에서는 주로 일본질소 임원으로 구성된 유력자들이 함흥 편입에 반대하며 흥남을 독자적인 부로 승격시키려는 운동을 전개했다.[120] 구체적으로는 인접한 함주군 운남면과 서호진을 흥남에 편입하여 행정구역을 확장했다. 이 같은 움직임은 1935년 일본질소 본궁공장 신축, 증설과 맞물려 있었다. 일본질소의 경영 방향과 흥남의 도시적 향배는 완전히 동궤였던 것이다.

이른바 '흥남 독립 부 승격 운동'은 1939년부터 본격적으로 전개되었다.

---

119 「咸興 興南의 一元化 急傳, 實現 段階에」, 『朝鮮日報』, 1940.2.25; 「咸興 咸州 興南一帶에 地方計劃 樹立 企圖」, 『東亞日報』, 1940.3.2; 이런 주장은 당시 유행에 가까웠던 지방계획의 논리를 함흥 중심으로 해석한 것이라고 볼 수 있다.

120 여기에서 '흥남의 유력자' 구성을 살펴보면, 흥남이 면으로, 다시 읍으로 승격하는 과정에서 면, 읍장을 일본질소비료의 사장 노구치 시타카우(野口遵)가 줄곧 맡았다. 또 흥남읍회 의원의 50% 정도는 늘 일본질소비료의 임원이었다. 이런 점에서도 흥남은 일개 기업인 일본질소비료의 이해관계가 독점적으로 관철될 수밖에 없는 '기업도시'였다(양지혜, 2020, 앞의 글, 2016~221쪽).

흥남읍회는 부제 실시 기성회를 조직하여 함경남도, 총독부에 청원 운동을 벌이는 한편 읍민대회를 개최하여 여론을 조성했다. 그 결과 총독부는 1939년까지만 해도 아직 검토 대상으로 남아있던 함흥과 흥남 합병안을 유예하고, 1941년 흥남 단독 부제와 행정구역 확장을 결정했다.

이 같은 귀결은 표면적으로 함흥과 흥남, 두 도시의 경쟁과 흥남의 승리였다. 그러나 본질적으로는 기업인 일본질소의 승리였다고 할 수 있다. 초창기에는 함흥의 유력자뿐 아니라 총독부나 함경남도도 두 도시의 통합을 기대하는 분위기가 작지 않았다. 그러나 일본질소는 기업의 이해관계를 앞세워 통합에 끝까지 반대했다. 그리고 종국에는 이것이 관철되었다. 함흥과 흥남의 관계는 총독부 주도로 경성과 인천 사이 지역에 경인시가지 계획을 실시한 것, 청진과 나남이 통합에 이른 것 등과 비교해 보면 이 시기 도시 간 관계와 도시 통합 논의의 전개에서 다른 특징을 보인다. 이것은 총독부의 구상을 지연시키거나 그 방향을 돌릴만한 배타적인 힘이 흥남에 존재했기 때문이다. 그것은 바로 일본질소였던 것이다. 흥남은 "회사의 이상과 계획과 이해에 의해 설계되어 만들어진 도시"이며, 이것은 "흥남의 지역 특수성"이라는 언론 기사의 표현에서도 이런 점을 잘 엿볼 수 있다.[121]

4) 청진

청진은 엄밀한 의미에서 1930년대 도시로 부상한 '신공업도시'라고 할 수 없다. 청진은 러일전쟁기 일본군 상륙 지점에서 비롯하여 전후에는

---

121 「静中の動をさぐる咸興興南の合併問題」, 『大阪朝日新聞(朝鮮北鮮板)』, 1940.3.8.

러시아를 견제하기 위해 '개항'함으로써 근대 도시로 발달하기 시작한 곳이다. 즉 도시화의 출발점은 넓은 의미에서 개항도시의 범주에 속한다고 할 수 있다.[122] 병합 이후 같은 함경북도 나남에 군사기지를 건설하면서 도청 소재지도 나남이 되었지만 청진은 무역항 기능을 중심으로 여전히 지역 제일의 중심도시로서 지위를 유지했다. 그런데 청진은 그뿐 아니라 1930년대 정어리의 대규모 어획을 기반으로 새로운 공업화의 동력을 얻어 도시 성격을 변화시켜 나갔고, 마침내 도청 소재지 나남을 오히려 '흡수 통합'한 점에서 주목할 만한 사례이다.

1930년대 한반도 동해 일대는 1937년 기준으로 단일 어종 세계 제일의 어획고를 기록할 정도로 대규모 정어리 어장이 발달했다. 이는 정어리의 대량 출몰이라는 자연 조건과 더불어 효율적인 어획이 가능한 선진 어법(漁法)의 개발, 어획한 정어리를 대량 소비할 수 있는 여러 조건의 구비 등이 상승작용을 일으킨 결과였다.[123]

동해안 중에서도 함경북도는 정어리 어획고가 단연 높았다. 이는 정어리의 회유 생태와도 관련이 깊었다. 정어리는 봄에 수온이 상승하면 북상을 개시하는데 함경북도 연해는 북상하는 정어리떼가 지나가는 길목이었다. 또 함경북도에서는 연해주 방면으로 원거리 출어도 가능했다. 따라서 휴어(休漁)가 필요 없는 비교 우위를 가지고 있었다.

함경북도에서도 청진은 중부에 위치한 지리적 이점이 있어 정어리 어업이 크게 발달했다. 1937년 현재 함경북도의 건착선(巾着船) 72통(統) 중

---

122 손정목, 1982, 『韓國開港期都市社會經濟史硏究』, 一志社, 377~396쪽; 송규진, 2013b, 「일제강점기 '식민도시' 청진 발전의 실상」, 『사학연구』110, 331~332쪽.
123 이하 청진의 정어리 어업과 관련 산업 산업 발전의 개요는 심재욱·이혜은·민원기, 2017, 「일제강점기 청진의 팽창과 정어리 어업」, 『역사와 실학』63 참고.

43통을 청진이 지니고 있을 정도였다. 청진의 건착선은 선체도 상대적으로 대형이었고, 선구 등 다른 설비도 우수했다. 청진의 수산물 생산고 전체에서 정어리는 1935년 82.4%, 1936년 92.2%를 차지했다. 청진은 '정어리의 청진'이라고 불릴 정도였다.[124]

정어리의 대량 어획은 그 기름을 가공한 온유(鰮油), 온박(鰮粕) 생산, 그리고 온유를 가공한 경화유(硬化油) 생산 등 정어리 유지(油脂) 공업의 성장으로 이어졌다. 청진의 공업 생산고 중 정어리 가공업은 1936년 49.5%, 1937년에는 72.2%를 차지했다. 1936년 현재 청진의 공장 45개 중 온유비(鰮油肥), 경화유 공장은 13개였는데, 이들 공장의 직공수는 1,208명으로 청진의 전체 직공수(1,705명)의 약 70%에 달했다. 1930년대 청진은 완연히 정어리 공업의 도시였다.

청진의 정어리 공업에서 가장 주목되는 공장은 1933년 진출한 조선유지주식회사 청진공장이다. 조선유지는 정어리 어획에서 경화유 제조까지 일관 생산, 경영 체제를 갖춘 회사였다. 경화유를 가공하면 다양한 화학공업 원료로 사용할 수 있었기 때문에 경화유 생산은 화학공업 발달에 다양한 파생 효과를 낳을 수 있었다. 따라서 조선유지가 진출한 것은 청진의 정어리 공업이 한 단계 성장하는 결정적인 계기가 되었다.[125]

1936년 현재 조선인 100여 명을 포함한 직공 250여 명을 고용하여 연간 1만 톤의 경화유를 생산하던 조선유지는 일본의 신흥재벌 닛산(日産)이 조선 내 여러 유지 회사를 통합하여 설립한 일본유지에 매입되었다.

---

124 「咸鏡道의 정어리 淸津 以北은 豊漁」, 『朝鮮中央日報』, 1936.10.18.
125 조선유지(주)의 청진 진출과 성장 과정의 개요는 朝鮮油脂株式會社, 1937, 『事業槪要』; 木村健二 등 편, 2004, 『社史で見る日本経済史 植民地編』 第27巻, ゆまに書房 참고.

7개 회사를 통합한 일본유지는 자본금 1,000만 엔 규모의 대기업으로서 경영난에 빠진 소규모 조선인 기업을 흡수하여 판로를 확대했다. 예컨대 경성의 조일석감(朝日石鹼), 인천의 애경석감(愛敬石鹼), 촌지석감(村地石鹼) 등이 그것이다. 1940년에는 인천에 화약공장을 신설하여 다이나마이트와 공업용 뇌관을 제조하기도 했다.

그런데 청진의 정어리 공업은 1941년을 기점으로 결정적 타격을 입었다. 이 무렵부터 동해의 정어리 어획량이 급격하게 감소했던 것이다. 이에 대응하여 여러 가지 자구책을 강구했으나 자연 조건의 변화를 반전시킬 수는 없었다. 조선의 정어리 어업, 가공 공장의 약 80%가 1944년 '기업 정비' 과정에서 감소되었다. 조선유지 청진공장도 이런 추세에서 자유롭지 못했다. 조선유지는 1945년 1월 조선전공(朝鮮電工) 진남포공장에 공장을 양도했다.[126] 이로써 한때를 풍미했던 '정어리의 청진'의 시대는 저물게 되었다. 그러나 청진의 유력자들은 일본제철 청진제철소 유치 노력 등을 통해 다른 성격의 공업도시로의 변신을 꾀했다. 이런 노력은 일본의 패전과 조선의 광복 과정에서 뚜렷한 결실을 맺지는 못했다.[127] 그러나 시세의 변화에 적응하여 도시의 성장 동력을 새롭게 찾으려는 지속적인 모색에서 청진은 분명 다른 도시보다 눈에 띄는 사례라고 할 수 있다.

---

126 조선유지의 쇠락과 기업 정비 과정은 木村光彦·安部桂司, 2003, 『北朝鮮の軍事工業化: 帝國の戰爭から金日成の戰爭へ』, 知泉書館; 차문석·박정진 옮김, 2009, 『전쟁이 만든 나라, 북한의 군사공업화』, 미지북스, 제4장 화학 공업 참고.

127 청진제철소 유치와 건설을 둘러싼 일련의 과정은 배석만, 2010, 「조선 제철업 육성을 둘러싼 정책 조율 과정과 청진제철소 건설」, 『동방학지』 151, 연세대학교 국학연구원 참고.

5) 삼척

1920년대까지 강원도는 상대적으로 식민통치에서 중요도가 낮은 지역이었다. 대체로 식민통치에서 중요도가 높은 지역일수록 일본인 도지사를 임명한 경향에 비추어 보면 일제강점기 내내 거의 조선인이 도지사를 전임한 점은 식민통치에서 강원도의 '위상'을 잘 보여준다.[128] 따라서 일제강점기 강원도는 오랫동안 미개발 지역의 이미지가 강했다. 그런데 이런 분위기는 1930년대 들어 서서히 변했다. 경춘선, 동해선, 중앙선 등 강원도 지역을 통과하는 철도가 부설되거나 계획되면서 교통망의 개선이 이루어졌다. 그와 더불어 1931년 우가키(宇垣一成)가 총독으로 부임하면서 이른바 조선 공업화, 농공병진(農工竝進) 정책을 추진하기 시작했다. '농공병진'은 1936년 10월 개최한 총독부 조선산업경제조사회에서 정식 슬로건으로 제창되었다. 게다가 1937년 8월 중일전쟁이 발발하면서 조선의 산업 개발은 전쟁 수행과 직결된 병참기지화 차원의 문제가 되었다.

이상과 같은 1930년대 중후반의 상황에서 지하자원이 풍부하고 개발의 여지가 많은 조선 북부 지역이 주목되었다. 그리고 강원도도 여기에 포함되었다. 1937년 11월 강원도는 지역 개발의 종합계획을 수립할 목적으로 강원도개발위원회를 조직했다. 조직 취지에서 "국정에 순응"하면서 "도민의 복지를 증진하기 위함"이라고 했다.[129] "국정에 순응"이 위에서 언급한 식민통치의 기본 정책, 그리고 중일전쟁 발발에 따른 병참기지화

---

128 각 도의 도지사 임면 현황은 민족문제연구소 편, 2017, 『일제식민통치기구사전』, 민족문제연구소, 453쪽.
129 「道民の福祉增進に開發委員會組織」, 『朝鮮新聞』, 1937.9.15; 「江原開發委員會 組織, 産業 諸施設再檢討」, 『每日申報』, 1937.9.16.

의 방향이라면 "도민의 복지를 증진"은 그간 억눌려 왔던 지역 개발 욕구의 분출이었다고 할 수 있다.[130]

강원도개발위원회는 농업, 임업, 수산, 자원, 상공업, 교통, 금융, 산업교육, 보건위생 등 여러 분야에서 개발 계획을 논의했다.[131] 강원도개발위원회의 조직과 활동을 기점으로 강원도는 그간의 이미지를 일신하여 개발 지역으로 변모했다. 이런 변모를 상징하는 곳이 바로 삼척이었다.[132] 강원도 영월과 삼척의 무연탄전은 이미 대한제국기부터 주목을 받았다. 삼척탄전은 대한제국기 왕실 소유였다가 강제병합 이후 총독부의 손에 넘어갔다. 총독부는 평양의 탄전이 생산되는 상황에서 삼척탄전을 보유 탄전으로 남겨 놓았다. 그러나 1930년대 만주 지역의 석탄 수입이 감소하면서 채굴을 시작했다. 이를 위해 1936년 4월 삼척개발주식회사와 삼척철도주식회사가 설립되었다.[133] 삼척개발은 무연탄전의 개발, 광물자원을 원료로 하는 화학공업 경영, 철도 연선 개발의 제반 사업 경영을 주목적으로 했으며, 삼척철도는 석탄과 화객의 운송 및 그 부대 업무를 주목적으로 했다. 삼척탄의 반출항은 묵호항이었다. 삼척철도는 1937년 8월부터 묵호항 축항 공사에 착수하여 1939년 5월 탄전과 항구를 연결하는 42km 철도 운행을 개시했다.[134]

---

130 고태우, 2023, 「1930년대 중후반 강원도 개발계획과 삼척지역의 식민지 공업화」, 『역사문화연구』 85, 한국외국어대학교 역사문화연구소, 50~58쪽.
131 江原道 編, 1937, 『江原道開發委員會議事速記錄』 참고.
132 「工場 適地를 調査, 資源開發에 進軍, "工業江原"의 行進譜」, 『每日新報』, 1939.5.16; 本社特派員 成仁基, 「兵站基地 朝鮮의 現地報告⑫ 江原篇」, 『朝鮮日報』, 1939.8.15.
133 김은정, 2007, 『일제의 한국 석탄산업 침탈 연구』, 이화여자대학교 박사학위논문 참고.
134 고태우, 2023, 위의 글, 60쪽.

삼척탄은 일본 제국 권역의 석탄 무역수지 개선과 수요 대비 차원에서 중요한 의미를 가지고 있었다. 1930년대 중반 이후 만주 지역의 석탄은 만주국의 내수를 충당하면서 수입에 제약이 생겼다. 북중국 지역의 석탄은 양적으로는 풍부했으며 수입을 위한 철도, 항만 등 교통 인프라가 부족했다. 그리하여 일본은 석탄 수요의 상당한 부분을 프랑스령 인도차이나에 의존했는데, 이는 무역수지의 악화를 불러왔다. 그런 차에 삼척탄의 개발은 일본의 석탄 사정을 개선하는 데 큰 역할을 하게되었다.[135]

삼척개발은 광물을 원료로 하는 화학공업도 경영했다. 이를 위해 1937년 9월 묵호역에서 10km 정도 떨어진 삼척군 북삼면 송정리에 북삼(北三)화학공업소를 설립했다. 북삼화학공업소는 삼척탄과 석회석, 강릉 강동면의 흑연 등을 원료로 유기합성화학공업의 기초 원료인 카바이드와 석회질소, 카본 전극 등을 제조했다. 공장은 1939년 11월부터 조업을 개시했다. 강동면의 흑연은 1935년 4월 설립한 조선흑연무연탄광주식회사의 광구에서 산출되었는데, 삼척개발은 1937년 10월 이 회사 주식 3/4를 인수하여 산출된 흑연을 북삼화학공업소가 생산하는 전극 원료로 공급했다.[136]

한편 삼척 정라진(汀羅津)에는 1937년 5월 조선협동유지주식회사가 설립되었다. 이 회사는 풍부하게 잡히는 정어리에서 기름(鰮油)을 제조하고 화장품, 비누 약품을 제조하거나 어비(魚肥), 어분(魚粉) 등을 가공, 판매했다. 1941년 현재 조선협동유지주식회사 삼척공장이 소화하는 정어

---

135 日本石炭株式會社 企劃部, 1941, 『朝鮮石炭礦業事情研究』 참고.
136 고태우, 2023, 앞의 글, 61쪽.

리 기름은 조선 전체의 1/3에 이를 정도였다.[137] 또 부근의 석회암을 원료로 시멘트를 생산하여 강원도 및 동해안 일대에 공급하기 위해 오노다(小野田)시멘트제조주식회사 삼척공장도 건립되었다.[138]

　이상과 같은 급속한 공업화에 따라 삼척에는 각종 근대 시설이 들어서거나 유치 운동이 일어났다. 1939년 9월에는 도립의원이 개원했다. 공사비는 오노다시멘트, 조선협동유지, 삼척개발이 각 3만 엔씩 갹출하고 나머지는 지역민이 부담했다. 당시 강원도 전체에 도립의원이 3개뿐이었던 점을 고려하면 삼척에 도립의원이 신설된 것은 상징적인 의미가 크다고 하겠다. 그런가 하면 1937년 5월에는 동시다발적인 공사로 경기가 활성화된 가운데 기존의 금융조합이나 우편소를 넘어서는 금융기관으로서 조선은행 지점을 설치하고자 지역 유력자들이 상경하여 진정하는 일도 있었다.[139] 이렇게 한산한 어촌에 불과했던 삼척은 1930년대 후반 일약 "약진 강원도의 중심 세력"으로 부상했다.[140] 아래 기사는 이런 분위기를 잘 보여준다.

> 3~4년 전까지도 일한읍촌(一寒邑村)에 불과하던 삼척 묵호 일대에는 갑자기 대건축, 대공장이 즐비히 신축될 뿐더러, 각 회사의 사택(舍宅)이 언덕 저 골작이에 버러저 잇고 기차, 기선의 기적(汽笛)이 합주하여 엔진소리와 마차소리, 튜럭의 경적 소리가 한 데 뭉치어 신설 도시의 적나라한 일면을 보여준다. (중략) 삼척 일대는 산업 강원의 일 대표도

---

137 「東海岸の生擴陣, 三陟地方の大躍進」, 『朝鮮新聞』, 1941.9.10.
138 成仁基, 「兵站基地 朝鮮의 現地報告⑪ 江原篇」, 『朝鮮日報』, 1939.8.13.
139 고태우, 2023, 앞의 글, 64쪽.
140 「三陟 工場地帶化」, 『朝鮮日報』, 1938.5.14.

시로서 시국 산업에 중대한 역할을 다하고 잇다.[141]

묵호항은 강원도 연안의 거항으로 일대 비약적 발전이 기대되어 벌써부터 각지로부터 노동자가 모여들고 장사꾼이 답지하고 기업가가 찾아들어 가두의 이 모습 저 모습에는 신흥도시 기분이 창일하여 어든지 풍성풍성한 멋이 잇다.[142]

이런 '발전'을 반영하여 1938년 10월 삼척은 강원도에서 여섯 번째로 읍으로 승격했다.[143] 그리고 1942년 10월에는 삼척 개발과 관련되어 있는 지역인 묵호, 1945년 7월에는 북평이 각각 읍으로 승격했다.[144] 북평의 경우는 일제강점기 마지막 읍 승격이었다. 인구도 급증했다. 그런데 삼척, 묵호, 북평 일대의 '발전'은 식민지 공업화의 결과로서 한계를 가지고 있었다.[145] 예컨대 삼척이 공업도시화함에 따라 철도가 부설되었다. 그러나 삼척개발은 철도를 무연탄 운반 전용선으로 사용하려고 했다. 이에 철도 연선 주민들은 삼척철도가 지역민을 무시했다며 철도국, 강원도, 삼척개발에 삼척철도를 일반인도 이용할 수 있는 영업선으로 전환해 달라는 진정 운동을 전개했다[146]. 또 삼척개발이 경영하는 탄광 주변에는 작업을 위해 전등을 가설했지만 일반 주택가는 밤이 되면 암흑으로 변하여 1940년

---

141 成仁基, 「兵站基地 朝鮮의 現地報告⑧ 江原篇」, 『朝鮮日報』, 1939.8.9.
142 成仁基, 「兵站基地 朝鮮의 現地報告⑪ 江原篇」, 『朝鮮日報』, 1939.8.13.
143 「朝鮮總督府令 제197호」, 『朝鮮總督府官報』, 1938.9.27.
144 「朝鮮總督府令 제243호」, 『朝鮮總督府官報』, 1942.9.30; 「朝鮮總督府令 제149호」, 『朝鮮總督府官報』, 1945.6.28.
145 고태우, 2023, 앞의 글, 65~66쪽.
146 "三鐵" 專用 申請에 郡民이 反對 陳情」, 『朝鮮日報』, 1939.8.6; 成仁基, 「兵站基地 朝鮮의 現地報告⑩ 江原篇」, 『朝鮮日報』, 1939.8.12.

11월 주민 대표가 전등 가설을 진정했다.[147] 1941년 8월에는 상수도도 부설되었다. 그러나 이는 삼척개발, 삼척철도의 회사 전용 상수도로서 일반 주민의 생활과는 무관했다.[148] 제국의 자본 삼척개발의 '개발'과 지역 주민이 열망하는 '개발' 사이의 거리는 식민지 (공업)도시화의 임계점을 적나라하게 보여주는 것이었다.

---

147 「發展の三陟長省, 電燈架設方を陳情」, 『朝鮮新聞』, 1940.11.19.
148 「三陟開發上水道完成」, 『朝鮮新聞』, 1941.8.31.

제5장
도시 정치의 제도와 실제

원론적으로 일제강점기는 "국가의 권력을 획득하고 유지하며 행사하는 활동으로 국민들이 인간다운 삶을 영위하게 하고 상호 간의 이해를 조정하며, 사회 질서를 바로잡는 따위의 역할"[1]이라는 온전한 의미의 '정치'가 존재할 수 없는 시기이다. 그러나 3·1운동 이후 지방제도를 개정하면서 제도적 도시에서는 "상호 간의 이해를 조정"하는 최소한의 정치 공간이 열렸다. 도시 지역의 지방의회인 부협의회와 지정면협의회에 선거제를 도입했기 때문이다.

물론 이때의 선거제는 극단적인 제한선거였으며, 민족별로는 인구 비율과는 전혀 다른 일본인 위주의 제도였다. 그러나 제한선거일 망정 주민이 선출한 대표자가 지방의회를 구성함으로써 지역정치의 공간은 열릴 수밖에 없었다. 이 장에서는 도시 정치의 기반으로서 식민지 '지방의회' 제도의 전개와 지방의회의 전반적인 구성의 변화를 살펴보고, 이어서 도시 정치의 실제를 몇 가지 유형으로 분류하여 살펴보겠다.

1. 도시 정치의 제도적 변화와 구도

주지하듯이 1919년 8월 부임한 총독 사이토 마코토(齋藤實)는 3·1운동의 '충격'을 수습하기 위해 식민통치 방침을 전환하여 '문화정치'를 표방했다. 그 핵심 내용 중 하나가 이른바 하의상달(下意上達), 민의창달(民意

---

1   국립국어원 표준대국어사전(https://stdict.korean.go.kr/)

暢達)을 위한 '지방자치'의 실시이다.² 총독부는 구체적으로 「부제」와 「면제」를 개정하여 임명제 자문기구인 부협의회, 지정면협의회를 선거제로 바꾸고 보통면에도 임명제협의회를 신설했다.³

그러므로 지방제도 개정의 핵심은 도시 지역(부, 지정면) 협의회의 선거제 도입이었다고 할 수 있다. 유권자의 자격은 ① 독립 생계를 유지하는 25세 이상의 남성, ② 부세(혹은 면부담금) 연액 5원 이상 납부 ③ 지역 내에 1년 이상 거주였다. 따라서 극단적인 제한선거제였다. 지역과 시기별로 차이는 있지만 보통 유권자는 전체 인구의 5% 정도였다. 또 여전히 자문기구인 '협의회'였기 때문에 의결권도 부여되지 않았다. 그럼에도 불구하고 지방의원을 주민이 '선출'하는 제도의 도입은 분명 지역의 새로운 정치 공간을 창출하는 효과가 있었다.

3년 임기의 부, 지정면협의회 선거는 1920년대에 네 차례(1920, 1923, 1926, 1929년) 치러졌다. 여기에서는 1920년대 도시 정치의 기본적인 민족별 구도를 조망하기 위해 하나의 사례로서 1926년 세 번째 선거 결과를 반영한 1927년 전국 부, 지정면협의회원의 현황을 살펴보겠다.⁴

---

2   물론 본질적으로 기만행위일 망정 '민의창달'은 총독 사이토가 부임하면서 제일성으로 내뱉은 슬로건이었다(「民意暢達의 第一步」, 『每日申報』, 1919.9.17).

3   3·1운동 이후 지방제도 개정의 개요는 손정목, 1992, 『韓國地方制度·自治史研究(上)』, 一志社, 182~196쪽.

4   세 번째 선거 결과를 살펴보는 것은 첫째, 선거가 거듭될수록 투표율이 올라가는 등 조선에서 도시 정치가 어느 정도 정착하는 모습을 보이는 점, 둘째, 1927년 현재 전국 지방의원의 현황을 총괄해서 파악할 수 있는 점 등을 고려했다.

〈표 5-1〉 1927년 전국 부·지정면협의회원의 민족별 현황

지역	도시	조선인	일본인	지역	도시	조선인	일본인
경기도	경성	12	18	경상남도	마산	4	10
	인천	8	12		진주	6	5
	송도(개성)	10	4		진해	3	8
	영등포	4	5		통영	4	6
	수원	7	5		밀양	5	7
충청북도	청주	5	7		동래	9	3
	충주	6	6	황해도	해주	5	6
충청남도	대전	2	9		겸이포	2	8
	조치원	2	8		사리원	5	7
	공주	3	9	평안남도	평양	19	11
	강경	4	6		진남포	6	8
	천안	5	7		안주	7	3
전라북도	군산	4	10	평안북도	신의주	5	9
	전주	7	7		의주	8	4
	이리	5	6		정주	6	4
	정읍	5	7		선천	9	2
전라남도	목포	5	9		강계	7	3
	광주	5	7	강원도	춘천	2	5
	여수	7	5		강릉	7	5
	제주	12	2		철원	6	5
경상북도	대구	8	12	함경남도	원산	6	10
	김천	5	6		함흥	8	6
	포항	6	6		북청	10	2
경상북도	안동	8	4	함경북도	청진	4	10
	경주	10	3		회령	6	5
	상주	7	7		나남	4	8
경상남도	부산	3	27		성진	4	6

* 출전: 文鎭國, 1927, 『朝鮮全道面職員錄』, 文鎭堂
* 비고: 회색 표시는 부협의회

1927년 현재 부는 1914 「부제」 제정 당시의 12개 부가 유지되고 있었다. 12개 부협의회는 대부분 일본인 의원 우위의 구도이다. 그중에서도 개항도시에서 기원한 도시일수록 일본인 우위는 확연하다. 부산의 경우 일본인 의원이 90%이다. 마산, 군산, 청진 등 세 도시도 일본인 의원이 2/3 이상이다. 그런데 예외적으로 평양은 오히려 조선인 의원이 우위이다. 따라서 평양의 '도시 정치'는 다른 도시와 크게 다르게 전개되었을 것임을 짐작할 수 있다.[5]

부에 비해 전반적으로 조선인 인구 비율이 높은 지정면은 대체로 의원 비율도 조선인이 높다. 그러나 지역별로 상당한 편차가 보인다. 조선인 의원이 2/3 이상인 지역은 송도, 제주, 안동, 경주, 동래, 의주, 선천, 강계, 북청 등 9곳이며, 반대로 일본인 의원이 2/3 이상인 지역도 대전, 조치원, 공주, 진해, 겸이포, 춘천, 나남 등 7곳이다. 대체로 '전통 도시' 유형과 '신도시' 유형의 대비가 보인다. 충청남도와 황해도는 모든 지정면협의회가 일본인 우위인 점이 눈에 띈다. 그중에서도 충남은 일본인 의원 비율이 확연하게 높다.

1929년 8월 사이토가 조선에 두 번째로 부임하면서 총독부는 다시 지방제도를 개정했다. 개정의 핵심은 「읍면제」를 제정하여 지정면을 읍으로 개편하며, 도시 지역(부, 읍)의 자문기구인 부협의회, 지정면협의회를 의결기구인 부회, 읍회로 개편하는 것이었다. 개정한 지방제도는 1931년

---

5   일제강점기 평양의 도시 정치에 대한 최근 연구는 1919~1928년을 '형성기'로 구분하고 그 특징을 '조선인의 주도권 장악'이라고 규정한 바 있는데, 이런 점에서 1927년 현재 전국 12개 부 중 평양부협의회의 구성이 유일하게 조선인 우위인 점은 주목할 만하다(주동빈, 2023, 『일제하 평양부 '개발'과 조선인 엘리트의 '지역정치'』, 고려대학교 박사학위논문, 제2장 참고).

4월 1일부로 시행했다.[6] 물론 제한선거제는 그대로 유지했으며, 부회, 읍회의 의장은 지방행정관인 부윤, 읍장이 당연직으로 맡았다. 또 부회, 읍회의 의결을 지방행정당국이 따라야 하는 의무도 없었기 때문에 부회, 읍회의 실질적인 권한이 크게 증대한 것은 아니었다.

그러나 '선거에 의해 선출된 의원으로 구성한 의결기구'가 존재하게 됨에 따라 도시 정치의 장이 한층 확장된 것은 분명하다. 또 부 지역의 경우 조선인과 일본인 교육재정을 관장하던 학교비와 학교조합을 부회로 통합하여 민족별로 제1, 제2교육부회를 두었다. 이 점에서도 지방의회의 권한은 다소 증가했다. 한편 민족별 의원 비율이 극단적으로 차이가 나는 것을 방지하기 위해 부회는 선거 결과 민족별 의원수가 최소 정원의 1/4이 되도록 명문화했다.[7]

지방제도 개정으로 지방의원 임기는 4년이 되었다. 지방선거는 1931, 1935, 1939, 1943년 네 차례 치러졌다. 그러나 1943년은 사실상 임명제로 회귀한 '추천선거'였으므로 이를 제외하면 선거는 세 차례 치러진 셈이다. 이 중 1935년 선거 결과를 사례로 1920년대에 비해 도시 정치의 구도가 어떻게 변화했는지 살펴보겠다.

---

6 이와 더불어 임명제인 보통면협의회도 선거제로 개편했다.
7 이에 따라 아래 표의 1935년 선거를 기준으로 보면 선거 결과를 그대로 적용할 때 한쪽 민족 비율이 1/4을 밑돌 수밖에 없었던 개성, 부산은 당선자를 조정하여 개성은 일본인, 부산은 조선인 의원 비율이 1/4을 넘도록 했다.

〈표 5-2〉 1935년 전국 부·읍회의원의 민족별 현황

지역	도시	조선인	일본인	지역	도시	조선인	일본인
경기도	경성	15	33	경상남도	진해	5	7
	인천	12	18		통영	7	7
	개성	22	8		밀양	6	6
	영등포	5	7		동래	9	4
	수원	6	5		울산	7	5
충청북도	청주	5	7		김해	10	4
	충주	8	6		삼천포	10	2
충청남도	대전	3	11	황해도	해주	7	7
	조치원	5	5		겸이포	4	8
	공주	5	7		사리원	5	9
	강경	4	8	평안남도	평양	17	19
	천안	6	6		진남포	14	13
전라북도	군산	7	20	평안북도	안주	10	2
	전주	7	7		신의주	11	16
	이리	6	6		의주	8	4
	정읍(정주읍)	7	5		정주	5	7
	남원	8	4		선천	9	3
	김제	5	7		강계	7	5
전라남도	목포	11	19	강원도	춘천	6	6
	광주	6	8		강릉	7	5
	여수	7	7		철원	8	4
	제주	12	2	함경남도	원산	13	17
	순천	7	5		함흥	13	14
	나주	6	6		북청	10	2
경상북도	대구	12	21		흥남	1	11
	김천	5	7		혜산	7	5
	포항	5	7	함경북도	청진	11	16

지역	도시	조선인	일본인	지역	도시	조선인	일본인
경상북도	안동	8	5	함경북도	회령	7	5
	경주	8	4		나남	4	8
	상주	9	5		성진	5	7
경상남도	부산	9	27		웅기	9	5
	마산	10	14		나진	5	7
	진주	6	6				

* 출전: 김동명, 2018, 『지배와 협력』, 역사공간, 123~125쪽; 「當選된 邑會議員」, 『東亞日報』, 1935.5.23; 「各地選擧消息」, 『每日申報』, 1935.5.3; 「各地選擧消息」, 『每日申報』, 1935.5.20; 「各地の府邑面議戰」, 『朝鮮新聞』, 1935.5.3.

* 비고: ① 회색 표시는 부회 ② 1930년 10월 1일 송도면이 개성부로, 함흥면이 함흥부로 승격 ③ 대전, 전주, 광주는 1935년 10월 1일부로 정식으로 부로 승격하나, 이 표에서는 부로 취급

먼저 전반적인 변화 양상을 보면 1926년 전국 지방의원 조선인 332명(42.1%), 일본인 456명(57.9%)에서 1935년 514명(48.2%), 일본인 553명(51.8%)으로 조선인 의원 비율이 6.1% 정도 증가했다.

부와 지정면을 나누어서 보면 1926년 전국 부협의회원 조선인 84명(36.5%), 일본인 146명(63.5%)에서 1935년 부회의원 조선인 179명(48.1%), 일본인 193명(51.9%)으로 변화했다. 한편 1926년 지정면협의회원 조선인 248명(44.4%), 일본인 310명(55.6%)에서 1935년 읍회의원 조선인 335명(48.2%), 일본인 360명(51.8%)으로 변화했다. 상대적으로 대도시인 부에서 조선인 의원 비율이 확연하게 증가했음을 알 수 있다. 여기에는 민족별 최소 1/4 규정도 영향을 미쳤겠지만, 그보다도 유권자 비율과 선거 구도가 변화한 것, 선거에의 적응력이 높아진 것이 큰 영향을 미쳤으리라 여겨진다.

다음으로 특기할 만한 변화가 나타난 도시를 살펴보자. 편의상 민족별

의원 비율이 10% 이상 변화한 도시를 보면 조선인 비율이 높아진 도시는 조치원(2:8→5;5), 공주(3:9→5:7), 정읍(5:7→7:5), 상주(7:7→9:5), 부산(3:27→9:27), 마산(4:10→10:14), 진해(3:8→5:7), 통영(4:6→7:7), 겸이포(2:8→4:8), 안주(7:3→10:2), 춘천(2:5→5:5), 철원(6:5→8:4), 청진(4:10→11:16) 등 13곳이다.[8] 그중에서도 조치원, 정읍, 통영, 춘천 등은 일본인 우위에서 조선인 우위로 역전되거나 동수가 되었다.

한편 전국적인 추세와 반대로 조선인 비율의 감소한 도시는 경주(10:3→8:4), 평양(19:11→17:19), 정주 (6:4→5:7), 강계(7:3→7:5) 등 4곳이다. 그중에서도 평양, 정주는 조선인 우위에서 일본인 우위로 역전된 점이 눈에 띈다. 특히 평양은 조선 4대 도시로서의 위상을 감안할 때 도시 정치의 구도가 크게 전환되었음을 지적할 수 있다.

전반적으로 제한적인 환경에서도 조선인은 지방선거라는 정치의 장에서 목소리를 내기 위해 지속적으로 노력했다. 1920년대 유권자대회를 통한 공인후보 선출은 그 대표적인 방식이라고 할 수 있다.[9] 그러나 1930년대부터 이런 활동은 크게 제약을 받게 되었다. 1929년 9월 총독부가 「조선지방선거취체규칙(朝鮮地方選擧取締規則)」(조선총독부령 제83호, 1929.9.30)을 제정하여 선거운동의 방식을 크게 제약하기 시작했기 때문이다.[10]

8 　물론 부산의 경우는 민족별 최저 의원 비율 1/4의 규정에 따라 당선권 밖의 조선인 후보자가 당선되고 일본인 후보자가 낙선한 경우이므로 예외로 볼 수 있다.

9 　1920년대 유권자대회와 공인후보 선출은 김윤정, 2016, 「1920년대 부협의원 선거 유권자대회와 지역정치의 형성」, 『사림』 55 참고.

10 　「조선지방선거취체규칙」은 1943년까지 6회 개정되었다. 취체규칙의 영향과 개정 경과는 김윤정, 2016, 위의 글, 229쪽; 김윤정, 2019, 「1920~1930년대 개성 '지방의회'의 특징과 인삼탕 논의」, 『역사연구』 37, 51쪽.

「조선지방선거취체규칙」에 따르면 의원 후보자, 추천자, 선거운동원은 이름과 주소를 관할 경찰서에 의무적으로 신고해야 했다. 이를 통해 식민당국은 특정한 후보자를 누가 추천했는지, 그 선거운동은 누가 하는지를 파악할 수 있게 되었다. 즉 지역 유력자의 관계망을 한 눈에 알 수 있게 된 것이다. 따라서 이면에서 유권자대회를 조직하고 공인후보를 선출하여 표를 배분하는 전략을 세우기는 더 어려워졌다. 또 선거운동원의 수도 제한했으며, 입간판, 홍보 인쇄물에 '공인후보' 등을 표시하는 것도 금지했다. 이같이 선거운동의 환경이 바뀜에 따라 지역에서 조선인의 '민족적' 정치 활동은 제한되었다. 입후보에서 선거운동에 이르는 정치 행위의 '과정'은 점차 개별화될 수밖에 없었던 것이다.

2. 도시 정치의 실제

이 절에서는 몇몇 도시를 사례로 일제강점기 도시 정치의 전개 과정과 의미를 살펴보겠다. 일제강점기 부(협회)회, 지정면협의회·읍회에서 '정치'의 실제 기동과 갈등 양상을 보면 다양하다. 그러나 대체로 일제강점기 도시 정치는 '민족적 갈등(대립)을 동원'하는 방식으로 전개되었다.[11] 따라서 그 유형은 일본인 우위(부산, 군산), 조선인 우위(개성, 함흥, 전주, 동래, 김해), 조선인과 일본인 간 세력 균형(대구)으로 나누어 볼 수 있다. 이는 도식적인 분류이지만 도시 정치의 실제를 상당히 반영한다고 생각한다.

1) 일본인 우위 도시의 도시 정치

(1) 부산

부산은 가장 대표적인 개항도시로서 도시 정치도 일본인 우위가 뚜렷하고 일관되게 유지되었다. 조선인 유권자 비율은 인구 대비 늘 0.5% 수준에 불과했다. 그러나 일본인 인구 비율이 높은 도시이니만큼 일본인 유권자 비율도 인구 대비 2, 3%에 그쳤다. 따라서 일본인 내부의 균열 가능성도 있었다. 이는 일본인 인구 비율이 높고 도시 정치에서도 우위가 분명한 도시에서 나타날 가능성이 높은 현상이다.[12]

---

11 일제강점기 '민족적 갈등(대립)'은 물론 '실재'한 것이지만, 또 다른 각 도에서 정치의 장에서 '동원'되는 것이기도 했다(염복규, 2013, 「식민지시기 도시문제를 둘러싼 갈등과 '민족적 대립의 정치'」, 『역사와 현실』 88, 265~267쪽).

12 이하 1920년대 부산부협의회의 구성과 활동의 개요는 홍순권, 2006, 「1910~1920년

1920년대 부산부협의회원은 20~30명이었다. 그중 조선인 의원의 수는 항상 2~4명에 그쳤다. 직업적으로는 조선인, 일본인을 막론하고 의원 대부분은 상공업자였다. 조선인은 주로 객주, 미곡상, 정미업, 주조업 종사자였으며 일본인은 무역업자, 잡화상을 비롯하여 조선업, 토목업, 식품업 종사자 등이었다. 1920년대 후반에 이르면 변호사, 의사 등 전문직 종사자가 다소 증가하지만 상공업자 중심의 경향은 지속되었다.

　부산부협의회는 일본인 우위가 확연했으며, 그중에서도 전국적 지명도를 가진 '거물급' 인사가 존재했기 때문에 부산부의 행정에 미치는 영향력도 다른 부협의회에 비해 상대적으로 컸다. 또 이른바 '완전한 자치제' 실시를 요구하는 목소리도 상대적으로 높았다.[13] 1920년대 부산의 주요 도시문제는 '전기 부영화' 의제였다. 부협의회 내의 정치적 갈등도 외견상으로는 주로 이 문제의 해결 방향을 둘러싼 대립으로 표출되었다. 대체로 일반 부민과 여론의 지지를 업은 전기 부영화 세력(기성회파)이 논의의 주도권을 쥐었다. 그러나 가시이 겐타로(香椎源太郎)[14]를 비롯한 부협

　　대 부산부협의회의 구성과 지방정치」, 『역사와 경계』 60 참고.
13　부산에는 개항 직후 도한, 상대적으로 오랜 기간 토착화하여 사업회의소, 학교조합을 비롯한 각종 사회단체에서 큰 영향력을 행사하는 일본인 유력자가 많았다. 그중에서도 중심 인물은 이른바 '부산의 3거두'라고 불린 가시이 겐타로, 오이케 주스케(大池忠助), 하자마 후사타로(迫間房太郎) 등이다. 이들은 부산에서 정치, 경제적으로 막강한 영향력을 발휘했을 뿐만 아니라 전국적으로도 재조선 일본인 사회를 대표하는 인물에 속했다. 오이케의 경우 비록 결과적으로 크게 성공하지는 못했지만 고향 쓰시마에서 중의원에 당선되어 본토 정계 진출을 시도하기도 했다. 오이케의 본토 정계 진출 시도는 전성현, 2013, 「식민자와 조선-일제시기 大池忠助의 지역성과 '식민자'로서의 위상」, 『한국민족문화』 49, 부산대학교 한국민족문화연구소 참고.
14　1905년 부산에 정착한 가시이는 수산업, 전기업, 도기업 등을 중심으로 부산의 대표 자본가로 성장한 인물이다. 부산의 전기사업을 독점한 朝鮮瓦斯電氣(株)는 그의 주력 기업 중 하나였다. 가시이의 경제적 성장과 사회 활동은 김동철, 2005, 「부산의 유력

의회 내부의 상업회의소 세력은 그에 대립적인 입장을 취했다. 이들은 부산부와 전기회사의 협상 과정에서도 과도한 매각 조건을 내세워 전기 부영화가 끝내 무산되는 빌미를 제공했다. 그리하여 이 문제가 종결된 후에도 두 파 간의 대립은 해소되지 않았다.

1930년대 지방제도 개정 이후 부산부회의 구성은 한쪽 민족의 의원 비율 최소 1/4 보장 규정에 따라 1931, 1935년 선거에서는 조선인 의원 비율이 25%를 점했다. 두 차례 다 당선권에 들지 못한 조선인 후보자를 당선시킨 결과이다. 그런데 행정구역 확장으로 외곽 지역을 대거 편입한 후 치러진 1939년 선거에서는 정원 39명 중 조선인 후보가 40%에 육박하는 15명이 당선되었다. 도시 확장으로 인한 유권자 구성의 변화가 지방의회의 구도에 영향을 미친 것이다.[15]

부회 의원의 직업 구성은 여전히 상공업자가 다수이기는 했지만, 이전에 비해 다양한 직역의 후보자가 당선되었다. 전직 관료, 의사, 약제사, 변호사 등 전문직의 진출이 상대적으로 활발해졌으며, 일부 지주층도 당선되었다. 이런 현상은 조선인과 일본인 모두에게 나타났다. 이것도 도시화의 진전과 도시의 확장이 선거 결과에 영향을 미친 현상으로 짐작된다.

그런데 1930년대 부회의 활동은 오히려 이전보다 침체한 모습을 보인다. 1920년대 전기 부영화 운동과 같이 도시문제가 의정 활동의 중심이 되는 모습은 찾아보기 어려우며 파벌 간의 이권 다툼이나 부회 내부의

자본가 香椎源太郎의 자본축적 과정과 사회활동」, 『歷史學報』 186 참고.

15　1920, 1930, 1940년 부산의 민족별 인구 구성의 추이를 보면 조선인 : 일본인 각각 54.9% : 44.8%, 66.8% : 32.7%, 77.0% : 22.9%로 변화했다. 이하 1930년대 부산부회의 구성과 활동의 개요는 홍순권, 2007, 「1930년대 부산부회 의원 선거와 지방 정치세력의 동태」, 『지방사와 지방문화』 10-1 참고.

권력투쟁의 양상이 두드러진다. 1939년 5월 선거 직후 부의장 선출을 둘러싸고 벌어진 부정선거 사건은 대표적인 사례이다. 이 사건은 의원 대다수가 연루되어 종국에는 당선자 전원을 무효 처리하고 8월에 재선거를 실시하기에 이르렀다.

조선인 의원과 일본인 의원 간의 관계도 시기에 따라 다소 차이를 보인다. 1930년대 전반 뚜렷한 경향을 보이던 조선인 의원의 결속력은 1934년 조선인 의원 총사직 사건을 계기로 크게 약화되었다.[16] 1935년 선거 이후에는 일본인 의원 사이의 파벌 대립에 조선인 의원이 편승하는 경향을 보인다. 1939년 부의장 선출을 둘러싼 파동에 민족을 막론하고 거의 모든 의원이 휩쓸린 것은 이런 흐름의 연장선에 있는 것이었다.

(2) 군산

군산도 대표적인 개항도시이다. 따라서 도시 정치에서 일본인 우위 현상은 분명했다. 적어도 수적으로 이 현상은 변하지 않았다. 그러나 도시 정치의 실제 양상을 보면 1930년대 들어 일정한 변화를 보인다. 그 배경은 첫째, 그간 조선인 유력자의 '성장', 둘째, 미곡 이출항으로서 군산의 역할 감소, 셋째, 군산의 지위를 위협하는 새로운 도시의 성장 등을 들 수 있다. 따라서 1930년대 군산에서는 조선인, 일본인을 막론하고 도시의 새로운 발전 동력을 찾는 것이 도시 정치의 핵심 의제가 되었다.[17]

---

16 이 사건은 1934년 부산부회의 예산안 심의 중 교통, 위생 등에 대한 조선인 의원의 요구를 부당국과 일본인 의원이 거절하자 항의의 의미로 조선인 의원 전원이 사직서를 제출했다가 철회한 사건이다. 사건의 경과와 의미는 홍순권, 2007, 앞의 글; 김동명, 2014, 「1934년 부산부회 조선인 의원 총사직사건 연구」, 『한일관계사연구』 48 참고.
17 개항(1899)~1930년대 군산 유력자 집단의 구성과 변화 추이는 이준식, 2005, 「일제강점기 군산에서의 유력자집단의 추이와 활동」, 『동방학지』 131, 연세대학교 국학연

먼저 1930년대 군산부회 의원의 구성을 살펴보자. 먼저 직업적으로 다수가 1920년대와 마찬가지로 미곡업을 중심으로 하는 상공업자였다. 이런 양상은 1939년 선거까지도 변하지 않는다. 이는 군산의 도시 성격이 기본적으로는 여전히 지속되었음을 의미한다.[18] 그러나 조선인과 일본인 모두 유력자의 '세대 교체'를 볼 수 있다. 1920년대 부협의원 역임자 중 1930년대 부회의원까지 역임한 자는 일본인은 아카마쓰 시게오(赤松繁夫),[19] 미쓰토미 가하치(光富嘉八)[20] 등, 조선인은 관리 출신 양조업자 김형기(金炯基), 군산 명월관 사장 김영희(金永熙) 정도이다. 시간이 흐를수록 이런 현상은 심화되었다. 예컨대 1939년 선거에서는 당선자 37명 중 50대 이상은 6명에 불과했으며, 초선 당선자가 12명이나 되었다.

민족별 의원 구성을 보면 조선인 의원의 비율이 점차 높아졌다. 부회 선거 당선자의 조선인, 일본인 비율은 1931년 6:18, 1935년 7:20, 1939년 10:17로 변화했다. 직업적으로 조선인 의원은 상대적으로 고학력 엘리트가 많았다. 그런데 이전에 비하면 조선인 의원의 정치 활동의 '민족적' 성격은 점차 약화된다. 1920년대까지 조선인 부협의원들은 한편으로는 일제의 시책에 부응하면서도 다른 한편으로는 민족운동에 관여하여 사회적 지위를 유지하려고 한데 반해 1930년대에는 후자의 모습은 거의 사라지게 된다.

구원 참고.

18 상공업자 외에 1930년대 군산부회 의원 역임자를 보면 변호사 야마구치 고이치(山口吸一), 의사 가마타 가타(鎌田方), 권태형(權泰亨), 기자 나카야마 다쓰야(中山辰彌), 대서사 서홍선(徐鴻善), 기타 직업 미상 무카이 마쓰지로(向井松次郎), 구보 미야타(久保宮太), 자노 겐지로(茶野粂次郎) 등이 있다.
19 1904년 도한, 군산상공회의소 회두 역임.
20 1906년 도한, 군산인쇄회사 사장, 군산소방조 조두 역임.

예컨대 1931년 9월 부회 회의에서 서홍선(徐鴻善)[21] 등 조선인 부회의원들은 일본인 부리원(府吏員)의 가봉을 철폐하고 그 대신 조선인 부리원에게 사택료를 지급하자는 건의안을 제출했다. 그러나 이 건의안은 제안이유 설명마저 봉쇄되어 자연히 폐기되었다. 그러나 이에 대해 조선인 의원들은 별다른 반발도 하지 못했다. 이는 1930년대 들어 도시 유력자층에서 조선인의 비율은 높아지지만 체제내화의 정도도 심화되는 경향이었다고 할 수 있다. 이런 경향성은 여러 도시에서 일반적으로 보인다.

1930년대 군산의 근본적인 도시문제는 식민정책의 변화에 따른 군산의 사회경제적 지위 하락과 그에 대한 대책이었다. 일본 정부는 「미곡통제법」(1933)을 제정하여 조선에서 이입하는 미곡의 양을 줄여 나가고자 했다.[22] 여기에 군산을 대체하는 항구도시로서 장항이 부상하면서 미곡 이출항으로서 군산의 위상은 위기에 봉착했다. 이를 상징적으로 보여주는 '사태'가 1937년 10월 개항 이래 처음으로 수입이 수출을 초과하는 "군산 무역사상의 이변"이었다.[23]

이런 변화에 대응하여 군산에서는 "쌀의 군산에서 공업 군산으로" 등의 슬로건이 웅변하는 공업도시론을 제창했다.[24] 1936년 조선산업경제조사위원회에서 군산부가 발표한 보고서에는 군산 공업도시론이 집약되어 있다. 보고서에서 군산부는 공업도시로서 군산의 입지 조건으로 첫째, 항

---

21 1910~1920년대 총독부 재판소 서기를 거쳐 1930년대 군산부회의원, 전북도회의원 역임.
22 1930년대 전반 「미곡통제법」 제정과 '조선미 이입 제한'을 둘러싼 갈등은 김제정, 2010, 『대공황 전후 조선총독부 산업정책과 조선인 언론의 지역성』, 서울대학교 박사학위논문, 47~73쪽.
23 「群山貿易史上異變 開港以來初入超」, 『朝鮮日報』, 1937.10.14.
24 「"米の群山"から更に工業都市へ」, 『朝鮮新聞』, 1936.5.1.

만에 인접한 대지를 저렴하게 확복할 수 있다는 점, 둘째, 항구도시로서 공업원료인 석탄을 용이하게 확보할 수 있다는 점, 셋째, 항구, 철도, 도로망을 두루 갖춘 교통의 요지라는 점, 넷째, 남조선전기회사를 통해 전력을 용이하게 확보할 수 있다는 점, 다섯째, 전북, 충남의 농촌에서 풍부한 노동력을 확보할 수 있다는 점 등을 들었다.

군산부회는 공장위원을 선출하여 공장지대 선정, 부지 알선, 지가 협상 등에 나섰다. 1936~1937년에는 군산부윤과 상공회의소 회두, 부회두가 네 차례나 도일하여 공장유치운동을 벌여 일정한 성과를 거두기도 했다.[25] 일본뿐 아니라 조선에서 자본을 유치하려는 활동도 전개했다. 그 결과 익산의 대지주 다키 겐지로(多木粂次郎)가 군산에 인산(燐酸) 공장을 설립하기로 했으며, 고창의 지주 이종환(李宗煥)은 1937년 2월 자본금 60만 원 규모의 동아제유합자회사 공장을 설립했다. 그밖에 군산 전기사업의 '원로' 히구치 도라조(樋口虎三)가 자본금 50만 원 규모의 조선제지주식회사 설립 계획을 세우는 등 군산 내의 자구 노력도 있었다.[26]

이상의 자본 유치, 공장 설립 노력과 더불어 군산의 유력자층은 공업도시 건설을 위해 군산항 2차 축항, 금강철교(군산-장항) 부설 운동도 전개했다. 이것은 모두 군산의 '라이벌' 항구도시로 등장한 장항을 의식한 것이었다. 1936년 4월 군산항 축항 및 금강철교 부설 임시기성회를 조직

---

25 1937년 6월 가네후치방적(鐘淵紡績) 공장 부지의 매립 공사가 시작되었다(「工業群山前奏譜鐘紡工場が起工」, 『朝鮮新聞』, 1937.6.8). 쿠라시키방적(倉敷紡績)도 500만엔 예산으로 군산 공장을 설립하기로 결정했다(「倉敷紡績,群山進出」, 『朝鮮新聞』, 1937.4.8). 가네보방적(鐘紡)의 자회사인 가네가후치실업이 군산에 카바이드 공장을 설립할 계획이라는 보도가 나오기도 했다.

26 히구치는 1899년 개항과 더불어 군산으로 건너와 전기사업을 경영하며, 1920~1930년대 군산상공회의소 회두, 군산부회 부의장, 전북도회 의원 등을 역임했다.

했다. 기성회는 일제 말기까지 총독부와 일본 정부에 2차 축항 청원 활동을 전개했다. 그러나 이는 끝내 이루어지지 않았다. 금강철교[27] 부설은 총독부가 이를 수용하지 않자 군산의 유력자층은 1936년 6월 충남북의 유력자층과 함께 삼도연합조선중부횡관철도기성회를 조직하여 이른바 '중부횡관철도'의 연장선에서 금강철교 부설을 주장하기도 했다.

그러나 군산 공업도시론은 기대만큼의 성과를 거두지는 못했다. 1930년대 공업화의 중심은 조선 북부로 옮겨가고 있었다. 따라서 외부 자본의 유치는 제한적이었다. 게다가 군산의 대표적인 기업인 남조선전기회사(南朝鮮電氣會社)는 총독부의 전력통제정책에 따라 1937년 3월 경성에 본점을 둔 남선합동전기회사(南鮮合同電氣會社)로 합병되었다.[28] 이는 안정된 전기 공급이라는 공업도시로서 중요한 입지 조건을 잃는 것이었다. 결과적으로 군산 공업도시론은 1930년대 도시의 쇠락에 대응해 유력자층을 중심으로 새로운 성장 동력을 찾은 것이었지만 거시적인 식민 정책의 흐름과 합치하지 않는 방향이었던 것이다.

공업도시론 제창과 더불어 군산의 유력자층은 일제 침략전쟁에 편승하여 도시의 현안을 해결하려는 모습을 표나게 보였다. 예컨대 1932년 조선일보 군산지국은 만주시찰단 조직을 계획했으며, 1933년 7월 군산 부회는 함경도, 만주, 일본 등에 시찰단 파견을 결의했다. 1938년에는 군산상공회의소가 중국에 무역 조사와 황군 위문 시찰단을 파견했다. 육군 군영 설치 운동도 전개했다. 1931년 7월에는 군산, 전주, 이리 유력자층

---

27 장항항 개발과 충남선 부설로 충남 일대의 물산이 군산을 대신하여 장항으로 집산되는 상황에서 군산은 장항과의 연결을 통해 이 상황을 타개하려는 구상을 한 것이다.
28 1930년대 후반 전력통제정책과 전력산업의 개편 양상은 오진석, 2021, 『한국 근현대 전력산업사』, 푸른역사, 199~233쪽.

합동으로 "전북의 당면과제 중 하나"로서 군산에 공병대 설치를 요구했으며, 같은 해 12월 군산국방연구회는 군영 유치를 위한 '부민대회'를 개최했다. 1932년 1월에는 다시 부민대회를 개최하고 부대 유치를 위한 모금 운동을 시작했으며, 유력자 154명이 연서한 청원서를 육군에 제출했다. 이후 한동안 잠잠하던 군영 유치 운동은 중일전쟁의 분위기가 고조되던 1937년 초 재개되었다.[29]

이상과 같은 1930년대 군산 유력자층 중심의 여러 운동에서 보이는 공통점은 도시 개발을 위한 사업을 주장하면서 '국책'의 논리를 표나게 내세운 점이다. 1934년 7월 군산의 거물급 일본인 유력자들이 축항, 철교 부설 시민대회를 주도해 개최하면서 이 사업이 "경제상 또는 국책상 극히 긴절 유리한 사업"이라고 주장한 것은 이런 측면을 극명하게 보여준다. 도시 개발을 주장하기 위해서는 그 도시가 국책, 즉 일제의 대륙 침략에서 얼마나 중요한 역할을 할 수 있는지 부각시켜야 하는 시대가 온 것이었다. 그리고 1930년대 군산의 유력자층은 이를 적극적으로 실천하고자 했다. 그리고 그중에는 '세대 교체'된 조선인 유력자층도 포함되어 있었다.

2) 조선인 우위 도시의 도시 정치

(1) 개성

개성은 일제강점기 도시 정치에서 이례적인 사례이다. 개성은 보통 일본인이 상권을 장악하고 경제적 우위에 있었던 다른 도시와 달리 거의 일

---

29 그동안 군산에서 군영 유치 주장이 한 번도 나오지 않은 점을 고려할 때 1930년대 군영 유치 운동은 분명히 도시 쇠락에 대응한 타개책을 국책에의 부응에서 찾는 결과라고 할 수 있다.

제강점기 내내 조선인이 상권을 장악한 도시였다. 따라서 지방세 연액 5원 이상을 납부해야 하는 유권자 비율도 자연히 조선인이 압도적으로 높았다. 이런 조건에서 개성의 도시 정치는 어떤 특징을 보였을까?[30]

먼저 1920~1930년대 지방선거에서 개성은 조선인의 투표율이 상대적으로 낮았다. 1920년 첫 지방선거에서 송도면의 조선인 투표율은 전국에서 네 번째로 낮았다.[31] 이는 도시의 유력자층인 유권자 중 출장 상인이 많아 투표가 어려웠던 지역적 특징도 영향을 미쳤지만, 도시 공통의 문제에 대한 유력자층의 관심도가 상대적으로 낮은 것도 분명히 영향을 미쳤다. 투표율은 점차 올라갔던 것으로 보이지만 1930년대까지도 여전히 낮은 수준에 머물렀다.

다음으로 조선인 유권자의 '민족적 결속력'도 상대적으로 낮았다. 일례로 1920년 선거의 경우를 보면 조선인 유권자 비율이 훨씬 높음에도 불구하고 69표를 얻은 일본인 구노 덴지로[久野傳次郎; 도교(都橋)시장 사장]가 47표를 얻은 김흥조(金興祚; 의사)를 압도하여 1등으로 당선되었다. 그 밖에 다른 당선자의 득표수를 보아도 조선인 유권자의 표 상당수가 일본인에게 갔음을 짐작할 수 있다. 유권자 대회까지 열어 조선인 표를 배분한 원산 같은 경우와는 완전히 달랐음을 알 수 있다.[32] 그럼에도 전체 당선자 비율은 늘 조선인이 압도적이었다. 조선인의 당선 가능성이 높았

---

30 개성은 1930년 10월 '開城府'로 승격할 때까지는 1917년 지정면으로 지정된 '開城郡 松都面'이 공식 명칭이나 개성으로 통칭함. 이하 개성(송도면→개성부)의 도시 정치의 경과와 특징은 김윤정, 2019, 앞의 글 참고.

31 1920년 선거에서 투표율이 낮은 순위는 함흥(39%), 청주(56%), 진해(58%), 개성(59%)이다. 투표율이 낮은 도시의 공통된 성격은 보이지 않는다.

32 1920년대 원산의 유권자 대회는 김윤정, 2016, 앞의 글, 219~222쪽.

던 것이 역설적으로 표의 '민족적 결속력'을 떨어뜨리는 원인이 되었던 것으로 보인다. 이런 경향은 1930년대 지방제도를 개정한 후에도 지속되었다. 개성은 부산과 반대로 일본인 후보자가 1/4 할당으로 당선되어 다득표한 조선인 후보자가 낙선하는 경우가 있었다.

개성의 도시 정치는 1920~1930년대 내내 조선인 유력자가 주도했기 때문에 다른 도시와 달리 지방의회에서 '민족적 갈등'은 크게 나타나지 않았다. 주로 지방의회와 식민당국이 대립하는 양상이 나타났다. 이런 구도는 지역사회 공통의 의제와 지방의회를 구성하는 유력자층의 이해관계가 맞물렸을 때는 더 강하게 당국을 압박하는 힘을 발휘했지만, 공공의 의제와 유력자층의 이익이 엇갈릴 때는 지방의회라는 '정치의 장'에서 민의가 발현될 수 있는 가능성을 역설적으로 더 낮추기도 했다. 그 대표적인 사례가 1930년대 초 부회에서 공설욕장 설치와 유람도시 건설을 둘러싼 논의의 굴절 과정이다.

1932년 1월 개성부윤과 부회의원 간담회에서 부 당국이 공설욕장 신설 문제를 제기했다. 부 당국은 개성은 인구 5만의 도시인데[33] 목욕탕은 3개, 한증탕은 6개밖에 되지 않고 소재지도 동남부에 편중되어 있으며 요금도 비싸 세민(細民)이 이용하기 어려우니 세민을 위한 공설욕장과 한증탕을 신설하겠다며 경비 4,500원을 예산에 계상하고자 했다. 그런데 이 문제를 논의하는 부회 회의석상에서 이와는 다른 인삼탕 건설 주장이 나왔다. 경기도회의원과 개성부회의원을 겸임하고 있는 임한선(林漢瑄)[34]은

---

[33] 부 승격 직전인 1930년 국세조사 결과 송도면 인구는 49,520명이었다.
[34] 개성운송창고, 개성양조, 농업회사 임가(林家), 송도화물자동차 등 여러 회사의 사장, 중역 등을 지낸 실업가이다(국사편찬위원회 한국사데이터베이스 근현대회사조합 자료).

인천 월미도 조탕(潮湯)도 처음에는 수지가 맞지 않았지만 부의 보조를 받아 운영을 지속한 결과 지금은 좋은 성적을 보이고 있다고 하며 개성의 발전을 위해 인삼탕을 건설하자고 주장했다. 여기에 석탄 판매업자로 목욕탕 업자들과 긴밀한 관계를 맺고 있던 구보다 신자부로(久保田新三郎)[35]가 현재 개성의 목욕탕 수입이 부진한데 공설욕장까지 신설하면 더 타격이 클 것이기 때문에 이는 보류하고 인삼탕을 먼저 건설하자고 거들었다.

그런데 공공욕장을 대신한 인삼탕 건설 주장이 갑자기 불거진 배경은 무엇일까? 1931년 송도면이 개성부로 승격하면서 '발전책'으로 제시된 것 중 하나는 유람도시 건설이었다. 이에 따라 1931년 10월 개성부립박물관이 설립되었으며, 1932년 말에는 선죽교, 만월대 등을 비롯한 개성의 역사 유적을 돌아볼 수 있는 유람도로가 준공했다.[36] 인삼탕도 개성의 특산품인 인삼을 활용한 일종의 '관광 상품'으로 제기된 것이었다. 따라서 이는 전형적으로 인삼 재배, 판매업 관련자가 다수인 개성 유력자층의 이해관계에 따른 주장이었다. 그렇기 때문에 일반 여론의 지지를 받기도 어렵고, 예산도 세민 시설인 공공욕장 신설보다 많이 필요할 뿐더러 도 지방비 보조를 받기도 어려운 사안이었다. 결과적으로 1932년 초 부회에서 논전은 인삼탕을 가능한 한 빨리 실현하며, 공공욕장은 기존 목욕탕 업자에게 피해를 보지 않을 장소에 설치한다는 의견을 붙여 부 당국의 원안에 찬성하는 것으로 결론이 났다. 조선인 유력자인 부회 의원이 부민 다수

---

35 와카야마현 출신으로 1907년 조선에 건너와 개성에서 줄곧 석탄 제조 판매업 등에 종사했다(국사편찬위원회 한국사데이터베이스 근현대인물

36 개성 유람도시 계획은 초대 부윤 김병태(金秉泰)의 착안 사업이었다. 그는 1931년 부윤으로 부임하자마자 개성 시내 고려 유적지를 일주하는 6km 유람도로 계획을 세우는 등 유람도시화를 적극 추진했다(전현정, 2022, 「일제하 관광도로와 자동차관광의 변화 양상」, 서울시립대학교 석사학위논문, 13~15쪽).

여론의 지지를 받는 공공욕장 신설에 계속 반대하기 어려운 사정이 작용했던 것으로 해석할 수 있다.[37]

한편 1933년 들어 인삼탕 건설 논의가 본격적으로 개시되었다. 1월 부윤이 주관한 간담회에서 북본정에 있는 옛 개성군수 관사 부근에 공동욕장, 가족탕, 간이식당 등을 시설하여 위탁 경영하기로 잠정 결정했다. 개성부는 2만여 원의 예산으로 기본 시설을 건설하고 민간 자본을 끌어들여 유원(遊園)회사를 조직, 호텔을 건설하게 하려고 구상했다. 3월 부회에서 이 문제를 정식 논의했다. 부회에서는 부가 계상한 예산 2만 원 중 1만 7,000원은 미츠이(三井)물산, 개성삼업조합(開城蔘業組合), 기타 인삼 경작자의 기부금으로 충당하고 부비 3,000원을 지출하는 안이 통과되었다. 그런데 논의 과정에서 여러 명의 부회 의원이 거액을 기부금을 모금하는데 회의적인 견해를 내놓았다. 개성삼업조합 서기장 이토 기쿠지로(伊藤菊治郎)[38]는 위탁경영을 할 회사 설립이 잘 되지 않을 때에 대비한 대책을 세워야 한다고 주장했다. 젊은 재력가 고한승(高漢承)[39]은 인삼탕 건설 예정지가 요정 소유인데 나중에 인삼탕이 번창하면 무리한 지대를 요구할지 모른다는 우려를 표했다. 이상과 같이 인삼탕 건설을 주장한 인삼 재배, 판매업자 중심의 개성 유력자층은 건설 비용의 상당한 부분이

---

37 공공욕장은 1933년 초까지 준공하여 3월 정식 개장했다.
38 아키타현 출신으로 1912년 조선에 건너와 전매국 개성출장소에 근무하다가 1919년부터 개성삼업조합에 근무했다(국사편찬위원회 한국사데이터베이스 근현대인물 자료).
39 1902~1949, 개성 출신으로 니혼대학을 졸업했다. 일본 유학시절부터 다양한 문필활동을 했으며, 귀국 후 경성일보 기자를 지내기도 했다. 1920년대 말 개성상사를 설립하여 실업계에 투신했다. 개성이 부로 승격한 1931년 첫 부회의원에 당선되었으며, 일제 말기까지 지역의 대표적인 '소장 친일 유력자'로 활동했다(『친일인명사전』).

자신들의 몫으로 돌아오자 주저하는 모습을 보였던 것이다.⁴⁰

1930년대 초 개성부회의 공공욕장, 인삼탕 건설 논의의 전개는 조선인 우위의 도시 정치가 가지는 구조적 특징을 잘 보여준다. 인삼 재배라는 특정 산업의 이해관계가 분명한 조선인 유력자층은 통상 다른 도시에서 조선인 유력자층이 '조선인 부민의 대변자'로 행동함으로써 정치적 입지를 다지려고 하는데 반해 계층적 이해관계로 기울어지는 모습을 적나라하게 드러냈다.

(2) 함흥

함흥은 조선시대 함경도 감영이 소재한 관북(關北)지방 최대 도시이다. 병합 후에도 함경남도청 소재지로서 도내 대표적인 개항도시인 원산과 대비하여 전통 도시의 위상을 유지했다. 교통이 불편한 것이 도시 발달의 결정적인 장애요인이었지만 1928년 경원선을 연장한 함경선 철도[원산-함경북도 종성(鍾城)]가 개통하면서 교통이 상당히 개선되었다.⁴¹

함흥은 전통적인 조선인 유력자 세력이 강한 도시였기 때문에 1920년대 지정면협의회 선거에서 '유권자대회'가 전개되었다. 1926년 지방선거를 맞아 유력자 10여 명이 선거유권자준비위원회를 조직하고 유권자대회를 개최하여 조선인 유권자 334명을 대상으로 공인 후보자 추천, 공권(公

---

40 그러던 중 인삼탕 건설을 추진하던 부윤 김병태가 만주국 길림성 민정과장으로 전임하면서 인삼탕 건설은 동력을 잃어갔다. 김병태가 교섭한 미츠이물산은 기부금 출연을 거절했으며, 새롭게 부임한 부윤 이기방(李基枋)은 이 문제에 큰 관심이 없었기 때문이다.

41 4대 간선철도에 이어 함경선이 개통하면서 한반도 종관 철도망이 완성되는 과정은 정재정, 1999, 『일제침략과 한국철도』, 서울대학교출판부, 139~168쪽.

權)의 신중한 행사, 기권하지 말 것 등을 논의했다.[42] 그러나 1929년 「조선지방선거 취체 규칙」이 제정되었기 때문에 유권자대회는 더 이상 열리지 않았다. 그 대신 정견 발표 공개 연설회가 정례화 되었다. 함흥이 부로 승격한 후 첫 선거인 1931년 지방선거에서는 함흥통신연맹이 주관하여 각각 날짜를 달리하여 일본인 후보자, 조선인 후보자 연설회를 개최했다.[43] 함흥은 1920년 첫 지방선거의 투표율이 전국에서 가장 낮은 도시였으나 (39%), 시간이 흐르면서 도시 정치에 대한 조선인 유력자층의 관심도가 높아졌음을 알 수 있다.[44]

함흥의 지방의원 구성을 보면 1920~1930년대 변화하는 양상을 보인다. 1920년대 초에는 지주, 상인 등 자산가층이 중심이었으나, 1920년대 말이 되면 점차 변호사, 의사 등 전문직의 진출이 증가했다. 다른 도시에서도 많이 나타나는 양상이다. 눈에 띄는 점은 사회주의 운동 등 '시국 사건' 변호사가 당선되는 경우가 많이 보인다. 사회주의 운동이 활발한 지역적 특징이 반영된 현상으로 짐작된다.[45]

1930년대 함흥에서는 전기 부영화 문제가 주요 도시문제로 불거

---

42 「咸興面議 有權者大會 公認候補 選定」, 『每日申報』, 1926.11.11.

43 「咸興通信聯盟主催政見發表演說會」, 『釜山日報』, 1931.4.21.

44 함흥의 유권자 대회와 정견발표회에 대해서는 김윤정, 2017, 「1930년대 함흥부회와 전주부회의 구성과 활동」, 『사림』 60, 266~267쪽.

45 김윤정, 2017, 위의 글, 271~277쪽; 한 사례로 1935년 부회의원으로 당선된 유태설 (劉泰卨, 1890~1968)을 들 수 있다. 유태설은 함경남도 북청 출신으로 1914년 경성전수학교를 졸업하고 법원 서기, 판사 등으로 근무하다가 1926년 함흥에서 변호사를 개업했다. 1920년대 후반 함남기자단 사건, 함흥청년동맹 사건, 영흥농민농맹 우차조합 사건 등 여러 시국사건의 변호사로 활동했다. 1930년대에는 관선 도회의원, 함흥부회의원, 중추원 지방참의 등을 두루 역임했다. 그런 한편 1944년에는 조선어학회사건 관련자인 최현배, 이극로의 변호를 맡기도 했다(『친일인명사전』).

졌다.[46] 조선수전회사(朝鮮水電會社)가 생산하는 전기를 함흥에 독점적으로 공급하는 대흥전기회사(大興電氣會社)가 폭리를 취하고 있었기 때문이다. 이에 대응하여 함흥 유력자층은 전기부영기성회를 조직하고 조선수전 사장 노구치 시타카우(野口遵)와 교섭하여 전기 부영화를 하면 대흥전기에 공급하는 요금보다 저렴하게 전기를 공급하겠다는 확답을 얻어냈다. 이런 합의가 가능했던 것은 노구치가 1929년 조선질소비료를 설립할 때 함흥에서 토지 매수 등에서 손해를 보는 대신 후일 전기 공영화가 되면 조선질소비료측이 저렴하게 동력을 공급하겠다는 각서까지 써준 바 있었기 때문이다.

그런데 1931년 초 함흥의 전기사업을 둘러싸고 큰 파문이 일어났다. 대흥전기 측이 중의원 모리야(守屋榮夫),[47] 히다(肥田)재벌 등과 협의, 70만 원의 투자를 유치하여 발전소를 설립하고 함흥에 배전을 하려고 한다는 기밀이 누설되었기 때문이다.[48] 이에 대응하여 함흥 전기부영기성회는 시민대회를 개최하고 도쿄에 진정단을 파견했다. 그 연장선에서 1931년 가을 지방선거에서는 전기 부영화를 적극적으로 주장하는 후보가 여러 명 당선되었다.

따라서 함흥부회는 자연스럽게 전기 부영화 운동의 중심이 되었다. 부

---

46 이하 함흥의 전기 부영화 운동의 전개와 귀결은 조명근, 2019a, 「1920~1930년대 대구,함흥지역의 전기 공영화 운동」, 『사총』 97, 93~103쪽.

47 모리야 에이후는 1920년대 전반 총독부 비서과장, 총무부장 등을 역임하며 문화통치 초기 실세 관료로 활동했으며, 1928년부터 중의원 5회 연속 당선된 이른바 '조선통' 의원이었다. 모리야의 정치 활동과 조선 사회의 동향의 관계에 대해서는 이형식, 2022, 「정우회 국회의원 모리야 에이후와 조선 사회」, 『인문논총』 79-4, 서울대학교 인문학연구원 참고.

48 「全朝鮮電氣公營運動大觀」, 『東亞日報』, 1932.1.1.

회는 1931년 10월 찬성 21, 반대 3의 압도적 찬성으로 전기사업 부영 의견서를 채택했다. 이 과정에서 마쓰무라(松村榮三郞)[49] 의원이 반대 의견을 내자 같은 일본인 의원 와타나베(渡邊利一)[50]가 "공직자 중 함흥을 전기회사에 팔려는 부도덕한 사람이 있다"라고 공격하는 일도 있었다. 마쓰무라가 바로 대흥전기와 중의원 모리야, 히다재벌을 연결해 준 사람이었기 때문이다.

그러나 당시 총독부의 방침은 전기 부영화에 명확하게 반대하는 쪽이었다. 함흥부회는 의원 7명이 이에 항의하여 사직서를 제출했다. 그런데 보통 부회의원이 사직서를 제출하면 부윤이 이를 만류하고 의원은 사직의사를 철회하는 것이 보통의 패턴이었는데, 전기 부영화를 주장하는 함흥부회 의원의 사직서는 그대로 수리되었다. 총독부의 의사가 강력하게 관철된 결과였다. 1930년대 초 함흥부회에서 전기 부영화 논의의 전개와 좌절은 식민지 도시 정치의 제한적 의미와 근원적 한계를 잘 보여준다.

1930년대 초 함흥의 또 하나의 큰 도시문제는 공설시장 신설 문제였다. 당시 함흥 시가지는 일본인이 많이 거주하는 동쪽과 조선인이 많이 거주하는 서쪽으로 양분되었다. 도청, 부청을 비롯한 관공서와 여러 주요 기관은 동쪽에 밀집해 있었다. 함흥역도 동쪽에 위치했다. 이렇게 도시 인프라가 동쪽에 집중된 가운데 함흥부가 서쪽 시가지의 시장 세 곳을 모두 폐쇄하고 동쪽 신흥리에 공설시장을 신설하자 주민 600여 명이 부당국에

49　1923년부터 함남상공주식회사 경영(국사편찬위원회 한국사데이터베이스 근현대인물 자료).

50　1926년 조선수전이 설립될 때 자재 공급을 위한 제재소를 경영하기 시작하면서 함흥에 정착, 지역의 새로운 유력자로 부상한 인물(국사편찬위원회 한국사데이터베이스 근현대인물 자료).

진정을 하고 조선인 부회 의원 모학복(毛鶴福),[51] 이희섭(李曦燮)[52] 등은 서쪽 시가지를 가로지르는 신설 도로 중앙에 공설시장을 설치해 달라는 의견서를 제출했다. 그 결과 1932년 함흥부는 서쪽 중하리에 600여 평 규모의 공설시장 신설을 결정했다.[53] 이는 조선인 측의 주장이 어느 정도 실현될 수 있었던 함흥의 도시 정치의 구도를 보여주는 사례라고 할 수 있다.

(3) 전주

전주는 전통적으로 이른바 풍패지향(豐沛之鄕),[54] 즉 왕가의 정신적 근거지이자 전라도 감영 소재지로서 대표적인 전통 도시이다. 1920~1930년대 전주의 지방선거를 보면 조선인, 일본인 당선자가 거의 동수이다. 제도적으로 '기울어진 운동장'인 지방선거 당선자가 동수라는 것은 그만큼 조선인 유력자 세력의 규모나 활동력이 작지 않았음을 보여준다.[55]

전주에서는 1920년 첫 선거에서부터 조선인 유권자 40여 명이 회합을 가지고 면협의원 '예선회'를 열고 입후보자를 선출했다. 1923, 1926년에는 이런 움직임이 보이지 않으나 「조선 지방선거 취체 규칙」이 제정된 1929년 선거에서도 전주민우회가 주관하여 유권자 간담회를 개최하고

---

51 의사, 1918년 함흥에서 의원 개업, 인물평에 따르면 "논리정연한 雄辯家"로 알려졌다고 한다(국사편찬위원회 한국사데이터베이스 근현대인물 자료).
52 盤龍券番(株) 대표, 함남도회 부의장 역임(국사편찬위원회 한국사데이터베이스 근현대인물 자료).
53 김윤정, 2017, 앞의 글, 285쪽.
54 풍패는 전한을 건국한 유방의 고향을 가리키는 말로 '풍패지향'이란 왕조의 발상지를 뜻하는 말로 사용되었다.
55 전주 도시 정치의 경과와 개요는 김윤정, 2017, 앞의 글 참고.

후보를 공인했다. 1931년 선거 때도 조선인 유력자들이 회합하여 7명의 읍회의원 후보를 추천했다. 지역 유력자 세력의 결집도가 높은 편이었음을 알 수 있다.

전주 도시 정치에서 눈에 띄는 점은 위와 같이 조선인 유력자 세력의 결집도가 높으면서도 일본인 측과 민족적 갈등이 크기보다 양측의 협력 분위기가 두드러지는 점이다. 예컨대 의원 정수가 14명이었던 시기 양측은 유권자수의 차이와 관계없이 조선인, 일본인 의원이 각각 7명씩 당선되도록 미리 조정하는 모습을 보였다. 다른 도시에서는 거의 보이지 않는 독특한 모습이다.[56] 지방의원의 직업 구성을 보면 1920년대에는 지주층의 비율이 높았으나, 1930년대 들어 자본가의 비율이 높아지고 변호사, 언론인, 의사 등 전문직과 전직 관료의 진출이 증가했다. 이는 다른 도시에서 보편적으로 볼 수 있는 현상이다. 하나 눈에 띄는 점은 청년회나 신간회 지회 등의 활동가의 참여가 활발한 점이다. 지방의회에서 활동력도 사회 활동가 출신이 두드러졌다.[57]

이상과 같은 구도에서 1930년대 전주 지방의회에서 의제가 어떻게 논의되었는지 살펴보자. 먼저 1932년 3월 읍회에서 임택룡이 읍의 주임

---

56 지방의회뿐 아니라 금융조합 역원 선출도 비슷한 모습을 보인다. 1935년 전주금융조합 역원 선거의 경우 처음 조선인이 10명, 일본인이 4명 출마하자 인창환 등 조선인 3명이 출마를 포기하고 일본인 측에 출마를 종용하기도 했다.

57 1930년대 전주부회에서 눈에 띄게 활동한 의원은 신시철(申時澈), 임택룡(林澤龍), 송주상(宋柱祥) 등이다. 이들은 모두 일본 유학생 출신으로 1920년대 여러 사건에 연루된 바 있으며, 신간회 전주지회에서 활동했다는 공통점을 가지고 있다. 일례로 신시철은 도쿄고등상업학교 출신으로 학교 교원, 상업활동에도 종사했으나 조선일보 전주지국장을 지내며 노동운동에 종사한 바 있다. 1920년대에는 "배일사상을 가지고 있을 뿐 아니라 사회주의, 공산주의 등의 좌경사상이 농후"하다는 인물평도 있다(국사편찬위원회 한국사데이터베이스 근현대인물 자료).

세 자리가 모두 일본인인 것을 비판하며 조선인도 채용하라고 요구했다. 그러자 여기에 같은 조선인 의원인 신시철 뿐 아니라 일본인 의원 히사에이(久永麟一)⁵⁸도 동의하면서 일본인 읍 주임의 급여가 조선인 부읍장보다 많은 점을 지적했다. 조선인과 일본인 의원이 한목소리로 읍의 인사와 급여에서 민족 간 차별 문제를 지적한 것이다.

1930년대 지방의회에서는 지속적으로 논란이 많았던 영업세 부가세 문제도 논의되었다. 1932년 읍회, 1936, 1940년 부회에서 신시철, 임택룡 등은 지속적으로 호별세를 감하고 그 대신 영업세 부가세를 증징하자고 주장했다. 이에 대해 1940년 부회에서 조선주양조회사 대표이자 전주국자(全州麴子) 이사로서 전주상공회의소 임원이기도 했던 김용식은 상업계가 어려우니 영업세 부가세를 더 감하해야 한다고 주장했다. 이에 대해 상공회의소 회두이기도 한 오키(大木良作)가 찬성했다. 이런 대립 구도는 가옥세 부가세, 지세 부가세를 제정할 때에도 비슷하게 재현되었다. 지방의회에서 민족 간 대립보다 활동가 측과 경제계 측(상공회의소)의 대립이 더 두드러졌음을 알 수 있다.

1936년 부회에서는 부 승격을 전후하여 구축한 도시 인프라에서 민족 간 '차별' 문제가 불거졌다. 전주부가 부 승격을 앞두고 시가지 도로 포장과 전등 가설을 하면서 이를 대정정(大正町; 완산구 중앙동) 등 일본인 중심지에 편중되게 했다는 비판이 일어났던 것이다. 조선인 의원들은 조선인 중심지인 완산정(完山町; 완산구 완산동)과 본정(本町; 완산구 다가동)을 연결하는 교량 건설을 주장했다. 조선인 의원들은 완산정에는 1,000여 명

---

58 변호사, 전주에서 면장, 도회의원, 읍회의원 등을 두루 역임한 대표적인 일본인 유력자(국사편찬위원회 한국사데이터베이스 근현대인물 자료).

이상의 조선인 소학생과 중학생이 있는데, 대부분의 학교가 전주천 건너편에 있으므로 양쪽의 연결하는 교량이 꼭 필요하다고 주장했다. 신시철 등 조선인 의원들의 주장에 대해 전주부는 재정상 어렵다는 답변으로 일관했다. 그런데 흥미로운 점은 일본인 의원 이시카와(石川二一郎)가 부당국을 옹호하여 조선인 의원들의 전주천 교량 건설 주장을 부민 일부의 이익을 위한 것으로 공박하자 같은 일본인 의원인 히토이로(一色愛助), 오쓰보(大坪三津男) 등이 교량 건설은 도시 전체의 도로정책상 필요한 것이라고 반박한 것이다.

한편 전주부회에서 논의된 사안 중 또 하나 흥미로운 것은 전주시장 통로 문제이다. 1936년 전주부는 전주시장을 개축하면서 그 전까지 8개였던 통로를 2개로 줄여서 설계했다. 이에 대해 주민들이 수차례 진정했음에도 불구하고 부당국은 원안대로 강행하려고 했다. 이에 대해 전주부회 의원들은 민족을 불문하고 협력하여 부당국의 처사를 비판하고 현지조사를 한 끝에 통로를 4개로 늘리는 설계 변경을 이끌어냈다.[59]

이상과 같이 전주의 도시 정치는 다른 도시에서 일반적으로 많이 보이는 '민족적 대립의 정치'와 다른 측면이 많이 보인다. 이런 측면은 전주만의 개별적 양상으로 볼 수도 있겠으나, 좀 더 일반화하여 보면 전통 도시로서 조선인 유력자 세력의 기반이 단단한 가운데 산업화가 상대적으로 활발하지 않아 부당국과 강력하게 유착한 외부 세력의 유입이 크게 없는 도시에서 나타나는 현상으로 볼 수도 있을 것이다.

---

[59] 「全州市場 整理問題로 府會의 波瀾 重疊」, 『每日申報』, 1936.7.26.

(4) 동래

동래는 조선시대 국방의 요충지로서 일찍이 수군진이 설치되었으며, 1547년(명종 2)에는 도호부로 승격되었다. 1895년 지방제도 개편 때에 동래부가 되었으나 곧 경상남도에 편입되었다. 병합 후 초량 왜관 일대에 설치된 조계를 중심으로 부산부가 설치됨에 따라 동래는 기장군을 합병하여 동래군이 되었다. 동래군의 중심인 동래면은 1917년 「면제」 제정 당시에는 지정면으로 지정되지 않았으나, 1923년 지정면으로 승격했다. 동래는 전형적인 일본인 중심의 개항도시인 부산부과 대비하여 전통 도시의 위상을 가졌다고 할 수 있다. 1931년 읍으로 승격한 동래는 1942년 부산에 합병되었다.[60]

1920~1930년대 지방선거에서 동래는 1923, 1926, 1929년 세 차례 지정면협의회원 선거가 치러졌으며, 1931, 1935, 1939년 세 차례 읍회의원 선거가 치러졌다. 동래의 지방의회 구성의 특징은 1920~1930년대에 걸쳐 일관되게 조선인 의원이 압도적 우위를 점한 점이다. 1920년대 면협의원 구성은 대체로 조선인:일본인 3:1, 1930년대 읍회의원 구성은 2:1 수준을 유지했다. 지방의회에서 조선인의 우위가 압도적이었던 것은 기본적으로 유권자수에서 조선인이 일본인보다 월등했기 때문이다.[61] 유권자 구성이 그렇게 되었던 배경은 전통적인 조선인 유력자 세력이 경제적으로 새롭게 성장한 일본인 유력자 세력을 압도할 만큼 우세했던 지역 특성을 반영한 것이라고 할 수 있다.

---

60 이하 동래 도시 정치의 경과와 개요는 홍순권, 2010, 「1920~1930년대 동래의 지방선거와 조선인 당선자들」, 『한국근현대사연구』 52 참고.

61 1930년 현재 동래의 민족별 인구 비율은 조선인 1만 7,925명(94.5%), 일본인 1,011명(5.3%)로 경남의 부, 지정면 중 조선인 비율이 가장 높았다.

1920년대 면협의원 구성을 보면 조선인 당선자의 다수가 동래의 대표적 토착 금융기관인 동래은행의 주주나 임원인 경우가 많았던 것이 특징적이다. 또 이들 대부분은 상인으로서 동래상무회(동래상공회)나 동래기영회 등 전통적인 조선인 유력자 단체의 구성원이었다.[62] 상인과 금융인 중심의 지방의회 구성은 1930년대에도 비슷했다. 세 번에 걸친 읍회의원 선거의 조선인 당선자 중 절반 이상이 은행을 비롯한 상공업 종사자였다. 그밖에 1930년대에는 교사와 회사원 출신의 읍회 진출도 보인다. 이는 이 시기 동래가 교육을 매개로 근대 도시화 하는 면모를 반영한 것이라고 여겨진다.

한편 1920~1930년대 동래의 지방선거에서는 청년운동과 신간회 활동에 관련한 인사들의 역할도 두드러졌다. 지역의 사회운동을 주도하면서 이를 토대로 지방의원으로 진출하는 경우가 많았다는 의미이다. 이는 전통 도시에서 많이 보이는 현상이다. 1931년 읍회선거에서는 조선인 유력자들이 지역 사회운동의 중추기구로서 "읍내 중년 측과 청년 측의 가능한 정도까지의 연락을 짓고 아울러 지방 발전의 충실을 도모한다는 뜻으로" 경오구락부(庚午俱樂部)를 결성하고 선거에 조직적으로 관여하여 이른바 경오구락부의 '공인후보' 8명을 당선시키기도 했다.[63]

지방선거는 식민지 권력에 의해 진행되는 지역 개발사업과도 밀접한

---

[62] 동래은행과 그를 중심으로 한 조선인 유력자 네트워크에 대해서는 김동철, 2001, 「동래은행의 설립과 경영」, 『지역과 역사』 9; 손숙경, 2017, 「한말 식민지기 동래지역 기영회의 사회활동과 경제기반」, 『석당논총』 68, 동아대학교 석당학술원; 선우성혜, 2020, 『일제강점기 동래 지역 조선인 경제인의 경제활동과 연고 결속』, 동의대학교 박사학위논문, 217~267쪽.

[63] 「庚午俱樂部 동래에서 조직」, 『東亞日報』, 1930.2.5; 「邑會議員의 공정히 추천」, 『東亞日報』, 1931.4.6.

관련이 있었다. 1920~1930년대 동래에서는 학교 증설, 시구개정, 동해선 철도의 선로 변경, 시장의 이전과 공영화, 동래온천 개발과 읍영화 등 지역개발과 관련한 여러 이슈가 지속적으로 제기되었다. 그리고 이슈가 제기될 때마다 지역 유력자 세력은 각종 '기성회'를 결성하고, '주민대회'를 개최하여 지역 여론을 일으키고, 이를 배경으로 면협의회와 읍회에 압력을 가했으며, 나아가 지방선거의 후보를 '공인'하여 당선을 위한 활동에 나서기도 했다.[64] 그런데 지역 유력자 세력의 이 같은 '정치' 활동은 1930년대 중반까지는 활발했으나 이후 잦아드는 양상을 보인다. 이는 일제 대륙침략의 본격화에 이에 따른 전시체제의 조직화 속에서 지역정치 활동의 장이 점차 좁아지는 모습이었다고 해석할 수 있다. 이 같은 1920~1930년대 동래 도시 정치의 부침은 동래만의 문제가 아니라 일제강점기 전통 도시 일반의 도시 정치의 그것과 궤를 같이 한다고 하겠다.

(5) 김해

김해는 1931년 4월 지방제도 개정 이후 같은 해 11월 읍으로 승격했다.[65] 이때부터 김해읍회 의원의 민족별 비율은 비슷하게 조선인:일본인 3:1~2:1 사이를 유지했다. 이 때문에 김해 도시 정치의 대부분의 사안은 일본인 읍장과 조선인 의원 사이의 갈등과 타협의 연속이었다고 할 수 있다. 김해읍회의 조선인 의원의 다수는 대체로 지역의 전통 향리층인 분

---

64 기성회 조직, 읍민 대회 개최의 몇몇 사례를 보면 「敎育改善期成會」, 『朝鮮日報』, 1921.5.1; 「東萊有志大會」, 『東亞日報』, 1923.7.29; 「東海岸鐵道 東萊通過 期成會組織」, 『朝鮮日報』, 1927.11.21; 「普校增築問題 東萊邑民大會」, 『東亞日報』, 1933.7.23; 「東萊第二公普校 增築期成會組織」, 『朝鮮日報』, 1936.3·11.

65 이때 전북 남원, 김제, 전남 순천, 나주, 경남 울산, 김해, 삼천포, 함남 흥남이 동시에 읍으로 승격했다.

성 배씨(盆城 裵氏=김해 배씨) 가문에서 배출되었다. 그밖에 문치모(文治模),[66] 박석권(朴錫權)[67] 등 지주 기반의 유력자가 지방의회에 참여했다. 또 이들 중 다수는 교육, 농민, 청년 등 지역 사회운동에 적극적인 인물이었다. 이런 배경 때문에 김해읍회는 민의를 대변하는 차원에서 어느 정도 존재감 있는 기능을 한 것으로 보인다.[68]

읍회의 '정치' 활동은 1931~1939년 활발했다. 이 시기의 기록을 보면 읍회의 조선인 의원들은 "일반민", "세(궁)민" 등을 '대변'하여 읍당국의 계획을 논박하거나 읍회의 휴회, 읍당국 안에 대한 부결 등을 적극적으로 시도했으며, 여러 사안에서 의견서를 제출하기도 했다. 이 같은 활동을 주도한 인물은 배기철, 배병진 등이었다. 이들은 토착 지역 유력자인 배씨 가문 출신이면서 1920년대 김해청년회, 김해교육회, 김해노농연합회 등에서 활동한 이력이 있었다. 이들의 활동은 전통적 질서와 근대적 자원의 결합에 의한 일제강점기 지역정치의 기동 원리를 잘 보여준다.

그런데 1939년을 기점으로 읍회의 활동은 확연히 성격이 변화했다. 전시체제라는 상황이 지역 '정치' 활동을 압도하는 모습이 보인다. 읍회에서의 발언도 민의를 대변하는 의원들의 그것보다 시국이나 신체제 등을

---

66 1886년생, 지주 경영 외에 정미, 비료업 등에 종사했으며 김해 면협의원부터 다양한 공직을 역임하여 관선 도회의원에도 추천되었다. 『朝鮮功勞者名鑑』의 인물평은 "목적을 관철하기 위해 열의를 다하여 김해 지방민을 탄복"시켰다고 기록했다(국사편찬위원회 한국사데이터베이스 근현대인물 자료).

67 김해교육회 총무, 김해금융조합 조합장 등을 지냈다(「金海敎育會 定期總會 開催」, 『東亞日報』, 1928.4.23;「金組總會 波瀾, 組合長엔 朴氏」, 『東亞日報』, 1931.9.15).

68 1930년대 김해 도시 정치의 경과와 개요는 전성현, 2019, 「일제강점기 '민의가 있는 바를 표현'하는 장소로서의 읍회와 그 한계-김해읍의 '지방통치'와 김해읍회」, 『지방사와 지방문화』 22-2 참고.

앞세운 읍장의 발화가 모든 것을 압도했다. 그런데 흥미로운 점은 이 무렵 토목비를 비롯한 도시 인프라 관련 예산에서 제한적이나마 눈에 띄게 활동한 배상갑, 인동철 의원 등의 존재이다. 이들은 1920년대 사회주의적 성격의 활동가였던 인물로서 1930년대 후반이라는 시점, 즉 지역정치의 공간이 축소되는 시기에 읍회에 진출하여 활동하는 모습을 보였다.

조선인 의원들의 활동이 두드러진 분야는 일차적으로 토목비와 권업비 등 도시 인프라 관련 예산 문제였다. 그리하여 시구개정, 횡단선 부설, 등외도로 완성, 답곡선 축조, 회현교 가설 등 읍당국이 추진하는 인프라 구축이 잘 진행되지 않거나 예산이 충분히 책정되지 않았을 때 읍회의 분위기는 안 좋은 상태가 되곤 했다.

또 조선인 의원들이 많은 관심을 기울인 분야는 교육 문제였다. 당시 조선인 의원의 다수는 합성학교의 유지 실행, 조선교육개선건의안 제출 발기인이거나 김해공립농업학교 설립 기성회에 참여한 인물이 다수였다. 김해군이 경영하는 김해야학교 폐쇄 문제가 대두했을 때 읍회에서는 읍의 보조금 지급을 강력하게 요청했다. 읍회 의원들은 김해읍의 무산 아동과 학령 초과 미취학 아동의 교육을 담당하는 김해야학교를 읍에서 직접 경영해야 한다고 주장했다. 이 요구는 읍당국의 거부로 무산되었지만, 읍회의 요구 수위가 거셌던 사안으로 주목된다.

한편 김해읍회도 다른 지방의회와 마찬가지로 의견서를 활발하게 제출했다. 의견서 제출은 어떤 구속력이 있는 것은 아니었지만 여론의 환기를 통해 식민당국에 압력을 행사하는 행위였다. 김해읍회는 낙동강 개수 공사 부담금 기채 지변에 대한 반대와 부역제 폐지 등을 주장했으나 받아들여지지 않자 '하천 비용 채무 국고 부담의 건의안'과 '도로 유지 및 수선에 대한 사업 경영자가 일부 부담하라'는 의견서 등을 채택했다. 또

1936년에는 하수도 부설비 국고보조 신청, 시장시설비 개치의 건 등의 의견서를 제출하기도 했다.

3) 조선인과 일본인 간 세력 균형 도시의 도시 정치

마지막으로 조선인과 일본인 유력자 간의 일종의 '세력 균형'이 이루어진 도시의 도시 정치 양상을 살펴보겠다. 각 도시의 구체적인 사정은 물론 다르나, 이런 도시는 대체로 조선인 유력자 세력의 뿌리가 깊은 전통 도시에 속하면서도 도청 소재지 등 지역 중심도시로서 초기부터 일본인 세력의 침투와 유력자 형성이 활발하게 이루어진 경우이다. 이런 사례로서 여기에서는 조선시대 경상도 감영 소재지이자 일제강점기 제3의 도시였던 대구의 경우를 살펴보겠다.[69]

(1) 대구

1920년대 대구 지역사회에서는 시가지 개발의 방향성을 둘러싼 대립이 전개되었다.[70] 대구부는 1920년대 들어 그동안 미루었던 '시가지 정리'를 개시하고자 했다. 이때 개발 예산의 배정을 둘러싸고 낙후된 지역에 예산 투입을 요구하는 조선인 측과 기존 시가지의 확장을 지향하는 일본

---

69 대구의 경우 민족별 의원수에서 세력 균형이 이루어졌는지는 의문이나 부(협의)회 활동의 실제를 보면 어느 정도 이런 판단을 할 수 있다.
70 대구에서는 다른 도시보다 이른 시기인 1920년대 초 『大邱都市計劃槪要』(1922)라는 도시계획안이 처음 작성되었으며, 대구역 이전 문제 등을 둘러싸고 지역사회의 갈등이 크게 벌어지기도 했다(손정목, 1990, 『日帝强占期都市計劃研究』, 一志社, 125~140쪽).

인 측의 대립이 일어났다.[71]

이런 가운데 1924년 수해로 큰 피해를 입은 신정(新町; 중구 대신동) 일대의 복구에 시가지 개발 예산을 배정하자는 여론이 제기되었다. 이 같은 여론은 물론 조선인 사회를 중심으로 한 것이었는데, 이에 대해 오히려 조선인 부협의원들이 반발하면서 조선인 사회 내부의 갈등이 일어났다. 신정은 대구부 내 조선인 중심지 중에서도 가장 가난한 지역으로서 할당된 유권자수도 매우 적었다. 따라서 부협의원들로서는 신정보다 남산정(南山町; 중구 남산동)과 같이 조선인 유산층, 즉 유권자가 밀집된 지역의 현안 해결이 우선 순위였던 것이다. 사안의 이런 전개는 수해 피해를 입은 조선인 빈민들이 민족적 차별과 더불어 조선인 사회 내부의 계급적 차별을 당하고 있었던 현실을 잘 보여준다. 조선인 사회는 부협의원으로 대표되는 유지들이 민족적 이해관계를 대변해 줄 것을 요구했으나, 이 경우 유지 세력은 계급적 이해관계를 우선시하는 모습을 보였다고 할 수 있다.

1920년대 대구부협의회에서 크게 논란이 일어났던 사안 중 하나는 공설운동장 신설 문제였다. 대구공설운동장 부지는 원래 대봉정(大鳳町; 중구 대봉동)으로 예정되어 있었으나, 대구부는 이를 대신하여 대명동(大明洞; 중구 대명동)을 부지로 선정했다. 이에 대해 부협의원 일부는 서부 비산동(飛山洞; 서구 비산동)을 적극적으로 주장했다. 이에 서부 지역 주민들은 진흥회를 조직하여 유치 운동을 맹렬하게 전개했다. 비산동을 주장하는 측에서는 두 지역이 운동으로서 기능을 수행하는데 큰 차이가 없다면 건설 비용도 적게 들고 도시 균형 발전의 취지에 부합하는 비산동이 적절한

---

71 1920~1930년대 대구 도시 정치의 경과와 개요는 조명근, 2017, 「1920~1930년대 대구부협의회,부회 선거와 조선인 당선자」,『대구사학』129; 2019b, 「일제시기 대구부 도시 개발과 부(협의)회의 활동」,『민족문화논총』71, 영남대학교 민족문화연구소.

입지라고 주장했다.

여기에서 주목되는 바는 공설운동장의 비산동 유치를 주장하는 측 주장의 명분이다. 지금까지 시가지 개발이 부의 동남 지역 쪽으로 편중되었으므로 비산동에 공설운동장을 유치하는 것은 낙후된 서부 방면 발전의 초석이 될 것이라는 주장이었다. 이 시기 지방 도시에서도 시가지 개발의 방향성과 균형 개발이라는 의제가 부상한 현실을 엿볼 수 있다. 그러나 이 의제는 부협의회의 표결 과정에서 대구부윤이 반대표를 직권으로 무효 처리하고 원안 결정을 강행하는 것으로 마무리되었다. 그리하여 공설운동장 부지는 대명동으로 결정되었다. 대구공설운동장의 부지 결정 과정은 일제강점기 도시 개발을 둘러싼 지역정치의 역동성과 한계를 잘 보여주는 사례라고 할 수 있다.

1930년대 들어 대구에서는 가스 부영화 논의가 전개되었다. 이 논의는 1934년부터 대구부회가 본격적으로 제기했다. 그런데 이때 대구부회는 가스 요금 등 부민의 이해관계에 따라 이 문제를 제기한 것이 아니라 부 재정의 보충 차원에서 이 문제를 제기한 것이었다. 즉 대구에서 가스 부영화 문제는 대구부의 이해관계가 중심이 된 것이었다. 대구의 가스 부영화는 총독부의 전기·가스 겸영 방침으로 인해 난관에 봉착하기도 했으나 결국 성공했다. 대구는 당시 조선에서 유일하게 가스 부영화를 달성한 도시가 되었다. 이 사례는 부의 이해관계를 부회가 적극적으로 반영하여 의제를 형성하고 성사시켰다는 점에서 당시 도시 정치의 또 다른 면모를 보여준다고 하겠다.

이상과 같이 1920~1930년대 대구 지역의 사례를 살펴보면 도시 개발을 둘러싼 이해관계는 매우 다양한 층위를 형성하게 됨을 알 수 있다. 이것은 단지 민족적 대립 혹은 계급적 대립과도 등치되지 않는다. 지방의회와 지역사회의 대립, 지방의회 내부의 민족적 대립, 지방권력과 지방의회의 대립과 타협, 지방의회와 지방권력 그리고 중앙권력(총독부) 사이의 교섭 등 매우 다양한 면모를 보여준다.

맺음말

이 책은 일제강점을 전후한 시점에서 1945년 8·15 광복에 이르는 기간 동안 이루어진 식민지 도시화 과정을 개괄적으로 정리한 것이다. 내용을 요약하면 다음과 같다.

머리말에서는 일제강점기 도시사 연구의 사회적·학문적 배경을 살펴보고 최근 이루어진 선행 연구를 식민통치와 도시행정, 도시 정치와 유력자, 도시사회와 도시주민, 도시개발과 인프라, 도시경관과 도시문화 등 몇 갈래로 정리했다. 그리하여 추후 일제강점기 도시사 연구의 과제를 제시해 보았다.

1장에서는 일제강점 초기 도시 범주가 제도적으로 형성되는 과정을 살펴보고, 이에 의거하여 도시 행정구역의 변화 양상과 도시 인구의 증감을 정리했다. 일제강점기 도시의 제도적 범주는 1909년 「가옥세법」 실시, 1912년 이래 조선토지조사사업의 시가지 조사, 1914년 「시가지세령」과 「부제」 실시, 1917년 「면제」 실시에 따른 지정면 지정 등의 단계를 거쳐 형성되었다. 이 과정은 도시의 행정적 외연이 인위적으로 확정되는 과정이기도 했지만, 그와 더불어 도시의 일반적 정의가 형성되는 과정이기도 했다. 일제강점기 행정적 도시는 1914년 12개 부와 1917년 23개 지정면이 최초로 지정되었다. 이후 순차적 승격, 신설에 의해 1945년 8·15 광복 때까지 22개 부, 124개 읍으로 증가했다. 이 과정을 시기 구분하여 정리함으로써 매 시기 도시화에 어떤 변수가 크게 작용했는지 살펴보았다. 행정적 도시에 거주하는 인구수와 각 도 인구 총수 중 도시에 거주하는 인구의 비율(도시화율)의 변화 추세를 정리하고 인구 규모별 도시 수의 변화 양상, 도별 수위도시성(전체 도시 거주 인구 중 수위도시 거주 인구의 비율)의 차이, 도시별 민족별 인구 비율의 변화, 직업별 인구 비율의 차이 등을 살펴보았다. 이상의 정리를 통해 일제강점기 '도시성'의 내용을 가능한 한 실증적으로 살펴보았다.

2장에서는 개항에서 일제강점으로 이어지는 기간 동안 '식민지 근대' 도시의 초기 형성 과정을 '신도시의 형성'과 '전통 도시의 식민지적 변화'의 두 갈래로 살펴보았다. 강점 전후 신도시의 형성 요인은 크게 개항, 철도 부설, 군사기지 건설, 이주 어촌 형성, 기타 등으로 나누어볼 수 있다. 이 책에서는 그 사례로서 부산, 원산, 인천, 목포, 진남포, 군산, 청진(이상 개항), 대전, 신의주, 김천, 이리, 조치원, 천안, 강경(이상 철도 부설), 나남, 회령, 진해(이상 군사기지 건설) 등의 도시 형성 과정을 정리했다. 기본적으로 조선시대 읍치에서 비롯한 전통 도시의 식민지적 변화는 크게 지역 중심도시의 지위 유지, 지역 내 중소도시 지위 유지, 지역 중심도시 지위 상실 등으로 나누어볼 수 있다. 이 책에서는 그 사례로서 수원, 대구(이상 지역 중심도시의 지위 유지), 충주, 홍성, 상주, 남원, 나주, 순천(이상 지역 내 중소도시 지위 유지), 개성, 전주, 광주, 동래, 진주, 원주(이상 지역 중심도시 지위 상실) 등의 변화 과정을 정리했다.

3장에서는 일제강점 전후에서 대략 1920년대까지 도시 인프라의 형성 과정을 시구개정, 상하수도, 전차교통, 공원과 묘지, 축항 등 다섯 가지로 나누어 살펴보았다. 시가지 도로망의 형성 과정인 시구개정은 그 실적이 상대적으로 뚜렷한 경성, 평양, 대전, 목포 등의 사례를 정리했다. 핵심적인 도시위생시설인 상하수도의 부설은 경성, 인천, 부산의 사례를 정리했다. 일제강점기 새롭게 등장한 대표적인 도시 교통시설인 전차는 경성과 부산의 사례를 정리했다. 권력의 도시 공지 통제 수단이라고 할 수 있는 공원과 묘지도 경성과 부산의 사례를 정리했다. 마지막으로 개항도시의 핵심 시설 구축 과정이라고 할 수 있는 축항은 인천과 부산의 사례를 정리했다.

4장에서는 1930년대 이래 도시계획법령의 제정 및 그에 따른 시가지 계획(도시계획)의 전개 과정과 조선공업화 정책, 일제 침략전쟁에 따른 새로운 공업도시의 형성 과정을 살펴보았다. 시가지 계획의 전개 과정은 먼저 「조선시가지 계획령」(1934)의 제정 과정 및 특징과 지방·국토계획론의 도입에 따른 시가지 계획의 이론적·제도적 변화 과정을 짚어보고 「조선시가지 계획령」을 적용한 주요 사례로서 나진, 경성, 인천, 평양, 부산, 대구, 목포, 성진, 경인, 신의주-다사도 등의 시가지 계획의 전개 과정을 정리했다. 이 중 경인과 신의주-다사도는 일반적인 도시계획의 범주를 벗어나는 것이나 일제 말기 지방·국토계획론 도입의 영향을 잘 보여주는 사례이다. 일제강점 후기 신공업도시의 형성 과정은 중남부의 여수, 장항, 북부, 흥남, 청진, 삼척(묵호)의 사례를 정리했다. 신공업도시 형성은 시대적 특징을 잘 보여주는 현상이면서 식민지 도시화의 유산을 뚜렷하게 남겼음에 유의했다.

5장에서는 지방제도 개정으로 제한적이나마 식민지 지역정치가 가능해진 1920년대 이래 도시 정치의 제도와 실제를 살펴보았다. 1920~1930년대 부(협의)회, 지정면협의회(읍회) 제도의 변화 과정과 의미를 정리하고 1927년 현재 전국 부·지정면협의회원 현황과 1935년 현재 전국 부·읍회 의원 현황을 비교하여 시기에 따른 도시 정치의 구도 변화를 기본적으로 검증해 보았다. 도시 정치의 실제는 일본인 우위 도시, 조선인 우위 도시, 양 민족 간 세력 균형 도시의 세 갈래로 나누어 부산, 군산(이상 일본인 우위 도시), 개성, 함흥, 전주, 동래, 김해(이상 조선인 우위 도시), 대구(양 민족 간 세력 균형 도시) 등의 사례에서 도시 정치의 이슈와 전개 방향의 차이를 정리했다.

이상에서 전반적인 내용을 일별해 보았다. 이 책의 한계는 분명하다.

첫째, 각각의 도시는 하나로 환원하기 어려운 개별적인 특징을 가지기 마련이다. 이를 고려하지 않은 것은 아니지만, 많은 점에서 여러 도시를 도식적으로 분류하고 묶어서 서술할 수밖에 없었다. 둘째, 선행연구가 축적된 도시를 사례로 설명할 수밖에 없었다. 이런 점에서 이 책도 머리말에서 지적한 바 있는 연구의 편중에서 근본적으로 벗어나지 못했다. 셋째, 표제에서 '식민지 도시화'를 표방했지만 실제 그 다면적인 내포 중 식민지 도시의 기본적인 분포와 인구 구성, 그리고 도시 '형성사'의 대강을 정리하는데 그쳤다. 이런 한계를 안고 이 책은 초보적인 수준에서 일제강점기 식민지 도시화의 윤곽을 그려 보았다. 그리하여 추후 일제강점기 식민지 도시사, 나아가 한국 근현대 도시사를 재구성하는 데 하나의 참고자료를 제시한 점에 최소한의 의미를 두고자 한다.

부표

〈부표〉 일제강점기 부, 지정면(읍) 변화 내역

시행일	도	도시명	내용	근거 법령	공포일	비고
1914.4.1	경기도	경성부	신설	제령 제7호 〈부제〉	1913.10.30	
1914.4.1	경기도	인천부	신설	제령 제7호 〈부제〉	1913.10.30	
1914.4.1	전라북도	군산부	신설	제령 제7호 〈부제〉	1913.10.30	
1914.4.1	전라남도	목포부	신설	제령 제7호 〈부제〉	1913.10.30	
1914.4.1	경상북도	대구부	신설	제령 제7호 〈부제〉	1913.10.30	
1914.4.1	경상남도	부산부	신설	제령 제7호 〈부제〉	1913.10.30	
1914.4.1	경상남도	마산부	신설	제령 제7호 〈부제〉	1913.10.30	
1914.4.1	평안남도	평양부	신설	제령 제7호 〈부제〉	1913.10.30	
1914.4.1	평안남도	진남포부	신설	제령 제7호 〈부제〉	1913.10.30	
1914.4.1	평안북도	신의주부	신설	제령 제7호 〈부제〉	1913.10.30	
1914.4.1	함경남도	원산부	신설	제령 제7호 〈부제〉	1913.10.30	
1914.4.1	함경북도	청진부	신설	제령 제7호 〈부제〉	1913.10.30	
1917.9.19	경기도	수원면	신설	부령 제67호	1917.9.19	
1917.9.19	경기도	송도면	신설	부령 제67호	1917.9.19	
1917.9.19	경기도	영등포면	신설	부령 제67호	1917.9.19	
1917.9.19	충청북도	청주면	신설	부령 제67호	1917.9.19	
1917.9.19	충청남도	공주면	신설	부령 제67호	1917.9.19	
1917.9.19	충청남도	대전면	신설	부령 제67호	1917.9.19	
1917.9.19	충청남도	강경면	신설	부령 제67호	1917.9.19	
1917.9.19	충청남도	조치원면	신설	부령 제67호	1917.9.19	
1917.9.19	전라북도	전주면	신설	부령 제67호	1917.9.19	
1917.9.19	전라북도	익산면	신설	부령 제67호	1917.9.19	
1917.9.19	전라남도	광주면	신설	부령 제67호	1917.9.19	
1917.9.19	경상북도	김천면	신설	부령 제67호	1917.9.19	
1917.9.19	경상북도	포항면	신설	부령 제67호	1917.9.19	
1917.9.19	경상남도	진주면	신설	부령 제67호	1917.9.19	
1917.9.19	경상남도	진해면	신설	부령 제67호	1917.9.19	
1917.9.19	경상남도	통영면	신설	부령 제67호	1917.9.19	
1917.9.19	황해도	해주면	신설	부령 제67호	1917.9.19	

시행일	도	도시명	내용	근거 법령	공포일	비고
1917.9.19	평안북도	의주면	신설	부령 제67호	1917.9.19	
1917.9.19	강원도	춘천면	신설	부령 제67호	1917.9.19	
1917.9.19	함경남도	함흥면	신설	부령 제67호	1917.9.19	
1917.9.19	함경북도	나남면	신설	부령 제67호	1917.9.19	
1917.9.19	함경북도	성진면	신설	부령 제67호	1917.9.19	
1917.9.19	함경북도	회령면	신설	부령 제67호	1917.9.19	
1919.4.1	황해도	겸이포면	승격	부령 제67호	1919.3.29	
1923.4.1	충청북도	충주면	승격	부령 제25호 〈면제 시행규칙 중 개정〉	1923.2.15	
1923.4.1	충청남도	천안면	승격	부령 제25호 〈면제 시행규칙 중 개정〉	1923.2.15	
1923.4.1	전라북도	정읍면	승격	부령 제25호 〈면제 시행규칙 중 개정〉	1923.2.15	
1923.4.1	전라남도	여수면	승격	부령 제25호 〈면제 시행규칙 중 개정〉	1923.2.15	
1923.4.1	경상북도	경주면	승격	부령 제25호 〈면제 시행규칙 중 개정〉	1923.2.15	
1923.4.1	경상북도	안동면	승격	부령 제25호 〈면제 시행규칙 중 개정〉	1923.2.15	
1923.4.1	경상북도	상주면	승격	부령 제25호 〈면제 시행규칙 중 개정〉	1923.2.15	
1923.4.1	경상남도	밀양면	승격	부령 제25호 〈면제 시행규칙 중 개정〉	1923.2.15	
1923.4.1	경상남도	동래면	승격	부령 제25호 〈면제 시행규칙 중 개정〉	1923.2.15	
1923.4.1	황해도	사리원면	승격	부령 제25호 〈면제 시행규칙 중 개정〉	1923.2.15	
1923.4.1	평안남도	안주면	승격	부령 제25호 〈면제 시행규칙 중 개정〉	1923.2.15	
1923.4.1	평안북도	정주면	승격	부령 제25호 〈면제 시행규칙 중 개정〉	1923.2.15	
1923.4.1	평안북도	선천면	승격	부령 제25호 〈면제 시행규칙 중 개정〉	1923.2.15	

시행일	도	도시명	내용	근거 법령	공포일	비고
1923.4.1	평안북도	강계면	승격	부령 제25호 〈면제 시행규칙 중 개정〉	1923.2.15	
1923.4.1	강원도	강릉면	승격	부령 제25호 〈면제 시행규칙 중 개정〉	1923.2.15	
1923.4.1	강원도	철원면	승격	부령 제25호 〈면제 시행규칙 중 개정〉	1923.2.15	
1923.4.1	함경남도	북청면	승격	부령 제25호 〈면제 시행규칙 중 개정〉	1923.2.15	
1926.10.1	함경북도	웅기면	승격	부령 제72호	1926.9.8	
1927.4.1	전라남도	제주면	승격	부령 제2호	1926.12.29	
1930.10.1	경기도	개성부	승격	부령 제69호 〈부제〉 2조 2항	1930.9.11	
1930.10.1	함경남도	함흥부	승격	부령 제69호 〈부제〉 2조 2항	1930.9.11	
1931.4.1	경기도	수원읍	개편	부령 제103호	1930.12.29	
1931.4.1	경기도	영등포읍	개편	부령 제103호	1930.12.29	
1931.4.1	충청북도	청주읍	개편	부령 제103호	1930.12.29	
1931.4.1	충청북도	충주읍	개편	부령 제103호	1930.12.29	
1931.4.1	충청남도	공주읍	개편	부령 제103호	1930.12.29	
1931.4.1	충청남도	대전읍	개편	부령 제103호	1930.12.29	
1931.4.1	충청남도	강경읍	개편	부령 제103호	1930.12.29	
1931.4.1	충청남도	조치원읍	개편	부령 제103호	1930.12.29	
1931.4.1	충청남도	천안읍	개편	부령 제103호	1930.12.29	
1931.4.1	전라북도	전주읍	개편	부령 제103호	1930.12.29	
1931.4.1	전라북도	익산읍	개편	부령 제103호	1930.12.29	
1931.4.1	전라북도	정주읍	개편	부령 제103호	1930.12.29	
1931.4.1	전라남도	광주읍	개편	부령 제103호	1930.12.29	
1931.4.1	전라남도	여수읍	개편	부령 제103호	1930.12.29	
1931.4.1	전라남도	제주읍	개편	부령 제103호	1930.12.29	
1931.4.1	경상북도	김천읍	개편	부령 제103호	1930.12.29	
1931.4.1	경상북도	포항읍	개편	부령 제103호	1930.12.29	
1931.4.1	경상북도	경주읍	개편	부령 제103호	1930.12.29	

시행일	도	도시명	내용	근거 법령	공포일	비고
1931.4.1	경상북도	안동읍	개편	부령 제103호	1930.12.29	
1931.4.1	경상북도	상주읍	개편	부령 제103호	1930.12.29	
1931.4.1	경상남도	진주읍	개편	부령 제103호	1930.12.29	
1931.4.1	경상남도	진해읍	개편	부령 제103호	1930.12.29	
1931.4.1	경상남도	통영읍	개편	부령 제103호	1930.12.29	
1931.4.1	경상남도	밀양읍	개편	부령 제103호	1930.12.29	
1931.4.1	경상남도	동래읍	개편	부령 제103호	1930.12.29	
1931.4.1	황해도	해주읍	개편	부령 제103호	1930.12.29	
1931.4.1	황해도	겸이포읍	개편	부령 제103호	1930.12.29	
1931.4.1	황해도	사리원읍	개편	부령 제103호	1930.12.29	
1931.4.1	평안남도	안주읍	개편	부령 제103호	1930.12.29	
1931.4.1	평안북도	의주읍	개편	부령 제103호	1930.12.29	
1931.4.1	평안북도	정주읍	개편	부령 제103호	1930.12.29	
1931.4.1	평안북도	선천읍	개편	부령 제103호	1930.12.29	
1931.4.1	평안북도	강계읍	개편	부령 제103호	1930.12.29	
1931.4.1	강원도	춘천읍	개편	부령 제103호	1930.12.29	
1931.4.1	강원도	강릉읍	개편	부령 제103호	1930.12.29	
1931.4.1	강원도	철원읍	개편	부령 제103호	1930.12.29	
1931.4.1	함경남도	북청읍	개편	부령 제103호	1930.12.29	
1931.4.1	함경북도	나남읍	개편	부령 제103호	1930.12.29	
1931.4.1	함경북도	성진읍	개편	부령 제103호	1930.12.29	
1931.4.1	함경북도	회령읍	개편	부령 제103호	1930.12.29	
1931.4.1	함경북도	웅기읍	개편	부령 제103호	1930.12.29	
1931.11.1	전라북도	이리읍	개편	부령 제132호	1931.10.20	
1931.11.1	전라북도	남원읍	승격	부령 제132호	1931.10.20	
1931.11.1	전라북도	김제읍	승격	부령 제132호	1931.10.20	
1931.11.1	전라남도	순천읍	승격	부령 제132호	1931.10.20	
1931.11.1	전라남도	나주읍	승격	부령 제132호	1931.10.20	
1931.11.1	경상남도	울산읍	승격	부령 제132호	1931.10.20	
1931.11.1	경상남도	김해읍	승격	부령 제132호	1931.10.20	

시행일	도	도시명	내용	근거 법령	공포일	비고
1931.11.1	경상남도	삼천포읍	승격	부령 제132호	1931.10.20	
1931.11.1	함경남도	흥남읍	승격	부령 제132호	1931.10.20	
1932.10.1	충청남도	대전읍	확장	부령 제102호	1932.9.30	외남면, 유천면 일부 편입
1934.4.1	함경남도	혜산읍	승격	부령 제26호	1934.3.27	
1934.4.1	함경북도	나진읍	승격	부령 제26호	1934.3.27	
1935.3.1.	전라북도	남원읍	확장	부령 제7호	1935.1.26	주천면 일부 편입
1935.3.1.	평안북도	강계읍	확장	부령 제7호	1935.10.26	공서면, 공북면 일부 편입
1935.4.1	전라남도	광주읍	확장	부령 제45호	1935.3.15	서방면, 지한면, 효천면, 극락면 일부 편입
1935.10.1	충청남도	대전부	승격	부령 제113호	1935.9.28	
1935.10.1	전라북도	전주부	승격	부령 제113호	1935.9.28	
1935.10.1	전라남도	광주부	승격	부령 제113호	1935.9.28	
1936.4.1	경기도	영등포읍	폐지	부령 제8호	1936.2.14	경성부 편입
1936.4.1	충청남도	강경읍	확장	부령 제22호	1936.3.31	채운면 일부 편입
1936.4.1	황해도	해주읍	확장	부령 제22호	1936.3.31	영동면, 서변면 일부 편입
1936.10.1	경기도	수원읍	확장	부령 제94호	1936.9.26	일형면, 대장면, 안룡면 일부 편입
1936.10.1	함경북도	웅기읍	확장	부령 제94호	1936.9.26	나진읍 일부 편입
1936.10.1	함경북도	나진부	승격	부령 제93호	1936.9.26	일부 웅기읍 편입
1937.4.1	충청북도	청주읍	확장	부령 제24호	1937.3.29	사주면 일부 편입
1937.4.1	함경남도	흥남읍	확장	부령 제24호	1937.3.29	운남면, 중수면 일부 편입
1937.7.1	경기도	안성읍	승격	부령 제80호	1937.6.28	
1937.7.1	전라남도	송정읍	승격	부령 제80호	1937.6.28	
1937.7.1	전라남도	벌교읍	승격	부령 제80호	1937.6.28	

시행일	도	도시명	내용	근거 법령	공포일	비고
1937.7.1	전라남도	강진읍	승격	부령 제80호	1937.6.28	
1937.7.1	전라남도	영산포읍	승격	부령 제80호	1937.6.28	
1937.7.1	경상북도	영천읍	승격	부령 제80호	1937.6.28	
1937.7.1	경상북도	감포읍	승격	부령 제80호	1937.6.28	
1937.7.1	경상북도	예천읍	승격	부령 제80호	1937.6.28	
1937.7.1	경상남도	방어진읍	승격	부령 제80호	1937.6.28	
1937.7.1	경남도	거창읍	승격	부령 제80호	1937.6.28	
1937.7.1	황해도	연안읍	승격	부령 제80호	1937.6.28	
1937.7.1	황해도	신천읍	승격	부령 제80호	1937.6.28	
1937.7.1	황해도	재령읍	승격	부령 제80호	1937.6.28	
1937.7.1	강원도	장전읍	승격	부령 제80호	1937.6.28	
1937.7.1	강원도	원주읍	승격	부령 제80호	1937.6.28	
1937.7.1	함경남도	신포읍	승격	부령 제80호	1937.6.28	
1937.7.1	함경북도	길주읍	승격	부령 제80호	1937.6.28	
1938.4.1	함경북도	성진읍	확장	부령 제37호	1938.3.30	학성면 일부 편입
1938.7.1	경상남도	진주읍	확장	부령 제116호	1938.6.1	도동면, 집현면, 나동면, 평거면 일부 편입
1938.10.1	경기도	평택읍	승격	부령 제197호	1938.9.27	
1938.10.1	경기도	이천읍	승격	부령 제197호	1938.9.27	
1938.10.1	충청남도	공주읍	확장	부령 제197호	1938.9.27	주외면 일부 편입
1938.10.1	충청남도	천안읍	확장	부령 제197호	1938.9.27	환성면 일부 편입
1938.10.1	충청남도	논산읍	승격	부령 제197호	1938.9.27	
1938.10.1	충청남도	장항읍	승격	부령 제197호	1938.9.27	
1938.10.1	경상북도	김천읍	확장	부령 제197호	1938.9.27	금릉면, 감천면 일부 편입
1938.10.1	경상북도	포항읍	확장	부령 제197호	1938.9.27	형상면, 대송면 일부 편입
1938.10.1	경상남도	하동읍	승격	부령 제197호	1938.9.27	

시행일	도	도시명	내용	근거 법령	공포일	비고
1938.10.1	경상남도	고성읍	승격	부령 제197호	1938.9.27	
1938.10.1	경상남도	장승포읍	승격	부령 제197호	1938.9.27	
1938.10.1	황해도	해주부	승격	부령 제196호	1938.9.27	
1938.10.1	황해도	옹진읍	승격	부령 제197호	1938.9.27	
1938.10.1	황해도	장연읍	승격	부령 제197호	1938.9.27	
1938.10.1	황해도	안악읍	승격	부령 제197호	1938.9.27	
1938.10.1	강원도	원주읍	확장	부령 제197호	1938.9.27	호저면, 판부면 일부 편입
1938.10.1	강원도	삼척읍	승격	부령 제197호	1938.9.27	
1938.10.1	강원도	고저읍	승격	부령 제197호	1938.9.27	
1939.4.1	경상남도	통영읍	확장	부령 제39호	1939.3.30	산양면 일부 편입
1939.4.1	황해도	겸이포읍	확장	부령 제39호	1939.3.30	구성면 일부 편입
1939.4.1	함경남도	흥남읍	확장	부령 제39호	1939.3.30	서호면 일부 편입
1939.10.1	경상남도	진주부	승격	부령 제168호	1939.9.30	
1939.10.1	황해도	황주읍	승격	부령 제169호	1939.9.30	
1939.10.1	평안남도	순천읍	승격	부령 제169호	1939.9.30	
1939.10.1	평안북도	북진읍	승격	부령 제169호	1939.9.30	
1939.10.1	강원도	춘천읍	확장	부령 제169호	1939.9.30	신북면, 신남면 일부 편입
1939.10.1	함경남도	단천읍	승격	부령 제169호	1939.9.30	
1940.4.1	함경북도	나남읍	폐지	부령 제40호	1940.3.28	청진부 편입
1940.11.1	충청북도	영동읍	승격	부령 제221호	1940.10.23	
1940.11.1	충청북도	제천읍	승격	부령 제221호	1940.10.23	
1940.11.1	충청남도	조치원읍	확장	부령 제221호	1940.10.23	서면 일부 편입
1940.11.1	충청남도	예산읍	승격	부령 제221호	1940.10.23	
1940.11.1	전라북도	신태인읍	승격	부령 제221호	1940.10.23	
1940.11.1	전라북도	금산읍	승격	부령 제221호	1940.10.23	

시행일	도	도시명	내용	근거 법령	공포일	비고
1940.11.1	전라남도	보성읍	승격	부령 제221호	1940.10.23	
1940.11.1	전라남도	장흥읍	승격	부령 제221호	1940.10.23	
1940.11.1	경상북도	의성읍	승격	부령 제221호	1940.10.23	
1940.11.1	경상북도	영주읍	승격	부령 제221호	1940.10.23	
1940.11.1	평안북도	박천읍	승격	부령 제221호	1940.10.23	
1940.11.1	평안북도	만포읍	승격	부령 제221호	1940.10.23	
1940.11.1	강원도	주문진읍	승격	부령 제221호	1940.10.23	
1940.11.1	함경북도	아오지읍	승격	부령 제221호	1940.10.23	
1940.11.1	함경북도	어대진읍	승격	부령 제221호	1940.10.23	
1940.11.1	함경북도	무산읍	승격	부령 제221호	1940.10.23	
1941.4.1	함경남도	흥남읍	확장	부령 제85호	1941.3.26	운남면, 삼평면 일부 편입
1941.4.1	함경남도	홍원읍	승격	부령 제85호	1941.3.26	
1941.4.1	함경북도	차호읍	승격	부령 제85호	1941.3.26	
1941.4.1	함경북도	성진읍	확장	부령 제85호	1941.3.26	학상면, 학중면 일부 편입
1941.10.1	경기도	소사읍	승격	부령 제253호	1941.9.29	
1941.10.1	경기도	장호원읍	승격	부령 제253호	1941.9.29	
1941.10.1	경기도	여주읍	승격	부령 제253호	1941.9.29	
1941.10.1	충청남도	홍성읍	승격	부령 제253호	1941.9.29	
1941.10.1	충청남도	온양읍	승격	부령 제253호	1941.9.29	
1941.10.1	평안남도	승호읍	승격	부령 제253호	1941.9.29	
1941.10.1	평안남도	개천읍	승격	부령 제253호	1941.9.29	
1941.10.1	평안남도	양덕읍	승격	부령 제253호	1941.9.29	
1941.10.1	평안북도	희천읍	승격	부령 제253호	1941.9.29	
1941.10.1	평안북도	용암포읍	승격	부령 제253호	1941.9.29	
1941.10.1	강원도	고성읍	승격	부령 제253호	1941.9.29	
1941.10.1	강원도	김화읍	승격	부령 제253호	1941.9.29	
1941.10.1	함경북도	성진부	승격	부령 제252호	1941.9.29	
1941.12.29	전라북도	이리읍	확장	부령 제341호	1941.12.29	북일면 일부 편입

시행일	도	도시명	내용	근거 법령	공포일	비고
1942.10.1	경기도	의정부읍	승격	부령 제243호	1942.9.30	
1942.10.1	충청남도	광천읍	승격	부령 제243호	1942.9.30	
1942.10.1	충청남도	서산읍	승격	부령 제243호	1942.9.30	
1942.10.1	경상북도	구룡포읍	승격	부령 제243호	1942.9.30	
1942.10.1	경상남도	동래읍	폐지	부령 제242호	1942.9.30	부산부 편입
1942.10.1	경상남도	진영읍	승격	부령 제243호	1942.9.30	
1942.10.1	강원도	묵호읍	승격	부령 제243호	1942.9.30	
1942.10.1	강원도	속초읍	승격	부령 제243호	1942.9.30	
1942.10.1	강원도	평강읍	승격	부령 제243호	1942.9.30	
1943.1.18.	경상남도	김해읍	확장	부령 제7호	1943.1.18.	가락면 일부 편입
1943.10.1	전라북도	부안읍	승격	부령 제297호	1943.9.29	
1943.10.1	전라남도	담양읍	승격	부령 제297호	1943.9.29	
1943.10.1	전라남도	장성읍	승격	부령 제297호	1943.9.29	
1943.10.1	전라남도	완도읍	승격	부령 제297호	1943.9.29	
1943.10.1	경상남도	구포읍	승격	부령 제297호	1943.9.29	
1943.10.1	황해도	신막읍	승격	부령 제297호	1943.9.29	
1943.10.1	평안북도	의주읍	확장	부령 제297호	1943.9.29	주내면 전부 편입
1943.10.1	함경남도	고원읍	승격	부령 제297호	1943.9.29	
1943.10.1	함경남도	천내읍	승격	부령 제297호	1943.9.29	
1943.10.1	함경북도	주을읍	승격	부령 제297호	1943.9.29	
1944.5.10	평안북도	만포읍	확장	부령 제199호	1944.5.10	삼풍면 일부 편입
1944.5.10	평안북도	청수읍	승격	부령 제199호	1944.5.10	
1944.12.1	함경남도	흥남부	승격	부령 제383호	1944.11.18	
1945.4.1	경상남도	울산읍	확장	부령 제30호	1945.3.14	대현면 전부 편입
1945.5.4	전라북도	부안읍	확장	부령 제99호	1945.5.4	백산면 일부 편입
1945.7.1	강원도	북평읍	승격	부령 제149호	1945.6.28	

* 출전:『朝鮮總督府官報』

참고문헌

1. 신문, 잡지, 연감류

『(大韓帝國)官報』,『京城日報』,『大阪朝日新聞(朝鮮北鮮板)』,『大韓每日申報』,『東亞日報』, 『每日申(新)報』,『釜山日報』,『朝鮮時報』,『朝鮮新聞』,『朝鮮日報』,『朝鮮中央日報』, 『朝鮮總督府官報』,『皇城新聞』

『開闢』,『京城彙報』,『經濟月報』,『朝鮮』,『朝鮮と建築』,『朝鮮土木會報』,『朝鮮行政』

『釜山府勢要覽(昭和八年)』,『第三次 統監府統計年報』,『朝鮮國勢調査報告』,『朝鮮總督府統計年報』

2. 문서류

「1913·12.18, 度秘 제436호, 市街地稅令ヲ定ム」(일본 국립공문서관 소장)

朝鮮總督府 內務部, 1911.7,「朝鮮地方制度改正ニ關スル意見」

『大正元年朝鮮面制制定ノ件』(CJA0002542)(이하 국가기록원 소장)

『大正元年朝鮮面制制定ノ件』(CJA0002542)

『京城市區改正關係』(CJA0012926)

『第四回市街地計劃委員會關係綴』(CJA0015674)

『第二回市街地計劃委員會關係書綴』(CJA0015032)

『京城府一般經濟關係書綴』(CJA0003255)

『第五回市街地計劃委員會關係綴』(CJA0015675)

3. 단행본

加瀨和三郎, 1908,『仁川開港二十五年史』; 견수찬·김현석 역주, 2004,『역주 인천개항 25년사』, 인천광역시 역사자료관.

間島教育會, 1935,『間島』

岡本嘉一, 1911, 『開城案內記』, 開城新報社.

江原道 編, 1937, 『江原道開發委員會議事速記錄』

開城圖書館 編, 1926, 『開城郡面誌 제1집 松都面』

京城府 編, 1936~1941, 『京城府史』; 서울역사편찬원 편, 2013, 『국역경성부사』

_____, 1926, 『京城都市計劃區域設定書』

_____, 1927, 『京城都市計劃資料調査書』

_____, 1928, 『京城都市計劃調査書』

京城電氣株式會社, 1929, 『京城電車案內』

_____, 1940, 『京城電氣槪要』

高尾白浦, 1922, 『元山港』, 東書店.

光州府, 1939, 『光州府』

國井天波, 1916, 『大淸津港』, 元山每日新聞社.

群山府, 1935, 『群山府史』

逵捨藏, 1918, 『金泉發展誌』

大熊春峰, 1923, 『淸州沿革誌』

木原壽, 1928, 『益山郡事情』, 全羅北道益山郡廳.

木浦誌編纂會, 1914, 『木浦誌』

文鎭國, 1927, 『朝鮮全道面職員錄』, 文鎭堂.

民衆時論社 편, 1937, 『伸び行く長項』

山下春圃, 1927, 『湖南寶庫 裡里案內』, 惠美須屋書店.

三輪規·松岡琢磨, 1907, 『富之群山』, 群山新報社.

石川榮耀, 1942, 『國土計劃의 實際化』, 誠文堂新光社.

小川雄三, 1898, 『新撰仁川事情』; 김석희 옮김, 2007, 『신찬인천사정』, 인천대학교 인천학연구원.

鈴木武雄, 1942, 『朝鮮經濟의 新構想』, 東亞經濟新報社 京城支局.

永井勝三, 1923, 『會寧及間島事情』

伊作友八, 1914, 『晋州案內』, 晋州開文社.

仁川府, 1933, 『仁川府史』

日本 企劃院, 1940, 『國土計劃에關한論文集』

日本石炭株式會社 企劃部, 1941, 『朝鮮石炭鑛業事情研究』

日本窒素肥料株式會社, 1937, 『日本窒素肥料事業大觀』

全國都市問題會議 編, 1939, 『都市計劃の基本問題』上·下

前田方 편저, 1926, 『鎭南浦府史』

全州府, 1943, 『全州府史』

田中麗水, 1917, 『大田發展誌』

田中市之助, 1921, 『忠南發展誌』, 大田實業協會.

朝鮮博覽會 仁川協贊會, 1929, 『仁川』

朝鮮社會事業協會 編, 1938, 『昭和十一年の風水害誌』

朝鮮油脂株式會社, 1937, 『事業槪要』; 木村健二 등 編, 2004, 『社史で見る日本経済史 植民地編』第27巻, ゆまに書房.

朝鮮總督府 臨時土地調査局 編, 1918, 『朝鮮土地調査事業報告書』

朝鮮總督府 鐵道局, 1914, 『朝鮮鐵道驛勢一般』

_____, 1929, 『京城(水原仁川開成)』

朝鮮總督府, 1917, 『面制說明書』

_____, 1926, 『朝鮮水害誌』

_____, 1928, 『釜山築港略誌』

_____, 1930, 『京城都市計劃書』

_____, 1930, 『釜山都市計劃書』

_____, 1935, 『施政二十五年史』

_____, 1937, 『京城市街地計劃決定理由書』

_____, 1937, 『仁川市街地計劃決定理由書』

_____, 1937, 『朝鮮土木事業誌』

_____, 1938, 『都市計劃槪要』

_____, 발행일 불명, 『仁川築港工事槪要』

酒井三洲, 1915, 『鳥致院發展誌』

酒井政之助, 1923, 『水原』, 酒井出版部.

淸津商工會議所, 1944, 『淸津商工會議所史』

坂本嘉一, 1939, 『朝鮮土木行政法』

坂田富藏, 1911, 『最近江景事情』, 日韓印刷株式會社.

平壤商工會議所, 1938, 『昭和十三年平壤商業調査』

河井朝雄, 1930, 『大邱物語』, 朝鮮民報社.

和田孝志, 1911, 『新義州史』

4. 연구서

강신용·장윤환, 2004, 『한국근대 도시공원사』, 대왕사.

姜再鎬, 2001, 『植民地朝鮮の地方制度』, 東京大學出版会.

경남문화재연구원, 2013, 『서울 중구 관내 근대배수로 정밀조사』

권용우 외, 1998, 『도시의 이해』, 박영사.

김동명, 2018, 『지배와 협력』, 역사공간.

＿＿＿＿, 2018, 『지배와 협력』, 역사공간.

남영우, 2011, 『일제의 한반도 측량침략사』, 법문사.

대한주택공사, 1979, 『대한주택공사20년사』

木村光彦·安部桂司, 2003, 『北朝鮮の軍事工業化: 帝國の戰爭から金日成の戰爭へ』, 知泉書館; 차문석·박정진 옮김, 2009, 『전쟁이 만든 나라, 북한의 군사공업화』, 미지북스.

민족문제연구소 편, 2017, 『일제식민통치기구사전』, 민족문제연구소.

상주박물관 편, 2016, 『경상도 상주』, 상주박물관.

서울특별시 상수도사업본부, 2008, 『서울상수도백년사』

石田賴房, 2004, 『日本近現代都市計劃の展開』, 自治體研究社.

손정목, 1982, 『韓國開港期都市變化過程研究』, 一志社.

＿＿＿＿, 1982, 『韓國開港期都市社會經濟史研究』, 一志社.

＿＿＿＿, 1990, 『日帝强占期都市計劃研究』, 一志社.

＿＿＿＿, 1992, 『韓國地方制度·自治史研究(上)』, 一志社.

＿＿＿＿, 1996, 『日帝强占期都市化過程研究』, 一志社.

염복규, 2016, 『서울의 기원 경성의 탄생』, 이데아.

오진석, 2021, 『한국 근현대 전력산업사』, 푸른역사.

이동훈, 2019, 『在朝日本人社會の形成』, 明石書店.

인천광역시립박물관 편, 2014, 『관영주택과 사택』, 인천광역시립박물관.

정재정, 1999, 『일제침략과 한국철도』, 서울대학교출판부.

친일인명사전 편찬위원회 편, 2009, 『친일인명사전』, 민족문제연구소.

한국전력공사, 1989, 『韓國電氣百年史』

홍순권, 2010, 『근대 도시와 지방권력』, 선인.

5. 논문

강대민, 2007, 「근대 개항기 부산지역사 연구의 회고와 전망」, 『항도부산』 23, 부산광역시사편찬위원회.

강성호, 2023, 「식민지시기 순천 연자루의 로컬리티와 근대적 변용 양상의 추이」, 『역사문제연구』 27-2.

_____, 2024, 『일제강점기 전라남도 순천지역의 언론운동』, 전남대학교 박사학위논문.

강영조, 2013a, 「근대 부산에서 대정공원 성립 과정과 공간 구성에 관한 연구」, 『한국전통조경학회지』 31-2.

_____, 2013b, 「근대 부산에서 고관공원의 성립과 설계 사상」, 『한국전통조경학회지』 31-4.

강호광, 2021, 「일본인의 진주이주와 일본인 사회의 형성」, 『한국민족운동사연구』 106.

고윤수, 2021a, 「식민도시 대전의 기원과 도시 공간의 형성」, 『도시연구』 27.

_____, 2021b, 「1910~30년대 대전의 도시개발과 재조일본인사회」, 『도시연구』 28.

고태우, 2023, 「1930년대 중후반 강원도 개발계획과 삼척지역의 식민지 공업화」, 『역사문화연구』 85, 한국외국어대학교 역사문화연구소.

권태환, 1990, 「日帝時代의 都市化」, 『韓國의 社會와 文化』 제11집, 한국정신문화연구원.

김경남, 2007, 「일제하 전시체제기의 부산 시가지 계획의 전개와 그 특질」, 『지역과 역사』 20.

_____, 2009, 「1930·40년대 전시체제기 부산 시가지 계획의 군사적 성격」, 『한일관계사연구』 34.

_____, 2012, 「한말 일제의 진해만 요새 건설과 식민도시 개발의 변형」, 『항도부산』 28, 26~30쪽, 부산광역시사편찬위원회.

_____, 2015, 「1894-1930년 '전통 도시' 전주의 식민지적 도시개발과 사회경제구조 변용」, 『한일관계사연구』 51.

_____, 2021a, 「1894~1910년 진남포 일본군병참기지 건설과 도시 형성의 특성」, 『한일관계사연구』 71.

_____, 2021b, 「아시아·태평양전쟁기 대구의 시가지 계획과 군사기지화 정책」, 『영남학』 78, 경북대학교 영남문화연구원.

김경수, 2000, 「1910년대 영산포 시가지 형성 과정」, 『문화역사지리』 12.

김광우, 1991, 「대한제국시대의 도시계획」, 『향토서울』 50, 서울특별시사편찬위원회.

김대중, 2020, 『20세기 초 철도 부설과 성곽 훼철에 따른 성곽도시의 공간구조 변화』, 경북대학교 박사학위논문.

김대중·조재모, 2017, 「일제강점기 철도부설에 따른 읍성도시의 변화에 관한 연구」, 『대한건축학회논문집-계획계』 33-10.

김동명, 2014, 「1934년 부산부회 조선인 의원 총사직사건 연구」, 『한일관계사연구』 48.

김동철, 2001, 「동래은행의 설립과 경영」, 『지역과 역사』 9.

_____, 2005, 「부산의 유력자본가 香椎源太郞의 자본축적 과정과 사회활동」, 『歷史學報』 186.

김명숙, 2004, 「일제시대 경성부 소재 조선총독부관사에 관한 연구」, 서울대학교 석사학위논문.

김민아·정인하, 2014, 「일제강점기 평양부 토지구획정리사업의 환지방식에 관한 연구」, 『대한건축학회논문집-계획계』 30-12.

김백영, 2011, 「식민지시기 한국 도시사 연구의 흐름과 전망」, 『역사와 현실』 81.

_____, 2012, 「일제하 식민지 도시 수원의 시기별 성격 변화」, 『도시연구』 8.

김승, 2013, 「일제강점기 부산항 연구성과와 과제」, 『항도부산』 29, 부산광역시사편찬위원회.

_____, 2018a, 「일제시기 다사도항 개발과 신의주,다사도 간의 철도 연결」, 『해항도시문화교섭학』 18, 한국해양대학교 국제해양문제연구소.

_____, 2018b, 「일제시기 국경도시 신의주의 인구 변동과 도시 공간의 변화」, 『로컬리티 인문학』 19, 부산대학교 한국민족문화연구소.

김영민·조세호, 2020, 「운동공원으로서 철도공원의 변화와 의의」, 『한국조경학회지』 48-3.

김윤미, 2019, 「1930년대 나진 개항과 항만도시 건설의 군사적 전개」, 『인문사회과학연구』 20-4, 부경대학교 인문사회과학연구소.

김윤정, 2016, 「1920년대 부협의원 선거 유권자대회와 지역정치의 형성」, 『사림』 55.

_____, 2017, 「1930년대 함흥부회와 전주부회의 구성과 활동」, 『사림』 60.

_____, 2019, 「1920~1930년대 개성 '지방의회'의 특징과 인삼탕 논의」, 『역사연구』 37.

김은정, 2007, 『일제의 한국 석탄산업 침탈 연구』, 이화여자대학교 박사학위논문.

김일수, 2003, 「일제강점 전후 대구의 도시화 과정과 그 성격」, 『역사문제연구』 10.

_____, 2015, 「'한일병합' 이전 대구의 일본인거류민단과 식민도시화」, 『한국학논집』 59, 계명대학교 한국학연구원.

_____, 2016, 「일제강점기 김천의 일본인사회와 식민도시화」, 『사림』 56.

김재호, 1997, 「물장수와 서울의 수도」, 『경제사학』 23.

김제정, 2000, 「1930년대 초반 경성지역 전기사업 부영화 운동」, 『한국사론』 43, 서울대학교 국사학과.

_____, 2010, 『대공황 전후 조선총독부 산업정책과 조선인 언론의 지역성』, 서울대학교 박사학위논문.

김주관, 2006, 「개항장 공간의 조직과 근대성의 표상」, 『지방사와 지방문화』 9-1.

김태윤, 2022, 『근현대 평양의 도시계획과 공간 변화 연구』, 서울시립대학교 박사학위논문.

김해경·김영수·윤혜진, 2013, 「설계도서를 중심으로 본 1910년대 탑골공원의 성립과정」, 『한국전통조경학회지』 31-2.

김홍희, 2018, 「일제하 羅南의 군기지 건설과 군사도시화」, 『한국민족운동사연구』 95.

김희진, 2022, 「조선철도 경북선 부설과 경상북부 지역사회의 변화」, 『역사교육』 164.

노상주, 1992, 「조선주택영단의 주택지 형성 및 변화에 관한 연구」, 인하대학교 석사학위논문.

류나래, 2020, 「식민지 군항도시 진해의 '진해학교조합'과 시가지 경영」, 『도시연구』 24.

_____, 2021, 「식민지 군항도시 진해의 위생행정과 지역유력자」, 『한일관계사연구』 72.

민유기, 2007, 「한국 도시사 연구에 대한 비평과 전망」, 『사총』 64.

_____, 2009, 「한국의 도시사 연구 지형도와 향후 전망」, 『도시연구』 1.

박민주, 2016, 「일제강점기 부산부 하수도 건설사업의 진행 과정과 한계」, 『역사와 경계』 98.

박상준, 2018, 「1920~40년대 '천안읍'의 지역정치와 유력자층의 동향」, 중앙대학교 석사학위논문.

박정민, 2021, 「1910~20년대 인천부 상수도 급수의 운영과 지역사회의 '부영화' 운동」, 『역사교육』 157.

박준형, 2016, 「'조계'에서 '부'로」, 『사회와 역사』 110.

박진한, 2014, 「개항기 인천의 해안매립사업과 시가지 확장」, 『도시연구』 12.

_____, 2016a, 「1900년대 인천 해안매립사업의 전개와 의의」, 『도시연구』 15.

_____, 2016b, 「인천의 일본인 묘지 이전과 일본식 시가지 확장 과정」, 『인천학연구』 24, 인천대학교 인천학연구원.

박해광, 2009, 「일제강점기 광주의 근대적 공간 변형」, 『호남문화연구』 44, 전남대학교 호남학연구원.

배석만, 2010, 「조선 제철업 육성을 둘러싼 정책 조율 과정과 청진제철소 건설」, 『동방학지』 151, 연세대학교 국학연구원.

_____, 2020, 「일제시기 장항항 개발과 그 귀결」, 『역사와 현실』 117.

변광석, 2011, 「한말~일제강점기 동래지역에서의 공간 포섭과 지역세력의 대응」, 『지역과 역사』 29.

시일수, 2019, 「1930년대 '북선개척사업'과 성진의 도시 공간 변동」, 『도시연구』 22.

선우성혜, 2020, 『일제강점기 동래 지역 조선인 경제인의 경제활동과 연고 결속』, 동의대학교 박사학위논문.

손경희, 2010, 「1910년대 경부선 개통과 도시성격의 변화」, 『역사와 담론』 55.

손숙경, 2017, 「한말 식민지기 동래지역 기영회의 사회활동과 경제기반」, 『석당논총』 68.

_____, 2021, 「구체제의 읍치 동래와 식민도시 부산진으로의 분화와 통합」, 『대구사학』 143.

송규진, 2002, 「일제강점기 초기 '식민도시' 대전의 형성 과정에 관한 연구」, 『아세아연구』 108, 고려대학교 아세아문제연구소.

_____, 2013a, 「일제의 대륙침략기 북선루트, 북선3항」, 『한국사연구』 163.

_____, 2013b, 「일제강점기 '식민도시' 청진 발전의 실상」, 『사학연구』 110.

송혜영, 2018, 「일제강점기 부산 아미동 화장장의 설립과 변천」, 『대한건축학회논문집 - 계획계』 34-5.

신주백, 2003, 「1945년 한반도에서 일본군의 '본토결전' 준비」, 『역사와 현실』 49.

심민섭, 2021, 「一九二〇年代の釜山における火葬場設置と地域社会」, 『朝鮮史研究會論文集』 59.

심재만, 1986, 「인천시가지의 성장과 변천에 관한 연구」, 인하대학교 석사학위논문.

심재욱·이혜은·민원기, 2017, 「일제강점기 청진의 팽창과 정어리 어업」, 『역사와 실학』 63.

심철기, 2017, 「감원감영의 이전과 원주의 근대 도시 형성 과정」, 『강원사학』 29.

안상민·石田潤一郎, 2014, 「일제 식민지기 서울의 도시계획을 통한 아동공원계획과 변천에 관한 고찰」, 『서울학연구』 54, 서울시립대학교 서울학연구소.

양상호, 1995, 「목포각국공동거류지의 도시 공간의 형성 과정에 관한 고찰」, 『건축역사연구』 4-1.

양지혜, 2020, 『일제하 일본질소비료의 흥남 건설과 지역사회』, 한양대학교 박사학위논문.

_____, 2021, 「빗장을 건 도시: 일제시기 흥남의 탄생과 기업의 도시화 전략」, 『도시연구』 28.

염복규, 2007, 「1930-40년대 인천지역의 행정구역 확장과 시가지 계획의 전개」, 『인천학연구』 6, 인천대학교 인천학연구원.

_____, 2011, 「일제하 인천의 '행락지'로서 위상의 형성과 변화」, 『인천학연구』 14, 인천대학교 인천학연구원.

_____, 2013, 「식민지시기 도시문제를 둘러싼 갈등과 '민족적 대립의 정치'」, 『역사와 현실』 88.

_____, 2018, 「개항-현대 서울 역사 연구의 동향과 과제」, 『서울과 역사』 100, 서울역사편찬원.

_____, 2019, 「차별인가 한계인가?-식민지 시기 경성 하수도 정비의 '좌절'」, 『역사비평』 126, 역사비평사.

_____, 2020, 「1920년대 말 '신도시' 신의주의 차지인운동과 지역사회」, 『역사문화연구』 76, 한국외국어대학교 역사문화연구소.

_____, 2023, 「한국 근대 도시사 연구동향과 과제」, 『한국 근대사 연구의 쟁점』, 한국학중앙연구원출판부.

_____, 2023, 「한국의 근현대 도시화」, 『새로 쓴 한국사특강』, 서울대학교출판문화원.

五島寧, 1994, 「日本統治下の平壤における街路整備に関する研究」, 『土木史研究』 14.

오미일, 2017, 「間島의 통로, 근대 회령지방의 월경과 생활세계」, 『역사와 세계』 51.

왕현종, 2021, 「일제초 개성 시가지의 변화와 개성상인의 경제 기반」, 『동방학지』 194, 연세대학교 국학연구원.

우승완·이석배, 2009, 「순천읍성의 토지이용 변화에 관한 연구」, 『주거환경』 7-1.
우연주, 2017, 『일제 식민지기 경성 도시공원의 이용과 인식』, 서울대학교 박사학위논문.
우연주·배정한, 2016, 「근대적 도시공원으로서 창경원」, 『한국조경학회지』 44-4.
越澤明, 1987, 「台北の都市計画: 1895~1945年 - 日本統治期台湾の都市計画」, 『第7回 日本土木史研究発表会論文集』
윤해동, 2006, 「일제시기 면제 실시와 근대적 관료행정제도의 도입」, 『한국사학보』 24.
윤희철, 2013, 「일제강점기 목포 도시계획의 내용과 특징」, 『한국지역개발학회지』 25-2.
이가연, 2016, 「진남포의 '식민자' 도미타 기사쿠(富田儀作)의 자본축적과 조선인식」, 『지역과 역사』 38.
_____, 2021, 「개항장 부산 일본 거류지의 소비공간과 소비문화」, 『항도부산』 39, 부산광역시사편찬위원회.
_____, 2021, 「개항장 원산과 일본 상인의 이주」, 『동북아문화연구』 63.
이동훈, 2018, 「1910년대 인천항 축항 사업과 식민자 사회」, 『인천학연구』 28, 인천대학교 인천학연구원.
이명학, 2020a, 「일제시기 행정구역의 개편과 명칭의 변화」, 『한국독립운동사연구』 70, 독립기념관 한국독립운동사연구소.
_____, 2020b, 「총동원체제기 주택정책의 변화와 주택지 경영사업의 전개 - 평양을 중심으로」, 『한국문화』 89, 서울대학교 규장각한국학연구원.
이상배, 2009, 「조선시대 도성의 치수 정책과 준설 사업」, 『중앙사론』 30.
이성호, 2008, 「식민지 근대 도시의 형성과 공간 분화」, 『쌀·삶·문명연구』 1, 전북대학교 쌀·삶·문명연구원.
이송순, 2006, 「조선총독부 도시계획 관련 정책 심의기구 연구」, 『한국사연구』 134.
이연경·김성우, 2012, 「1885년~1910년 한성부 내 일본인 거류지의 근대적 위생사업의 시행과 도시 변화」, 『대한건축학회논문집 - 계획계』 28-10.
이의성, 2021, 「근대 도시계획 과정에서 나타난 공동묘지의 탄생과 소멸」, 서울대학교 석사학위논문.
이정섭, 2017, 「일제강점기 도시화와 인구변동」, 『대한지리학회지』 52-8.
이준식, 2005, 「일제강점기 군산에서의 유력자집단의 추이와 활동」, 『동방학지』 131, 연세대학교 국학연구원.

이창언, 2010, 「대구지역 도시사 연구의 동향과 과제」, 『민족문화논총』 44, 영남대학교 민족문화연구소.

이태진, 1997, 「1896~1904년 서울 도시개조사업의 주체와 지향성」, 『한국사론』 37, 서울대학교 국사학과.

이향아, 2020, 「만세전: 1919년 '만세'운동 이전 묘지규칙의 제도화 과정」, 『사회와 역사』 125.

이현학, 2020, 「홍성지역 읍성의 변천에 관한 연구」, 대전대학교 석사학위논문.

이형식, 2020, 「친일관료 박중양과 조선통치」, 『일본공간』 26, 국민대학교 일본학연구소.

＿＿＿, 2022, 「정우회 국회의원 모리야 에이후와 조선 사회」, 『인문논총』 79-4, 서울대학교 인문학연구원.

장규식, 2007, 「일제 식민지시기 연구의 현황과 추이」, 『歷史學報』 199.

전상숙, 2017, 「전시 일본 국토계획과 대동아공영권, 그리고 조선 국토계획」, 『사회이론』 51.

전성현, 2009, 「일제시기 동래선 건설과 근대 식민도시 부산의 형성」, 『지방사와 지방문화』 12-2.

＿＿＿, 2012, 「일제시기 지역철도 연구-근대 식민도시 부산의 전철 건설을 둘러싼 지역사회의 역학관계」, 『역사와 경계』 84.

＿＿＿, 2013, 「식민자와 조선-일제시기 大池忠助의 지역성과 '식민자'로서의 위상」, 『한국민족문화』 49, 부산대학교 한국민족문화연구소.

＿＿＿, 2016, 「일제강점기 행정구역 확장의 식민성과 지역민의 동향」, 『지방사와 지방문화』 19-1.

＿＿＿, 2018, 「'租界'와 '居留地'의 사이-개항장 부산의 일본인 거주지를 둘러싼 조선과 일본의 입장 차이와 의미」, 『한일관계사연구』 62.

＿＿＿, 2019, 「일제강점기 '민의가 있는 바를 표현'하는 장소로서의 읍회와 그 한계-김해읍의 '지방통치'와 김해읍회」, 『지방사와 지방문화』 22-2.

전현정, 2022, 「일제하 관광도로와 자동차관광의 변화 양상」, 서울시립대학교 석사학위논문.

전홍식, 2008, 「일제강점기 충주의 식민통치 연구」, 충주대학교 석사학위논문.

정승진, 2008, 「일제시대 식민 '신도시'의 출현과 주변 농촌」, 『쌀·삶·문명연구』 창간호, 전북대학교 쌀·삶·문명연구원.

정연태, 2007, 「日帝の地域支配·開發と植民地的近代性」, 『近代交流史と相互認識』 2, 慶應

義塾大學出版會.

정일영, 2016, 「일제 식민지기 사자 공간의 배치와 이미지 형성」, 『사림』 57.

조명근, 2017, 「1920~1930년대 대구부협의회,부회 선거와 조선인 당선자」, 『대구사학』 129.

_____, 2019a, 「1920~1930년대 대구,함흥지역의 전기 공영화 운동」, 『사총』 97.

_____, 2019b, 「일제시기 대구부 도시 개발과 부(협의)회의 활동」, 『민족문화논총』 71, 영남대학교 민족문화연구소.

조성욱, 2019, 「전라선 철도역과 지역 중심지의 관계」, 『한국지리학회지』 8-2.

조재곤, 2013, 「러일전쟁 시기 함경도 전투의 전개 과정」, 『군사』 86, 국방부 군사편찬연구소.

조정규, 2002, 『광주 충장로와 금남로의 경관변화 연구』, 전남대학교 박사학위논문.

_____, 2013, 「일제강점기 光州邑城 內의 경관변화」, 『남도문화연구』 24, 순천대학교 남도문화연구소.

_____, 2020, 「일제강점기 전주 읍치의 토지이용과 도시 공간 변화」, 『기전문화연구』 41-1, 경인교육대학교 기전문화연구소.

주동빈, 2016, 「1920년대 경성부 상수도 생활용수 계량제 시행 과정과 식민지 '공공성'」, 『한국사연구』 173.

_____, 2017, 「수돗물 분배의 정치경제학」, 『역사문제연구』 38.

_____, 2023, 『일제하 평양부 '개발'과 조선인 엘리트의 '지역정치'』, 고려대학교 박사학위논문.

차철욱, 2007a, 「일제강점기 부산도시사 연구의 회고와 전망」, 『항도부산』 23, 부산광역시사편찬위원회.

_____, 2007b, 「1910년대 부산진 매축과 그 성격」, 『지역과 역사』 20.

_____, 2010, 「일제시대 부산항 설비사업과 사회적 의미」, 『한국학논총』 33, 국민대학교 한국학연구소.

최상식, 2002, 「일제시대 홍주읍성의 토지이용 변화에 관한 연구」, 울산대학교 석사학위논문.

최성환, 2011, 「목포의 해항성과 개항장 형성 과정의 특징」, 『한국민족문화』 39, 부산대학교 한국민족문화연구소.

_____, 2012, 「개항 초기 목포항의 일본인과 해상네트워크」, 『한국학연구』 26, 인하대학

교 한국학연구소.

최완기, 2001, 「조선 후기 강경 포구에서의 선상활동」, 『역사교육』 79.

최원희, 2012, 「일제 식민지 근대 도시 조치원의 출현요인, 도시체계상에서의 위상 및 도시 내부구조 형성 과정」, 『한국지리학회지』 1-1.

최인영, 2007, 「1928~1933년 京城府의 府營버스 도입과 그 영향」, 『서울학연구』 29, 서울시립대학교 서울학연구소.

_____, 2010, 「일제시기 京城의 도시 공간을 통해 본 전차노선의 변화」, 『서울학연구』 41, 서울시립대학교 서울학연구소.

_____, 2014, 『서울지역 전차교통의 변화 양상과 의미』, 서울시립대학교 박사학위논문.

최인영·박희용, 2023, 「대한제국기~식민지기 탑골공원의 운용과 활용」, 『서울학연구』 91, 서울시립대학교 서울학연구소.

최재성, 2009, 「1930년대 여수지역의 공업화와 그 전후의 변화」, 『대동문화연구』 67, 성균관대학교 대동문화연구원.

최진성, 2020, 「근대이행기 전주 읍치의 종교적 장소성 변화」, 『기전문화연구』 41-1, 경인교육대학교 기전문화연구소.

추교찬, 2020, 『인천 일본인 거류민단의 구성과 운영』, 인하대학교 박사학위논문.

하시모토 세리, 2016, 『한국 근대공원의 형성』, 성균관대학교 박사학위논문.

한재수, 2007, 「일제강점기 조선시대 강원도 읍치의 중심 원주와 감원감영 일대 도시구조와 역사경관변화 연구」, 『대한건축학회논문집-계획계』 23-12.

허영란, 2009, 「일제시기 여수의 도시화 과정과 지역사회의 대응」, 『대동문화연구』 67, 성균관대학교 대동문화연구원.

현태준, 2020, 「일제강점기 강경의 도시화 과정」, 한국기술교육대학교 석사학위논문.

홍순권, 1997, 「일제 초기의 면 운영과 '조선면제'의 성립」, 『역사와 현실』 23.

_____, 2006, 「1910~20년대 부산부협의회의 구성과 지방정치」, 『역사와 경계』 60.

_____, 2007, 「1930년대 부산부회 의원 선거와 지방 정치세력의 동태」, 『지방사와 지방문화』 10-1.

_____, 2010, 「1920~1930년대 동래의 지방선거와 조선인 당선자들」, 『한국근현대사연구』 52.

찾아보기

19사단 21, 143, 144, 146

ㄱ

가시이 겐타로(香椎源太郎) 356
가옥세법 50, 51, 52, 386
각국조계 110, 113, 115, 117, 123, 197, 216
결호작전 304
경편철도 62
경북선 135, 162, 408
경성전기 223, 226~230
경인일체 292, 310, 315
고토 신페이(後藤新平) 179
관영수도규칙 202, 203
관찰도 160, 171, 172
광려선 322, 323, 324
광주번영회 27, 28
국토계획설정요강 266, 267
궁민구제토목사업 221
권업모범장 155
기쿠치 겐조(菊池謙讓) 114
길회선 147, 148, 271

ㄴ

남한대토벌작전 171
노구치 시타카우(野口遵) 370
농공병진 338

ㄷ

다사도 41, 270, 316, 317, 318, 319, 320, 388

대륙전진병참기지 267, 269
도시화율 79, 80, 386
동해남부선 25, 45

ㄹ

러일전쟁 7, 21, 26, 110, 121, 122, 123, 125, 143, 145, 146, 148, 157, 166, 167, 173, 178, 181, 201, 271, 300, 334

ㅁ

만상 110, 166
메가타 다네타로(目賀田種太郎) 216
면제 57, 58, 60, 61, 62, 63, 64, 136, 139, 347, 376, 386
모리야 에이후(守屋榮夫) 370
묘지규칙 244, 249
물장수 201, 202, 217
미곡통제법 360
미두취인소 111

ㅂ

박중양(朴重陽) 157, 158
부제 55, 56, 57, 58, 59, 64, 112, 333, 334, 347, 349, 386
북선개척사업 41, 307, 308, 309

ㅅ

사단 144
사이토 마코토(齋藤實) 346
선은전 43
송상 110, 166

수위도시 82, 83, 84, 386
수익세 214, 215
스즈키 다케오(鈴木武雄) 269
시가지세령 55, 56, 57, 386
시베리아 출병 253, 256, 271
시부자와 에이치(澁澤榮一) 201
신바 고헤이(榛葉孝平) 268, 281
신정유곽 32, 33

ㅇ

아관파천 181
안봉철도 132
야마구치 111, 302
연대 유치운동 197
영림창 130, 131
오이케 주스케(大池忠助) 242, 356, 412
원산 총파업 26
을축년 대홍수 20, 276
읍면제 349
읍성 36, 152, 161, 162, 163, 164, 165, 168, 170, 171, 172, 174, 175
읍치 27, 41, 59, 90, 93, 127, 152, 155, 162, 163, 164, 165, 166, 168, 170, 172, 173, 387
이사청 20, 123, 130
이시카와 에이요(石川榮耀) 267
인천대신궁 32, 114,
일본 육군 조병창 13

ㅈ

적기만 39, 301
전기 공영화(부영화) 23, 370
전라선 136, 163
접촉지대 16, 43
정어리 공업 336, 337
조선경남철도 326, 327,
조선공업화 47, 261, 388
조선물산공진회 184, 209, 224

조선시가지 계획령 36, 48, 179, 239, 258, 259, 262, 263, 264, 265, 268, 270, 271, 273, 277, 283, 289, 293, 297, 307, 310, 316, 331, 388
조선와사전기 231
조선주택영단 291, 293, 298, 313
조선지방선거취체규칙 353
조일수호조규 105
주민대회 378

ㅊ

철도 부속지 129
청계천 207, 211, 212, 213, 215, 278, 284
청일전쟁 110, 120
초량왜관 105, 106
치도약론 207

ㅌ

토막민 246

ㅍ

포구상업 141

ㅎ

하나부사(花房義質) 109
하라 시즈오(原靜雄) 259
하자마 후사타로(迫間房太郎) 25
학교비 350
학교조합 28, 149, 150, 151, 350
함경선 147, 368,
호남선 104, 136, 139, 141, 142, 164, 197, 324
호별세 112, 374
후쿠나가 마사지로(福永政治郎) 25

동북아역사재단 일제침탈사 연구총서 26

일제강점기 식민지 도시화

초판 1쇄 발행 2024년 12월 30일

지은이	염복규
펴낸이	박지향
펴낸곳	동북아역사재단
등 록	제312-2004-050호(2004년 10월 18일)
주 소	서울시 서대문구 통일로 81 NH농협생명빌딩
전 화	02-2012-6065
홈페이지	www.nahf.or.kr
제작·인쇄	청아출판사

ISBN 979-11-7161-166-9 94910
978-89-6187-669-8 (세트)

· 이 책은 저작권법에 의해 보호를 받는 저작물이므로 어떤 형태나 어떤 방법으로도 무단전재와 무단복제를 금합니다.
· 책값은 뒤표지에 있습니다. 잘못된 책은 바꾸어 드립니다.